中国上市公司协会公司治理丛书

上市公司董事会秘书工作手册

——信息披露政策法规汇编

深主板版

中国上市公司协会　编

中国财经出版传媒集团
中国财政经济出版社

图书在版编目（CIP）数据

上市公司董事会秘书工作手册：信息披露政策法规汇编：深主板版／中国上市公司协会编. --北京：中国财政经济出版社，2022.4

（中国上市公司协会公司治理丛书）

ISBN 978-7-5223-1233-0

Ⅰ.①上… Ⅱ.①中… Ⅲ.①上市公司-董事会-秘书-工作-中国-手册②上市公司-经济政策-汇编-中国-手册③上市公司-公司法-汇编-中国-手册 Ⅳ.①F279.246-62②D922.291.919-62

中国版本图书馆 CIP 数据核字（2022）第 039784 号

责任编辑：叶 彤　　责任校对：胡永立

封面设计：北京兰卡绘世　　责任印制：党 辉

上市公司董事会秘书工作手册

SHANGSHI GONGSI DONGSHIHUI MISHU GONGZUO SHOUCE

中国财政经济出版社 出版

URL：http：//www.cfeph.cn

E-mail：cfeph@cfeph.cn

社址：北京市海淀区阜成路甲 28 号　邮政编码：100142

营销中心电话：010-88191522

天猫网店：中国财政经济出版社旗舰店

网址：https：//zgczjjcbs.tmall.com

北京时捷印刷有限公司印刷　各地新华书店经销

成品尺寸：185mm×260mm　16 开　23.75 印张　579 000 字

2022 年 4 月第 1 版　2022 年 4 月北京第 1 次印刷

定价：88.00 元

ISBN 978-7-5223-1233-0

（图书出现印装问题，本社负责调换，电话：010-88190548）

本社质量投诉电话：010-88190744

打击盗版举报热线：010-88191661　QQ：2242791300

前　言

2019年12月28日，第十三届全国人大常委会第十五次会议审议通过了修订后的《中华人民共和国证券法》，已于2020年3月1日起施行。本次《证券法》修订，按照顶层制度设计要求，进一步完善了证券市场基础制度，体现了市场化、法治化、国际化方向，为证券市场全面深化改革落实落地，有效防控市场风险，提高上市公司质量，切实维护投资者合法权益，促进证券市场服务实体经济功能发挥，打造一个规范、透明、开放、有活力、有韧性的资本市场，提供了坚强的法治保障，具有非常重要而深远的意义。

《证券法》的修订，完善了资本市场的基础制度，并对制定相应的配套行政法规和监管规章、规则作出了必要的授权。新《证券法》的施行，标志着中国资本市场发展进入了一个新的历史阶段，为进一步完善资本市场基础制度明确了方向。为深入贯彻国务院金融委“建制度、不干预、零容忍”的工作方针，构建更加科学规范的上市公司监管法规体系，让法规变得“科学、易懂、管用”，进一步强化上市公司监管法规的科学性、体系性、规范性，助推提升上市公司质量，中国证监会和沪深证券交易所共同开展了上市公司监管法规体系的整合工作。

2022年年初，中国证监会、沪深交易所正式颁布了100多部与上市公司相关的法律法规，进一步整合上市公司监管法规体系，规则数量压缩60%，是资本市场上市公司监管法规体系30年来的首次全面整合修订。整合后的上市公司监管法规主要呈现以下特点：

一是体系化繁为简。业务分类包含信息披露、公司治理、并购重组、监管职责四大类；在层次上，证监会层面构建基础规则、监管指引、规则适用意见三个层次；交易所层面构建自律监管规则、自律监管指引、自律监管指南三个层次，做到了行政监管与自律监管的有效衔接。

二是内容更为规范合理。在“避免实体内容大修大改”的前提下，优化上下位规则关系，尽量“找平”沪深交易所规则的章节体例并维持两所规则内容上的合理差异，技术上合并同一事项规则、修改废止不符合实践或存在矛盾的规则，统一文字表述和格式体例。

三是数量显著减少。整合后的规则更为简明、清晰。

为便于发行人、上市公司及相关市场主体学习、查询并遵守执行，更全面、更便捷地学习和掌握证券市场相关的法律法规和政策，增强上市公司规范运作意识，中国上市公司协会董事会秘书委员会汇编了整合修订后的监管法规体系。汇编紧贴上市公司实际需求，紧扣监管部门的监管要求，旨在强调其时效性、功能性，力求突出以下两方面内容：

一是以全面整合修订后的监管法规体系为主，配合仍现行有效的重要法规为辅，力争做到上市公司重要监管法规体系的360度全覆盖。汇编不但包含了2022年年初中国证监会、沪深北交易所正式颁布的与上市公司相关的法律法规，还包含了上市公司相关业务中涉及的以往颁布的重要监管法规，如2021年颁布的《上市公司信息披露管理办法》、2018年颁布的《上市公司股权激励管理办法》等。

二是从市场不同主体的需求与特点出发，提升汇编使用的便捷性、精准性，按1+X的形式共计汇编成6册内容，包括通用版即中国证监会颁布的基础规则、监管指引、规则适用意见；X由沪主板、科创板、深主板、创业板、北交所各自证券交易所层面颁布的自律监管规则、自律监管指引、自律监管指南汇总而成。

资本市场作为现代市场经济的重要组成，对新时代我国经济高质量发展将发挥更加重要的推动作用，面对市场化、法治化、专业化的内在发展要求，不断提升上市公司相关从业人员的专业能力至关重要。望发行人、上市公司及相关市场主体自觉守法、共同维护资本市场法治环境。

由于法律法规处在不断修订完善的过程中，各上市公司面临的情况也不尽相同，本汇编在编辑方面可能存在不足，敬请指正。

中国上市公司协会

2022年3月

目　录

深圳证券交易所股票上市规则
（2022 年修订）

【发布机关】深圳证券交易所
【发文字号】深证上〔2022〕12 号
【发布日期】2022 年 1 月 7 日

各市场参与人：

为深入贯彻落实“建制度、不干预、零容忍”方针和“四个敬畏、一个合力”要求，进一步规范上市公司股票上市、信息披露等行为，推动提高上市公司质量，保护投资者的合法权益，促进资本市场健康发展，经报中国证监会批准，本所对《深圳证券交易所股票上市规则》进行了修订。现予以发布，自发布之日起施行。

《深圳证券交易所股票上市规则（2020 年修订）》等 10 件业务规则同时废止。关于上市公司股票风险警示、暂停上市、终止上市等事宜的过渡期安排仍按照《关于发布〈深圳证券交易所股票上市规则（2020 年修订）〉的通知》（深证上〔2020〕1294 号）和相关规定执行。

深圳证券交易所

2022 年 1 月 7 日

（1998 年 1 月实施，2000 年 5 月第一次修订，2001 年 6 月第二次修订，2002 年 2 月第 3 次修订，2004 年 12 月第四次修订，2006 年 5 月第五次修订，2008 年 9 月第六次修订，2012 年 7 月第七次修订，2014 年 10 月第八次修订，2018 年 4 月第九次修订，2018 年 11 月第十次修订，2020 年 12 月第十一次修订，2022 年 1 月第十二次修订）

第一章　总　　则

1.1　为规范股票、存托凭证、可转换为股票的公司债券（以下简称可转换公司债券）及其他衍生品种（以下统称股票及其衍生品种）上市行为，以及发行人、上市公司及其他信息披露义务人的信息披露行为，维护证券市场秩序，保护投资者的合法权益，推动提高上市公司质量，促进资本市场健康发展，根据《中华人民共和国公司法》（以下简称《公司法》）、《中华人民共和国证券法》（以下简称《证券法》）、《证券交易所管理办法》等法律、行政法规、部门规章、规范性文件（以下统称法律法规）及《深圳证券交易所章程》，制定本规则。

1.2 在深圳证券交易所（以下简称本所）主板上市的股票及其衍生品种的上市、信息披露、停牌、复牌、退市等事宜，适用本规则。

中国证券监督管理委员会（以下简称中国证监会）和本所对境外公司的股票、存托凭证及其他衍生品种在本所的上市、信息披露、停牌、复牌、退市等事宜另有规定的，从其规定。

1.3 发行人申请股票及其衍生品种在本所上市的，应当经本所审核同意，并在上市前与本所签订上市协议，明确双方的权利、义务和其他事项。

1.4 发行人、上市公司及其董事、监事、高级管理人员、股东或者存托凭证持有人、实际控制人，收购人及其他权益变动主体，重大资产重组、再融资、重大交易、破产事项等有关各方，为前述主体提供服务的中介机构及其相关人员，以及法律法规规定的对上市、信息披露、停牌、复牌、退市等事项承担相关义务的其他主体，应当遵守法律法规、本规则及本所其他规定。

1.5 本所依据法律法规、本规则、本所其他规定和上市协议、声明与承诺，对本规则第1.4条规定的主体进行自律监管。

第二章 信息披露的基本原则及一般规定

第一节 基本原则

2.1.1 上市公司及相关信息披露义务人应当根据法律法规、本规则及本所其他规定，及时、公平地披露信息，并保证所披露的信息真实、准确、完整，简明清晰、通俗易懂，不得有虚假记载、误导性陈述或者重大遗漏。

本规则所称相关信息披露义务人，是指本规则第1.4条规定的除上市公司外的承担信息披露义务的主体。

2.1.2 上市公司董事、监事、高级管理人员应当保证公司及时、公平地披露信息，以及信息披露内容的真实、准确、完整，不存在虚假记载、误导性陈述或者重大遗漏。

公司董事、监事、高级管理人员不能保证公司所披露的信息真实、准确、完整或者对公司所披露的信息存在异议的，应当在公告中作出声明并说明理由，公司应当予以披露。

2.1.3 相关信息披露义务人应当按照有关规定履行信息披露义务，并积极配合上市公司做好信息披露工作，及时告知公司已发生或者拟发生的可能对公司股票及其衍生品种交易价格产生较大影响的事项（以下简称重大事项或者重大信息）。

公司应当协助相关信息披露义务人履行信息披露义务。

2.1.4 上市公司及相关信息披露义务人披露信息，应当以客观事实或者具有事实基础的判断和意见为依据，如实反映客观情况，不得有虚假记载。

2.1.5 上市公司及相关信息披露义务人披露信息，应当客观，使用明确、贴切的语言和文字，不得有误导性陈述。

公司披露预测性信息及其他涉及公司未来经营和财务状况等信息，应当合理、谨慎、客观。

2.1.6 上市公司及相关信息披露义务人披露信息，应当内容完整，充分披露可能对上市公司股票及其衍生品种交易价格有较大影响的信息，揭示可能产生的重大风险，不得选择性披露部分信息，不得有重大遗漏。

信息披露文件材料应当齐备，格式符合规定要求。

2.1.7 上市公司及相关信息披露义务人应当在本规则规定的期限内披露重大信息，不得有意选择披露时点。

2.1.8 上市公司及相关信息披露义务人应当同时向所有投资者公开披露重大信息，确保所有投资者可以平等地获取同一信息，不得提前向任何单位和个人泄露。

2.1.9 上市公司及相关信息披露义务人披露信息，应当使用事实描述性的语言，简洁明了、逻辑清晰、语言浅白、易于理解。

第二节 一般规定

2.2.1 上市公司及相关信息披露义务人应当披露的信息包括定期报告、临时报告等。公司及相关信息披露义务人应当按照法律法规、本规则及本所其他规定编制公告并披露，并按规定报送相关备查文件。公司及相关信息披露义务人不得以定期报告形式代替应当履行的临时公告义务。

前款所述公告和材料应当采用中文文本。同时采用外文文本的，公司及相关信息披露义务人应当保证两种文本的内容一致。两种文本发生歧义时，以中文文本为准。

公司及相关信息披露义务人应当保证所披露的信息与提交的公告内容一致。公司披露的公告内容与提供给本所的材料内容不一致的，应当立即向本所报告并及时更正。

2.2.2 上市公司公告应当由董事会发布并加盖公司或者董事会公章，监事会决议公告可以加盖监事会公章，法律法规或者本所另有规定的除外。

2.2.3 上市公司及相关信息披露义务人的公告应当在本所网站和符合中国证监会规定条件的媒体（以下统称符合条件媒体）上披露。

公司及相关信息披露义务人不得以公告的形式滥用符合条件媒体披露含有宣传、广告、诋毁、恭维等性质的内容。

2.2.4 上市公司及相关信息披露义务人应当在涉及的重大事项触及下列任一时点及时履行信息披露义务：

（一）董事会或者监事会作出决议时；

（二）签署意向书或者协议（无论是否附加条件或者期限）时；

（三）公司（含任一董事、监事或者高级管理人员）知悉重大事项发生时；

（四）发生重大事项的其他情形。

在前款规定的时点之前出现下列情形之一的，公司应当及时披露相关事项的现状、可能影响事件进展的风险因素：

（一）该重大事项难以保密；

（二）该重大事项已经泄露或者出现媒体报道、市场传闻（以下统称传闻）；

（三）公司股票及其衍生品种交易异常波动。

2.2.5 上市公司及相关信息披露义务人筹划重大事项，持续时间较长的，可以按规定分阶段披露进展情况，提示相关风险。

已披露的事项发生变化，可能对公司股票及其衍生品种交易价格产生较大影响的，公司及相关信息披露义务人应当及时披露进展公告。

2.2.6 上市公司及相关信息披露义务人拟披露的信息被依法认定为国家秘密等，及时披露或者履行相关义务可能危害国家安全、损害公司利益或者导致违反法律法规的，可以免于按照本所有关规定披露或者履行相关义务。

公司及相关信息披露义务人拟披露的信息属于商业秘密等，及时披露或者履行相关义务可能引致不正当竞争、损害公司利益或者导致违反法律法规的，可以暂缓或者免于按照本所有关规定披露或者履行相关义务。

公司及相关信息披露义务人暂缓披露临时性商业秘密的期限原则上不超过两个月。

2.2.7 上市公司及相关信息披露义务人依据本规则第2.2.6条规定暂缓披露、免于披露其信息的，应当符合下列条件：

（一）相关信息未泄露；

（二）有关内幕信息知情人已书面承诺保密；

（三）公司股票及其衍生品种交易未发生异常波动。

不符合本规则第2.2.6条和前款要求，或者暂缓披露的期限届满的，公司及相关信息披露义务人应当及时履行信息披露及相关义务。

暂缓、免于披露的原因已经消除的，公司及相关信息披露义务人应当及时披露，并说明已履行的审议程序、已采取的保密措施等情况。

2.2.8 上市公司及相关信息披露义务人通过股东大会、业绩说明会、分析师会议、路演、接受投资者调研等形式，与任何单位和个人进行沟通时，不得透露、泄露尚未披露的重大信息。

公司及相关信息披露义务人确有需要的，可以在非交易时段通过新闻发布会、媒体专访、公司网站、网络自媒体等方式对外发布重大信息，但公司应当于下一交易时段开始前披露相关公告。

公司及相关信息披露义务人向公司股东、实际控制人或者其他第三方报送文件或者传递信息涉及未公开重大信息的，应当及时履行信息披露义务。

2.2.9 上市公司控股子公司发生本规则第六章、第七章规定的重大事项，视同上市公司发生的重大事项，适用本规则前述各章的规定。

上市公司参股公司发生本规则第六章、第七章规定的重大事项，可能对公司股票及其衍生品种交易价格产生较大影响的，应当参照本规则前述各章的规定履行信息披露义务。

法律法规或者本所另有规定的，从其规定。

2.2.10 上市公司发生的或者与之有关的事项没有达到本规则规定的披露标准，或者本规则没有具体规定，但该事项对公司股票及其衍生品种交易价格可能产生较大影响的，公司应当参照本规则及时披露。

2.2.11 除依规需要披露的信息之外，上市公司及相关信息披露义务人可以自愿披露与投资者作出价值判断和投资决策有关的信息，但不得与依规披露的信息相冲突，不得误导投资者。

公司及相关信息披露义务人自愿披露信息，应当真实、准确、完整，遵守公平原则，保持信息披露的持续性和一致性，不得进行选择性披露。

公司及相关信息披露义务人自愿披露信息，应当审慎、客观，不得利用该等信息不当影响公司股票及其衍生品种交易价格、从事内幕交易或者其他违法违规行为。

第三节 信息披露管理制度

2.3.1 上市公司应当制定并严格执行信息披露事务管理制度。信息披露事务管理制度应当经公司董事会审议通过并披露。

2.3.2 上市公司应当配备信息披露所必需的通信设备，建立与本所的有效沟通渠道，并保证对外咨询电话的畅通。

2.3.3 上市公司应当制定董事、监事、高级管理人员及其他相关主体对外发布信息的行为规范，明确发布程序、方式和未经公司董事会许可不得对外发布的情形等事项。

公司控股股东、实际控制人应当比照前款要求，规范与上市公司有关的信息发布行为。

2.3.4 上市公司应当建立和执行内幕信息知情人登记管理制度。内幕信息知情人登记管理制度应当经公司董事会审议通过并披露。

公司及相关信息披露义务人和其他知情人在信息披露前，应当将该信息的知情者控制在最小范围内。

内幕信息知情人在内幕信息依法披露前，不得公开或者泄露内幕信息、买卖或者建议他人买卖公司股票及其衍生品种。

2.3.5 上市公司及相关信息披露义务人应当关注关于本公司的传闻以及本公司股票及其衍生品种的交易情况，及时向相关方了解真实情况。

传闻可能对公司股票及其衍生品种的交易情况产生较大影响的，公司及相关信息披露义务人应当向相关方核实情况，及时披露公告予以澄清说明。

2.3.6 上市公司信息披露采用直通披露和非直通披露两种方式。

信息披露原则上采用直通披露方式，本所可以根据公司信息披露质量、规范运作情况等，调整直通披露公司范围。

直通披露的公告范围由本所确定，本所可以根据业务需要进行调整。

2.3.7 本所根据法律法规、本规则及本所其他规定，对上市公司及相关信息披露义务人披露的信息进行形式审查，对其实质内容不承担责任。

第三章　股票及其衍生品种的上市与变动管理

第一节　首次公开发行股票上市

3.1.1 发行人首次公开发行股票后申请其股票在本所上市，应当符合下列条件：

（一）股票已公开发行；

（二）具备健全且运行良好的组织机构；

（三）具有持续经营能力；

（四）公司股本总额不少于5000万元；

（五）公开发行的股份达到公司股份总数的25%以上；公司股本总额超过4亿元的，公开发行股份的比例为10%以上；

（六）公司及其控股股东、实际控制人最近3年不存在贪污、贿赂、侵占财产、挪用财产或者破坏社会主义市场经济秩序的刑事犯罪；

（七）最近3个会计年度财务会计报告均被出具无保留意见审计报告；

（八）本所要求的其他条件。

3.1.2 发行人向本所申请其首次公开发行的股票上市，应当提交下列文件：

（一）上市申请书；

（二）中国证监会关于同意其股票首次公开发行的文件；

（三）申请股票上市的董事会决议和股东大会决议；

（四）公司营业执照复印件；

（五）公司章程；

（六）经会计师事务所审计的发行人最近3个会计年度的财务会计报告；

（七）发行结束后，发行人全部股票已经中国证券登记结算有限责任公司深圳分公司（以下简称结算公司）托管的证明文件；

（八）发行结束后，会计师事务所出具的验资报告；

（九）董事、监事和高级管理人员持有本公司股份情况说明和《董事（监事、高级管理人员）声明及承诺书》；

（十）发行人拟聘任或者已聘任的董事会秘书的有关资料；

（十一）发行后至上市前，按规定新增的财务资料和有关重大事项的说明文件（如适用）；

（十二）首次公开发行前已发行股份持有人所持股份已在结算公司锁定的证明文件；

（十三）本规则第3.1.5条所述承诺函；

（十四）最近一次的招股说明书；

（十五）按照有关规定编制的上市公告书；

（十六）保荐协议和保荐人出具的上市保荐书；

（十七）律师事务所出具的法律意见书；

（十八）本所要求的其他文件。

3.1.3 发行人及其董事、监事、高级管理人员应当保证向本所提交的上市申请文件内容真实、准确、完整，不存在虚假记载、误导性陈述或者重大遗漏。

3.1.4 发行人首次公开发行股票前已发行的股份，自发行人股票上市之日起1年内不得转让。

3.1.5 发行人向本所申请其首次公开发行的股票上市时，其控股股东和实际控制人应当承诺：自发行人股票上市之日起36个月内，不转让或者委托他人管理其直接或者间接持有的发行人首次公开发行股票前已发行的股份，也不由发行人回购其直接或者间接持有的发行人首次公开发行股票前已发行的股份。发行人应当在上市公告书中公告上述承诺。

自发行人股票上市之日起1年后，出现下列情形之一的，经上述承诺主体申请并经本所同意，可以豁免遵守上述承诺：

（一）转让双方存在实际控制关系，或者均受同一控制人所控制，且受让人承诺继续遵守上述承诺；

（二）因上市公司陷入危机或者面临严重财务困难，受让人提出的挽救公司的方案获得该公司股东大会审议通过和有关部门批准，且受让人承诺继续遵守上述承诺；

（三）本所认定的其他情形。

3.1.6 本所在收到发行人提交的本规则第3.1.2条所列全部上市申请文件后7个交易日内，作出是否同意其股票上市的决定。出现特殊情况时，本所可以暂缓作出决定。

3.1.7 本所设立上市委员会对上市申请进行审议，作出独立的专业判断并形成审核意见。本所根据上市委员会意见作出是否同意上市的决定。

本规则第3.1.1条第（一）项至第（七）项所列条件为在本所上市的必备条件，本所并不保证发行人符合上述条件时，其上市申请一定能够获得本所同意。

3.1.8 首次公开发行的股票上市申请获得本所同意后，发行人应当于其股票上市前5个交易日内，在符合条件媒体披露下列文件：

（一）上市公告书；

（二）公司章程；

（三）法律意见书；

（四）上市保荐书；

（五）本所要求的其他文件。

上述文件应当置备于公司住所，供公众查阅。

发行人在提出上市申请期间，未经本所同意，不得擅自披露与上市有关的信息。

第二节 上市公司股票及其衍生品种的发行与上市

3.2.1 上市公司向本所申请办理向不特定对象发行股票、可转换公司债券等证券发行事宜时，应当提交下列文件：

（一）中国证监会关于同意其发行的文件；

（二）全部发行申报材料；

（三）发行的预计时间安排；

（四）发行具体实施方案和发行公告；

（五）招股说明书或者其他发行募集文件；

（六）本所要求的其他文件。

3.2.2 上市公司应当按照中国证监会有关规定，编制并及时披露涉及新股、可转换公司债券等证券发行的相关公告。

3.2.3 发行完成后，上市公司可以向本所申请所发行股票、可转换公司债券等证券上市。

3.2.4 上市公司股东认购公司发行的新股，应当遵守法律法规、本规则及本所其他规定中关于股份转让的限制性规定，在规定的期限内不得转让，但同一实际控制人控制的不同主体之间转让公司股份并承继不得转让限制的除外。

股东认购公司发行的新股，就限制股份转让作出承诺的，在承诺的期限内不得转让，但依法依规履行承诺变更程序的除外。

3.2.5 上市公司申请新股、可转换公司债券在本所上市时，仍应当符合股票、可转换公司债券的相关发行条件。

3.2.6 上市公司向本所申请新股上市，应当提交下列文件：

（一）上市申请书；

（二）按照有关规定编制的上市公告书；

（三）保荐协议和保荐人出具的上市保荐书；

（四）发行结束后，会计师事务所出具的验资报告；

（五）结算公司对新增股份已登记托管的书面确认文件；

（六）董事、监事和高级管理人员持股情况变动的报告（如适用）；

（七）本所要求的其他文件。

3.2.7 上市公司向本所申请可转换公司债券上市，应当提交下列文件：

（一）上市申请书；

（二）申请可转换公司债券上市的董事会决议；

（三）保荐协议和保荐人出具的上市保荐书（如适用）；

（四）法律意见书；

（五）发行结束后，会计师事务所出具的验资报告；

（六）结算公司对可转换公司债券已登记托管的书面确认文件；

（七）受托管理协议；

（八）本所要求的其他文件。

3.2.8 上市公司在本所同意其新股、可转换公司债券等证券上市的申请后，应当于其证券上市前5个交易日内，在符合条件媒体披露下列文件：

（一）上市公告书；

（二）股份变动报告书（适用于新股上市）；

（三）本所要求的其他文件和事项。

第三节 股票及其衍生品种解除限售

3.3.1 投资者持有的下列有限售条件的股票及其衍生品种解除限售，适用本节规定：

（一）首次公开发行前已发行的股份；

（二）上市公司向特定对象发行的股票及其衍生品种；

（三）其他根据法律法规、本规则及本所其他规定存在限售条件的股票及其衍生品种。

3.3.2 投资者出售已解除限售的股票及其衍生品种应当严格遵守所作出的各项承诺，其股份出售不得影响未履行完毕承诺的继续履行。

3.3.3 上市公司及其投资者应当关注限售股票及其衍生品种的限售期限及相关承诺截至申请解除限售前的履行情况。

保荐人或者独立财务顾问应当对本次解除限售事项的合规性进行核查，并对本次解除限售数量、解除限售时间是否符合有关法律法规、本所有关规定和有关承诺，相关信息披露是否真实、准确、完整发表结论性意见。

3.3.4 投资者申请限售股票及其衍生品种解除限售的，应当委托上市公司办理相关手续，并满足下列条件：

（一）限售期已满；

（二）解除限售不影响该投资者履行作出的有关承诺；

（三）申请解除限售的投资者不存在对公司资金占用，公司对该主体不存在违规担保等损害公司利益的行为；

（四）不存在法律法规、本规则及本所其他规定中规定的限制转让情形。

3.3.5 上市公司应当在本所受理股票及其衍生品种解除限售申请后，及时办理完毕有关登记手续，并在限售股票及其衍生品种解除限售前3个交易日内披露提示性公告。公告内容包括解除限售时间、解除限售数量及占总股本的比例、有关投资者所作出的限售承诺及其履行情况、本次解除限售后公司的股本结构等。

3.3.6 本所对股票及其衍生品种的解除限售事宜另有规定的，从其规定。

第四节 股票及其衍生品种变动管理

3.4.1 上市公司投资者、董事、监事、高级管理人员等所持股票及其衍生品种变动事宜，应当遵守法律法规、本规则、本所其他规定、公司章程等规定。

投资者及董事、监事、高级管理人员等对持有比例、持有期限、变动方式、变动价格等作出承诺的，应当严格履行所作出的承诺。

3.4.2 在一个上市公司中拥有权益的股份达到该公司已发行的有表决权股份的5%以上，或者其后拥有权益的股份变动涉及《证券法》《上市公司收购管理办法》规定的收购或者股份权益变动情形的，该股东、实际控制人及其他信息披露义务人应当按照《证券法》《上市公司收购管理办法》等规定通知上市公司，并履行公告义务。

前述投资者违反《证券法》第六十三条第一款、第二款的规定买入上市公司有表决权的股份的，在买入后的36个月内，该超过规定比例部分的股份不得行使表决权，且不得计入出席上市公司股东大会有表决权的股份总数。

公司应当配合投资者履行信息披露义务。公司股东、实际控制人及其他信息披露义务人未履行报告和公告义务的，公司董事会应当自知悉之日起及时报告和公告，并督促相关股东、实际控制人及其他信息披露义务人履行公告义务。

3.4.3 因上市公司股本变动，导致投资者在该上市公司中拥有权益的股份变动涉及《证券法》《上市公司收购管理办法》规定的收购或者股份权益变动情形的，公司应当自完成股本变动的变更登记之日起2个交易日内就因此导致的投资者的权益变动情况作出公告。

3.4.4 投资者持有一个上市公司已发行的可转换公司债券达到发行总量的20%时，应当在事实发生之日起2个交易日内通知该上市公司并予以公告。

持有上市公司已发行的可转换公司债券20%以上的投资者，其所持上市公司已发行的可转换公司债券比例每增加或者减少10%时，应当在事实发生之日起2个交易日内通知该上市公司并予以公告。

3.4.5 上市公司应当在可转换公司债券转换为股票的数额累计达到可转换公司债券开始转股前公司已发行股份总额的10%时及时披露。

公司应当在每一季度结束后及时披露因可转换公司债券转换为股份所引起的股份变动情况。

3.4.6 上市公司涉及被要约收购，或者被公司董事、监事、高级管理人员、员工或者其所控制或者委托的法人、其他组织收购的，应当按照《证券法》《上市公司收购管理办法》等规定披露公告并履行相关义务。

3.4.7 上市公司股东、实际控制人及其他信息披露义务人未履行收购、权益变动相关的报告和公告义务，拒不履行相关配合义务，或者存在不得收购上市公司的情形的，公司董事会应当拒绝接受该股东、实际控制人或受其支配的股东向董事会提交的提案或者临时议案，并及时报告本所。

3.4.8 上市公司董事、监事和高级管理人员所持本公司股份为下列情形之一的，不得转让：

（一）本公司股票上市交易之日起1年内；

（二）离职后半年内；

（三）承诺一定期限内不转让并在该期限内；

（四）法律法规、本所规定的其他情形。

公司董事、监事和高级管理人员应当在公司股票上市前、任命生效时及新增持有公司股份时，按照本所的有关规定申报并申请锁定其所持的本公司股份。

3.4.9 上市公司董事、监事和高级管理人员在买卖本公司股票的2个交易日内，本所在网站上公开本次变动前持股数量，本次股份变动的日期、数量、价格，以及本次变动后的持股数量等。

3.4.10 上市公司董事、监事、高级管理人员和持有公司5%以上股份的股东违反《证券法》有关规定，将其所持本公司股票或者其他具有股权性质的证券在买入后6个月内卖出，或者在卖出后6个月内又买入的，公司董事会应当收回其所得收益，并及时披露相关人员前述买卖的情况、收益的金额、公司采取的处理措施和公司收回收益的具体情况等。

前款所称董事、监事、高级管理人员和自然人股东持有的股票或者其他具有股权性质的证券，包括其配偶、父母、子女持有的及利用他人账户持有的股票或者其他具有股权性质的证券。

3.4.11 上市公司控股股东、持有5%以上股份的股东及其一致行动人、董事、监事、高级管理人员披露增持股份计划的，应当明确披露增持数量或者金额，设置数量区间或者金额区间的，应当审慎合理确定上限和下限。

3.4.12 上市公司持有5%以上股份的股东及其一致行动人、实际控制人、董事、监事、高级管理人员，以及本所有关规定规范的其他持股主体，转让其持有的本公司股份的，应当遵守法律法规、本规则及本所其他规定关于持有期限、转让时间、转让数量、转让方式、信息披露、转让限制等规定。

公司存在本规则第九章规定的重大违法强制退市情形的，其控股股东、实际控制人、董事、监事、高级管理人员，以及上述主体的一致行动人，应当遵守本规则第9.5.13条关于不得减持公司股份的规定。

3.4.13 上市公司控股子公司不得取得该上市公司发行的股份。确因特殊原因持有股份的，应当在1年内消除该情形，在消除前，上市公司控股子公司不得对其持有的股份行使表决权。

第四章 公司治理

第一节 一般规定

4.1.1 上市公司应当健全治理机制、建立有效的治理结构，形成科学有效的职责分工和制衡机制，强化内部和外部监督，保证内部控制制度的完整性、合理性及有效性。

公司应当确保股东大会、董事会、监事会等机构合法运作和科学决策，明确股东、董事、监事和高级管理人员的权利和义务，保障股东充分行使其合法权利，尊重利益相关者的基本权益，保证公司经营管理合法合规、资金资产安全、信息披露真实、准确、完整，切实防范财务造假、资金占用、违规担保等违法违规行为，维护公司及股东的合法权益。

4.1.2 上市公司董事会、监事会和其他内部机构应当独立运作，独立行使决策权、经营管理权，不得与控股股东、实际控制人及其关联人存在机构混同等影响公司独立经营的情形，保证人员、资产、财务分开，保证机构、业务独立。

4.1.3 上市公司与董事、监事、高级管理人员、控股股东、实际控制人及其他关联人发生资金往来、担保等事项应当遵守法律法规、本规则、本所其他规定和公司章程的规定，不得损害上市公司利益。

因上市公司关联人占用或者转移公司资金、资产或者其他资源而给公司造成损失或者可能造成损失的，公司董事会应当及时采取诉讼、财产保全等措施避免或者减少损失，并追究有关人员的责任。

关联人强令、指使或者要求公司违规提供资金或者担保的，公司及其董事、监事、高级管理人员应当拒绝，不得协助、配合或者默许。

4.1.4 上市公司应当积极践行可持续发展理念，主动承担社会责任，维护社会公共利益，重视环境保护。

公司应当按规定编制和披露社会责任报告等文件。出现违背社会责任等重大事项时，公司应当充分评估潜在影响并及时披露，说明原因和解决方案。

4.1.5 上市公司应当重视和加强投资者关系管理工作，为投资者关系管理工作设置必要的信息交流渠道，建立与投资者之间良好的沟通机制和平台，增进投资者对公司的了解。

公司投资者关系管理工作应当遵循公开、公平、公正原则，真实、准确、完整地介绍和反映公司的实际状况，避免在投资者关系活动中出现透露、泄露未公开重大信息、过度宣传误导投资者决策、对公司股票及其衍生品种价格公开作出预期或者承诺等违反信息披露规则或者涉嫌操纵股票及其衍生品种价格的行为。

公司董事会应当负责制定投资者关系管理工作制度，并指定董事会秘书负责组织和协调投资者关系管理工作。监事会应当对投资者关系管理工作制度实施情况进行监督。

第二节　股东大会、董事会和监事会

4.2.1 上市公司股东大会的召集、召开、表决等应当符合法律法规、本所有关规定和公司章程的要求，应当平等对待全体股东，不得以利益输送、利益交换等方式影响股东的表决，操纵表决结果，损害其他股东的合法权益。

4.2.2 股东自行召集股东大会的，应当在发出股东大会通知前书面通知上市公司董事会并将有关文件报送本所。对于股东依法自行召集的股东大会，公司及其董事会秘书应当予以配合，提供必要的支持，并及时履行信息披露义务。

在股东大会决议公告前，召集股东持股比例不得低于公司总股本的10%。召集股东应当在不晚于发出股东大会通知时，承诺自提议召开股东大会之日至股东大会召开日期间不减持其所持该上市公司股份并披露。

4.2.3 上市公司召开股东大会，应当按照法律法规规定的股东大会通知期限，以公告方式向股东发出股东大会通知。

股东大会通知中应当列明会议召开的时间、地点、方式以及会议召集人和股权登记日等事项，并充分、完整地披露所有提案的具体内容。股东大会的提案内容应当符合法律法规、本规则、本所其他规定和公司章程，属于股东大会职权范围，并有明确议题和具体决议事项。

有助于股东对拟讨论的事项作出合理决策所需的资料，应当在不晚于发出股东大会通知时披露。

4.2.4 上市公司股东大会应当设置会场，以现场会议与网络投票相结合的方式召开。现场会议时间、地点的选择应当便于股东参加。股东大会通知发出后，无正当理由，股东大会现场会议召开地点不得变更。确需变更的，召集人应当于现场会议召开日2个交易日前发布通知并说明具体原因。

4.2.5　上市公司董事会、独立董事、持有1%以上有表决权股份的股东或者依照法律法规设立的投资者保护机构公开请求股东委托其代为行使提案权、表决权等的，征集人应当依规披露征集公告和相关征集文件，不得以有偿或者变相有偿方式公开征集股东权利，上市公司应当予以配合。

4.2.6　发出股东大会通知后，无正当理由，上市公司股东大会不得延期或者取消，股东大会通知中列明的提案不得取消。一旦出现股东大会延期或者取消、提案取消的情形，召集人应当在原定会议召开日2个交易日前发布公告，说明延期或者取消的具体原因；延期召开股东大会的，还应当披露延期后的召开日期。

4.2.7　股东大会召开前股东依法依规提出临时提案的，召集人应当在规定时间内发出股东大会补充通知，披露提出临时提案的股东姓名或者名称、持股比例和新增提案的内容。

4.2.8　召集人应当在股东大会结束当日，披露股东大会决议公告。股东大会决议公告应当包括会议召开的时间、地点、方式，召集人、出席会议的股东（代理人）人数、所持（代理）股份及占上市公司有表决权股份总数的比例、每项提案的表决方式、每项提案的表决结果、法律意见书的结论性意见等。

股东大会审议影响中小投资者利益的重大事项时，应当对除上市公司董事、监事、高级管理人员以及单独或者合计持有上市公司5%以上股份的股东以外的其他股东的表决单独计票并披露。

上市公司股东大会应当由律师对会议的召集、召开、出席会议人员的资格、召集人资格、表决程序（股东回避等情况）以及表决结果等事项是否合法、有效发表意见。法律意见书应当与股东大会决议公告同时披露。

本所要求提供股东大会会议记录的，召集人应当按本所要求提供。

4.2.9　上市公司及其股东、董事、监事、高级管理人员等在股东大会上不得透露、泄露未公开重大信息。

4.2.10　上市公司董事会应当按照法律法规、本所有关规定和公司章程履行职责，公平对待所有股东，并维护其他利益相关者的合法权益。

董事会的人数和人员构成应当符合法律法规、本规则、本所其他规定、公司章程等的要求，董事会成员应当具备履行职责所必需的知识、技能和素质，具备良好的职业道德。

4.2.11　上市公司应当依据法律法规、本所有关规定和公司章程召集、召开董事会，并在会议结束后及时将董事会决议报送本所。董事会决议应当经与会董事签字确认。本所要求提供董事会会议记录的，公司应当按本所要求提供。

公司董事会决议涉及须经股东大会审议的事项或者法律法规、本规则所述重大事项的，公司应当披露董事会决议和相关重大事项公告，本所另有规定的除外。

董事会决议公告应当包括会议通知发出的时间和方式、会议召开的时间、地点和方式、委托他人出席和缺席的董事人数和姓名、缺席的理由和受托董事姓名、每项议案的表决结果以及有关董事反对或者弃权的理由等。重大事项公告应当按照中国证监会有关规定、本所有关规定及本所制定的公告格式予以披露。

4.2.12　上市公司应当在董事会下设立审计委员会，内部审计部门对审计委员会负责，向审计委员会报告工作。公司可以设立战略、提名、薪酬与考核等专门委员会，按照公司章程和董事会授权履行职责。

专门委员会成员全部由董事组成，其中审计委员会、提名委员会、薪酬与考核委员会中独立董事应当占多数并担任召集人，审计委员会的召集人应当为会计专业人士。

4.2.13 上市公司监事会应当按照有关法律法规、本所有关规定和公司章程履行监督职责，维护公司及股东合法权益。

监事会的人员和结构应当确保能够独立有效地履行职责。监事应当具有相应的专业知识或者工作经验，具备有效履职能力和良好的职业道德。公司董事、高级管理人员不得兼任监事。

4.2.14 上市公司应当依据法律法规、本所有关规定和公司章程召集、召开监事会，并在会议结束后及时将监事会决议报送本所。监事会决议应当经与会监事签字确认。本所要求提供监事会会议记录的，公司应当按本所要求提供。

公司依据本所有关规定披露监事会决议的，监事会决议公告应当包括会议通知发出的时间和方式、会议召开的时间、地点和方式、委托他人出席和缺席的监事情况、每项议案的表决结果以及有关监事反对或者弃权的理由、审议事项的具体内容和会议形成的决议等。

4.2.15 上市公司股东大会、董事会、监事会不能正常召开、在召开期间出现异常情况或者决议效力存在争议的，应当立即向本所报告、说明原因并披露相关事项、争议各方的主张、公司现状等有助于投资者了解公司实际情况的信息，以及律师出具的专项法律意见书。

出现前款规定情形的，公司董事会应当维护公司正常生产经营秩序，保护公司及全体股东利益，公平对待所有股东。

第三节 董事、监事和高级管理人员

4.3.1 上市公司董事、监事和高级管理人员应当遵守并保证公司遵守法律法规、本所有关规定和公司章程，忠实、勤勉履职，严格履行其作出的各项声明和承诺，切实履行报告和信息披露义务，维护上市公司和全体股东利益，并积极配合本所的日常监管。

4.3.2 上市公司董事由股东大会选举和更换，并可以在任期届满前由股东大会解除其职务。

董事每届任期不得超过 3 年，任期届满可以连选连任。

4.3.3 候选人存在下列情形之一的，不得被提名担任上市公司董事、监事和高级管理人员：

（一）《公司法》规定不得担任董事、监事、高级管理人员的情形；

（二）被中国证监会采取不得担任上市公司董事、监事、高级管理人员的市场禁入措施，期限尚未届满；

（三）被证券交易所公开认定为不适合担任上市公司董事、监事、高级管理人员，期限尚未届满；

（四）法律法规、本所规定的其他情形。

上述期限计算至公司董事会审议高级管理人员候选人聘任议案的日期，以及股东大会或者职工代表大会审议董事、监事候选人聘任议案的日期。

公司董事、监事和高级管理人员在任职期间出现第一款第（一）项、第（二）项情形或者独立董事出现不符合独立性条件情形的，相关董事、监事和高级管理人员应当立即停止履职并由公司按相应规定解除其职务。公司董事、监事和高级管理人员在任职期间出现第一款第（三）项、第（四）项情形的，公司应当在该事实发生之日起 1 个月内解除其职务。

本所另有规定的除外。

相关董事、监事应被解除职务但仍未解除，参加董事会、监事会会议并投票的，其投票无效。

4.3.4 上市公司的董事、监事和高级管理人员在公司股票首次公开发行并上市前，新任董事、监事和高级管理人员在获得任命后1个月内，应当按照本所有关规定签署《董事（监事、高级管理人员）声明及承诺书》，并报送本所和公司董事会。声明与承诺事项发生重大变化（持有本公司的股票情况除外）的，董事、监事和高级管理人员应当在5个交易日内更新并报送本所和公司董事会。

上述人员签署《董事（监事、高级管理人员）声明及承诺书》时，应当由律师见证。董事、监事和高级管理人员应当保证声明事项的真实、准确、完整，不存在虚假记载、误导性陈述或者重大遗漏。

董事会秘书应当督促董事、监事和高级管理人员及时签署《董事（监事、高级管理人员）声明及承诺书》，并按本所规定的途径和方式提交。

4.3.5 上市公司董事应当积极作为，对公司负有忠实义务和勤勉义务。

上市公司董事应当履行以下忠实义务和勤勉义务：

（一）公平对待所有股东；

（二）保护公司资产的安全、完整，不得利用职务之便为公司实际控制人、股东、员工、本人或者其他第三方的利益而损害公司利益；

（三）未经股东大会同意，不得为本人及其关系密切的家庭成员谋取属于上市公司的商业机会，不得自营、委托他人经营上市公司同类业务；

（四）保守商业秘密，不得泄露公司尚未披露的重大信息，不得利用内幕信息获取不当利益，离职后应当履行与公司约定的竞业禁止义务；

（五）保证有足够的时间和精力参与上市公司事务，原则上应当亲自出席董事会，因故不能亲自出席董事会的，应当审慎地选择受托人，授权事项和决策意向应当具体明确，不得全权委托；

（六）审慎判断公司董事会审议事项可能产生的风险和收益，对所议事项表达明确意见；在公司董事会投反对票或者弃权票的，应当明确披露投票意向的原因、依据、改进建议或者措施；

（七）认真阅读上市公司的各项经营、财务报告和有关公司的传闻，及时了解并持续关注公司业务经营管理状况和公司已发生或者可能发生的重大事项及其影响，及时向董事会报告公司经营活动中存在的问题，不得以不直接从事经营管理或者不知悉、不熟悉为由推卸责任；

（八）关注公司是否存在被关联人或者潜在关联人占用资金等公司利益被侵占问题，如发现异常情况，及时向董事会报告并采取相应措施；

（九）认真阅读公司财务会计报告，关注财务会计报告是否存在重大编制错误或者遗漏，主要会计数据和财务指标是否发生大幅波动及波动原因的解释是否合理；对财务会计报告有疑问的，应当主动调查或者要求董事会补充提供所需的资料或者信息；

（十）积极推动公司规范运行，督促公司依法依规履行信息披露义务，及时纠正和报告公司的违规行为，支持公司履行社会责任；

（十一）法律法规、本规则及本所其他规定、公司章程要求的其他忠实义务和勤勉义务。

上市公司监事和高级管理人员应当参照前款规定履行职责。

4.3.6 上市公司董事、监事和高级管理人员应当关注公司控股股东及其一致行动人质押股份情况，按规定审慎核查、评估公司控股股东及其一致行动人的高比例质押行为可能对公司控制权和生产经营稳定性、股权结构、公司治理、业绩补偿义务履行等产生的影响。

4.3.7 上市公司在披露召开关于选举独立董事的股东大会通知时，应当将所有独立董事候选人的有关材料（包括提名人声明、候选人声明、独立董事履历表等）报送本所。

公司董事会对独立董事候选人的有关情况有异议的，应当同时报送董事会的书面意见。

在召开股东大会选举独立董事时，公司董事会应当对独立董事候选人是否被本所提出异议的情况进行说明。对于本所提出异议的独立董事候选人，公司股东大会不得将其选举为独立董事。

4.3.8 上市公司独立董事应当独立、公正地履行职责，充分了解公司经营运作情况，督促公司、公司董事会规范运作，维护公司利益及中小股东合法权益。独立董事应当重点关注公司的关联交易、对外担保、募集资金使用、社会公众股股东保护、重大投融资活动、董事和高级管理人员的薪酬、利润分配等事项。

独立董事可以提议召开董事会、股东大会，或者聘请会计师事务所、律师事务所等中介机构对相关事项进行审计、核查或者发表意见。

4.3.9 上市公司监事应当对公司董事、高级管理人员遵守有关法律法规、本规则、本所其他规定和公司章程以及执行公司职务、股东大会决议等行为进行监督。董事、高级管理人员应当如实向监事提供有关情况和资料，不得妨碍监事行使职权。

监事在履行监督职责过程中，对违反前款有关规定或者决议的董事、高级管理人员，可以提出罢免建议。

监事发现公司董事、高级管理人员违反第一款有关规定或者决议，或者存在其他损害公司利益行为的，已经或者可能给公司造成重大损失的，应当及时向董事会、监事会报告，要求相关方予以纠正，并向本所报告。

4.3.10 上市公司董事、监事和高级管理人员辞职应当提交书面辞职报告。

除下列情形外，董事和监事的辞职自辞职报告送达董事会或者监事会时生效：

（一）董事、监事辞职导致董事会、监事会成员低于法定最低人数；

（二）职工代表监事辞职导致职工代表监事人数少于监事会成员的1/3；

（三）独立董事辞职导致独立董事人数少于董事会成员的1/3或者独立董事中没有会计专业人士。

出现前款情形的，辞职报告应当在下任董事或者监事填补因其辞职产生的空缺后方能生效；在辞职报告生效前，拟辞职董事或者监事仍应当按照有关法律法规、本规则、本所其他规定和公司章程的规定继续履行职责，但存在本规则第4.3.3条规定情形的除外。

第四节　董事会秘书

4.4.1 上市公司应当设立董事会秘书，作为公司与本所之间的指定联络人。

公司应当设立由董事会秘书负责管理的信息披露事务部门。

4.4.2 董事会秘书对上市公司和董事会负责，履行如下职责：

（一）负责公司信息披露事务，协调公司信息披露工作，组织制定公司信息披露事务管理制度，督促上市公司及相关信息披露义务人遵守信息披露有关规定；

（二）负责组织和协调公司投资者关系管理工作，协调公司与证券监管机构、股东及实际控制人、中介机构、媒体等之间的信息沟通；

（三）组织筹备董事会会议和股东大会会议，参加股东大会、董事会、监事会及高级管理人员相关会议，负责董事会会议记录工作并签字；

（四）负责公司信息披露的保密工作，在未公开重大信息泄露时，及时向本所报告并公告；

（五）关注有关公司的传闻并主动求证真实情况，督促董事会等有关主体及时回复本所问询；

（六）组织董事、监事和高级管理人员进行相关法律法规、本规则及本所其他规定要求的培训，协助前述人员了解各自在信息披露中的职责；

（七）督促董事、监事和高级管理人员遵守法律法规、本规则、本所其他规定和公司章程，切实履行其所作出的承诺；在知悉公司、董事、监事和高级管理人员作出或者可能作出违反有关规定的决议时，应当予以提醒并立即如实向本所报告；

（八）负责公司股票及其衍生品种变动的管理事务等；

（九）法律法规、本所要求履行的其他职责。

4.4.3 上市公司应当为董事会秘书履行职责提供便利条件，董事、监事、财务负责人及其他高级管理人员和公司相关人员应当支持、配合董事会秘书工作。

董事会秘书为履行职责，有权了解公司的财务和经营情况，参加涉及信息披露的有关会议，查阅相关文件，并要求公司有关部门和人员及时提供相关资料和信息。

董事会秘书在履行职责过程中受到不当妨碍和严重阻挠时，可以直接向本所报告。

4.4.4 上市公司董事会秘书应当具备履行职责所必需的财务、管理、法律专业知识，具有良好的职业道德和个人品德。有下列情形之一的人士不得担任公司董事会秘书：

（一）最近 36 个月受到中国证监会行政处罚；

（二）最近 36 个月受到证券交易所公开谴责或者 3 次以上通报批评；

（三）本公司现任监事；

（四）本所认定不适合担任董事会秘书的其他情形。

4.4.5 上市公司应当在首次公开发行股票并上市后 3 个月内或者原任董事会秘书离职后 3 个月内聘任董事会秘书。

4.4.6 上市公司董事会秘书空缺期间，董事会应当指定 1 名董事或者高级管理人员代行董事会秘书的职责并报本所，同时尽快确定董事会秘书人选。公司指定代行董事会秘书职责的人员之前，由董事长代行董事会秘书职责。

公司董事会秘书空缺期间超过 3 个月的，董事长应当代行董事会秘书职责，并在 6 个月内完成董事会秘书的聘任工作。

4.4.7 上市公司在聘任董事会秘书的同时，还应当聘任证券事务代表，协助董事会秘书履行职责。在董事会秘书不能履行职责时，由证券事务代表行使其权利并履行其职责，在此期间，并不当然免除董事会秘书对公司信息披露事务所负有的责任。

证券事务代表的任职条件参照本规则第 4.4.4 条执行。

4.4.8 上市公司聘任董事会秘书、证券事务代表后应当及时公告，并向本所提交下列资料：

（一）董事会秘书、证券事务代表聘任书或者相关董事会决议、聘任说明文件，包括符合本规则任职条件、职务、工作表现及个人品德等；

（二）董事会秘书、证券事务代表个人简历、学历证明（复印件）；

（三）董事会秘书、证券事务代表的通讯方式，包括办公电话、移动电话、传真、通信地址及专用电子邮件信箱地址等。

上述有关通讯方式的资料发生变更时，公司应当及时向本所提交变更后的资料。

4.4.9 上市公司解聘董事会秘书应当具有充分理由，不得无故解聘。

董事会秘书被解聘或者辞职时，公司应当及时向本所报告，说明原因并公告。

董事会秘书可以就被公司不当解聘或者与辞职有关的情况，向本所提交个人陈述报告。

4.4.10 董事会秘书有下列情形之一的，上市公司应当自事实发生之日起1个月内解聘董事会秘书：

（一）出现本规则第4.4.4条所规定情形之一；

（二）连续3个月以上不能履行职责；

（三）在履行职责时出现重大错误或者疏漏，给投资者造成重大损失；

（四）违反法律法规、本规则、本所其他规定或者公司章程，给公司、投资者造成重大损失。

4.4.11 上市公司应当指派董事会秘书、证券事务代表或者本规则规定代行董事会秘书职责的人员负责与本所联系，办理信息披露与股票及其衍生品变动管理事务。

第五节 控股股东和实际控制人

4.5.1 上市公司控股股东、实际控制人应当诚实守信，依法依规行使股东权利、履行股东义务，严格履行承诺，维护上市公司和全体股东的共同利益。

控股股东、实际控制人应当维护上市公司独立性，不得利用对上市公司的控制地位谋取非法利益、占用上市公司资金和其他资源。

4.5.2 上市公司控股股东、实际控制人在公司股票首次公开发行并上市前或者控制权变更完成后1个月内，应当按照本所有关规定签署《控股股东、实际控制人声明及承诺书》，并报送本所和公司董事会。声明与承诺事项发生重大变化的，控股股东、实际控制人应当在5个交易日内更新并报送本所和公司董事会。

控股股东、实际控制人签署《控股股东、实际控制人声明及承诺书》时，应当由律师见证。控股股东、实际控制人应当保证声明事项的真实、准确、完整，不存在虚假记载、误导性陈述或者重大遗漏。

董事会秘书应当督促控股股东、实际控制人及时签署《控股股东、实际控制人声明及承诺书》，并按本所规定的途径和方式提交。

4.5.3 上市公司控股股东、实际控制人应当遵守下列要求：

（一）遵守并促使上市公司遵守法律法规、本规则、本所其他规定和公司章程，接受本所监管；

（二）依法行使股东权利，不滥用控制权损害公司或者其他股东的合法权益；

（三）严格履行所作出的公开声明和各项承诺，不擅自变更或者解除；

（四）严格按照有关规定履行信息披露义务，积极主动配合公司做好信息披露工作，及时告知公司已发生或者拟发生的重大事项；

（五）不得以任何方式占用公司资金；

（六）不得强令、指使或者要求公司及相关人员违法违规提供担保；

（七）不得利用公司未公开重大信息谋取利益，不得以任何方式泄露公司的未公开重大信息，不得从事内幕交易、操纵市场等违法违规行为；

（八）不得通过非公允的关联交易、利润分配、资产重组、对外投资等任何方式损害公司和其他股东的合法权益；

（九）保证公司资产完整、人员独立、财务独立、机构独立和业务独立，不得以任何方式影响公司的独立性；

（十）本所认为应当履行的其他职责。

控股股东、实际控制人应当明确承诺，存在控股股东或者控股股东关联人占用公司资金、要求公司违法违规提供担保的，在占用资金全部归还、违规担保全部解除前不转让所持有、控制的公司股份，但转让所持有、控制的公司股份所得资金用以清偿占用资金、解除违规担保的除外。

4.5.4 上市公司控股股东、实际控制人应当履行信息披露义务，并保证所披露信息的真实、准确、完整、及时、公平，不得有虚假记载、误导性陈述或者重大遗漏。

公司控股股东、实际控制人出现下列情形之一的，应当及时告知公司，并配合公司履行信息披露义务：

（一）所持公司股份涉及本规则第 7.7.8 条所列的事项；

（二）公司的实际控制人及其控制的其他主体从事与公司相同或者相似业务的情况发生较大变化；

（三）拟对上市公司进行重大资产重组、债务重组或者业务重组；

（四）因经营状况恶化进入破产或者解散程序；

（五）出现与控股股东、实际控制人有关传闻，对上市公司股票及其衍生品种交易价格可能产生较大影响；

（六）其他可能对上市公司股票及其衍生品种交易价格产生较大影响的情形。

前款规定的事项出现重大进展或者变化的，控股股东、实际控制人应当将其知悉的有关情况书面告知公司，并配合公司履行信息披露义务。

控股股东、实际控制人收到公司问询的，应当及时了解情况并回复，保证回复内容真实、准确和完整。

4.5.5 上市公司控股股东、实际控制人应当结合自身履约能力和资信情况，充分评估股票质押可能存在的风险，审慎开展股票质押特别是限售股份质押、高比例质押业务，维护公司控制权稳定。

4.5.6 上市公司控股股东、实际控制人应当依法依规行使股东权利、履行股东义务，不得隐瞒其控股股东、实际控制人身份，规避相关义务和责任。

通过签署一致行动协议控制公司的，应当在协议中明确相关控制安排及解除机制。

公司应当根据股权结构、股东持股比例、董事会成员构成及董事的提名任免、过往决策实际情况、股东之间的一致行动协议或者约定等情况，真实、客观、审慎地认定公司控制权归属，无正当、合理理由不得认定为无控股股东、实际控制人。

4.5.7 上市公司披露无控股股东、实际控制人的，公司第一大股东及其最终控制人应当比照控股股东、实际控制人，遵守本节规定。

第五章 定期报告

第一节 业绩预告和业绩快报

5.1.1 上市公司预计年度经营业绩和财务状况出现下列情形之一的，应当在会计年度结束之日起 1 个月内进行预告：

（一）净利润为负值；

（二）净利润实现扭亏为盈；

（三）实现盈利，且净利润与上年同期相比上升或者下降 50% 以上；

（四）扣除非经常性损益前后的净利润孰低者为负值，且扣除与主营业务无关的业务收入和不具备商业实质的收入后的营业收入低于 1 亿元；

（五）期末净资产为负值；

（六）公司股票交易因触及本规则第 9.3.1 条第一款规定的情形被实施退市风险警示后的首个会计年度；

（七）本所认定的其他情形。

公司预计半年度经营业绩将出现前款第（一）项至第（三）项情形之一的，应当在半年度结束之日起 15 日内进行预告。

公司因第一款第（六）项情形进行年度业绩预告的，应当预告全年营业收入、扣除与主营业务无关的业务收入和不具备商业实质的收入后的营业收入、净利润、扣除非经常性损益后的净利润和期末净资产。

5.1.2 上市公司预计报告期实现盈利且净利润与上年同期相比上升或者下降 50% 以上，但存在下列情形之一的，可以免于披露相应业绩预告：

（一）上一年年度每股收益绝对值低于或者等于 0.05 元，可免于披露年度业绩预告；

（二）上一年半年度每股收益绝对值低于或者等于 0.03 元，可免于披露半年度业绩预告。

5.1.3 上市公司应当合理、谨慎、客观、准确地披露业绩预告，公告内容应当包括盈亏金额区间、业绩变动范围、经营业绩或者财务状况发生重大变动的主要原因等。

存在不确定因素可能影响业绩预告准确性的，公司应当在业绩预告公告中披露不确定因素的具体情况及其影响程度。

5.1.4 上市公司披露业绩预告后，最新预计经营业绩或者财务状况与已披露的业绩预告相比存在下列情形之一的，应当按照本所有关规定及时披露业绩预告修正公告，说明具体差异及造成差异的原因：

（一）因本规则第 5.1.1 条第一款第（一）项至第（三）项披露业绩预告的，最新预计的净利润方向与已披露的业绩预告不一致，或者较原预计金额或区间范围差异幅度较大；

（二）因本规则第 5.1.1 条第一款第（四）项、第（五）项披露业绩预告的，最新预计不触及第 5.1.1 条第一款第（四）项、第（五）项的情形；

（三）因本规则第 5.1.1 条第一款第（六）项披露业绩预告的，最新预计第 5.1.1 条第三款所列指标与原预计方向不一致，或者较原预计金额或区间范围差异幅度较大；

（四）本所规定的其他情形。

5.1.5　上市公司出现下列情形之一的，应当及时披露业绩快报：

（一）在定期报告披露前向有关机关报送未公开的定期财务数据，预计无法保密；

（二）在定期报告披露前出现业绩泄露，或者因业绩传闻导致公司股票及其衍生品种交易异常波动；

（三）拟披露第一季度业绩但上年度年度报告尚未披露。

出现前款第（三）项情形的，公司应当在不晚于第一季度业绩相关公告发布时披露上一年度的业绩快报。

除出现第一款情形外，公司可以在定期报告披露前发布业绩快报。

5.1.6　上市公司披露业绩快报的，业绩快报应当包括公司本期及上年同期营业收入、营业利润、利润总额、净利润、扣除非经常性损益后的净利润、总资产、净资产、每股收益、每股净资产和净资产收益率等数据和指标。

5.1.7　上市公司披露业绩快报后，预计本期业绩或者财务状况与已披露的业绩快报的数据和指标差异幅度达到20%以上，或者最新预计的报告期净利润、扣除非经常性损益后的净利润或者期末净资产方向与已披露的业绩快报不一致的，应当及时披露业绩快报修正公告，说明具体差异及造成差异的原因。

5.1.8　上市公司预计本期业绩与已披露的盈利预测数据有重大差异的，应当及时披露盈利预测修正公告，并披露会计师事务所关于实际情况与盈利预测存在差异的专项说明。

5.1.9　上市公司董事、监事、高级管理人员应当及时、全面了解和关注公司经营情况和财务信息，并和会计师事务所进行必要的沟通，审慎判断是否应当披露业绩预告。

公司及其董事、监事、高级管理人员应当对业绩预告及修正公告、业绩快报及修正公告、盈利预测及修正公告披露的准确性负责，确保披露情况与公司实际情况不存在重大差异。

第二节　年度报告、半年度报告和季度报告

5.2.1　上市公司应当披露的定期报告包括年度报告、半年度报告和季度报告。

公司应当在法律法规、本规则规定的期限内，按照中国证监会及本所有关规定编制并披露定期报告。

5.2.2　上市公司应当在每个会计年度结束之日起4个月内披露年度报告，应当在每个会计年度的上半年结束之日起2个月内披露半年度报告，应当在每个会计年度的前3个月、前九个月结束之日起1个月内披露季度报告。

公司第一季度季度报告的披露时间不得早于上一年度的年度报告披露时间。

公司预计不能在第一款规定的期限内披露定期报告的，应当及时公告不能按期披露的原因、解决方案及延期披露的最后期限。

5.2.3　上市公司应当向本所预约定期报告的披露时间，本所根据均衡披露原则统筹安排。

公司应当按照预约时间办理定期报告披露事宜。因故需变更披露时间的，应当较原预约日期至少提前5个交易日向本所提出申请，说明变更理由，并明确变更后的披露时间，本所视情况决定是否予以调整。本所原则上只接受一次变更申请。

公司未在前款规定的期限内提出定期报告披露预约时间变更申请的，还应当及时公告定期报告披露时间变更，说明变更理由，并明确变更后的披露时间。

5.2.4 上市公司董事会应当确保公司定期报告的按时披露。

公司定期报告内容应当经董事会审议通过，未经董事会审议通过的定期报告不得披露。

定期报告未经董事会审议、董事会审议未通过或者因故无法形成有关董事会决议的，公司应当披露具体原因和存在的风险、董事会的专项说明以及独立董事意见。

5.2.5 上市公司董事会应当按照中国证监会和本所有关规定，组织有关人员安排落实定期报告的编制和披露工作。

公司高级管理人员应当及时编制定期报告草案并提交董事会审议。

5.2.6 上市公司董事、高级管理人员应当对定期报告签署书面确认意见，说明董事会的编制和审议程序是否符合法律法规、本所有关规定的要求，定期报告的内容是否能够真实、准确、完整地反映上市公司的实际情况。

公司监事会应当对董事会编制的定期报告进行审核并提出书面审核意见。监事应当签署书面确认意见。监事会对定期报告出具的书面审核意见，应当说明董事会的编制和审议程序是否符合法律法规、本所有关规定的要求，定期报告的内容是否能够真实、准确、完整地反映上市公司的实际情况。

公司董事、监事无法保证定期报告内容的真实性、准确性、完整性或者有异议的，应当在董事会或者监事会审议、审核定期报告时投反对票或者弃权票。

公司董事、监事和高级管理人员无法保证定期报告内容的真实性、准确性、完整性或者有异议的，应当在书面确认意见中发表意见并陈述理由，公司应当披露。公司不予披露的，董事、监事和高级管理人员可以直接申请披露。

董事、监事和高级管理人员按照前款规定发表意见，应当遵循审慎原则，其保证定期报告内容的真实性、准确性、完整性的责任不能因发表意见而当然免除。

董事、监事、高级管理人员不得以任何理由拒绝对定期报告签署书面意见。

5.2.7 上市公司年度报告中的财务会计报告应当经会计师事务所审计。

公司半年度报告中的财务会计报告可以不经审计，但有下列情形之一的，公司应当审计：

（一）拟依据半年度财务数据派发股票股利、进行公积金转增股本或者弥补亏损；

（二）中国证监会或者本所认为应当进行审计的其他情形。

公司季度报告中的财务资料无须审计，但中国证监会或者本所另有规定的除外。

5.2.8 上市公司应当在定期报告经董事会审议通过后及时向本所提交下列文件：

（一）年度报告全文及其摘要、半年度报告全文及其摘要或者季度报告；

（二）审计报告（如适用）；

（三）董事会和监事会决议；

（四）董事、监事、高级管理人员书面确认意见；

（五）按要求制作的载有定期报告和财务数据的电子文件；

（六）本所要求的其他文件。

5.2.9 上市公司财务会计报告被出具非标准审计意见的，应当按照中国证监会《公开发行证券的公司信息披露编报规则第 14 号——非标准审计意见及其涉及事项的处理》（以下简称第14号编报规则）的规定，在报送定期报告的同时，向本所提交以下文件并披露：

（一）董事会针对该审计意见涉及事项所做的符合第14号编报规则要求的专项说明，审议此专项说明的董事会决议以及决议所依据的材料；

（二）独立董事对审计意见涉及事项的意见；

（三）监事会对董事会有关说明的意见和相关决议；

（四）负责审计的会计师事务所及注册会计师出具的符合第14号编报规则要求的专项说明；

（五）中国证监会和本所要求的其他文件。

5.2.10 上市公司出现本规则第5.2.9条所述非标准审计意见涉及事项属于明显违反会计准则及相关信息披露规范性规定的，公司应当对有关事项进行纠正，并及时披露纠正后的财务会计资料和会计师事务所出具的审计报告或者专项鉴证报告等有关文件。

公司未及时披露、采取措施消除相关事项及其影响的，本所可以对其采取监管措施或者纪律处分，或者报中国证监会调查处理。

5.2.11 上市公司应当认真对待本所对其定期报告的事后审查意见，按期回复本所的问询，并按要求对定期报告有关内容作出解释和说明。需披露更正或者补充公告并修改定期报告的，公司应当在履行相应程序后及时公告。

5.2.12 上市公司因已披露的定期报告存在差错或者虚假记载被责令改正，或者董事会决定进行更正的，应当在被责令改正或者董事会作出相应决定后及时披露，涉及财务信息的，应当按照中国证监会《公开发行证券的公司信息披露编报规则第19号——财务信息的更正及相关披露》等有关规定的要求更正及披露。

5.2.13 发行可转换公司债券的上市公司，还应当在年度报告和半年度报告中披露以下内容：

（一）转股价格历次调整、修正的情况，经调整、修正后的最新转股价格；

（二）可转换公司债券发行后累计转股的情况；

（三）前十名可转换公司债券持有人的名单和持有量；

（四）担保人盈利能力、资产状况和信用状况发生重大变化的情况（如适用）；

（五）公司的负债情况、资信变化情况以及在未来年度偿债的现金安排；

（六）中国证监会和本所规定的其他内容。

5.2.14 上市公司未在规定期限内披露定期报告，或者因财务会计报告存在重大会计差错或者虚假记载被中国证监会责令改正但未在规定期限内改正的，公司股票及其衍生品种应当按照本规则第八章的有关规定进行停牌与复牌。

第三节 利润分配和资本公积金转增股本

5.3.1 上市公司应当积极回报股东，综合考虑所处行业特点、发展阶段、自身经营模式、盈利水平以及资金支出安排等，科学、审慎决策，合理确定利润分配政策。

公司应当按照《公司法》和公司章程的规定弥补亏损（如有），提取法定公积金、任意公积金，确定股本基数、分配比例、分配总额及其来源。

公司进行股票股利分配、资本公积金转增股本的，应当符合法律法规、《企业会计准则》、本规则、本所其他规定、公司章程等有关规定，其股份送转比例应当与业绩增长相匹配。

公司现金分红同时分配股票股利的，应当结合公司发展阶段、成长性、每股净资产的摊薄和重大资金支出安排等因素，说明现金分红在本次利润分配中所占比例及其合理性。

5.3.2 上市公司利润分配应当以母公司报表中可供分配利润为依据。同时，为避免出现超分配的情况，公司应当以合并报表、母公司报表中可供分配利润孰低的原则来确定具体的利润分配比例。

5.3.3 上市公司在报告期结束后，至利润分配、资本公积金转增股本方案公告前股本总额发生变动的，应当以最新股本总额作为分配或者转增的股本基数。

公司董事会在审议利润分配、资本公积金转增股本方案时，应当明确在利润分配、资本公积金转增股本方案公告后至实施前，出现股权激励行权、可转债转股、股份回购等股本总额发生变动情形时的方案调整原则。

5.3.4 上市公司存在利润分配、资本公积金转增股本方案尚未提交股东大会审议或者虽经股东大会审议通过但未实施，拟发行证券的，应当在方案实施后发行。

5.3.5 上市公司应当在董事会审议通过利润分配或者资本公积金转增股本方案后，及时披露方案的具体内容，并说明该等方案是否符合公司章程规定的利润分配政策和公司已披露的股东回报规划等。

5.3.6 上市公司应当于实施方案的股权登记日前3~5个交易日内披露方案实施公告。

5.3.7 方案实施公告应当包括以下内容：

（一）通过方案的股东大会届次和日期；

（二）派发现金股利、股票股利、资本公积金转增股本的比例（以每10股表述）、股本基数（按实施前实际股本计算）以及是否含税和扣税情况等；

（三）股权登记日、除权（息）日、新增股份上市日；

（四）方案实施办法；

（五）股本变动结构表（按变动前总股本、本次派发股票股利数、本次转增股本数、变动后总股本、占总股本比例等项目列示）；

（六）派发股票股利、资本公积金转增股本后，需要调整的衍生品种行权（转股）价、行权（转股）比例、承诺的最低减持价情况等（如适用）；

（七）派发股票股利、资本公积金转增股本后，按新股本摊薄计算的上年度每股收益或者本年半年度每股收益；

（八）中国证监会和本所要求的其他内容。

5.3.8 上市公司应当在股东大会审议通过方案后2个月内，完成利润分配及资本公积金转增股本事宜。

第六章 应当披露的交易

第一节 重大交易

6.1.1 本节所称重大交易，包括除上市公司日常经营活动之外发生的下列类型的事项：

（一）购买资产；

（二）出售资产；

（三）对外投资（含委托理财、对子公司投资等）；

（四）提供财务资助（含委托贷款等）；

（五）提供担保（含对控股子公司担保等）；

（六）租入或者租出资产；

（七）委托或者受托管理资产和业务；

（八）赠与或者受赠资产；

（九）债权或者债务重组；

（十）转让或者受让研发项目；

（十一）签订许可协议；

（十二）放弃权利（含放弃优先购买权、优先认缴出资权利等）；

（十三）本所认定的其他交易。

6.1.2 除本规则第6.1.9条、第6.1.10条的规定外，上市公司发生的交易达到下列标准之一的，应当及时披露：

（一）交易涉及的资产总额占上市公司最近一期经审计总资产的10%以上，该交易涉及的资产总额同时存在账面值和评估值的，以较高者为准；

（二）交易标的（如股权）涉及的资产净额占上市公司最近一期经审计净资产的10%以上，且绝对金额超过1000万元，该交易涉及的资产净额同时存在账面值和评估值的，以较高者为准；

（三）交易标的（如股权）在最近一个会计年度相关的营业收入占上市公司最近一个会计年度经审计营业收入的10%以上，且绝对金额超过1000万元；

（四）交易标的（如股权）在最近一个会计年度相关的净利润占上市公司最近一个会计年度经审计净利润的10%以上，且绝对金额超过100万元；

（五）交易的成交金额（含承担债务和费用）占上市公司最近一期经审计净资产的10%以上，且绝对金额超过1000万元；

（六）交易产生的利润占上市公司最近一个会计年度经审计净利润的10%以上，且绝对金额超过100万元。

上述指标计算中涉及数据为负值的，取其绝对值计算。

6.1.3 除本规则第6.1.9条、第6.1.10条的规定外，上市公司发生的交易达到下列标准之一的，应当及时披露并提交股东大会审议：

（一）交易涉及的资产总额占上市公司最近一期经审计总资产的50%以上，该交易涉及的资产总额同时存在账面值和评估值的，以较高者为准；

（二）交易标的（如股权）涉及的资产净额占上市公司最近一期经审计净资产的50%以上，且绝对金额超过5000万元，该交易涉及的资产净额同时存在账面值和评估值的，以较高者为准；

（三）交易标的（如股权）在最近一个会计年度相关的营业收入占上市公司最近一个会计年度经审计营业收入的50%以上，且绝对金额超过5000万元；

（四）交易标的（如股权）在最近一个会计年度相关的净利润占上市公司最近一个会计年度经审计净利润的50%以上，且绝对金额超过500万元；

（五）交易的成交金额（含承担债务和费用）占上市公司最近一期经审计净资产的50%以上，且绝对金额超过5000万元；

（六）交易产生的利润占上市公司最近一个会计年度经审计净利润的50%以上，且绝对金额超过 500 万元。

上述指标计算涉及的数据为负值的，取其绝对值计算。

6.1.4 上市公司发生的交易属于下列情形之一的，可以免于按照本规则第 6.1.3 条的规定提交股东大会审议，但仍应当按照有关规定履行信息披露义务：

（一）公司发生受赠现金资产、获得债务减免等不涉及对价支付、不附有任何义务的交易；

（二）公司发生的交易仅达到本规则第 6.1.3 条第一款第（四）项或者第（六）项标准，且上市公司最近一个会计年度每股收益的绝对值低于 0.05 元。

6.1.5 上市公司购买或者出售股权的，应当按照公司所持权益变动比例计算相关财务指标适用本规则第 6.1.2 条和第 6.1.3 条的规定。

交易导致上市公司合并报表范围发生变更的，应当以该股权对应标的公司的相关财务指标适用本规则第 6.1.2 条和第 6.1.3 条的规定。

因委托或者受托管理资产和业务等，导致上市公司合并报表范围发生变更的，参照适用前款规定。

6.1.6 上市公司发生交易达到本规则第 6.1.3 条规定标准，交易标的为公司股权的，应当披露标的资产经审计的最近一年又一期财务会计报告。会计师事务所发表的审计意见应当为无保留意见，审计基准日距审议相关交易事项的股东大会召开日不得超过 6 个月。

公司发生交易达到本规则第 6.1.3 条规定标准，交易标的为公司股权以外的其他资产的，应当披露标的资产由资产评估机构出具的评估报告。评估基准日距审议相关交易事项的股东大会召开日不得超过 1 年。

公司依据其他法律法规或其公司章程提交股东大会审议，或者自愿提交股东大会审议的，应当适用前两款规定，本所另有规定的除外。

公司发生交易达到本规则第 6.1.2 条、第 6.1.3 条规定的标准，交易对方以非现金资产作为交易对价或者抵偿上市公司债务的，应当披露所涉及资产的符合第一款、第二款要求的审计报告或者评估报告。相关交易无需提交股东大会审议的，审计基准日或者评估基准日距审议相关事项的董事会召开日或者相关事项的公告日不得超过第一款、第二款要求的时限。

公司发生交易虽未达到本规则第 6.1.3 条规定的标准，中国证监会、本所根据审慎原则可以要求公司披露所涉及资产的符合第一款、第二款要求的审计报告或者评估报告。

6.1.7 上市公司购买或者出售交易标的少数股权，因在交易前后均无法对交易标的形成控制、共同控制或者重大影响等客观原因，导致确实无法对交易标的最近一年又一期财务会计报告进行审计的，可以披露相关情况并免于按照本规则第 6.1.6 条的规定披露审计报告，中国证监会或者本所另有规定的除外。

6.1.8 上市公司发生本规则第 6.1.1 条规定的购买资产或者出售资产时，应当以资产总额和成交金额中的较高者为准，按交易事项的类型在连续 12 个月内累计计算。经累计计算金额超过上市公司最近一期经审计总资产的 30% 的，公司应当及时披露相关交易事项以及符合本规则第 6.1.6 条要求的该交易标的审计报告或者评估报告，提交股东大会审议并经由出席会议的股东所持表决权的 2/3 以上通过。

已按照前款规定履行相关义务的，不再纳入相关的累计计算范围。

6.1.9 上市公司提供财务资助，除应当经全体董事的过半数审议通过外，还应当经出席董事会会议的2/3以上董事审议同意并作出决议，并及时对外披露。

财务资助事项属于下列情形之一的，应当在董事会审议通过后提交股东大会审议，本所另有规定的除外：

（一）单笔财务资助金额超过上市公司最近一期经审计净资产的10%；

（二）被资助对象最近一期财务报表数据显示资产负债率超过70%；

（三）最近12个月内财务资助金额累计计算超过上市公司最近一期经审计净资产的10%；

（四）本所或者公司章程规定的其他情形。

公司提供资助对象为公司合并报表范围内且持股比例超过50%的控股子公司，且该控股子公司其他股东中不包含上市公司的控股股东、实际控制人及其关联人的，可以免于适用前两款规定。

6.1.10 上市公司提供担保，除应当经全体董事的过半数审议通过外，还应当经出席董事会会议的2/3以上董事审议同意并作出决议，并及时对外披露。

上市公司提供担保属于下列情形之一的，还应当在董事会审议通过后提交股东大会审议：

（一）单笔担保额超过上市公司最近一期经审计净资产的10%；

（二）上市公司及其控股子公司对外提供的担保总额，超过上市公司最近一期经审计净资产的50%以后提供的任何担保；

（三）上市公司及其控股子公司对外提供的担保总额，超过上市公司最近一期经审计总资产的30%以后提供的任何担保；

（四）被担保对象最近一期财务报表数据显示资产负债率超过70%；

（五）最近12个月内担保金额累计计算超过公司最近一期经审计总资产的30%；

（六）对股东、实际控制人及其关联人提供的担保；

（七）本所或者公司章程规定的其他情形。

上市公司股东大会审议前款第（五）项担保事项时，应当经出席会议的股东所持表决权的2/3以上通过。

6.1.11 上市公司的对外担保事项出现下列情形之一时，应当及时披露：

（一）被担保人于债务到期后15个交易日内未履行还款义务的；

（二）被担保人出现破产、清算及其他严重影响还款能力情形的。

6.1.12 上市公司进行委托理财，因交易频次和时效要求等原因难以对每次投资交易履行审议程序和披露义务的，可以对投资范围、额度及期限等进行合理预计，以额度计算占净资产的比例，适用本规则第6.1.2条和第6.1.3条的规定。

相关额度的使用期限不应超过12个月，期限内任一时点的交易金额（含前述投资的收益进行再投资的相关金额）不应超过投资额度。

6.1.13 上市公司租入或者租出资产的，应当以约定的全部租赁费用或者租赁收入适用本规则第6.1.2条和第6.1.3条的规定。

6.1.14 上市公司直接或者间接放弃对控股子公司的优先购买或者认缴出资等权利，导致合并报表范围发生变更的，应当以放弃金额与该主体的相关财务指标，适用本规则第6.1.2条和第6.1.3条的规定。

公司放弃权利未导致上市公司合并报表范围发生变更，但相比于未放弃权利，所拥有该主体权益的比例下降的，应当以放弃金额与按权益变动比例计算的相关财务指标，适用本规则第 6. 1. 2 条和第 6. 1. 3 条的规定。

公司部分放弃权利的，还应当以放弃金额、该主体的相关财务指标或者按权益变动比例计算的相关财务指标，以及实际受让或者出资金额，适用本规则第 6. 1. 2 条和第 6. 1. 3 条的规定。

6. 1. 15 上市公司发生除委托理财等本所对累计原则另有规定的事项外的其他交易时，应当对交易标的相关的同一类别交易，按照连续 12 个月累计计算的原则，适用本规则第 6. 1. 2 条和第 6. 1. 3 条的规定。

公司发生的交易按照本节的规定适用连续 12 个月累计计算原则时，达到本节规定的披露标准的，可以仅将本次交易事项按照本所有关规定披露，并在公告中说明前期累计未达到披露标准的交易事项。

公司发生的交易按照本节的规定适用连续 12 个月累计计算原则时，达到本节规定的应当提交股东大会审议标准的，可以仅将本次交易事项提交股东大会审议，并在公告中说明前期未履行股东大会审议程序的交易事项。公司披露的前述本次交易事项的公告，应当包括符合本规则第 6. 1. 6 条要求的审计报告或者评估报告。

公司已按照本规则第 6. 1. 2 条或者第 6. 1. 3 条规定履行相关义务的，不再纳入累计计算范围。公司已披露但未履行股东大会审议程序的交易事项，仍应当纳入累计计算范围以确定应当履行的审议程序。

6. 1. 16 上市公司发生交易，相关安排涉及未来支付或者收取或有对价的，应当以预计的最高金额作为成交金额，适用本规则第 6. 1. 2 条和第 6. 1. 3 条的规定。

6. 1. 17 上市公司分期实施本规则第 6. 1. 1 条规定的各项交易的，应当以协议约定的全部金额为准，适用本规则第 6. 1. 2 条和第 6. 1. 3 条的规定。

6. 1. 18 上市公司与同一交易对方同时发生第 6. 1. 1 条第一款第（三）项至第（五）项以外方向相反的交易时，应当以其中单个方向的交易涉及的财务指标中较高者为准，适用本规则第 6. 1. 2 条和第 6. 1. 3 条的规定。

6. 1. 19 上市公司发生交易，在期限届满后与原交易对方续签协议、展期交易的，应当按照本节的规定再次履行审议程序和信息披露义务。

6. 1. 20 上市公司应当根据交易类型，按照本所有关规定披露交易的相关信息，包括交易对方、交易标的、交易协议的主要内容、交易定价及依据、有关部门审批文件（如有）、中介机构意见（如适用）等。

6. 1. 21 上市公司与其合并报表范围内的控股子公司发生的或者上述控股子公司之间发生的交易，可以免于按照本节规定披露和履行相应程序，中国证监会或者本所另有规定的除外。

第二节　日常交易

6. 2. 1 本节所称日常交易，是指上市公司发生与日常经营相关的以下类型的事项：

（一）购买原材料、燃料和动力；

（二）接受劳务；

（三）出售产品、商品；

（四）提供劳务；

（五）工程承包；

（六）与公司日常经营相关的其他交易。

资产置换中涉及前款规定交易的，适用本章第一节的规定。

6.2.2　上市公司签署日常交易相关合同，达到下列标准之一的，应当及时披露：

（一）涉及本规则第6.2.1条第一款第（一）项、第（二）项事项的，合同金额占上市公司最近一期经审计总资产的50%以上，且绝对金额超过5亿元；

（二）涉及本规则第6.2.1条第一款第（三）项至第（五）项事项的，合同金额占上市公司最近一个会计年度经审计主营业务收入的50%以上，且绝对金额超过5亿元；

（三）公司或者本所认为可能对上市公司财务状况、经营成果产生重大影响的其他合同。

6.2.3　上市公司与他人共同承接建设工程项目，公司作为总承包人的，应当以项目的全部投资金额适用本规则第6.2.2条的规定；作为非总承包人的，应当以公司实际承担的投资金额适用本规则第6.2.2条的规定。

6.2.4　上市公司参加工程承包、商品采购等项目的投标，合同金额或者合同履行预计产生的收入达到本规则第6.2.2条规定标准的，在获悉已被确定为中标单位并已进入公示期、但尚未取得中标通知书或者相关证明文件时，应当及时发布提示性公告，并按照本所有关规定披露中标公示的主要内容。

公示期结束后取得中标通知书的，公司应当及时按照本所有关规定披露项目中标相关情况。预计无法取得中标通知书的，公司应当及时披露进展情况并提示风险。

6.2.5　上市公司应当按照本所有关规定披露日常交易的相关信息，包括交易各方、合同主要内容、合同履行对公司的影响、合同的审议程序、有关部门审批文件（如有）、风险提示等。

6.2.6　已按照本规则第6.2.2条披露日常交易相关合同的，上市公司应当关注合同履行进展，与合同约定出现重大差异且影响合同金额30%以上的，应当及时披露并说明原因。

第三节　关联交易

6.3.1　上市公司进行关联交易，应当保证关联交易的合法合规性、必要性和公允性，保持公司的独立性，不得利用关联交易调节财务指标，损害公司利益。交易各方不得隐瞒关联关系或者采取其他手段，规避公司的关联交易审议程序和信息披露义务。

6.3.2　上市公司的关联交易，是指上市公司或者其控股子公司与上市公司关联人之间发生的转移资源或者义务的事项，包括：

（一）本规则第6.1.1条规定的交易事项；

（二）购买原材料、燃料、动力；

（三）销售产品、商品；

（四）提供或者接受劳务；

（五）委托或者受托销售；

（六）存贷款业务；

（七）与关联人共同投资；

（八）其他通过约定可能造成资源或者义务转移的事项。

6.3.3 上市公司的关联人包括关联法人（或者其他组织）和关联自然人。

具有下列情形之一的法人或者其他组织，为上市公司的关联法人（或者其他组织）：

（一）直接或者间接地控制上市公司的法人（或者其他组织）；

（二）由前项所述法人（或者其他组织）直接或者间接控制的除上市公司及其控股子公司以外的法人（或者其他组织）；

（三）持有上市公司5%以上股份的法人（或者其他组织）及其一致行动人；

（四）由上市公司关联自然人直接或者间接控制的，或者担任董事（不含同为双方的独立董事）、高级管理人员的，除上市公司及其控股子公司以外的法人（或其他组织）。

具有下列情形之一的自然人，为上市公司的关联自然人：

（一）直接或者间接持有上市公司5%以上股份的自然人；

（二）上市公司董事、监事及高级管理人员；

（三）直接或者间接地控制上市公司的法人（或者其他组织）的董事、监事及高级管理人员；

（四）本款第（一）项、第（二）项所述人士的关系密切的家庭成员。

在过去12个月内或者根据相关协议安排在未来12个月内，存在第二款、第三款所述情形之一的法人（或者其他组织）、自然人，为上市公司的关联人。

中国证监会、本所或者上市公司根据实质重于形式的原则，认定其他与上市公司有特殊关系、可能或者已经造成上市公司对其利益倾斜的自然人、法人（或者其他组织），为上市公司的关联人。

6.3.4 上市公司与本规则第6.3.3条第二款第（二）项所列法人（或者其他组织）受同一国有资产管理机构控制而形成该项所述情形的，不因此构成关联关系，但其法定代表人、董事长、总经理或者半数以上的董事兼任上市公司董事、监事或者高级管理人员的除外。

6.3.5 上市公司董事、监事、高级管理人员、持股5%以上的股东及其一致行动人、实际控制人应当及时向公司董事会报送公司关联人名单及关联关系的说明，由公司做好登记管理工作。

6.3.6 除本规则第6.3.13条的规定外，上市公司与关联人发生的交易达到下列标准之一的，应当及时披露：

（一）与关联自然人发生的成交金额超过30万元的交易；

（二）与关联法人（或者其他组织）发生的成交金额超过300万元，且占上市公司最近一期经审计净资产绝对值超过0.5%的交易。

6.3.7 除本规则第6.3.13条的规定外，上市公司与关联人发生的成交金额超过3000万元，且占上市公司最近一期经审计净资产绝对值超过5%的，应当及时披露并提交股东大会审议，还应当披露符合本规则第6.1.6条要求的审计报告或者评估报告。

公司关联交易事项虽未达到前款规定的标准，中国证监会、本所根据审慎原则可以要求公司提交股东大会审议，并按照前款规定适用有关审计或者评估的要求。

公司依据其他法律法规或其公司章程提交股东大会审议，或者自愿提交股东大会审议的，应当披露符合本规则第6.1.6条要求的审计报告或者评估报告，本所另有规定的除外。

公司与关联人发生下列情形之一的交易时，可以免于审计或者评估：

（一）本规则第6.3.19条规定的日常关联交易；

（二）与关联人等各方均以现金出资，且按照出资比例确定各方在所投资主体的权益比例；

（三）本所规定的其他情形。

6.3.8 上市公司董事会审议关联交易事项时，关联董事应当回避表决，也不得代理其他董事行使表决权。该董事会会议由过半数的非关联董事出席即可举行，董事会会议所作决议须经非关联董事过半数通过。出席董事会会议的非关联董事人数不足三人的，公司应当将该交易提交股东大会审议。

前款所称关联董事包括具有下列情形之一的董事：

（一）交易对方；

（二）在交易对方任职，或者在能直接或者间接控制该交易对方的法人（或者其他组织）、该交易对方直接或者间接控制的法人（或者其他组织）任职；

（三）拥有交易对方的直接或者间接控制权；

（四）交易对方或者其直接、间接控制人的关系密切的家庭成员；

（五）交易对方或者其直接、间接控制人的董事、监事和高级管理人员的关系密切的家庭成员；

（六）中国证监会、本所或者上市公司认定的因其他原因使其独立的商业判断可能受到影响的董事。

6.3.9 上市公司股东大会审议关联交易事项时，关联股东应当回避表决，并且不得代理其他股东行使表决权。

前款所称关联股东包括具有下列情形之一的股东：

（一）交易对方；

（二）拥有交易对方直接或者间接控制权；

（三）被交易对方直接或者间接控制；

（四）与交易对方受同一法人（或者其他组织）或者自然人直接或者间接控制；

（五）在交易对方任职，或者在能直接或者间接控制该交易对方的法人（或者其他组织）、该交易对方直接或者间接控制的法人（或者其他组织）任职；

（六）交易对方及其直接、间接控制人的关系密切的家庭成员；

（七）因与交易对方或者其关联人存在尚未履行完毕的股权转让协议或者其他协议而使其表决权受到限制或者影响；

（八）中国证监会或者本所认定的可能造成上市公司对其利益倾斜的股东。

6.3.10 上市公司与关联人发生的下列交易，应当按照本节规定履行关联交易信息披露义务以及本章第一节的规定履行审议程序，并可以向本所申请豁免按照本规则第6.3.7条的规定提交股东大会审议：

（一）面向不特定对象的公开招标、公开拍卖或者挂牌的（不含邀标等受限方式），但招标、拍卖等难以形成公允价格的除外；

（二）上市公司单方面获得利益且不支付对价、不附任何义务的交易，包括受赠现金资产、获得债务减免等；

（三）关联交易定价由国家规定；

（四）关联人向上市公司提供资金，利率不高于贷款市场报价利率，且上市公司无相应担保。

6.3.11 上市公司与关联人发生的下列交易，可以免于按照本节规定履行相关义务，但属于本章第一节规定的应当履行披露义务和审议程序情形的仍应履行相关义务：

（一）一方以现金方式认购另一方公开发行的股票及其衍生品种、公司债券或者企业债券，但提前确定的发行对象包含关联人的除外；

（二）一方作为承销团成员承销另一方公开发行的股票及其衍生品种、公司债券或者企业债券；

（三）一方依据另一方股东大会决议领取股息、红利或者报酬；

（四）上市公司按与非关联人同等交易条件，向本规则第6.3.3条第三款第（二）项至第（四）项规定的关联自然人提供产品和服务；

（五）本所认定的其他情形。

6.3.12 上市公司不得为本规则第6.3.3条规定的关联人提供财务资助，但向关联参股公司（不包括由上市公司控股股东、实际控制人控制的主体）提供财务资助，且该参股公司的其他股东按出资比例提供同等条件财务资助的情形除外。

公司向前款规定的关联参股公司提供财务资助的，除应当经全体非关联董事的过半数审议通过外，还应当经出席董事会会议的非关联董事的2/3以上董事审议通过，并提交股东大会审议。

本条所称关联参股公司，是指由上市公司参股且属于本规则第6.3.3条规定的上市公司的关联法人（或者其他组织）。

6.3.13 上市公司为关联人提供担保的，除应当经全体非关联董事的过半数审议通过外，还应当经出席董事会会议的非关联董事的2/3以上董事审议同意并作出决议，并提交股东大会审议。公司为控股股东、实际控制人及其关联人提供担保的，控股股东、实际控制人及其关联人应当提供反担保。

公司因交易导致被担保方成为公司的关联人的，在实施该交易或者关联交易的同时，应当就存续的关联担保履行相应审议程序和信息披露义务。

董事会或者股东大会未审议通过前款规定的关联担保事项的，交易各方应当采取提前终止担保等有效措施。

6.3.14 上市公司与关联人之间进行委托理财等，如因交易频次和时效要求等原因难以对每次投资交易履行审议程序和披露义务的，可以对投资范围、投资额度及期限等进行合理预计，以额度作为计算标准，适用本规则第6.3.6条和第6.3.7条的规定。

相关额度的使用期限不应超过12个月，期限内任一时点的交易金额（含前述投资的收益进行再投资的相关金额）不应超过投资额度。

6.3.15 上市公司与关联人发生涉及金融机构的存款、贷款等业务，应当以存款或者贷款的利息为准，适用第6.3.6条和第6.3.7条的规定。对于上市公司与财务公司发生的关联存款、贷款等业务，由本所另行规定。

6.3.16 上市公司因放弃权利导致与其关联人发生关联交易的，应当按照本规则第6.1.14条的标准，适用本规则第6.3.6条和第6.3.7条的规定。

6.3.17 上市公司与关联人共同投资，应当以上市公司的投资额作为交易金额，适用本规则第6.3.6条和第6.3.7条的规定。

6.3.18 上市公司关联人单方面受让上市公司拥有权益主体的其他股东的股权或者投资份额等，涉及有关放弃权利情形的，应当按照本规则第6.1.14条的标准，适用本规则第6.3.6条和第6.3.7条的规定；不涉及放弃权利情形，但可能对上市公司的财务状况、经营成果构成重大影响或者导致上市公司与该主体的关联关系发生变化的，上市公司应当及时披露。

6.3.19 上市公司与关联人发生本规则第6.3.2条第（二）项至第（六）项所列的与日常经营相关的关联交易事项，应当按照下列标准适用本规则第6.3.6条和第6.3.7条的规定及时披露和履行审议程序：

（一）首次发生的日常关联交易，公司应当根据协议涉及的交易金额，履行审议程序并及时披露；协议没有具体交易金额的，应当提交股东大会审议；

（二）实际执行时协议主要条款发生重大变化或者协议期满需要续签的，应当根据新修订或者续签协议涉及交易金额为准，履行审议程序并及时披露；

（三）对于每年发生的数量众多的日常关联交易，因需要经常订立新的日常关联交易协议而难以按照本款第（一）项规定将每份协议提交董事会或者股东大会审议的，公司可以按类别合理预计日常关联交易年度金额，履行审议程序并及时披露；实际执行超出预计金额的，应当以超出金额为准及时履行审议程序并披露；

（四）公司与关联人签订的日常关联交易协议期限超过3年的，应当每3年重新履行相关审议程序并披露。

公司应当在年度报告和半年度报告中分类汇总披露日常关联交易的实际履行情况。

6.3.20 上市公司在连续12个月内发生的以下关联交易，应当按照累计计算的原则分别适用本规则第6.3.6条和第6.3.7条的规定：

（一）与同一关联人进行的交易；

（二）与不同关联人进行的与同一交易标的的交易。

上述同一关联人包括与该关联人受同一主体控制或者相互存在股权控制关系的其他关联人。

6.3.21 上市公司与关联人发生交易或者相关安排涉及未来可能支付或者收取或有对价的，以预计的最高金额为成交金额，适用本规则第6.3.6条和第6.3.7条的规定。

6.3.22 上市公司应当根据关联交易事项的类型披露关联交易的有关内容，包括交易对方、交易标的、交易各方的关联关系说明和关联人基本情况、交易协议的主要内容、交易定价及依据、有关部门审批文件（如有）、中介机构意见（如适用）等。

6.3.23 上市公司与关联人进行交易时涉及相关义务、相关指标计算标准等，本节未规定的，适用本章第一节的规定。

第七章 应当披露的其他重大事项

第一节 股票交易异常波动和传闻澄清

7.1.1 上市公司股票交易根据有关规定被认定为异常波动的，公司应当于次一交易日开市前披露股票交易异常波动公告。

7.1.2 上市公司披露的股票交易异常波动公告应当包括以下内容：

（一）股票交易异常波动情况的说明；

（二）董事会对重要问题的关注、核实情况说明；

（三）向控股股东、实际控制人等的函询情况；

（四）是否存在应披露而未披露信息的声明；

（五）本所要求的其他内容。

7.1.3 传闻可能或者已经对上市公司股票及其衍生品种交易价格产生较大影响的，公司应当及时核实相关情况，并依规披露情况说明公告或者澄清公告。

7.1.4 上市公司披露的澄清公告应当包括以下内容：

（一）传闻内容及其来源；

（二）传闻所涉及事项的真实情况；

（三）相关风险提示（如适用）

（四）本所要求的其他内容。

第二节 可转换公司债券涉及的重大事项

7.2.1 发生以下可能对可转换公司债券交易或者转让价格产生较大影响的重大事项之一时，上市公司应当及时披露：

（一）《证券法》第八十条第二款、第八十一条第二款规定的重大事项；

（二）因配股、增发、送股、派息、分立、减资及其他原因引起发行人股份变动，需要调整转股价格，或者依据募集说明书或者重组报告书约定的转股价格修正条款修正转股价格；

（三）向不特定对象发行的可转换公司债券未转换的面值总额少于3000万元；

（四）公司信用状况发生重大变化，可能影响如期偿还债券本息；

（五）可转换公司债券担保人发生重大资产变动、重大诉讼、合并、分立等情况；

（六）资信评级机构对可转换公司债券的信用或者公司的信用进行评级并已出具信用评级结果；

（七）本所或者公司认定的其他情形。

7.2.2 上市公司应当在可转换公司债券约定的付息日前3～5个交易日内披露付息公告，在可转换公司债券期满前3～5个交易日内披露本息兑付公告。

7.2.3 上市公司应当在可转换公司债券开始转股前3个交易日内披露实施转股的公告。

7.2.4 上市公司应当持续关注可转换公司债券约定的赎回条件是否满足，预计可能触发赎回条件的，应当在预计赎回条件触发日的5个交易日前至少发布一次风险提示公告。

公司应当在满足可转换公司债券赎回条件的当日决定是否赎回并于次一交易日开市前披露。公司决定行使赎回权的，还应当在满足赎回条件后每5个交易日至少发布一次赎回提示性公告，并在赎回期结束后公告赎回结果及其影响；决定不行使赎回权的，公司应当公告不赎回的具体原因。

7.2.5 上市公司应当在满足可转换公司债券回售条件的次一交易日开市前披露回售公告，此后每5个交易日至少发布一次回售提示性公告，并在回售期结束后公告回售结果及其影响。

经股东大会批准变更募集资金投资项目的，公司应当在股东大会通过后20个交易日内赋予可转换公司债券持有人一次回售的权利，有关回售公告至少发布3次。其中，在回售实施前、股东大会决议公告后5个交易日内至少发布一次，在回售实施期间至少发布一次，余下一次回售公告的发布时间视需要而定。

7.2.6 发行可转换公司债券的上市公司涉及本所规定应当停止交易或者转让、暂停转股的情形的，应当及时向本所申请并公告。

第三节 合并、分立和分拆

7.3.1 上市公司实施合并、分立、分拆上市的，应当遵守法律法规、本所有关规定，履行相应审议程序和信息披露义务。

公司依据前款规定召开股东大会审议相关议案的，应当经出席股东大会的股东所持表决权的2/3以上通过。分拆上市的，还应当经出席会议的除上市公司董事、监事、高级管理人员以及单独或者合计持有上市公司5%以上股份的股东以外的其他股东所持表决权的2/3以上通过。

7.3.2 合并完成后，公司应当办理股份变更登记，按照本规则第三章的规定向本所申请合并后公司的股票及其衍生品种上市。被合并上市公司应当按照本规则第九章的规定终止其股票及其衍生品种的上市。

7.3.3 上市公司拟分拆所属子公司在境内或境外市场上市的，在上市公司首次披露分拆相关公告后，应当及时公告本次分拆上市进展情况。

7.3.4 上市公司所属子公司拟首次公开发行股票并上市的，上市公司董事会应当就所属子公司本次股票发行的具体方案作出决议并提请股东大会审议。

所属子公司拟重组上市的，上市公司董事会应当就本次重组上市的具体方案作出决议并提请股东大会审议。

第四节 重大诉讼和仲裁

7.4.1 上市公司发生的下列诉讼、仲裁事项应当及时披露：

（一）涉案金额超过1000万元，且占上市公司最近一期经审计净资产绝对值10%以上；

（二）涉及上市公司股东大会、董事会决议被申请撤销或者宣告无效的诉讼；

（三）证券纠纷代表人诉讼。

未达到前款标准或者没有具体涉案金额的诉讼、仲裁事项，可能对上市公司股票及其衍生品种交易价格产生较大影响的，公司也应当及时披露。

7.4.2 上市公司连续12个月内发生的诉讼、仲裁事项，涉案金额累计达到本规则第7.4.1条第一款第（一）项所述标准的，适用本规则第7.4.1条的规定。

已经按照本规则第7.4.1条规定履行披露义务的，不再纳入累计计算范围。

7.4.3 上市公司关于重大诉讼、仲裁事项的公告应当包括以下内容：

（一）案件受理情况和基本案情；

（二）案件对公司本期利润或者期后利润的影响，预计负债计提情况；

（三）公司是否还存在尚未披露的其他诉讼、仲裁事项；

（四）本所要求的其他内容。

7.4.4 上市公司应当及时披露诉讼、仲裁事项的重大进展情况，包括诉讼案件的一审和二审裁判结果、仲裁裁决结果以及裁判、裁决执行情况、对公司的影响等。

第五节 破产事项

7.5.1 上市公司发生重整、和解、清算等破产事项（以下统称破产事项）的，应当按照法律法规、本所有关规定履行相应审议程序和信息披露义务。

上市公司实施预重整等事项的，参照本节规定履行信息披露义务。

7.5.2 上市公司的控股股东、第一大股东、对上市公司经营具有重要影响的子公司或者参股公司发生破产事项，可能对上市公司股票及其衍生品种交易价格产生较大影响的，应当参照本节规定履行信息披露义务。

7.5.3 上市公司出现本规则第九章规定的退市风险警示或者终止上市情形的，应当依据本所有关规定和要求提供相关材料，履行信息披露和申请停牌、复牌等义务。

7.5.4 上市公司应当在董事会作出向法院申请重整、和解或者破产清算的决定时，或者知悉债权人向法院申请公司重整或者破产清算时，及时披露申请情况以及对公司的影响，并作风险提示。

在法院裁定是否受理破产事项前，公司应当每月披露相关进展情况。

7.5.5 法院受理重整、和解或者破产清算申请的，上市公司应当及时披露法院作出裁定的主要内容、指定管理人的基本情况，并明确公司进入破产程序后信息披露事务的责任人。

7.5.6 重整计划涉及引入重整投资人的，上市公司应当及时披露重整投资人的产生机制、基本情况以及投资协议的主要内容等事项。

重整投资人拟取得上市公司股份的，还应当充分披露取得股份的对价、定价依据及公允性、股份锁定安排等相关事项。

7.5.7 上市公司或者管理人应当及时披露债权人会议通知、会议议案的主要内容。在债权人会议审议通过重整计划或者和解协议后，及时披露重整计划、和解协议全文。

重整计划涉及财产变价方案及经营方案，达到本规则规定披露标准的，公司或者管理人应当就相关方案单独履行信息披露义务，并说明方案的具体情况。

7.5.8 重整计划草案涉及出资人权益调整等与股东权利密切相关的重大事项时，应当设出资人组对相关事项进行表决。

出资人组对出资人权益调整相关事项作出决议，必须经出席会议的出资人所持表决权2/3以上通过。

出资人组会议的召开程序应当参照中国证监会及本所关于召开股东大会的有关规定，公司或者管理人应当提供网络投票方式，为出资人行使表决权提供便利，但法院另有要求的除外。

7.5.9 上市公司或者管理人应当在发出出资人组会议通知时单独披露出资人权益调整方案并说明出资人权益调整的必要性、范围、内容、除权（息）处理原则、是否有利于保护上市公司及中小投资者权益等。

出资人组会议召开后，公司应当及时披露表决结果和律师事务所出具的法律意见书。

7.5.10 法院裁定批准重整计划、和解协议的，上市公司或者管理人应当及时公告裁定内容，并披露重整计划、和解协议全文。重整计划、和解协议与前次披露内容存在差异的，应当说明差异内容及原因。

重整计划或者和解协议未获批准的，公司或者管理人应当及时公告裁定内容及未获批准的原因，并提示公司因被法院宣告破产而股票及其衍生品种可能被终止上市的风险。

7.5.11 在重整计划、和解协议执行期间，上市公司应当及时披露进展情况。重整计划、和解协议执行完毕后，公司应当及时披露相关情况，说明破产事项对公司的影响，并及时披露管理人监督报告和法院裁定内容。

公司不能执行或者不执行重整计划、和解协议的，应当及时披露，说明具体原因、相关责任归属、后续安排等，并提示公司因被法院宣告破产而股票及其衍生品种可能被终止上市的风险。

7.5.12 上市公司采取管理人管理运作模式的，管理人及其成员应当按照《证券法》以及最高人民法院、中国证监会和本所有关规定，真实、准确、完整、及时地履行信息披露义务，并确保对公司所有债权人和股东公平地披露信息。

公司披露的定期报告应当由管理人的成员签署书面确认意见，公司披露的临时报告应当由管理人发布并加盖管理人公章。

7.5.13 上市公司采取管理人监督运作模式的，公司应当继续按照本规则及本所其他规定履行信息披露义务。

管理人应当及时将涉及信息披露的所有事项告知公司董事会，并督促公司董事、监事和高级管理人员勤勉尽责地履行相关义务。

7.5.14 在破产事项中，股东、债权人、重整投资人等持有上市公司股份权益发生变动的，应当按照法律法规和本所有关规定履行信息披露义务。

第六节 会计政策、会计估计变更和资产减值

7.6.1 上市公司不得利用会计政策变更和会计估计变更操纵营业收入、净利润、净资产等财务指标。

7.6.2 上市公司根据法律、行政法规或者国家统一的会计制度的要求变更会计政策的，会计政策变更公告日期不得晚于会计政策变更生效当期的定期报告披露日期。

7.6.3 上市公司自主变更会计政策应当经董事会审议通过，会计政策变更的影响金额达到下列标准之一的，还应当在定期报告披露前提交股东大会审议：

（一）对上市公司最近一个会计年度经审计净利润的影响比例超过50%；

（二）对上市公司最近一期经审计净资产的影响比例超过50%。

本节所述会计政策变更对最近一个会计年度经审计净利润、最近一期经审计净资产的影响比例，是指公司因变更会计政策对最近一个会计年度、最近一期经审计的财务报告进行追溯调整后的公司净利润、净资产与原披露数据的差额除以原披露数据，净资产、净利润为负数的取其绝对值。

7.6.4 上市公司会计政策变更公告应当包括本次会计政策变更情况概述、本次会计政策变更对公司的影响、因会计政策变更对公司最近2年已披露的年度财务报告进行追溯调整导致已披露的报告年度出现盈亏性质改变的说明（如有）等。

公司自主变更会计政策的，除应当在董事会审议通过后及时按照前款规定披露外，还应当公告董事会、独立董事和监事会对会计政策变更是否符合有关规定的意见；需股东大会审议的，还应当披露会计师事务所出具的专项意见。

7.6.5 上市公司变更重要会计估计的，应当在变更生效当期的定期报告披露前将变更事项提交董事会审议，并在董事会审议通过后比照自主变更会计政策履行披露义务。

会计估计变更的影响金额达到以下标准之一的，公司应当在变更生效当期的定期报告披露前将会计估计变更事项提交股东大会审议，并在不晚于发出股东大会通知时披露会计师的

专项意见：

（一）对上市公司最近一个会计年度经审计净利润的影响比例超过 50%；

（二）对上市公司最近一期经审计的净资产的影响比例超过 50%。

本节所述会计估计变更对最近一个会计年度经审计净利润、最近一期经审计的净资产的影响比例，是指假定公司变更后的会计估计已在最近一个会计年度、最近一期经审计财务报告中适用，据此计算的公司净利润、净资产与原披露数据的差额除以原披露数据，净资产、净利润为负数的取其绝对值。

7.6.6 上市公司计提资产减值准备或者核销资产，对公司当期损益的影响占上市公司最近一个会计年度经审计净利润绝对值的比例达到 10% 以上且绝对金额超过 100 万元的，应当及时披露。

第七节 其他

7.7.1 上市公司因减少注册资本、实施股权激励或者员工持股计划、将股份用于转换上市公司发行的可转换公司债券以及为维护公司价值及股东权益所必需等而进行的回购，应当依据中国证监会和本所有关规定执行。

7.7.2 上市公司实施股权激励、员工持股计划的，应当符合有关法律法规及本所有关规定，履行相应审议程序和信息披露义务。

7.7.3 上市公司应当建立完善募集资金管理相关制度，按照有关法律法规、本所有关规定以及招股说明书或者其他募集发行文件等所列用途规范使用募集资金，并履行相应审议程序和信息披露义务。

7.7.4 上市公司办理现金选择权业务的，应当遵守法律法规和本所、结算公司的有关规定和公司章程的规定，确保相关股东可以顺利行使现金选择权。

第三方办理现金选择权业务的，应当授权公司代为向本所申请。

7.7.5 上市公司及相关信息披露义务人应当严格遵守承诺事项，按照中国证监会和本所有关规定履行承诺义务。

公司应当将公司和相关信息披露义务人承诺事项从相关信息披露文件中单独摘出，及时逐项在本所网站上予以公开。承诺事项发生变化的，公司应当在本所网站及时更新。

公司未履行承诺的，应当及时披露未履行承诺的原因以及相关人员可能承担的法律责任；相关信息披露义务人未履行承诺的，公司应当主动询问相关信息披露义务人，并及时披露未履行承诺的原因以及董事会拟采取的措施。

公司应当在定期报告中披露承诺事项的履行进展。

7.7.6 上市公司出现下列使公司面临重大风险情形之一的，应当及时披露相关情况及对公司的影响：

（一）发生重大亏损或者遭受重大损失；

（二）发生重大债务和未能清偿到期重大债务的违约情况；

（三）可能依法承担的重大违约责任或者大额赔偿责任；

（四）公司决定解散或者被有权机关依法责令关闭；

（五）重大债权到期未获清偿，或者主要债务人出现资不抵债或者进入破产程序；

（六）公司营业用主要资产被查封、扣押、冻结、抵押、质押或者报废超过总资产的 30%；

（七）主要或者全部业务陷入停顿；

（八）公司涉嫌犯罪被依法立案调查，公司的控股股东、实际控制人、董事、监事、高级管理人员涉嫌犯罪被依法采取强制措施；

（九）公司或者其控股股东、实际控制人、董事、监事、高级管理人员受到刑事处罚，涉嫌违法违规被中国证监会立案调查或者受到中国证监会行政处罚，或者受到其他有权机关重大行政处罚；

（十）公司的控股股东、实际控制人、董事、监事、高级管理人员涉嫌严重违纪违法或者职务犯罪被纪检监察机关采取留置措施且影响其履行职责；

（十一）公司董事长或者总经理无法履行职责，除董事长、总经理外的其他公司董事、监事、高级管理人员因身体、工作安排等原因无法正常履行职责达到或者预计达到3个月以上，或者因涉嫌违法违规被有权机关采取强制措施且影响其履行职责；

（十二）本所或者公司认定的其他重大风险情况。

7.7.7 上市公司出现本规则第7.7.6条第（八）项、第（九）项情形且可能触及重大违法强制退市情形的，应当在知悉被相关行政机关立案调查或者被人民检察院提起公诉时及时披露，在其后每月披露一次风险提示公告，说明相关情况进展，并就其股票可能被实施重大违法强制退市进行风险提示。本所或者公司董事会认为有必要的，可以增加风险提示公告的披露次数，并视情况对公司股票及其衍生品种的停牌与复牌作出相应安排。

7.7.8 上市公司出现下列情形之一的，应当及时披露：

（一）变更公司章程、公司名称、股票简称、注册资本、注册地址、办公地址和联系电话等。公司章程发生变更的，还应当将新的公司章程在符合条件媒体披露；

（二）经营方针和经营范围发生重大变化；

（三）依据中国证监会关于行业分类的有关规定，上市公司行业分类发生变更；

（四）董事会审议通过发行新股、可转换公司债券、优先股、公司债券等境内外融资方案；

（五）公司发行新股或者其他境内外发行融资申请、重大资产重组事项收到相应的审核意见；

（六）生产经营情况、外部条件或者生产环境发生重大变化（包括行业政策、产品价格、原材料采购、销售方式等发生重大变化）；

（七）订立重要合同，可能对公司的资产、负债、权益和经营成果产生重大影响；

（八）公司实际控制人或者持有公司5%以上股份的股东持股情况或者控制公司的情况发生或者拟发生较大变化；

（九）法院裁决禁止公司控股股东转让其所持公司股份；

（十）公司的董事、1/3以上监事、总经理或者财务负责人发生变动；

（十一）任一股东所持公司5%以上股份被质押、冻结、司法标记、司法拍卖、托管、设定信托或者限制表决权等，或者出现被强制过户风险；

（十二）获得额外收益，可能对公司的资产、负债、权益或者经营成果产生重大影响；

（十三）本所或者公司认定的其他情形。

7.7.9 上市公司根据经营及业务发展需要自主变更公司全称或者证券简称的，应当根据实际经营业务情况审慎对待，不得随意变更。

公司变更后的公司名称应当与公司主营业务相匹配，不得利用变更名称影响公司股票及其衍生品种交易价格、误导投资者，不得违反有关法律法规、本规则及本所其他规定。

公司的证券简称应当来源于公司全称，拟变更的证券简称不得与其他上市公司的证券简称相同或者相似，不得出现仅以行业通用名称作为证券简称等情形。

拟变更的证券简称不符合前述规定的，本所可以要求公司纠正，在公司未按要求纠正前，本所不予办理公司证券简称变更事宜。

7.7.10 上市公司应当按规定披露履行社会责任的情况。

公司出现下列情形之一的，应当披露事项概况、发生原因、影响、应对措施或者解决方案：

（一）发生重大环境、生产及产品安全事故；

（二）收到相关部门整改重大违规行为、停产、搬迁、关闭的决定或者通知；

（三）不当使用科学技术或者违反科学伦理；

（四）其他不当履行社会责任的重大事故或者具有负面影响的事项。

7.7.11 本节规定的事项涉及具体金额的，应当参照适用本规则第6.1.2条的规定。

持有上市公司5%以上股份的股东对本节规定事项的发生、进展产生较大影响的，应当及时将其知悉的有关情况书面告知公司，并配合公司履行信息披露义务。

第八章 停牌与复牌

8.1 上市公司发生本规则规定的停牌、复牌事项，应当向本所申请对其股票及其衍生品种停牌与复牌。

本章未有明确规定的，公司可以以本所认为合理的理由，向本所申请对其股票及其衍生品种停牌与复牌，本所视情况决定公司股票及其衍生品种的停牌与复牌事宜。

8.2 上市公司股票被本所实行风险警示或者出现终止上市情形的，公司股票应当按照本规则第九章的有关规定停牌与复牌。

公司股票按本规则第九章规定停牌、复牌的，其衍生品种的停牌、复牌应当与公司股票保持一致。

8.3 上市公司未在法定期限内披露年度报告、半年度报告的，本所于相关定期报告披露期限届满后次一交易日，对该公司股票及其衍生品种实施停牌，后续事宜按照本规则第九章有关规定执行。

公司半数以上董事无法保证年度报告或者半年度报告真实、准确、完整且在相关定期报告披露的法定期限届满前仍有半数以上董事无法保证的，本所于相关定期报告披露期限届满后次一交易日，对该公司股票及其衍生品种实施停牌，后续事宜按照本规则第九章有关规定执行。

8.4 上市公司因财务会计报告存在重大会计差错或者虚假记载，被中国证监会责令改正但未在要求期限内改正的，本所自要求期限届满后次一个交易日起对公司股票及其衍生品种实施停牌，后续事宜按照本规则第九章有关规定执行。

8.5 上市公司信息披露或者规范运作等方面存在重大缺陷，被本所要求改正但未在要求期限内改正的，本所自要求期限届满后次一个交易日起对公司股票及其衍生品种实施停牌，后续事宜按照本规则第九章有关规定执行。

8.6 上市公司出现股本总额发生变化或者因要约收购以外的其他原因导致连续20个交易日股本总额、股权分布不再具备上市条件的，本所在20个交易日届满后次一交易日起，对该公司股票及其衍生品种实施停牌，后续事宜按照本规则第九章有关规定执行。

8.7 上市公司因收购人履行要约收购义务，或者收购人以终止上市公司上市地位为目的而发出全面要约的，要约收购期限届满至要约收购结果公告前，公司股票及其衍生品种应当停牌。

根据收购结果，被收购上市公司股本总额、股权分布具备上市条件的，公司股票及其衍生品种于要约收购结果公告后复牌。

根据收购结果，被收购上市公司股本总额、股权分布不再具备上市条件且收购人以终止公司上市地位为收购目的的，公司股票及其衍生品种于要约收购结果公告后继续停牌，并按照本规则第九章有关规定执行。

根据收购结果，被收购上市公司股本总额、股权分布不再具备上市条件但收购人不以终止公司上市地位为收购目的的，公司股票及其衍生品种于要约收购结果公告后继续停牌，并参照本规则第9.4.8条及后续程序执行。

8.8 上市公司股东大会无法正常召开会议并形成决议，且未披露相关情况的，本所于股东大会原定召开日的次一交易日，对该公司股票及其衍生品种实施停牌，公司披露相关信息后复牌。

8.9 传闻出现上市公司尚未披露的信息，可能或者已经对公司股票及其衍生品种交易价格产生较大影响的，本所可以在交易时间对公司股票及其衍生品种实施停牌，公司披露相关公告后复牌。

8.10 上市公司出现股票交易重大异常情形，本所可以对公司股票及其衍生品种实施停牌，并要求公司进行核查，公司披露相关公告后复牌。

公司出现股票衍生品种交易重大异常情形，本所可以对该衍生品种实施停牌，并要求公司进行核查，公司披露相关公告后复牌。

8.11 上市公司实施现金选择权的，可以向本所申请其股票及其衍生品种停牌，并在披露相关公告后复牌。

8.12 上市公司筹划重大事项确有必要申请停牌的，应当根据中国证监会及本所有关规定，向本所申请停牌。

公司应当审慎申请停牌，明确停牌事由，合理确定停牌时间，尽可能缩短停牌时长，并及时申请复牌。

8.13 上市公司在其股票及其衍生品种被实施停牌期间，应当至少每5个交易日披露一次未能复牌的原因和相关事项进展情况，本所另有规定的除外。

8.14 除上述规定外，本所可以依据中国证监会的要求或者基于保护投资者合法权益、维护市场秩序的需要，作出上市公司股票及其衍生品种停牌与复牌的决定。

第九章 退市与风险警示

第一节 一般规定

9.1.1 上市公司触及本章规定终止上市情形的，本所依据本章规定的程序审议和决定其股票终止上市事宜。

本规则所称的退市包括强制终止上市（以下简称强制退市）和主动终止上市。强制退市分为交易类强制退市、财务类强制退市、规范类强制退市和重大违法类强制退市四类情形。

9.1.2 上市公司出现财务状况或者其他状况异常，导致其股票存在终止上市风险，或者投资者难以判断公司前景，其投资权益可能受到损害，存在其他重大风险的，本所依据本章规定程序审议和决定其股票风险警示事宜。

本规则所称的风险警示包括提示存在强制退市风险的风险警示（以下简称退市风险警示）和提示存在其他重大风险的其他风险警示（以下简称其他风险警示）。

公司股票交易被实施退市风险警示的，在股票简称前冠以＊ST 字样；被实施其他风险警示的，在股票简称前冠以 ST 字样，以区别于其他股票。公司同时存在退市风险警示和其他风险警示情形的，在股票简称前冠以＊ST 字样。

退市风险警示股票和其他风险警示股票进入风险警示板交易。

9.1.3 上市公司应当依据本所有关规定和要求提供材料，履行信息披露、停复牌申请等义务。公司未按照有关规定提交公告及相关文件的，本所可以向市场公告，并按照规定对其股票实施停牌、复牌、风险警示或者终止上市等。

9.1.4 上市公司存在股票交易被实施风险警示或者终止上市风险的，应当按照本章有关规定披露风险提示公告。

本所可以视情况要求公司增加风险提示公告的披露次数。

9.1.5 上市公司出现股票交易被实施风险警示情形的，应当披露公司股票交易被实施风险警示公告，公司股票于公告后停牌一个交易日，自复牌之日起，本所对其股票交易实施风险警示。

公司股票交易被实施风险警示公告应当包括股票的种类、简称、证券代码以及实施风险警示的起始日、触及情形；实施风险警示的主要原因；董事会关于争取撤销风险警示的意见及具体措施；股票可能被终止上市的风险提示（如适用）；实施风险警示期间公司接受投资者咨询的主要方式等。

9.1.6 上市公司出现两项以上退市风险警示、终止上市情形的，本所按照先触及先适用的原则对其股票交易实施退市风险警示、终止其股票上市交易。

公司同时存在两项以上退市风险警示情形，其中一项退市风险警示情形已符合撤销条件的，公司应当在规定期限内申请撤销相关退市风险警示情形，经本所审核同意的，不再适用该情形对应的终止上市程序。

公司须符合全部退市风险警示情形的撤销条件，且不存在新增退市风险警示情形的，方可撤销退市风险警示。

公司股票撤销退市风险警示，但还存在应实施其他风险警示情形的，本所根据本章第八节的规定对其股票交易实施其他风险警示。

9.1.7 上市公司认为其出现的其他风险警示情形已消除的，应当及时公告，并可以向本所申请撤销相关其他风险警示情形。

公司全部其他风险警示情形均符合撤销条件，且不存在新增其他风险警示情形的，方可撤销其他风险警示。

公司股票撤销其他风险警示，但还存在应实施退市风险警示情形的，本所根据本章有关规定对其股票交易实施退市风险警示。

9.1.8　上市公司申请撤销风险警示的，应当向本所提交下列文件：

（一）公司关于撤销对其股票交易实施风险警示的申请书；

（二）公司董事会关于申请撤销对公司股票交易实施风险警示的决议；

（三）公司就其符合撤销风险警示条件的说明及有关证明材料；

（四）本所要求的其他有关材料。

9.1.9　上市公司出现本所规定的强制退市情形之一的，本所在规定期限内向公司发出拟终止其股票上市的事先告知书。公司应当在收到本所终止上市事先告知书后及时披露。

9.1.10　上市公司可以在收到或者本所公告送达终止上市事先告知书之日（以在先者为准，下同）起 5 个交易日内，以书面形式向本所提出听证要求，并载明具体事项及理由。有关听证程序和相关事宜，适用本所有关规定。

公司对终止上市有异议的，可以在收到或者本所公告终止上市事先告知书之日起 10 个交易日内，向本所提交相关书面陈述和申辩，并提供相关文件。

公司未在本条规定期限内提出听证要求、书面陈述和申辩的，视为放弃相应权利。

9.1.11　本所上市委员会对上市公司股票终止上市事宜进行审议，作出独立的专业判断并形成审核意见。

上市公司在本规则第 9.1.10 条规定期限内提出听证要求的，由本所上市委员会按照有关规定组织召开听证会，并在听证程序结束后 15 个交易日内就是否终止公司股票上市事宜形成审核意见。

公司未在规定期限内提出听证申请的，本所上市委员会在陈述和申辩提交期限届满后 15 个交易日内，就是否终止公司股票上市事宜形成审核意见。

本所根据上市委员会的意见，作出是否终止股票上市的决定。

9.1.12　本所在作出是否撤销风险警示、终止股票上市决定、撤销对公司股票终止上市的决定前，可以要求上市公司提供补充材料，公司应当在本所要求期限内提供有关材料，补充材料期间不计入本所作出有关决定的期限。

公司未在本所要求期限内提交补充材料的，本所继续对相关事项进行审核，并根据本规则作出相关决定。

本所在作出是否撤销风险警示、终止股票上市决定、撤销对公司股票终止上市的决定前，可以自行或者委托相关单位就公司有关情况进行调查核实，调查核实期间不计入本所作出有关决定的期限。

9.1.13　本所在作出终止上市公司股票上市决定之日起 2 个交易日内，通知上市公司并以交易所公告形式发布相关决定，同时报中国证监会备案。

公司应当在收到本所关于终止其股票上市的决定后，及时披露股票终止上市公告。股票终止上市公告应当包括终止上市股票的种类、简称、证券代码以及终止上市的日期；终止上市决定的主要内容；终止上市后其股票登记、转让、管理事宜；终止上市后公司的联系人、联系地址、电话和其他通讯方式等。

本所决定不对公司股票实施终止上市的，公司应当在收到本所相关决定后，及时披露并申请股票复牌。公司股票不存在其他退市风险警示情形的，自复牌之日起，本所撤销对公司股票实施的退市风险警示。

9.1.14 上市公司股票被终止上市的，其发行的可转换公司债券及其他衍生品种应当终止上市，相关终止上市事宜参照股票终止上市有关规定办理。

本所对可转换公司债券及其他衍生品种的终止上市事宜另有规定的，从其规定。

9.1.15 上市公司股票被本所强制退市后，进入退市整理期，因触及交易类强制退市情形而终止上市的除外。

9.1.16 强制退市公司应当在本所作出终止其股票上市决定后立即安排股票转入全国中小企业股份转让系统等证券交易场所转让的相关事宜，保证公司股票在摘牌之日起 45 个交易日内可以转让。

强制退市公司在股票被摘牌前，应当与符合规定条件的证券公司（以下简称主办券商）签订协议，聘请该机构在公司股票被终止上市后为公司提供股份转让服务，并授权其办理证券交易所市场登记结算系统的股份退出登记、股份重新确认及登记结算等事宜。

强制退市公司未聘请主办券商的，本所可以为其指定主办券商，并通知公司和该机构。公司应当在 2 个交易日内就上述事项披露相关公告（公司不再具备法人资格的情形除外）。

主动终止上市公司可以选择在全国中小企业股份转让系统等证券交易场所交易或转让其股票，或者依法作出其他安排。

第二节　交易类强制退市

9.2.1 上市公司出现下列情形之一的，本所终止其股票上市交易：

（一）在本所仅发行 A 股股票的公司，通过本所交易系统连续 120 个交易日股票累计成交量低于 500 万股；

（二）在本所仅发行 B 股股票的公司，通过本所交易系统连续 120 个交易日股票累计成交量低于 100 万股；

（三）在本所既发行 A 股股票又发行 B 股股票的公司，通过本所交易系统连续 120 个交易日其 A 股股票累计成交量低于 500 万股且其 B 股股票累计成交量低于 100 万股；

（四）在本所仅发行 A 股股票或者仅发行 B 股股票的公司，通过本所交易系统连续 20 个交易日的每日股票收盘价均低于 1 元；

（五）在本所既发行 A 股股票又发行 B 股股票的公司，通过本所交易系统连续 20 个交易日的 A 股和 B 股每日股票收盘价同时均低于 1 元；

（六）公司连续 20 个交易日在本所的股票收盘市值均低于 3 亿元；

（七）公司连续 20 个交易日股东人数均少于 2000 人；

（八）本所认定的其他情形。

前款规定的交易日，不包含公司股票全天停牌日和公司首次公开发行股票上市之日起的 20 个交易日。

9.2.2 在本所仅发行 A 股股票的上市公司，出现连续 90 个交易日通过本所交易系统实现的累计股票成交量低于 500 万股的，应当在次一交易日开市前披露公司股票可能被终止上市的风险提示公告，其后每个交易日披露一次，直至自上述 90 个交易日的起算时点起连续 120 个交易日内通过本所交易系统实现的累计成交量达到 500 万股以上或者本所作出公司股票终止上市的决定之日止（以在先者为准）。

在本所仅发行 B 股股票的公司，出现连续 90 个交易日通过本所交易系统实现的累计股票成交量低于 100 万股的，应当在次一交易日开市前披露公司股票可能被终止上市的风险提示公告，其后每个交易日披露一次，直至自上述 90 个交易日的起算时点起连续 120 个交易日内通过本所交易系统实现的累计成交量达到 100 万股以上或者本所作出公司股票终止上市的决定之日止（以在先者为准）。

在本所既发行 A 股股票又发行 B 股股票的公司，出现连续 90 个交易日通过本所交易系统实现的 A 股股票累计成交量低于 500 万股且 B 股股票累计成交量低于 100 万股的，应当在次一交易日开市前披露公司股票可能被终止上市的风险提示公告，其后每个交易日披露一次，直至自上述 90 个交易日的起算时点起连续 120 个交易日内 A 股股票通过本所交易系统实现的累计成交量达到 500 万股以上或者 B 股股票通过本所交易系统实现的累计成交量达到 100 万股以上，或者本所作出公司股票终止上市的决定之日止（以在先者为准）。

9.2.3 上市公司连续 10 个交易日出现下列情形之一的，应当在次一交易日开市前披露公司股票可能被终止上市的风险提示公告，其后每个交易日披露一次，直至相应的情形消除或者本所作出公司股票终止上市的决定之日止（以在先者为准）：

（一）每日股票收盘价均低于 1 元；

（二）每日在本所的股票收盘市值均低于 3 亿元；

（三）每日公司股东人数均低于 2000 人。

9.2.4 上市公司出现本规则第 9.2.1 条情形之一的，应当在事实发生的次一交易日开市前披露，公司股票于公告后停牌。

本所自公司股票停牌之日起 5 个交易日内，向公司发出拟终止其股票上市的事先告知书。

9.2.5 上市公司收到终止上市事先告知书后，可以根据本章第一节的规定申请听证，提出陈述和申辩。

本所上市委员会就是否终止公司股票上市事宜进行审议。本所根据上市委员会的审核意见作出是否终止公司股票上市的决定。

第三节 财务类强制退市

9.3.1 上市公司出现下列情形之一的，本所对其股票交易实施退市风险警示：

（一）最近一个会计年度经审计的净利润为负值且营业收入低于 1 亿元，或者追溯重述后最近一个会计年度净利润为负值且营业收入低于 1 亿元；

（二）最近一个会计年度经审计的期末净资产为负值，或者追溯重述后最近一个会计年度期末净资产为负值；

（三）最近一个会计年度的财务会计报告被出具无法表示意见或者否定意见的审计报告；

（四）中国证监会行政处罚决定书表明公司已披露的最近一个会计年度财务报告存在虚假记载、误导性陈述或者重大遗漏，导致该年度相关财务指标实际已触及本款第（一）项、第（二）项情形；

（五）本所认定的其他情形。

本节所述净利润以扣除非经常性损益前后孰低者为准。本节所述营业收入应当扣除与主营业务无关的业务收入和不具备商业实质的收入。本节所述最近一个会计年度是指最近一个已经披露经审计财务会计报告的年度。

公司最近一个会计年度经审计净利润为负值的，公司应当在年度报告中披露营业收入扣除情况及扣除后的营业收入金额；负责审计的会计师事务所应当就公司营业收入扣除事项是否符合前述规定及扣除后的营业收入金额出具专项核查意见。

公司未按本条第二款规定扣除相关收入的，本所可以要求公司扣除，并按照扣除后营业收入决定是否对公司股票实施退市风险警示、终止上市。

9.3.2 上市公司预计将出现本规则第 9.3.1 条第一款第（一）项至第（三）项情形的，应当在相应的会计年度结束后 1 个月内，披露公司股票交易可能被实施退市风险警示的风险提示公告，并在披露年度报告前至少再披露两次风险提示公告。

公司因追溯重述导致可能出现本规则第 9.3.1 条第一款第（一）项、第（二）项情形，或者相关行政处罚事先告知书表明公司可能出现本规则第 9.3.1 条第一款第（四）项情形的，应当在知悉相关风险情况时立即披露公司股票交易可能被实施退市风险警示的风险提示公告。

9.3.3 上市公司出现本规则第 9.3.1 条第一款第（一）项至第（三）项情形的，应当在披露年度报告或者追溯重述的财务数据的同时，披露公司股票交易被实施退市风险警示公告。公司股票于公告后停牌一个交易日，自复牌之日起，本所对公司股票交易实施退市风险警示。

9.3.4 上市公司出现本规则第 9.3.1 条第一款第（四）项情形的，应当在收到行政处罚决定书后，立即披露相关情况及公司股票交易被实施退市风险警示公告。公司股票于公告后停牌一个交易日，自复牌之日起，本所对公司股票交易实施退市风险警示。

9.3.5 上市公司因出现本规则第 9.3.1 条第一款第（一）项至第（三）项情形，其股票交易被实施退市风险警示的，应当在其股票交易被实施退市风险警示当年会计年度结束后 1 个月内，披露股票可能被终止上市的风险提示公告，并在披露该年年度报告前至少再披露两次风险提示公告。

公司因追溯重述导致出现本规则第 9.3.1 条第一款第（一）项、第（二）项情形，或者出现本规则第 9.3.1 条第一款第（四）项情形，其股票交易被实施退市风险警示的，应当在披露实际触及退市风险警示指标相应年度次一年度的年度报告前至少披露两次风险提示公告。

9.3.6 上市公司股票交易因本规则第 9.3.1 条规定情形被本所实施退市风险警示的，在退市风险警示期间，公司进行重大资产重组且符合以下全部条件的，可以向本所申请对其股票交易撤销退市风险警示：

（一）根据中国证监会有关重大资产重组规定出售全部经营性资产和负债、购买其他资产且已实施完毕；

（二）通过购买进入公司的资产是一个完整经营主体，该经营主体在进入公司前已在同一管理层之下持续经营 3 年以上；

（三）公司模拟财务报表（经会计师事务所出具专项说明）的财务数据不存在本规则第 9.3.1 条第一款规定的情形；

（四）本所要求的其他条件。

9.3.7 上市公司因触及本规则第 9.3.1 条第一款第（一）项至第（三）项情形，其股票交易被实施退市风险警示后，首个会计年度的年度报告表明公司符合不存在本规则第 9.3.11 条第一款第（一）项至第（四）项任一情形的条件的，公司可以向本所申请对其股票交易撤销退市风险警示。

公司追溯重述导致出现本规则第9.3.1条第一款第（一）项、第（二）项情形，或者因触及本规则9.3.1条第一款第（四）项情形，其股票交易被实施退市风险警示后，实际触及退市风险警示指标相应年度次一年度的年度报告表明公司符合不存在本规则第9.3.11条第一款第（一）项至第（四）项任一情形的条件的，公司可以向本所申请对其股票交易撤销退市风险警示。

9.3.8 上市公司符合本规则第9.3.7条规定条件的，应当于年度报告披露的同时说明是否将向本所申请撤销退市风险警示。公司拟申请撤销退市风险警示的，应当在披露之日起5个交易日内向本所提交申请。

公司向本所申请对其股票交易撤销退市风险警示的，应当于提交申请的次一交易日开市前披露相关公告。

公司提交完备的撤销退市风险警示申请材料的，本所在15个交易日内决定是否撤销退市风险警示。

9.3.9 本所决定撤销退市风险警示的，上市公司应当及时披露公司股票撤销退市风险警示公告，公司股票于公告后停牌一个交易日，自复牌之日起，本所撤销对公司股票交易的退市风险警示。

9.3.10 本所决定不予撤销退市风险警示的，上市公司应当在收到本所有关书面通知的次一交易日开市前披露公告。

9.3.11 上市公司因触及本规则第9.3.1条第一款第（一）项至第（三）项情形其股票交易被实施退市风险警示后，首个会计年度出现下列情形之一的，本所决定终止其股票上市交易：

（一）经审计的净利润为负值且营业收入低于1亿元，或者追溯重述后最近一个会计年度净利润为负值且营业收入低于1亿元；

（二）经审计的期末净资产为负值，或者追溯重述后最近一个会计年度期末净资产为负值；

（三）财务会计报告被出具保留意见、无法表示意见或者否定意见的审计报告；

（四）未在法定期限内披露过半数董事保证真实、准确、完整的年度报告；

（五）虽符合第9.3.7条的规定，但未在规定期限内向本所申请撤销退市风险警示；

（六）因不符合第9.3.7条的规定，其撤销退市风险警示申请未被本所审核同意。

公司追溯重述导致出现本规则第9.3.1条第一款第（一）项、第（二）项情形，或者因触及第9.3.1条第一款第（四）项情形其股票交易被实施退市风险警示后，出现前款第（四）项至第（六）项情形或者实际触及退市风险警示指标相应年度的次一年度出现前款第（一）项至第（三）项情形的，本所决定终止其股票上市交易。

9.3.12 上市公司出现本规则第9.3.11条第一款第（一）项至第（三）项情形的，应当在年度报告披露的同时披露公司股票可能被终止上市的风险提示公告。公司股票于公告后停牌。

公司出现本规则第9.3.11条第一款第（四）项至第（六）项情形的，应当在发生上述情形次一交易日开市前披露公司股票可能被终止上市的风险提示公告。公司股票于公告后停牌。

公司出现本规则第 9.3.11 条第二款情形的，按照本条前两款执行。

9.3.13 本所根据本规则第 9.3.12 条对公司股票实施停牌的，自停牌之日起 5 个交易日内，向公司发出拟终止其股票上市的事先告知书。

9.3.14 上市公司收到终止上市事先告知书后，可以根据本章第一节的规定申请听证，提出陈述和申辩。

本所上市委员会就是否终止公司股票上市事宜进行审议。本所根据上市委员会的审核意见作出是否终止公司股票上市的决定。

9.3.15 上市公司因触及本规则第 9.3.11 条第二款有关情形其股票被终止上市，相关行政处罚决定被依法撤销或者确认无效，或者因对违法行为性质、违法事实等的认定发生重大变化被依法变更的，参照本规则第 9.5.8 条至第 9.5.12 条规定的程序办理。

第四节 规范类强制退市

9.4.1 上市公司出现下列情形之一的，本所对其股票交易实施退市风险警示：

（一）未在法定期限内披露年度报告或者半年度报告，且在公司股票停牌 2 个月内仍未披露；

（二）半数以上董事无法保证年度报告或者半年度报告真实、准确、完整，且在公司股票停牌 2 个月内仍有半数以上董事无法保证；

（三）因财务会计报告存在重大会计差错或者虚假记载，被中国证监会责令改正但未在要求期限内改正，且在公司股票停牌 2 个月内仍未改正；

（四）因信息披露或者规范运作等方面存在重大缺陷，被本所要求改正但未在要求期限内改正，且在公司股票停牌 2 个月内仍未改正；

（五）因公司股本总额或者股权分布发生变化，导致连续 20 个交易日股本总额、股权分布不再具备上市条件，在规定期限内仍未解决；

（六）公司可能被依法强制解散；

（七）法院依法受理公司重整、和解或者破产清算申请；

（八）本所认定的其他情形。

9.4.2 本规则第 9.4.1 条第（四）项所述信息披露或者规范运作等方面存在重大缺陷，为下列情形之一：

（一）公司已经失去信息披露联系渠道；

（二）公司拒不披露应当披露的重大信息；

（三）公司严重扰乱信息披露秩序，并造成恶劣影响；

（四）本所认为公司存在信息披露或者规范运作重大缺陷的其他情形。

9.4.3 上市公司是否存在信息披露或者规范运作重大缺陷，及前述重大缺陷是否改正，由本所上市委员会予以认定。上市委员会认定期间不计入公司改正期限。

9.4.4 上市公司出现下列情形之一的，应当立即披露股票交易可能被实施退市风险警示的风险提示公告：

（一）未在法定期限内披露年度报告或者半年度报告；

（二）半数以上董事无法保证年度报告或者半年度报告的真实、准确、完整；

（三）因财务会计报告存在重大会计差错或者虚假记载，被中国证监会责令改正；

（四）因信息披露或者规范运作等方面存在重大缺陷，被本所要求改正；

（五）连续10个交易日股本总额或者股权分布不再具备上市条件；

（六）连续20个交易日股本总额或者股权分布不再具备上市条件。

公司按照前款第（一）项至第（四）项、第（六）项规定披露风险提示公告后，应当至少每10个交易日披露一次相关进展情况和风险提示公告，直至相应情形消除或者公司股票交易被本所实施退市风险警示。

9.4.5 上市公司出现本规则第9.4.1条第（一）项情形的，公司应当在其股票停牌两个月届满的次一交易日开市前披露公司股票交易被实施退市风险警示公告。公司股票于公告后继续停牌一个交易日，自复牌之日起，本所对公司股票交易实施退市风险警示。

公司在股票停牌后2个月内披露过半数董事保证真实、准确、完整的年度报告、半年度报告的，公司股票于公告后复牌。

9.4.6 上市公司出现本规则第9.4.1条第（二）项情形的，公司应当在其股票停牌两个月届满的次一交易日开市前披露公司股票交易被实施退市风险警示公告。公司股票于公告后继续停牌一个交易日，自复牌之日起，本所对公司股票交易实施退市风险警示。

公司在股票停牌后2个月内过半数董事保证年度报告、半年度报告真实、准确、完整的，应当及时公告，公司股票于公告后复牌。

9.4.7 上市公司出现本规则第9.4.1条第（三）项、第（四）项情形的，公司应当在其股票停牌两个月届满的次一交易日开市前披露公司股票交易被实施退市风险警示公告。公司股票于公告后继续停牌一个交易日，自复牌之日起，本所对公司股票交易实施退市风险警示。

公司在股票停牌后2个月内按照有关规定和要求改正的，应当及时公告，公司股票于公告后复牌。

9.4.8 上市公司连续20个交易日股本总额、股权分布不再具备上市条件的，应当于停牌之日起1个月内披露股本总额、股权分布问题的解决方案。

公司在股票停牌后1个月内披露解决方案的，应当同时披露公司股票交易被实施退市风险警示公告；未在股票停牌后1个月内披露解决方案的，应当在一个月期限届满的次一交易日开市前披露公司股票交易被实施退市风险警示公告。公司股票于公告后继续停牌一个交易日，自复牌之日起，本所对公司股票交易实施退市风险警示。

股票停牌期间，公司股本总额、股权分布重新具备上市条件的，应当及时公告，公司股票于公告后复牌。

9.4.9 上市公司出现本规则第9.4.1条第（六）项至第（八）项情形之一的，应当立即披露相关情况及公司股票交易被实施退市风险警示公告。公司股票于公告后停牌一个交易日，自复牌之日起，本所对公司股票交易实施退市风险警示。

9.4.10 上市公司股票交易因本节规定被实施退市风险警示期间，应当至少每5个交易日披露一次公司股票可能被终止上市的风险提示公告，直至相应情形消除或者本所终止其股票上市。

9.4.11 上市公司因本规则第9.4.1条第（七）项情形其股票交易被实施退市风险警示的，应当分阶段及时披露法院裁定批准公司重整计划、和解协议或者终止重整、和解程序等重整事项的进展，并提示相关风险。

9.4.12 上市公司因本规则第9.4.1条第（一）项至第（六）项情形其股票交易被实

施退市风险警示后，符合下列对应条件的，可以向本所申请对其股票交易撤销退市风险警示：

（一）因第9.4.1条第（一）项情形被实施退市风险警示之日起的2个月内，披露相关年度报告、半年度报告，且不存在半数以上董事无法保证真实、准确、完整情形；

（二）因第9.4.1条第（二）项情形被实施退市风险警示之日起的2个月内，过半数董事保证相关年度报告、半年度报告真实、准确、完整；

（三）因第9.4.1条第（三）项情形被实施退市风险警示之日起的2个月内，按有关规定和要求披露经改正的财务会计报告；

（四）因第9.4.1条第（四）项情形被实施退市风险警示之日起的2个月内，公司已改正，公司信息披露和规范运作无重大缺陷；

（五）因第9.4.1条第（五）项情形被实施退市风险警示之日起的6个月内，公司股本总额、股权分布重新具备上市条件；

（六）因第9.4.1条第（六）项情形被实施退市风险警示后，公司可能被依法强制解散的情形已消除。

公司因符合前款第（四）项情形向本所申请对其股票交易撤销退市风险警示的，应当按照本所要求同时披露中介机构专项核查意见，说明公司信息披露、规范运作无重大缺陷，本所提请上市委员会审议，并根据上市委员会的审核意见作出是否撤销退市风险警示的决定。

上市委员会审议期间不计入本所作出相应决定的期限。

9.4.13 上市公司因第9.4.1条第（七）项情形其股票交易被实施退市风险警示后，符合下列条件之一的，可以向本所申请对其股票交易撤销退市风险警示：

（一）重整计划执行完毕；

（二）和解协议执行完毕；

（三）法院受理破产申请后至破产宣告前，依据《企业破产法》作出驳回破产申请的裁定且裁定已生效；

（四）因公司已清偿全部到期债务、第三人为公司提供足额担保或者清偿全部到期债务，法院受理破产申请后至破产宣告前，依据《企业破产法》作出终结破产程序的裁定。

公司因前款第（一）项、第（二）项情形向本所申请撤销对其股票交易实施的退市风险警示的，应当提交法院指定管理人出具的监督报告、律师事务所出具的对公司重整计划或者和解协议执行情况的法律意见书，以及本所要求的其他说明文件。

9.4.14 上市公司符合本规则第9.4.12条、第9.4.13条规定条件的，应当于相关情形出现后及时披露，并说明是否向本所申请撤销退市风险警示。公司拟申请撤销退市风险警示的，应当在披露之日起5个交易日内向本所提交申请。

公司向本所申请对其股票交易撤销退市风险警示的，应当于提交申请的次一交易日开市前披露相关公告。

公司提交完备的撤销退市风险警示申请材料的，本所在15个交易日内作出是否同意其股票交易撤销退市风险警示的决定。

9.4.15 本所决定撤销退市风险警示的，公司应当及时披露撤销退市风险警示公告。公司股票于公告后停牌一个交易日，自复牌之日起，本所撤销对公司股票交易的退市风险警示。

9.4.16 本所决定不予撤销退市风险警示的，上市公司应当在收到本所有关书面通知的次一交易日开市前披露公告。

9.4.17 上市公司出现下列情形之一的，本所决定终止其股票上市交易：

（一）因第9.4.1条第（一）项情形其股票交易被实施退市风险警示之日起的2个月内仍未披露过半数董事保证真实、准确、完整的相关年度报告或者半年度报告；

（二）因第9.4.1条第（二）项情形其股票交易被实施退市风险警示之日起的2个月内仍有半数以上董事无法保证年度报告或者半年度报告的真实、准确、完整；

（三）因第9.4.1条第（三）项情形其股票交易被实施退市风险警示之日起的2个月内仍未披露经改正的财务会计报告；

（四）因第9.4.1条第（四）项情形其股票交易被实施退市风险警示之日起的2个月内仍未改正的；

（五）因第9.4.1条第（五）项情形其股票交易被实施退市风险警示之日起的6个月内股本总额或者股权分布仍不具备上市条件的；

（六）因第9.4.1条第（六）项、第（七）项情形其股票交易被实施退市风险警示，公司依法被吊销营业执照、被责令关闭或者被撤销等强制解散条件成就，或者法院裁定公司破产的；

（七）虽符合第9.4.12条和第9.4.13条规定的条件，但未在规定期限内向本所申请撤销退市风险警示；

（八）因不符合第9.4.12条和第9.4.13条规定的条件，其撤销退市风险警示申请未被本所审核同意。

9.4.18 上市公司出现本规则第9.4.17条情形的，应当在次一交易日开市前披露公司股票可能被终止上市的风险提示公告，公司股票于公告后停牌。

9.4.19 本所根据本规则第9.4.18条对公司股票实施停牌的，自停牌之日起5个交易日内，向公司发出拟终止其股票上市的事先告知书。

9.4.20 上市公司收到终止上市事先告知书后，可以根据本章第一节的规定申请听证，提出陈述和申辩。

本所上市委员会就是否终止公司股票上市事宜进行审议。本所根据上市委员会的审核意见作出是否终止公司股票上市的决定。

第五节 重大违法强制退市

9.5.1 本规则所称重大违法强制退市，包括下列情形：

（一）上市公司存在欺诈发行、重大信息披露违法或者其他严重损害证券市场秩序的重大违法行为，其股票应当被终止上市的情形；

（二）公司存在涉及国家安全、公共安全、生态安全、生产安全和公众健康安全等领域的违法行为，情节恶劣，严重损害国家利益、社会公共利益，或者严重影响上市地位，其股票应当被终止上市的情形。

9.5.2 上市公司涉及本规则第9.5.1条第（一）项规定的重大违法行为，存在下列情形之一的，本所决定终止其股票上市交易：

（一）公司首次公开发行股票申请或者披露文件存在虚假记载、误导性陈述或者重大遗漏，被中国证监会依据《证券法》第一百八十一条作出行政处罚决定，或者被人民法院依据《刑法》第一百六十条作出有罪裁判且生效；

（二）公司发行股份购买资产并构成重组上市，申请或者披露文件存在虚假记载、误导性陈述或者重大遗漏，被中国证监会依据《证券法》第一百八十一条作出行政处罚决定，或者被人民法院依据《刑法》第一百六十条作出有罪裁判且生效；

（三）根据中国证监会行政处罚决定认定的事实，公司披露的年度报告存在虚假记载、误导性陈述或者重大遗漏，导致公司连续会计年度财务类指标已实际触及本章第三节规定的终止上市标准；

（四）根据中国证监会行政处罚决定认定的事实，公司披露的营业收入连续两年均存在虚假记载，虚假记载的营业收入金额合计达到5亿元以上，且超过该两年披露的年度营业收入合计金额的50%；或者公司披露的净利润连续两年均存在虚假记载，虚假记载的净利润金额合计达到5亿元以上，且超过该两年披露的年度净利润合计金额的50%；或者公司披露的利润总额连续两年均存在虚假记载，虚假记载的利润总额金额合计达到5亿元以上，且超过该两年披露的年度利润总额合计金额的50%；或者公司披露的资产负债表连续两年均存在虚假记载，资产负债表虚假记载金额合计达到5亿元以上，且超过该两年披露的年度期末净资产合计金额的50%。计算前述合计数时，相关财务数据为负值的，先取其绝对值后再合计计算；

（五）本所根据公司违法行为的事实、性质、情节及社会影响等因素认定的其他严重损害证券市场秩序的情形。

前款第（一）项、第（二）项统称欺诈发行强制退市情形，第（三）项至第（五）项统称重大信息披露违法强制退市情形。

9.5.3 上市公司涉及本规则第9.5.1条第（二）项规定的重大违法行为，存在下列情形之一的，本所决定终止其股票上市交易：

（一）公司或者其主要子公司被依法吊销营业执照、责令关闭或者被撤销；

（二）公司或者其主要子公司被依法吊销主营业务生产经营许可证，或者存在丧失继续生产经营法律资格的其他情形；

（三）本所根据公司重大违法行为损害国家利益、社会公共利益的严重程度，结合公司承担法律责任类型、对公司生产经营和上市地位的影响程度等情形，认为公司股票应当终止上市的。

9.5.4 依据相关行政处罚事先告知书、人民法院裁判认定的事实，上市公司可能触及本规则第9.5.2条或者第9.5.3条规定情形的，公司应当在知悉相关行政机关向其送达行政处罚事先告知书或者知悉人民法院作出有罪裁判后立即披露相关情况及公司股票交易被实施退市风险警示公告。公司股票于公告后停牌一个交易日，自复牌之日起，本所对公司股票交易实施退市风险警示。

公司因前款情形其股票交易被实施退市风险警示期间，应当每5个交易日披露一次相关事项进展情况并就公司股票可能被实施重大违法强制退市进行风险提示。

9.5.5 依据相关行政机关行政处罚决定、人民法院生效裁判认定的事实，上市公司可能触及本规则第9.5.2条或者第9.5.3条规定情形的，公司应当在收到相关行政机关行政处罚决定书，或者人民法院裁判生效后立即披露相关情况及公司股票可能被终止上市的风险提示公告，公司股票于公告后停牌。

公司未触及本规则第 9.5.2 条、第 9.5.3 条规定情形的，应当及时披露相关情况。公司股票于公告披露后停牌一个交易日，自复牌之日起，本所撤销对公司股票交易的退市风险警示。

9.5.6　上市公司触及本节规定的重大违法强制退市情形的，本所在公司披露或者本所向市场公告相关行政机关行政处罚决定书或者人民法院生效裁判后的 15 个交易日内，向公司发出终止上市事先告知书。

本所在发出终止上市事先告知书前可以要求公司补充材料，公司应当在本所要求期限内提供有关材料，补充材料期间不计入前款所述 15 个交易日。未在要求期限内补充材料的，本所将在要求期限届满后按照前款规定发出终止上市事先告知书。本所可以自行或者委托相关单位就公司相关情况进行调查核实，调查核实期间不计入前款所述 15 个交易日。

9.5.7　上市公司收到终止上市事先告知书后，可以根据本章第一节的规定申请听证，提出陈述和申辩。

本所上市委员会就是否终止公司股票上市事宜进行审议。本所根据上市委员会的审核意见作出是否终止公司股票上市的决定。

9.5.8　上市公司因触及重大违法强制退市情形，其股票被终止上市后，出现下列情形之一的，可以向本所申请撤销对其股票终止上市的决定：

（一）相关行政处罚决定被依法撤销或者确认无效，或者因对违法行为性质、违法事实等的认定发生重大变化，被依法变更；

（二）人民法院有罪裁判被依法撤销，且未作出新的有罪裁判。

公司向本所申请撤销对其股票终止上市的，应当在收到相关文件或者法律文书后的 30 个交易日内向本所提交下列文件：

（一）公司关于撤销对其股票终止上市的申请书；

（二）公司董事会关于申请撤销对公司股票终止上市的决议；

（三）相关行政处罚决定书被依法撤销、确认无效或者变更的证明文件，或者人民法院的相关裁判文书；

（四）法律意见书；

（五）本所要求的其他有关材料。

9.5.9　本所自收到上市公司按照本规则第 9.5.8 条规定提出的撤销申请之日起的 15 个交易日内，召开上市委员会会议，审议是否撤销对公司股票作出的终止上市决定，并形成审核意见。

本所根据上市委员会的审核意见，作出是否撤销对公司股票终止上市的决定。

9.5.10　本所同意撤销对公司股票终止上市决定的，在作出撤销决定之日起 2 个交易日内通知公司，同时报中国证监会备案。

9.5.11　在收到本所撤销决定后的 20 个交易日内，公司可以向本所提出恢复其股票正常交易的书面申请，并向本所提交下列申请文件：

（一）公司关于恢复其股票正常交易的申请书；

（二）公司董事会关于申请恢复其股票正常交易的决议；

（三）公司股东大会关于申请恢复其股票正常交易的决议；

（四）保荐人出具的保荐意见；

（五）法律意见书；

（六）公司最近一年又一期经审计财务报告；

（七）公司前十大股东名册和公司持股 5% 以上股东的营业执照或者有关身份证明文件；

（八）公司全部股份在结算公司托管的证明文件；

（九）公司董事、监事及高级管理人员持有本公司股份情况说明；

（十）本所要求的其他材料。

公司股份已经转入全国中小企业股份转让系统等证券交易场所转让或者存在其他合理情况的，经本所同意，可以在本所要求的期限内办理完毕其股份的重新确认、登记、托管等相关手续或者有关事项后，补充提交相应申请文件。

本所自收到公司完备申请材料后的 5 个交易日内，作出是否受理的决定并通知公司。

公司股票同时存在其他终止上市情形的，本所对其实施终止上市。

9.5.12 本所自作出恢复公司股票正常交易的决定后 2 个交易日内通知公司，同时报中国证监会备案。

公司应当在收到上述决定后及时公告，并按本所要求办理恢复股票正常交易的相关手续。

公司应当在其股票恢复正常交易前与本所重新签订上市协议，明确双方的权利、义务及其他有关事项。

公司控股股东、实际控制人、董事、监事和高级管理人员等应当签署并提交相应声明及承诺书，其所持股份在公司股票恢复正常交易时的流通或者限售安排，应当按照法律法规及本所有关规定执行。

公司股票恢复公司股票正常交易的同时存在风险警示情形的，本所对其实施相应的风险警示。

9.5.13 上市公司可能触及本节规定的重大违法强制退市情形的，自相关行政处罚事先告知书或者司法裁判作出之日起，至下列任一情形发生前，其控股股东、实际控制人、董事、监事、高级管理人员，以及上述主体的一致行动人，不得减持公司股份：

（一）公司股票终止上市并摘牌；

（二）公司收到相关行政机关相应行政处罚决定或者人民法院生效司法裁判，显示公司未触及重大违法强制退市情形。

公司披露无控股股东、实际控制人的，其第一大股东及第一大股东的实际控制人应当遵守前款规定。

第六节　退市整理期

9.6.1 上市公司股票被本所根据本章第三节至第五节的规定作出终止上市决定的，自本所公告终止上市决定之日起 5 个交易日后的次一交易日复牌并进入退市整理期交易。退市整理期间，公司的证券代码不变，股票简称后冠以退标识，退市整理股票进入风险警示板交易。

9.6.2 退市整理期的交易期限为 15 个交易日。退市整理期间，上市公司股票原则上不停牌。公司因特殊原因向本所申请其股票全天停牌的，停牌期间不计入退市整理期，且停牌天数累计不得超过 5 个交易日。

公司未在累计停牌期满前申请复牌的，本所于停牌期满后的次一交易日对公司股票复牌。

9.6.3 退市整理期间，上市公司股东所持有限售条件股份的限售期限连续计算，限售期限届满前相关股份不能流通。

9.6.4 上市公司股票进入退市整理期的，公司及相关信息披露义务人仍应当遵守法律法规、本规则及本所其他规定，履行信息披露及相关义务。

9.6.5 上市公司股票进入退市整理期的，公司应当在披露股票终止上市公告的同时披露股票进入退市整理期交易的公告，包括以下内容：

（一）公司股票在退市整理期间的证券简称、证券代码及涨跌幅限制；

（二）公司股票在退市整理期间的起始日、交易期限及预计最后交易日期；

（三）退市整理期公司不筹划、不进行重大资产重组等重大事项的声明；

（四）本所要求披露的其他内容。

9.6.6 上市公司按照本规则第9.6.5条规定披露公告时应当向本所提交以下材料：

（一）公司董事会关于变更证券简称的申请；

（二）公司董事会关于退市整理期间不筹划重大资产重组等事项的承诺函；

（三）本所要求的其他材料。

9.6.7 上市公司应当于退市整理期首日开市前，披露公司股票已被本所作出终止上市决定的风险提示公告，说明公司股票进入退市整理期的起始日和终止日等事项。

退市整理期间，公司应当每5个交易日披露一次股票将被摘牌的风险提示公告，在最后的5个交易日内应当每日披露一次股票将被摘牌的风险提示公告。

9.6.8 上市公司在退市整理期间披露公告时，应当在公告中说明公司股票摘牌时间，并特别提示终止上市风险。

9.6.9 退市整理期间，上市公司董事会应当关注其股票交易、传闻，必要时应当及时作出澄清或者说明。

9.6.10 上市公司股票于退市整理期届满的次一交易日摘牌，公司股票终止上市。

公司股票被本所根据本章第二节的规定作出终止上市决定后，公司股票于15个交易日内摘牌，公司股票终止上市。

公司应当于股票摘牌当日开市前披露摘牌公告，对公司股票摘牌后进入全国中小企业股份转让系统等证券交易场所转让的具体事宜作出说明，包括进入日期、股份重新确认、登记托管、交易制度等情况。

9.6.11 退市整理期间，上市公司不得筹划或者实施重大资产重组等重大事项。

9.6.12 上市公司股票存在可能被强制退市情形，且公司已公告筹划重大资产重组事项的，公司董事会应当审慎评估并决定如被本所作出终止上市决定后是否进入整理期交易、是否继续推进该重大资产重组事项。不进入退市整理期继续推进重大资产重组的，应当及时召开股东大会，审议继续推进重大资产重组等重大事项且股票不进入退市整理期交易的议案；进入退市整理期不继续推进重大资产重组的，应当及时履行审议程序和披露义务。

公司董事会决定继续推进重大资产重组的，应当在相应股东大会通知中明确：公司如被本所作出终止上市决定，股东大会审议通过该议案的，将不再安排退市整理期交易，公司股票自本所公告终止上市决定之日起5个交易日内予以摘牌，公司股票终止上市；该议案未审议通过的，公司股票将自本所公告终止上市决定之日起5个交易日后的次一交易日复牌并进入退市整理期交易。

公司依据前款规定召开股东大会审议相关议案的，应当经出席会议的股东所持表决权的2/3以上通过。公司应当对除单独或者合计持有上市公司5%以上股份的股东和上市公司董事、监事、高级管理人员以外的其他股东的投票情况单独统计并披露。

9.6.13 进入破产重整程序或者已经完成破产重整的公司触及强制退市情形的，经人民法院或者其他有权方认定，如公司股票进入退市整理期交易，将导致与破产重整程序或者经人民法院批准的公司重整计划的执行存在冲突等后果的，公司股票可以不进入退市整理期交易。

9.6.14 不进入退市整理期交易的公司应当承诺公司股票如被终止上市，将进入全国中小企业股份转让系统等证券交易场所转让股份。

第七节　主动终止上市

9.7.1 上市公司出现下列情形之一的，可以向本所申请主动终止其股票上市交易：

（一）公司股东大会决议主动撤回其股票在本所上市交易，并决定不再在交易所交易；

（二）公司股东大会决议主动撤回其股票在本所上市交易，并转而申请在其他交易场所交易或者转让；

（三）公司股东大会决议解散；

（四）公司因新设合并或者吸收合并，不再具有独立主体资格并被注销；

（五）公司以终止公司股票上市为目的，向公司所有股东发出回购全部股份或者部分股份的要约，导致公司股本总额、股权分布等发生变化不再具备上市条件；

（六）公司股东以终止公司股票上市为目的，向公司所有其他股东发出收购全部股份或者部分股份的要约，导致公司股本总额、股权分布等发生变化不再具备上市条件；

（七）公司股东以外的其他收购人以终止公司股票上市为目的，向公司所有股东发出收购全部股份或者部分股份的要约，导致公司股本总额、股权分布等发生变化不再具备上市条件；

（八）中国证监会或者本所认可的其他主动终止上市情形。

A股股票和B股股票同时在本所上市交易的公司，依照前款规定申请主动终止上市的，原则上其A股股票和B股股票应当同时终止上市。

9.7.2 本规则第9.7.1条第（一）项、第（二）项规定的股东大会决议事项，应当经出席会议的全体股东所持有效表决权的2/3以上通过，且经出席会议的除单独或者合计持有上市公司5%以上股份的股东和上市公司董事、监事、高级管理人员以外的其他股东所持表决权的2/3以上通过。

9.7.3 上市公司因本规则第9.7.1条第（一）项至第（五）项情形召开股东大会的，应当及时向本所提交下列文件并公告：

（一）董事会关于申请主动终止上市的决议；

（二）召开股东大会通知；

（三）主动终止上市预案；

（四）独立董事意见；

（五）财务顾问报告（如适用）；

（六）法律意见书（如适用）；

（七）法律法规、本规则及公司章程要求的其他文件。

前款第（三）项所称主动终止上市预案，应当包括公司终止上市原因、终止上市方式、终止上市后经营发展计划、并购重组安排、重新上市安排、代办股份转让安排、异议股东保护措施，以及公司董事会关于主动终止上市对公司长远发展和全体股东利益的影响分析等相关内容。

第一款第（四）项所称独立董事意见，指独立董事应当就主动终止上市事项是否有利于公司长远发展和全体股东利益充分征询中小股东意见，并在此基础上发表意见。

第一款第（五）项、第（六）项所称财务顾问报告和法律意见书，指财务顾问和律师事务所为主动终止上市提供专业服务，并发表专业意见。其中，第9.7.1条第（一）项、第（二）项、第（五）项情形不适用法律意见书，第（三）项情形不适用财务顾问报告和法律意见书。股东大会对主动终止上市事项进行审议后，上市公司应当及时披露股东大会决议公告，说明议案的审议及通过情况。

9.7.4　上市公司根据本规则第9.7.1条第（一）项、第（二）项情形，申请主动终止上市的，公司应当向本所申请其股票自股东大会股权登记日的次一交易日起停牌，并在股东大会审议通过主动终止上市决议后及时披露决议情况。公司可以在股东大会决议后的15个交易日内向本所提交主动终止上市的书面申请。

公司根据本规则第9.7.1条第（三）项至第（七）项情形，申请主动终止上市的，应当遵守《公司法》《证券法》《上市公司收购管理办法》《上市公司重大资产重组管理办法》等有关规定及本所有关规定，严格履行决策、实施程序和信息披露义务，并及时向本所申请公司股票停牌和复牌。同时，按照有关规定，及时向本所提交主动终止上市申请。

公司应当在提交申请后，及时披露相关公告。

9.7.5　上市公司主动终止上市事项未获股东大会审议通过的，公司应当及时向本所申请其股票自公司股东大会决议公告后复牌。

9.7.6　上市公司出现本规则第9.7.1条第（六）项、第（七）项情形的，其股票自公司披露收购结果公告或者其他相关权益变动公告后继续停牌，直至本所终止其股票上市。

9.7.7　上市公司依据本规则第9.7.1条的规定向本所申请其股票终止上市的，应当向本所提交下列文件：

（一）终止上市申请书；

（二）股东大会决议（如适用）；

（三）相关终止上市方案；

（四）财务顾问报告；

（五）法律意见书；

（六）本所要求的其他文件。

9.7.8　本所在收到上市公司提交的终止上市申请文件后5个交易日内作出是否受理的决定并通知公司。

公司未能按本节的要求提供申请文件的，本所不受理其股票终止上市申请。

公司应当在收到本所关于是否受理其终止上市申请的决定后，及时披露决定的有关情况并提示其股票可能终止上市的风险。

9.7.9 本所上市委员会对公司股票终止上市的申请进行审议，重点从保护投资者特别是中小投资者权益的角度，在审查上市公司决策程序合规性的基础上，作出独立的专业判断并形成审核意见。

公司依据本规则第 9.7.1 条的规定申请其股票终止上市的，本所在受理公司申请后的 15 个交易日内，本所上市委员会形成审核意见。

本所根据上市委员会的审核意见作出是否终止公司股票终止上市的决定。

9.7.10 因本规则第 9.7.1 条规定情形其股票被终止上市且法人主体资格将存续的公司，应当对公司股票终止上市后转让或者交易、异议股东保护措施作出具体安排，保护中小投资者的合法权益。

9.7.11 上市公司主动终止上市的，不设退市整理期，公司股票自本所公告终止上市决定之日起 5 个交易日内予以摘牌，公司股票终止上市。

第八节　其他风险警示

9.8.1 上市公司出现下列情形之一的，本所对其股票交易实施其他风险警示：

（一）公司存在资金占用且情形严重；

（二）公司违反规定程序对外提供担保且情形严重；

（三）公司董事会、股东大会无法正常召开会议并形成决议；

（四）公司最近一年被出具无法表示意见或者否定意见的内部控制审计报告或者鉴证报告；

（五）公司生产经营活动受到严重影响且预计在 3 个月内不能恢复正常；

（六）公司主要银行账号被冻结；

（七）公司最近 3 个会计年度扣除非经常性损益前后净利润孰低者均为负值，且最近一年审计报告显示公司持续经营能力存在不确定性；

（八）本所认定的其他情形。

9.8.2 本规则第 9.8.1 条第（一）项所述存在资金占用且情形严重，是指上市公司被控股股东或者控股股东关联人占用资金的余额在 1000 万元以上，或者占公司最近一期经审计净资产的 5% 以上，且无可行的解决方案或者虽提出解决方案但预计无法在 1 个月内解决。

本规则第 9.8.1 条第（二）项所述违反规定程序对外提供担保且情形严重，是指上市公司违反规定程序对外提供担保的余额（担保对象为上市公司合并报表范围内子公司的除外）在 1000 万元以上，或者占上市公司最近一期经审计净资产的 5% 以上，且无可行的解决方案或者虽提出解决方案但预计无法在 1 个月内解决。

公司无控股股东、实际控制人的，被第一大股东或者第一大股东关联人占用资金的，按照本节规定执行。

9.8.3 上市公司生产经营活动受到严重影响，或者出现本规则第 9.8.2 条情形的，应当及时披露，说明公司是否能在相应期限内解决，同时披露公司股票交易可能被实施其他风险警示的提示性公告。

公司应当至少每月披露一次相关进展情况和风险提示公告，直至相应情形消除或者公司股票交易被本所实施其他风险警示。

9.8.4 上市公司因触及本规则第 9.8.1 条第（一）项、第（二）项情形，其股票交易被实施其他风险警示的，在风险警示期间，应当至少每月披露一次进展公告，披露资金占用或者违反规定程序对外担保的解决进展情况，直至相应情形消除。公司没有采取措施或者相关工作没有进展的，也应当披露并说明具体原因。

公司因触及本规则第9.8.1条第（一）项、第（二）项以外的情形，其股票交易被实施其他风险警示的，应当在相关事项取得重大进展或者发生重大变化时及时披露。

9.8.5 上市公司资金占用情形已消除，向本所申请对其股票交易撤销其他风险警示的，应当提交会计师事务所出具的专项审核报告、独立董事出具的专项意见等文件。

公司违反规定程序对外担保情形已消除，向本所申请对其股票交易撤销其他风险警示的，应当提交律师事务所出具的法律意见书、独立董事出具的专项意见等文件。

公司内部控制缺陷整改完成，内部控制能有效运行，向本所申请对其股票交易撤销其他风险警示的，应当提交会计师事务所对其最近1年内部控制出具的标准无保留意见的审计报告或者鉴证报告、独立董事出具的专项意见等文件。

公司最近一年经审计的财务报告显示，其扣除非经常性损益前后的净利润孰低者为正值或者持续经营能力不确定性已消除，向本所申请对其股票交易撤销其他风险警示的，应当提交会计师事务所出具的最近一年审计报告、独立董事出具的专项意见等文件。

9.8.6 上市公司股票交易因触及本规则第9.8.1条第（四）项、第（七）项情形被本所实施其他风险警示的，在风险警示期间，公司进行重大资产重组且符合以下全部条件的，可以向本所申请对其股票交易撤销其他风险警示：

（一）根据中国证监会有关重大资产重组规定出售全部经营性资产和负债、购买其他资产且已实施完毕；

（二）通过购买进入公司的资产是一个完整经营主体，该经营主体在进入公司前已在同一管理层之下持续经营3年以上；

（三）模拟财务报表（经会计师出具专项说明）的主体不存在本规则第9.8.1条规定的情形；

（四）本所要求的其他条件。

9.8.7 上市公司向本所申请对其股票交易撤销其他风险警示的，应当于提交申请的次一交易日开市前披露相关公告。

公司提交完备的撤销其他风险警示申请材料的，本所在15个交易日内决定是否撤销其他风险警示。

9.8.8 本所决定撤销其他风险警示的，上市公司应当及时披露股票交易撤销其他风险警示公告，公司股票于公告后停牌一个交易日，自复牌之日起，本所对公司股票交易撤销其他风险警示。

9.8.9 本所决定不予撤销其他风险警示的，上市公司应当于收到本所书面通知的次一交易日开市前披露相关公告。

第十章 重新上市

第一节 一般规定

10.1.1 上市公司在其股票终止上市后，申请其股票重新上市的，应当符合本章规定的重新上市条件，本所依据本章规定的程序审议和决定其股票重新上市事宜。

10.1.2 申请重新上市的公司应当根据本章有关规定申报材料和披露信息。公司及其董事、监事和高级管理人员应当保证所申报材料和披露的信息真实、准确、完整，不存在虚假记载、误导性陈述或者重大遗漏。

10.1.3 公司申请重新上市，应当由保荐人保荐，并向本所提交按本所有关规定编制的重新上市申请及相关申请文件。

保荐人及其保荐代表人应当认真履行审慎核查和辅导义务，对公司申请重新上市情况进行尽职调查，按照本所要求编制尽职调查工作报告，并出具重新上市保荐书。

10.1.4 公司申请重新上市，应当聘请律师事务所对其重新上市申请的合法性、合规性以及相关申请文件的真实性、有效性进行尽职调查，出具法律意见书和律师工作报告。

10.1.5 为公司重新上市出具有关文件的中介机构和人员应当勤勉尽责、诚实守信，严格履行职责，并对其所出具文件的真实性、准确性、完整性负责。

10.1.6 本所作出同意公司股票重新上市的决定，不表明对该公司股票的投资价值或者投资者的投资收益作出实质性判断或者保证。

第二节 重新上市申请

10.2.1 上市公司在其股票终止上市后，其终止上市情形（交易类强制退市情形除外）已消除，且同时符合下列条件的，可以向本所申请重新上市：

（一）公司股本总额不少于5000万元；

（二）社会公众持有的股份占公司股份总数的比例为25%以上；公司股本总额超过人民币4亿元的，社会公众持有的股份占公司股份总数的比例为10%以上；

（三）公司及其控股股东、实际控制人最近36个月不存在贪污、贿赂、侵占财产、挪用财产或者破坏社会主义市场经济秩序的刑事犯罪；

（四）公司最近3个会计年度的财务会计报告被出具无保留意见的审计报告；

（五）公司最近3个会计年度经审计的净利润均为正值且累计超过3000万元（净利润以扣除非经常性损益前后较低者为计算依据）；

（六）公司最近3个会计年度经营活动产生的现金流量净额累计超过5000万元；或者公司最近3个会计年度营业收入累计超过3亿元；

（七）公司最近一个会计年度经审计的期末净资产为正值；

（八）公司最近36个月主营业务未发生重大变化；

（九）公司最近36个月董事、高级管理人员未发生重大变化；

（十）公司最近36个月实际控制人未发生变更；

（十一）公司具备持续经营能力；

（十二）具备健全的公司治理结构和内部控制制度且运作规范；

（十三）公司董事、监事、高级管理人员具备法律法规、本所有关规定及公司章程规定的任职条件，且不存在影响其任职的情形；

（十四）本所要求的其他条件。

前款第（十三）项所称影响其任职的情形，包括：被中国证监会采取不得担任上市公司董事、监事、高级管理人员的市场禁入措施，期限尚未届满；最近36个月内受到中国证监会行政处罚，或者最近12个月内受到证券交易所公开谴责；因涉嫌犯罪被司法机关立案侦查或者涉嫌违法违规被中国证监会立案调查，尚未有明确结论意见等情形。

公司在终止上市前未完成股权分置改革的，应当按照股权分置改革有关规定的要求就非流通股可以上市交易作出安排。

10.2.2 上市公司因触及重大违法强制退市情形，其股票被本所终止上市后，符合本规则第10.2.1条规定的重新上市条件拟向本所申请其股票重新上市的，还应当符合以下条件：

（一）已全面纠正违法行为并符合下列要求：

1. 公司就重大违法行为所涉事项已进行补充披露或者更正公告；

2. 对重大违法行为的责任追究已处理完毕；

3. 公司就重大违法行为所涉事项已补充履行相关决策程序；

4. 公司因重大违法行为发生的损失已获得相关责任主体弥补；

5. 重大违法行为可能引发的与公司相关的风险因素已消除。

（二）已及时撤换下列有关责任人员：

1. 被人民法院判决有罪的有关人员；

2. 被相关行政机关行政处罚的有关人员；

3. 被相关行政机关依法移送公安机关立案调查的有关人员；

4. 中国证监会、本所认定的对重大违法行为负有重要责任的其他人员。

（三）已对民事赔偿责任作出妥善安排并符合下列要求：

1. 相关赔偿事项已由人民法院作出判决的，该判决已执行完毕；

2. 相关赔偿事项未由人民法院作出判决，但已达成和解的，该和解协议已执行完毕；

3. 相关赔偿事项未由人民法院作出判决，且未达成和解的，已按预计最高索赔金额计提赔偿基金，并将足额资金划入基金专户存储；公司的控股股东及其实际控制人或者第三方已承诺：将对赔偿基金不足或者未予赔偿的部分代为赔付等。

（四）不存在本所规定的终止上市情形。

公司应当聘请律师事务所对前款所述事项进行逐项核查，就公司是否具备申请重新上市的主体资格、是否符合重新上市的条件出具专门意见。

重新上市保荐人应当在重新上市保荐书中对第一款所述事项逐项说明，并就公司重大违法行为影响已基本消除、风险已得到控制，公司符合申请重新上市的条件明确发表意见。

10.2.3 上市公司因触及欺诈发行强制退市情形，其股票被本所终止上市的，不得在本所重新上市。

10.2.4 主动终止上市公司符合本章规定的重新上市条件的，可以随时向本所提出重新上市的申请。

强制退市公司（欺诈发行强制退市情形除外）依据本规则第10.2.1条的规定向本所申请其股票重新上市的，其申请时间应当符合以下规定：

（一）公司因重大违法类强制退市情形（欺诈发行强制退市情形除外）其股票被终止上市的，首次提出重新上市申请与其股票终止上市后进入全国中小企业股份转让系统等证券交易场所的时间间隔应当不少于5个完整的会计年度；

（二）公司因交易类强制退市情形其股票被终止上市的，首次提出重新上市申请与其股票终止上市后进入全国中小企业股份转让系统等证券交易场所的时间间隔应当不少于3个月；

（三）公司因前述两项情形之外的其他强制退市情形其股票被终止上市的，首次提出重新上市申请与其股票终止上市后进入全国中小企业股份转让系统等证券交易场所的时间间隔应当不少于12个月。

10.2.5 上市公司在其股票终止上市过程中存在下列情形之一的，本所自公司股票终止上市后36个月内不受理其重新上市的申请：

（一）上市公司股票可能被强制退市但其董事会已审议通过并公告筹划重大资产重组事项的，公司董事会未按规定及时召开股东大会，决定公司股票在终止上市后是否进入退市整理期交易；

（二）在退市整理期间未按本所有关规定履行信息披露及其他相关义务；

（三）未按本所有关规定安排股份转入全国中小企业股份转让系统等证券交易场所进行转让；

（四）其他拒不履行本所规定的义务、不配合退市相关工作的情形。

10.2.6 公司申请其股票重新上市的，应当经公司董事会同意后提交股东大会审议。股东大会就该事项作出决议应当经出席会议的股东所持表决权2/3以上通过。

10.2.7 本所在收到公司重新上市申请文件后的5个交易日内作出是否受理的决定。

公司按照本所要求提供补充材料的时间不计入上述期限内，但补充材料的期限累计不得超过15个交易日。

10.2.8 公司应当提供按照企业会计准则编制并经会计师事务所审计的最近3个会计年度财务会计报告。

前述财务会计报告的截止日距公司重新上市的申请日间隔应当不超过6个月，超过6个月的，公司应当补充提供最近一期经审计的财务会计报告。

10.2.9 存在下列情形之一的，本所不予受理公司的重新上市申请文件：

（一）重新上市报告书、重新上市保荐书、法律意见书等重新上市申请文件不齐备且未按要求补正；

（二）中介机构及其主办人员因证券违法违规被采取认定为不适当人选、限制业务活动、一定期限内不接受其出具的相关文件等相关措施，尚未解除；或者因首次公开发行股票并上市、上市公司发行证券、并购重组业务涉嫌违法违规，或者其他业务涉嫌违法违规且对市场有重大影响正在被立案调查、侦查，尚未结案。

第三节 重新上市审核

10.3.1 本所上市委员会对公司股票重新上市的申请进行审议，作出独立的专业判断并形成审核意见。本所根据上市委员会的审核意见，作出是否同意公司股票重新上市的决定。

10.3.2 主动终止上市公司申请其股票重新上市的，本所将在受理公司股票重新上市申请后的30个交易日内，作出是否同意其股票重新上市申请的决定。

强制退市公司申请其股票重新上市的，本所将在受理公司股票重新上市申请后的60个交易日内，作出是否同意其股票重新上市申请的决定。

在此期间，本所要求提供补充材料的，公司应当按照本所要求提供。公司补充材料的时间不计入上述期限内，但累计不得超过30个交易日。本所可以自行或委托相关单位就公司相关情况进行调查核实，调查核实期间不计入本所作出是否同意其股票重新上市申请的期限内。

本章规定的中止审核、暂缓审议、处理会后事项等情形，并要求公司及中介机构补充、修订更新申请文件的，不计入本所作出是否同意其股票重新上市申请的期限内。

公司未按本所要求在前述期限内提交补充材料的，本所在该期限届满后继续对其重新上市申请进行审核，并根据本规则作出是否同意其股票重新上市的决定。

10.3.3　重新上市审核过程中出现下列情形之一的，公司、中介机构应当及时告知本所，本所将中止重新上市审核，通知公司及其保荐人：

（一）公司及其控股股东、实际控制人涉嫌贪污、贿赂、侵占财产、挪用财产或者破坏社会主义市场经济秩序的犯罪，或者涉嫌欺诈发行、重大信息披露违法或者其他涉及国家安全、公共安全、生态安全、生产安全、公众健康安全等领域的重大违法行为，正在被立案调查，或者正在被司法机关立案侦查，尚未结案；

（二）公司的中介机构及其主办人员因首次公开发行股票并上市、上市公司发行证券、并购重组业务涉嫌违法违规，或者其他业务涉嫌违法违规且对市场有重大影响，正在被中国证监会立案调查，或者正在被司法机关侦查，尚未结案；

（三）公司的中介机构被中国证监会依法采取限制业务活动、责令停业整顿、指定其他机构托管或者接管等措施，尚未解除；

（四）中介机构主办人员被中国证监会依法采取不得从事证券业务或者证券服务业务的市场禁入、认定为不适当人选等监管措施，尚未解除；

（五）中介机构及其主办人员，被本所实施一定期限内不接受其出具的相关文件的纪律处分，尚未解除；

（六）本所审核过程中，公司出现明显不符合本规则第10.2.1条规定的重新上市条件的情形；

（七）公司重新上市申请文件中记载的财务资料已过有效期，需要补充提交；

（八）公司及保荐人主动要求中止重新上市审核，理由正当且经本所同意；

（九）其他本所认为应当中止审核的情形。

出现前款第（一）项至第（八）项所列情形，公司、中介机构未及时告知本所，本所经核实符合中止审核情形的，将直接中止审核。

因第一款第（二）项至第（五）项中止审核，公司根据规定需要更换中介机构的，更换后的中介机构应当自中止审核之日起3个月内完成尽职调查，重新出具相关文件，并对原中介机构出具的文件进行复核，出具复核意见，对差异情况作出说明。公司根据规定无需更换中介机构的，中介机构应当及时向本所出具复核报告。

因第一款第（二）项至第（五）项中止审核，公司更换中介机构主办人员的，更换后的中介机构主办人员应当自中止审核之日起1个月内，对原中介机构主办人员签字的文件进行复核，出具复核意见，对差异情况作出说明。

因第一款第（六）项至第（九）项中止审核的，公司应当在中止审核后3个月内补充提交有效文件或者消除主动要求中止审核的相关情形。

第一款所列中止审核的情形消除或者在第三款至第五款规定的时限内完成相关事项的，本所经审核确认后，恢复对公司的重新上市审核，并通知公司及其保荐人。

10.3.4　重新上市审核过程中出现下列情形之一的，本所将终止重新上市审核，通知公司及其保荐人：

（一）重新上市申请文件内容存在重大缺陷，严重影响投资者理解和本所审核；

（二）公司撤回重新上市申请或者保荐人撤销保荐；

（三）公司未在规定时限内回复本所审核问询或者未对重新上市申请文件作出解释说明、补充修改；

（四）重新上市申请文件存在虚假记载、误导性陈述或者重大遗漏；

（五）公司阻碍或者拒绝中国证监会、本所依法对公司实施的检查；

（六）公司及其关联人以不正当手段严重干扰重新上市审核工作；

（七）公司法人资格终止；

（八）本规则第10.3.3条第一款规定的中止审核情形未能在3个月内消除，或者中介机构及其主办人员未能在规定的时限内完成复核事项；

（九）同一次重新上市审核过程中，公司中止审核总时长超过6个月；

（十）其他本所认为应当终止审核的情形。

10.3.5 本所在作出是否同意公司重新上市决定后的2个交易日内通知公司，并报中国证监会备案。

10.3.6 公司重新上市申请未获本所同意的，自本所作出决定之日起6个月内公司不得再次向本所提出重新上市的申请。

10.3.7 本所作出同意公司股票重新上市申请决定后至公司股票重新上市前，发生不符合公司股票重新上市条件、触及中止审核或者终止审核情形、或者其他可能对投资价值及投资决策判断构成重大影响的事项的，公司及其保荐人应当及时向本所报告，并按要求更新发行上市申请文件。公司的中介机构应当持续履行尽职调查职责，并向本所提交专项核查意见。

前款规定的期后事项材料显示，相关事项可能影响公司重新上市条件的，本所可以视情况决定重新提交上市委员会审议，并根据上市委员会的意见作出是否同意其股票重新上市的决定。

第四节 重新上市安排

10.4.1 公司重新上市申请获得本所同意的，应当自本所作出同意其股票重新上市决定之日起3个月内办理完毕公司股份的重新确认、登记、托管等相关手续。本所在公司办理完成相关手续后安排其股票上市交易。公司遇特殊情形需延长办理期限的，应当向本所申请并获本所同意。

公司股票未在上述规定期限内上市交易的，本所关于同意其股票重新上市的文件失效，公司可以于该决定失效之日起的6个月后再次提出重新上市申请。

10.4.2 公司重新上市申请获得本所同意后，应当在其股票重新上市前与本所签订上市协议，并缴纳相关费用。

10.4.3 公司应当在其股票重新上市前向本所提交以下文件：

（一）公司董事、监事和高级管理人员签署的《董事（监事和高级管理人员）声明及承诺书》；

（二）公司控股股东、实际控制人签署的《控股股东、实际控制人声明及承诺书》；

（三）公司全部股份已经结算公司托管的证明文件；

（四）公司行业分类的情况说明；

（五）本所要求的其他文件。

10.4.4 公司股票重新上市首日的开盘参考价原则上为公司股票在全国中小企业股份转让系统等证券交易场所的最后一个交易日的收盘价，重新上市首日不实行股票价格涨跌幅限制。公司股票重新上市首日交易相关事宜应当遵守本所《交易规则》等有关规定。

公司认为有必要调整上述开盘参考定价的，可以向本所提出申请并说明理由，重新上市保荐人应当对此发表专门意见。经本所同意的，公司应当对外披露具体情况。

主动终止上市公司其股票未进入全国中小企业股份转让系统等证券交易场所挂牌转让的，公司应当就其股票开盘参考价的确定方法及其依据等情况进行公告，重新上市保荐人对此发表专门意见。

10.4.5 公司控股股东和实际控制人应当承诺：自公司股票重新上市之日起36个月内，不转让或者委托他人管理其直接或者间接持有的公司股份，也不由公司回购其直接或者间接持有的公司股份。

公司无控股股东或者实际控制人的，其第一大股东及其最终控制人比照执行前款规定。

公司董事、监事及高级管理人员应当承诺：自公司股票重新上市之日起12个月内，不转让或者委托他人管理其直接或者间接持有的公司股份，也不由公司回购其直接或者间接持有的公司股份。

10.4.6 公司股东所持股份在公司申请其股票重新上市时属于下列情形之一的，将分别按照以下规定限售：

（一）股东所持股份为终止上市前的有限售条件且重新上市时限售期尚未届满的，除已通过证券竞价交易等方式公开转让的股份之外，其限售期自公司股票重新上市之日起连续计算直至限售期届满；

（二）股东所持股份为退市期间发行的股份，除已通过证券竞价交易等方式公开转让的股份之外，自公司股票重新上市之日起至少限售12个月。

10.4.7 公司在退市期间因配股、资本公积金转增股本或者送股而相应增加的股份，其限售期与原对应的股份相同。

10.4.8 经本所审核同意其股票重新上市的，公司应当及时在符合条件媒体公告相关情况，并在其股票重新上市前5个交易日内，在符合条件媒体披露下列文件：

（一）重新上市报告书；

（二）重新上市提示性公告；

（三）重新上市保荐书和法律意见书；

（四）本所要求的其他文件。

第十一章 境内外上市事务

11.1 在本所上市的公司同时有股票及其衍生品种在境外证券交易所上市的，公司及相关信息披露义务人应当保证境外证券交易所要求其披露的信息，同时在符合条件媒体上按照本规则及本所其他规定的要求对外披露。

公司及相关信息披露义务人在境外市场进行信息披露时，不属于本所市场信息披露时段的，应当在本所市场最近一个信息披露时段内予以披露。

11.2 上市公司及相关信息披露义务人就同一事项履行报告和公告义务时，应当保证同时向本所和境外证券交易所报告，公告内容应当一致。出现重大差异时，公司及相关信息披露义务人应当向本所说明，并披露更正或者补充公告。

11.3 上市公司的股票及其衍生品种在境外上市地涉及停牌或者终止上市事项的，应当及时向本所报告相关事项和原因，并提交是否需要向本所申请其股票及其衍生品种停牌、终止上市的书面说明，并予以披露。

11.4 本章未尽事宜，适用法律法规、本所有关规定以及本所与其他证券交易所签署的监管合作备忘录的规定。

第十二章　中介机构

第一节　一般规定

12.1.1 上市公司及相关信息披露义务人聘请的为其提供证券服务的保荐人、会计师事务所、律师事务所、资产评估机构、财务顾问和资信评级机构等中介机构，应当符合《证券法》的规定。

中介机构应当承办与自身规模、执业能力、风险承担能力匹配的业务，不得超出胜任能力执业。

12.1.2 中介机构及其相关人员应当勤勉尽责、诚实守信、恪尽职守，按照相关业务规则、行业执业规范和职业道德准则为上市公司及相关信息披露义务人提供证券服务。

12.1.3 中介机构应当建立并保持有效的质量控制体系、独立性管理和投资者保护机制，严格执行内部控制制度，对相关业务事项进行核查验证，审慎发表专业意见。

12.1.4 中介机构为上市公司及相关信息披露义务人的证券业务活动制作和出具上市保荐书、持续督导跟踪报告、审计报告、鉴证报告、资产评估报告、估值报告、法律意见书、财务顾问报告、资信评级报告等文件，应当对所依据文件资料内容的真实性、准确性、完整性进行核查和验证，获取充分、适当的证据，制作、出具的文件不得有虚假记载、误导性陈述或者重大遗漏，结论意见应当合理、明确。

12.1.5 上市公司及相关信息披露义务人应当配合中介机构及其相关人员的工作，向其聘用的中介机构及其相关人员提供与执业相关的所有资料，并确保资料的真实、准确、完整，不得拒绝、隐匿或者谎报。

中介机构在为上市公司及相关信息披露义务人出具专项文件时，发现其提供的材料有虚假记载、误导性陈述、重大遗漏或者其他重大违法行为的，应当要求其补充、纠正。上市公司及相关信息披露义务人不予补充、纠正的，中介机构应当及时向本所报告。

12.1.6 中介机构应当建立健全工作底稿制度，为每一项目建立独立的工作底稿并妥善保存。工作底稿应当内容完整、记录清晰、结论明确，真实、准确、完整地反映证券服务的全过程和所有重要事项。

本所可以根据监管需要调阅、检查工作底稿、证券业务活动记录及相关资料。

12.1.7 中介机构应当在规定期限内如实回复本所就相关事项提出的问询，不得以有关事项存在不确定性等为由不回复本所问询。中介机构回复问询的文件应当符合本所要求，不存在虚假记载、误导性陈述或者重大遗漏，结论意见应当合理、明确。

12.1.8 中介机构及其相关人员不得利用因职务便利获得的上市公司尚未披露的信息进行内幕交易，为自己或者他人谋取利益。

第二节 保荐人

12.2.1 本所实行股票及其衍生品种上市保荐制度。发行人、上市公司向本所申请股票及其衍生品种在本所上市，以及股票被终止上市后公司申请其股票重新上市的，应当由保荐人保荐。中国证监会和本所另有规定的除外。

保荐人应当为同时具有保荐业务资格和本所会员资格的证券公司。

12.2.2 保荐人应当与发行人、上市公司签订保荐协议，明确双方在公司申请上市期间、申请重新上市期间和持续督导期间的权利和义务。

首次公开发行股票的，持续督导期间为股票上市当年剩余时间及其后两个完整会计年度；上市后发行新股、可转换公司债券的，持续督导期间为股票、可转换公司债券上市当年剩余时间及其后一个完整会计年度；重新上市的，持续督导期间为股票重新上市当年剩余时间及其后两个完整会计年度。持续督导期间自股票、可转换公司债券上市之日起计算。中国证监会和本所对其他衍生品种持续督导另有规定的，从其规定。

持续督导期届满，上市公司及相关信息披露义务人存在尚未完结的督导事项的，保荐人应当就相关事项继续履行督导义务，直至相关事项全部完成。

12.2.3 保荐人应当在签订保荐协议时指定2名保荐代表人具体负责保荐工作，作为保荐人与本所之间的指定联络人。

12.2.4 保荐人保荐股票及其衍生品种上市时，应当向本所提交上市保荐书、保荐协议、保荐人和保荐代表人的相关证明文件、保荐代表人专项授权书，以及与上市保荐工作有关的其他文件。

保荐人保荐股票重新上市时应当提交的文件及其内容，按照本所关于重新上市的有关规定执行。

12.2.5 上市保荐书应当包括以下内容：

（一）发行人、上市公司概况；

（二）申请上市的股票及其衍生品种的发行情况；

（三）保荐人是否存在可能影响公正履行保荐职责情形的说明；

（四）保荐人按照有关规定应当承诺的事项；

（五）对公司持续督导期间的工作安排；

（六）保荐人和相关保荐代表人的联系地址、电话和其他通讯方式；

（七）保荐人认为应当说明的其他事项；

（八）本所要求的其他内容。

12.2.6 保荐人应当督促发行人、上市公司建立健全并有效执行公司治理、内部控制和信息披露等制度，督促发行人、上市公司规范运作。

12.2.7 保荐人应当督导发行人、上市公司及其董事、监事、高级管理人员、控股股东和实际控制人，以及其他信息披露义务人按照本规则的规定履行信息披露等义务，并履行其作出的承诺。

12.2.8 保荐人应当对发行人、上市公司募集资金使用情况、限售股票及其衍生品种解除限售进行核查并发表专项意见。

持续督导期间，保荐人应当按照本所有关规定的要求对上市公司及相关信息披露义务人的相关披露事项进行核查并发表专项意见。

12.2.9 持续督导期间，保荐人应当按照本所有关规定的要求对发行人、上市公司的相关事项进行定期现场检查。

12.2.10 持续督导期间，保荐人应当重点关注上市公司是否存在控股股东、实际控制人及其关联人资金占用、违规担保，以及资金往来、现金流重大异常等情况。发现异常情况的，应当督促公司核实并披露，同时按规定及时进行专项现场核查。公司未及时披露的，保荐人应当及时向本所报告。

12.2.11 保荐人应当在上市公司及相关信息披露义务人向本所报送信息披露文件及其他文件之前，或者履行信息披露义务后5个交易日内，完成对有关文件的审阅工作，对存在问题的信息披露文件应当及时督促发行人更正或者补充，并向本所报告。

保荐人履行保荐职责发表的意见应当及时告知发行人、上市公司，同时在保荐工作底稿中保存。

12.2.12 保荐人在履行保荐职责期间有充分理由确信发行人、上市公司可能存在违反本所有关规定的，应当督促发行人、上市公司作出说明并限期纠正；情节严重的，应当向本所报告。

保荐人按照有关规定对发行人、上市公司违法违规事项公开发表声明的，应当于披露前向本所报告。

12.2.13 保荐人有充分理由确信其他中介机构及其签名人员按规定出具的专业意见可能存在虚假记载、误导性陈述或者重大遗漏等违法违规情形或者其他不当情形的，应当及时发表意见；情节严重的，应当向本所报告。

12.2.14 发行人、上市公司和保荐人终止保荐协议或者另行聘请保荐人的，应当及时公告。新聘请的保荐人应当及时向本所提交本规则第12.2.4条规定的有关文件。

保荐人更换保荐代表人的，应当通知发行人、上市公司及时披露保荐代表人变更事宜。

12.2.15 持续督导工作结束后，保荐人应当在发行人、上市公司年度报告披露后的10个交易日内出具保荐总结报告书，并通知发行人、上市公司及时披露。

第三节　会计师事务所

12.3.1 上市公司聘请或者解聘会计师事务所必须由股东大会决定，董事会不得在股东大会决定前委任会计师事务所开展工作。

公司解聘或者不再续聘会计师事务所时，应当在董事会决议后及时通知会计师事务所。公司股东大会就解聘会计师事务所进行表决时，或者会计师事务所提出辞聘的，会计师事务所可以陈述意见。

12.3.2 上市公司应当合理安排新聘或者续聘会计师事务所的时间，不得因未能及时聘请会计师事务所影响定期报告的按期披露。

公司董事、监事、高级管理人员以及控股股东、实际控制人应当向会计师提供必要的工作条件，包括允许会计师接触与编制财务报表相关的所有信息，向会计师提供审计所需的其他信息，允许会计师在获取审计证据时不受限制地接触其认为必要的内部人员和其他相关人员，保证定期报告的按期披露。

会计师事务所及其主办人员，应当严格按照注册会计师执业准则和有关规定，发表恰当的审计意见，不得无故拖延审计工作影响上市公司定期报告的按期披露。

12.3.3 会计师事务所及其主办人员应当秉承风险导向审计理念，严格执行注册会计师执业准则、职业道德守则及有关规定，保持职业怀疑态度，完善鉴证程序，科学选用鉴证方法和技术，充分了解被鉴证单位及其环境，审慎关注重大错报风险，获取充分、适当的证据，合理发表鉴证结论。

12.3.4 上市公司在聘请会计师事务所进行年度审计的同时，应当要求会计师事务所对财务报告内部控制的有效性进行审计并出具审计报告，法律法规另有规定的除外。

第四节 其他中介机构

12.4.1 上市公司应当聘请独立财务顾问就重大资产重组、发行股份购买资产（以下统称重大资产重组）出具意见。

独立财务顾问为公司提供服务时，应当关注重组事项的交易必要性、定价合理性、相关承诺和业绩补偿（如有）的合规性、合理性和可实现性，以及标的资产的协同性和公司控制、整合标的资产的能力，出具明确、恰当的意见。

12.4.2 上市公司和独立财务顾问应当根据重大资产重组业绩承诺的期限、所涉及股份的锁定期限、配套募集资金使用计划等合理确定持续督导期限。持续督导期届满，上市公司及相关信息披露义务人存在尚未完结的督导事项的，独立财务顾问应当依规继续履行督导义务，直至相关事项全部完成。

持续督导期间，独立财务顾问应当督促公司有效控制并整合标的资产，督促重大资产重组有关各方切实履行相关承诺和保障措施。发现交易标的财务会计报告存在虚假记载、重大风险等事项，可能损害公司利益情况的，独立财务顾问应当督促有关各方提供解决方案；情节严重的，应当及时向本所报告。

12.4.3 独立财务顾问应当对重大资产重组涉及的募集资金使用情况、股票及其衍生品种解除限售进行核查并发表专项意见。

独立财务顾问应当督促和检查重大资产重组相关各方落实重大资产重组方案后续计划，切实履行其作出的承诺。

重大资产重组持续督导期间，独立财务顾问应当按照本所有关规定对上市公司发生的相关事项进行核查并发表专项意见。

12.4.4 重大资产重组持续督导期间，独立财务顾问应当按照本所有关规定对上市公司进行现场检查，并出具现场检查报告。

12.4.5 上市公司在重大资产重组及持续督导期内变更独立财务顾问的，应当及时披露，并说明原因以及对交易的影响。

12.4.6 收购人聘请的财务顾问认为收购人利用上市公司的收购损害被收购公司及其股东合法权益的，应当拒绝为收购人提供财务顾问服务。

上市公司聘请的独立财务顾问应当对收购人的主体资格、资信情况、收购意图等进行调查，对要约条件进行分析，对股东是否接受要约提出建议，并对本次收购的公正性和合法性发表专业意见。

收购人和财务顾问应当根据收购人股份限售的期限等合理确定持续督导期限。在上市公司收购过程中和持续督导期间，财务顾问应当关注被收购公司是否存在为收购人及其关联人违规提供担保或者借款等损害上市公司利益的情形，发现有违法或者不当行为的，应当及时督促其纠正，并向本所报告。

持续督导期届满，收购人存在尚未完结的督导事项的，财务顾问应当依规继续履行督导义务，直至相关事项全部完成。

12.4.7 资产评估机构及其主办人员应当严格执行评估准则或者其他评估规范，恰当选择评估方法，评估中提出的假设条件应当符合实际情况，对评估对象所涉及交易、收入、支出、投资等业务的合法性、未来预测的可靠性取得充分证据，充分考虑未来各种可能性发生的概率及其影响，形成合理的评估结论。

评估过程中，资产评估机构及其主办人员应当审慎关注所依赖资料的真实性和权威性，合理确定评估参数，不得以预先设定的价值作为评估结论，不得配合委托方人为虚增或者压低评估值。

12.4.8 律师事务所及其主办人员，应当合理运用查验方式，充分了解委托方的经营情况、面临的风险和问题，对委托方的相关事项进行查验，在确保获得充分、有效证据并对证据进行综合分析的基础上，作出独立判断，出具明确的法律意见。

律师在出具法律意见时，查验事项受到客观条件的限制，无法取得直接证据，且无其他有效替代查验方法的，应当在法律意见书中予以说明，并充分揭示其对相关事项的影响程度及风险。

12.4.9 资信评级机构开展评级业务时，应当正确收集和使用评级信息，甄别基础资料来源的合法性和合规性，根据评级对象外部经营环境、内部运营及财务状况等情况，以及前次评级报告提及的风险因素（如有）进行分析，并密切关注与评级对象相关的信息，在出具的评级报告中进行风险提示。

发生影响前次评级报告结论的重大事项的，资信评级机构应当按照执业要求及时进行不定期跟踪评级。

第十三章　日常监管和违规处理

第一节　日常监管

13.1.1 本所可以对本规则第 1.4 条规定的监管对象，单独或者合并采取下列日常工作措施：

（一）要求对有关问题作出解释和说明；

（二）要求提供相关文件或者材料；

（三）要求中介机构进行核查并发表意见；

（四）发出各种通知和函件等；

（五）约见有关人员；

（六）要求公开更正、澄清或者说明；

（七）要求限期召开投资者说明会；

（八）要求上市公司董事会追偿损失；

（九）调阅、查看工作底稿、证券业务活动记录及相关资料；

（十）向中国证监会报告有关情况；

（十一）向有关单位通报相关情况；

（十二）向市场说明有关情况；

（十三）其他措施。

13.1.2 本所根据中国证监会及本所有关规定和监管需要，可以对上市公司及相关主体进行现场检查。

13.1.3 本所认为必要的，可以公开对监管对象所采取的日常工作措施，上市公司应当按照本所要求及时披露有关事项。

13.1.4 本规则第1.4条规定的监管对象应当积极配合本所日常监管，在规定期限内按要求提交回复、说明及其他相关文件，或者按规定披露相关公告等，不得以有关事项存在不确定性等为由不履行报告、公告和回复本所问询的义务。

第二节 违规处理

13.2.1 本规则第1.4条规定的监管对象违反本规则、本所其他规定的，本所可以视情节轻重，对其单独或者合并采取自律监管措施或者实施纪律处分。

13.2.2 本所可以根据本规则及本所其他规定采取下列自律监管措施：

（一）口头警示；

（二）书面警示；

（三）约见谈话；

（四）要求限期改正；

（五）要求公开致歉；

（六）要求聘请中介机构对存在的问题进行核查并发表意见；

（七）建议更换相关任职人员；

（八）限制交易；

（九）向相关主管部门出具监管建议函；

（十）其他自律监管措施。

13.2.3 本所可以根据本规则及本所其他规定实施下列纪律处分：

（一）通报批评；

（二）公开谴责；

（三）公开认定一定期限内不适合担任上市公司董事、监事、高级管理人员或者境外发行人信息披露境内代表；

（四）建议法院更换上市公司破产管理人或者管理人成员；

（五）暂不接受发行上市申请文件；

（六）暂不受理中介机构或者其从业人员出具的相关业务文件；

（七）收取惩罚性违约金；

（八）其他纪律处分。

13.2.4 本所设立纪律处分委员会对纪律处分事项进行审议，作出独立的专业判断并形成审议意见，由本所作出是否给予纪律处分的决定。

13.2.5 相关纪律处分决定作出前，当事人可以按照本所有关业务规则规定的受理范围和程序申请听证。

13.2.6 监管对象被本所实施自律监管措施或者纪律处分，应当予以积极配合，及时落实完成。本所要求其自查整改的，监管对象应当及时报送并按要求披露相关自查整改报告。

第十四章 申请复核

14.1 发行人、上市公司、申请股票重新上市的公司或者其他监管对象（以下统称申请人）对本所作出决定不服，相关决定事项属于本所有关规则规定的复核受理范围的，可以在收到本所有关决定或者本所公告有关决定之日（以在先者为准）起 15 个交易日内，以书面形式向本所申请复核。

14.2 申请人申请复核，应当有明确的复核请求、事实依据和异议理由。

申请人及相关机构和人员，应当保证所提交的复核申请材料及相关材料不存在虚假记载、误导性陈述或者隐瞒重要事实。

14.3 复核期间，本所决定不停止执行，但本所另有规定或者本所认为需要停止执行的除外。

14.4 申请人对本所作出的不予上市、终止上市、不予重新上市、不同意主动终止上市决定申请复核的，本所自收到申请人提交的复核申请后 5 个交易日内作出是否受理的决定并通知申请人。

不符合本章和本所其他规定，或者未按规定提交复核申请材料的，本所不受理其复核申请。

14.5 本所设立上诉复核委员会，对申请人的复核申请进行审议，作出独立的专业判断并形成审核意见。

14.6 本所在受理复核申请后 30 个交易日内，依据上诉复核委员会的审核意见作出复核决定。该决定为终局决定。

在此期间，本所可以要求申请人提供补充材料，申请人应当在本所要求期限内提供有关材料，补充材料期间不计入本所作出有关决定的期限。

本所可以自行或者委托相关单位就公司有关情况进行调查核实，并将核查结果提交上诉复核委员会审议，调查核实期间不计入本所作出有关决定的期限。

14.7 申请人对本所作出的不予上市、终止上市、不同意主动终止上市决定申请复核的，应当在向本所提出复核申请的次一交易日开市前披露有关内容。

前述当事人在收到本所是否受理其复核申请的决定后，以及收到本所作出的复核决定后，应当及时披露决定的有关内容，并提示相关风险。

14.8 本所依据上诉复核委员会的审核意见作出撤销终止上市决定的，参照本规则第 9.5.11 条、第 9.5.12 条规定的程序办理。

14.9 复核程序和其他相关事宜，适用本所有关规定。

第十五章　释　　义

15.1 本规则下列用语具有如下含义：

（一）披露或者公告：指上市公司或者相关信息披露义务人按法律、行政法规、部门规章、规范性文件、本规则及本所其他规定在本所网站和符合中国证监会规定条件的媒体上发布信息。

（二）高级管理人员：指公司总经理、副总经理、董事会秘书、财务负责人及公司章程规定的其他人员。

（三）控股股东：指拥有上市公司控制权的股东。

（四）实际控制人：指通过投资关系、协议或者其他安排，能够实际支配公司行为的自然人、法人或者其他组织。

（五）中介机构：指为上市公司及相关信息披露义务人出具上市保荐书、持续督导报告、审计报告、鉴证报告、资产评估报告、资信评级报告、法律意见书、财务顾问报告等文件的保荐人、会计师事务所、律师事务所、资产评估机构、财务顾问和资信评级机构等。

（六）重大事项：指对上市公司股票及其衍生品种交易价格可能产生较大影响的事项。

（七）及时披露：指自起算日起或者触及本规则披露时点的2个交易日内披露。

（八）上市公司控股子公司：指上市公司能够控制或者实际控制的公司或者其他主体。此处控制，是指投资方拥有对被投资方的权力，通过参与被投资方的相关活动而享有可变回报，并且有能力运用对被投资方的权力影响其回报金额。

（九）营业收入：指上市公司利润表列报的营业收入；上市公司编制合并财务报表的，为合并利润表列报的营业总收入。本规则第九章对营业收入另有规定的，从其规定。

（十）利润总额：指上市公司利润表列报的利润总额；上市公司编制合并财务报表的，为合并利润表列报的利润总额。

（十一）净利润：指上市公司利润表列报的净利润；上市公司编制合并财务报表的，为合并利润表列报的归属于母公司所有者的净利润，不包括少数股东损益。

（十二）净资产：指上市公司资产负债表列报的所有者权益；上市公司编制合并财务报表的，为合并资产负债表列报的归属于母公司所有者权益，不包括少数股东权益。

（十三）每股收益：指根据中国证监会有关规定计算的基本每股收益。

（十四）净资产收益率：指根据中国证监会有关规定计算的净资产收益率。

（十五）无保留意见：指当注册会计师认为财务报表在所有重大方面按照适用的财务报告编制基础的规定编制并实现公允反映时发表的审计意见。

（十六）非标准审计意见：指注册会计师对财务报表发表的非无保留意见或带有解释性说明的无保留意见。前述非无保留意见，是指注册会计师对财务报表发表的保留意见、否定意见或无法表示意见。前述带有解释性说明的无保留意见，是指对财务报表发表的带有强调事项段、持续经营重大不确定性段落的无保留意见或者其他信息段落中包含其他信息未更正重大错报说明的无保留意见。

（十七）追溯重述：指公司因财务会计报告存在重大会计差错或者虚假记载，主动或者被中国证监会责令对此前披露的财务会计报告进行的差错更正。

（十八）破产程序：指《企业破产法》所规范的重整、和解或者破产清算程序。

（十九）管理人管理运作模式：指经法院裁定由管理人负责管理上市公司财产和营业事务的运作模式。

（二十）管理人监督运作模式：指经法院裁定由公司在管理人的监督下自行管理财产和营业事务的运作模式。

（二十一）现金选择权：指当上市公司实施合并、分立等重大事项或者被收购时，相关股东按照事先约定的价格在规定期限内将其所持有的上市公司股份出售给第三方或者上市公司，以获得现金的权利。

（二十二）被控股股东或者控股股东关联人占用资金：指上市公司为前述主体垫支工资、福利、保险、广告等费用、承担成本和其他支出，代其偿还债务，有偿或者无偿地拆借公司的资金（含委托贷款）给其使用，委托其进行投资活动，为其开具没有真实交易背景的商业承兑汇票，在没有商品和劳务对价情况下或者明显有悖商业逻辑情况下以采购款、资产转让款、预付款等方式向其提供资金，或者证券监管机构认定的其他非经营性占用行为。

控股股东关联人是指上市公司实际控制人，以及上市公司控股股东、实际控制人控制的主体。

（二十三）违反规定程序对外提供担保：指上市公司违反本规则规定的审议程序要求而进行的对外担保行为。

（二十四）股权分布不再具备上市条件：指社会公众持有的股份低于公司股份总数的 25%；公司股本总额超过 4 亿元的，社会公众持有的股份低于公司股份总数的 10%。

上述社会公众是指除了以下股东之外的上市公司其他股东：

1. 持有上市公司 10% 以上股份的股东及其一致行动人；

2. 上市公司的董事、监事、高级管理人员及其关系密切的家庭成员，上市公司董事、监事、高级管理人员直接或者间接控制的法人或者其他组织。

（二十五）关系密切的家庭成员：包括配偶、父母、年满十八周岁的子女及其配偶、兄弟姐妹及其配偶、配偶的父母、配偶的兄弟姐妹和子女配偶的父母。

（二十六）B 股每日股票收盘价：指 B 股股票每日港币计价的收盘价按本所收市行情报表中发布的汇率（即本所计算深证综指所使用的港币与人民币兑换汇率）换算成人民币计价后的收盘价，计算结果按照四舍五入原则取至价格最小变动单位。

（二十七）在本所的股票收盘市值：指公司在本所上市的各类型股票按其股份数量与对应的每日收盘价格计算的股票价值总额。股份数量包括流通股股份数和非流通股股份数，含已回购未注销的股份。

15.2 本规则未定义的用语的含义，依照国家有关法律、行政法规、部门规章、规范性文件及本所有关规定确定。

15.3 本规则所称“以上”含本数，“超过”“少于”“低于”不含本数。

15.4 本规则所称“元”，如无特指，均指人民币元。

第十六章 附 则

16.1 本规则的制定或者修订经本所理事会会议审议通过并报中国证监会批准。

16.2 本规则由本所负责解释。

16.3 本规则自发布之日起施行。

相关附件

附件：废止规则文件目录（略）

深圳证券交易所上市公司自律监管指引第1号——主板上市公司规范运作

【发布机关】深圳证券交易所
【发文字号】深证上〔2022〕13号
【发布日期】2022年1月7日

各市场参与人：

为优化上市公司自律监管规则体系，结合监管实践，本所对《深圳证券交易所上市公司规范运作指引（2020年修订）》进行了整合、修订，并更名为《深圳证券交易所上市公司自律监管指引第1号——主板上市公司规范运作》，现予以发布，自发布之日起施行。

《深圳证券交易所上市公司规范运作指引（2020年修订）》（深证上〔2020〕125号）、《深圳证券交易所上市公司信息披露指引第1号——高比例送转（2021年修订）》（深证上〔2021〕333号）、《深圳证券交易所上市公司信息披露指引第4号——员工持股计划》（深证上〔2019〕699号）、《深圳证券交易所上市公司信息披露指引第7号——董事会秘书及证券事务代表管理》（深证上〔2021〕335号）和《深圳证券交易所上市公司信息披露指引第8号——独立董事备案》（深证上〔2021〕336号）同时废止。

特此通知

深圳证券交易所
2022年1月7日

第一章 总 则

1.1 为了规范主板上市公司（以下简称上市公司）的组织和行为，提高上市公司规范运作水平，保护上市公司和投资者的合法权益，促进上市公司质量不断提高，推动市场健康稳定发展，根据《中华人民共和国公司法》（以下简称《公司法》）、《中华人民共和国证券法》（以下简称《证券法》）、《证券交易所管理办法》、《上市公司治理准则》等法律、行政法规、部门规章、规范性文件（以下统称法律法规）和《深圳证券交易所股票上市规则》（以下简称《股票上市规则》），制定本指引。

1.2 上市公司及其董事、监事、高级管理人员、股东或者存托凭证持有人、实际控制人，收购人及其他权益变动主体，重大资产重组、再融资、重大交易、破产事项等有关各方，为前述主体提供证券服务的中介机构及其相关人员，以及法律、行政法规和中国证监会规定的在上市、信息披露、停牌、复牌、退市等事项承担相关义务的其他主体，应当遵守法律法规、本指引和本所其他规定，诚实守信，自觉接受本所监督管理。

1.3 上市公司应当根据法律法规、本指引、本所其他规定和公司章程，建立规范的公司治理结构和健全的内部控制制度，完善股东大会、董事会、监事会议事规则和权力制衡机制，规范董事、监事、高级管理人员的任职管理及履职行为，履行信息披露义务，积极承担社会责任，采取有效措施保护投资者特别是中小投资者的合法权益。

第二章 股东大会、董事会和监事会

第一节 股东大会

2.1.1 上市公司应当完善股东大会运作机制，平等对待全体股东，保障股东依法享有的知情权、查询权、分配权、质询权、建议权、股东大会召集权、提案权、提名权、表决权等权利，积极为股东行使权利提供便利，切实保障股东特别是中小股东的合法权益。

上市公司应当积极采用累积投票、网络投票等方式，为股东特别是中小股东参加股东大会及行使表决权提供便利。

2.1.2 上市公司应当在公司章程中规定股东大会的召集、召开和表决等程序，制定股东大会议事规则，并列入公司章程或者作为章程附件。

2.1.3 董事会、监事会和符合条件的股东召集股东大会的，应当遵守法律法规和本所相关规定。

2.1.4 召集人应当充分、完整披露所有提案的具体内容，以及为使股东对有关提案作出合理判断所需的全部资料或解释。

有关提案需要独立董事及中介机构发表意见的，上市公司最迟应当在发出股东大会通知时披露相关意见。

2.1.5 召集人应当合理设置股东大会提案，保证同一事项的提案表决结果是明确的。除采用累积投票制以外，股东大会对所有提案应当逐项表决，股东大会对同一事项有不同提案的，应按照提案提出的时间顺序进行表决，股东或者其代理人不得对同一事项的不同提案同时投同意票。

在一次股东大会上表决的提案中，一项提案生效是其他提案生效的前提的，召集人应当在股东大会通知中明确披露，并就作为前提的提案表决通过是后续提案表决结果生效的前提进行特别提示。

提案人应当在提案函等载有提案内容的文件中明确说明提案间的关系，并明确相关提案是否提交同一次股东大会表决，并就表决方式的选取原因及合法合规性进行说明。

2.1.6 股东提出股东大会临时提案的，不得存在下列任一情形：

（一）提出提案的股东不符合持股比例等主体资格要求；

（二）超出提案规定时限；

（三）提案不属于股东大会职权范围；

（四）提案没有明确议题或具体决议事项；

（五）提案内容违反法律法规、本所有关规定；

（六）提案内容不符合公司章程的规定。

提出临时提案的股东，应当向召集人提供持有公司3%以上股份的证明文件。股东通过委托方式联合提出提案的，委托股东应当向被委托股东出具书面授权文件。

提出临时提案的股东或其授权代理人应当将提案函、授权委托书、表明股东身份的有效证件等相关文件在规定期限内送达召集人。

临时提案的提案函内容应当包括：提案名称、提案具体内容、提案人关于提案符合《上市公司股东大会规则》、本指引和本所相关规定的声明以及提案人保证所提供持股证明文件和授权委托书真实性的声明。

临时提案不存在第一款规定的情形的，召集人不得拒绝将临时提案提交股东大会审议。召集人应当在规定时间内发出股东大会补充通知，披露提出临时提案的股东姓名或者名称、持股比例和新增提案的具体内容。

召集人认定临时提案存在第一款规定的情形，进而认定股东大会不得对该临时提案进行表决并做出决议的，应当在收到提案后两日内公告相关股东临时提案的内容，并说明做出前述认定的依据及合法合规性，同时聘请律师事务所对相关理由及其合法合规性出具法律意见书并公告。

2.1.7 除单独或者合计持有公司3%以上股份普通股股东提出临时提案情形外，发出股东大会通知后不得修改股东大会通知中已列明的提案或增加新的提案。

召集人根据规定需对提案披露内容进行补充或更正的，不得实质性修改提案，且相关补充或更正公告应当在股东大会网络投票开始前发布，与股东大会决议同时披露的法律意见书中应当包含律师对提案披露内容的补充、更正是否构成提案实质性修改出具的明确意见。

对提案进行实质性修改的，有关变更应当视为一个新的提案，不得在本次股东大会上进行表决。

2.1.8 股东大会的现场会议日期和股权登记日都应当为交易日。股权登记日和会议召开日之间的间隔应当不少于两个工作日且不多于7个工作日。股权登记日一旦确定，不得变更。

发出股东大会通知后，股东大会因故需要延期的，召集人应当在原定现场会议召开日前至少2个交易日公告并说明原因。股东大会延期的，股权登记日仍为原股东大会通知中确定的日期、不得变更，且延期后的现场会议日期仍需遵守与股权登记日之间的间隔不多于7个工作日的规定。

2.1.9 发出股东大会通知后，股东大会因故需要取消的，召集人应当在现场会议召开日前至少2个交易日公告并说明原因。

2.1.10 上市公司董事会、独立董事、持有1%以上有表决权股份的股东或者依照法律法规设立的投资者保护机构，可以作为征集人，自行或者委托证券公司、证券服务机构，公开请求上市公司股东委托其代为出席股东大会，并代为行使提案权、表决权等股东权利，但不得以有偿或者变相有偿方式公开征集股东权利。

征集人应当依规披露征集公告和相关征集文件，并按规定披露征集进展情况和结果，公司应当予以配合。征集人持有公司股票的，应当承诺在审议征集议案的股东大会决议公告前不转让所持股份。

征集人可以采用电子化方式公开征集股东权利，为股东进行委托提供便利，上市公司应当予以配合。

公司可以在公司章程中规定股东权利征集制度的实施细则，但不得对征集行为设置最低持股比例等不适当障碍而损害股东的合法权益。

征集人仅对股东大会部分提案提出投票意见的，应当同时征求股东对于其他提案的投票意见，并按其意见代为表决。

2.1.11 上市公司不得通过授权的形式由董事会或者其他机构和个人代为行使股东大会的法定职权。股东大会授权董事会或者其他机构和个人代为行使其他职权的，应当符合法律法规、本指引、本所其他规定和公司章程、股东大会议事规则等规定的授权原则，并明确授权的具体内容。

2.1.12 股东大会审议影响中小投资者利益的重大事项时，应当对除上市公司董事、监事、高级管理人员以及单独或者合计持有上市公司5%以上股份的股东以外的其他股东的表决单独计票并披露。

前款所称影响中小投资者利益的重大事项是指依据本指引第3.5.19条应当由独立董事发表独立意见的事项。

2.1.13 上市公司股东或者其委托代理人在股东大会上投票的，应当对提交表决的议案明确发表同意、反对或者弃权意见。股票名义持有人根据相关规则规定，按照所征集的实际持有人对同一议案的不同投票意见行使表决权的除外。

同一表决权通过现场、本所网络投票平台或者其他方式重复进行表决的，以第一次投票结果为准。

2.1.14 上市公司应当为股东特别是中小股东参加股东大会提供便利，为投资者发言、提问及与公司董事、监事及高级管理人员交流提供必要的时间。中小股东有权对上市公司经营和相关议案提出建议或者质询，公司董事、监事及高级管理人员在遵守公平信息披露原则的前提下，应当对中小股东的质询予以真实、准确地答复。公司召开股东大会可以同时进行网络直播。

2.1.15 董事、监事的选举，应当充分反映中小股东意见。股东大会在董事、监事选举中应当积极推行累积投票制。除只有1名董事或者监事候选人的情形外，单一股东及其一致行动人拥有权益的股份比例在30%及以上的上市公司，应当采用累积投票制。采用累积投票制度的公司应当在公司章程中规定该制度的实施细则。

股东大会以累积投票方式选举董事的，独立董事和非独立董事的表决应当分别进行。

不采取累积投票方式选举董事、监事的，每位董事、监事候选人应当以单项提案提出。

2.1.16 存在股东需在股东大会上回避表决或者承诺放弃表决权情形的，召集人应当在股东大会通知中明确披露相关情况，援引披露股东需回避表决或者承诺放弃表决权理由的相关公告，同时应当就该等股东可否接受其他股东委托进行投票作出说明，并进行特别提示。

2.1.17 投资者违反《证券法》第六十三条第一款、第二款的规定买入上市公司有表决权的股份的，在买入后的36个月内，对该超过规定比例部分的股份不得行使表决权。上市公司应当按照《证券法》的规定，不得将前述股份计入出席股东大会有表决权的股份总数，上市公司应当在股东大会决议公告中披露前述情况。

2.1.18 以下事项必须经出席股东大会的股东所持表决权的2/3以上通过：

（一）修改公司章程及其附件（包括股东大会议事规则、董事会议事规则及监事会议事规则）；

（二）增加或者减少注册资本；

（三）公司合并、分立、解散或者变更公司形式；

（四）分拆所属子公司上市；

（五）《股票上市规则》第 6.1.8 条、第 6.1.10 条规定的连续 12 个月内购买、出售重大资产或者担保金额超过公司资产总额 30%；

（六）发行股票、可转换公司债券、优先股以及中国证监会认可的其他证券品种；

（七）以减少注册资本为目的回购股份；

（八）重大资产重组；

（九）股权激励计划；

（十）上市公司股东大会决议主动撤回其股票在本所上市交易并决定不再在交易所交易或者转而申请在其他交易场所交易或转让；

（十一）股东大会以普通决议认定会对公司产生重大影响、需要以特别决议通过的其他事项；

（十二）法律法规、本所相关规定、公司章程或股东大会议事规则规定的其他需要以特别决议通过的事项。

前款第（四）项、第（十）所述提案，除应当经出席股东大会的股东所持表决权的 2/3 以上通过外，还应当经出席会议的除上市公司董事、监事、高级管理人员和单独或者合计持有上市公司 5% 以上股份的股东以外的其他股东所持表决权的 2/3 以上通过。

上市公司章程的相应条款应当符合前两款的规定。

2.1.19　上市公司股东大会应当由律师出具法律意见书，并与股东大会决议一并公告，法律意见书应当至少包括以下内容：

（一）该次股东大会的召集、召开程序是否符合法律法规、本所相关规定和公司章程的规定；

（二）召集人资格是否合法有效；

（三）出席该次股东大会的股东及股东授权委托代表人数，代表股份数量；出席会议人员资格是否合法有效；

（四）该次股东大会表决程序是否合法有效；

（五）相关股东回避表决的情况。如该次股东大会存在股东大会通知后其他股东被认定需回避表决等情形的，法律意见书应当详细披露相关理由并就其合法合规性出具明确意见；

（六）存在本节 2.1.17 条情形的，应当对相关股东表决票不计入股东大会有表决权股份总数是否合法合规、表决结果是否合法合规出具明确意见；

（七）除采取累积投票方式选举董事、监事的提案外，每项提案获得的同意、反对、弃权的股份数及其占出席会议有效表决权股份总数的比例以及提案是否获得通过。采取累积投票方式选举董事、监事的提案，每名候选人所获得的选举票数、是否当选；该次股东大会表决结果是否合法有效；

（八）应公司要求对其他有关问题出具的法律意见。

律师出具的法律意见不得使用“基本符合”“未发现”等含糊措辞，并应当由 2 名执业律师和所在律师事务所负责人签名，加盖该律师事务所印章并签署日期。

第二节　董事会

2.2.1　上市公司应当制定董事会议事规则，并列入公司章程或者作为章程附件，报股东大会批准，确保董事会规范、高效运作和审慎、科学决策。

2.2.2 董事会会议应当严格按照董事会议事规则召集和召开，按规定事先通知所有董事，并提供充分的会议材料，包括会议议题的相关背景材料、独立董事事前认可情况（如有）等董事对议案进行表决所需的所有信息、数据和资料，及时答复董事提出的问询，在会议召开前根据董事的要求补充相关会议材料。

2.2.3 董事会会议记录应当真实、准确、完整，充分反映与会人员对所审议事项提出的意见，出席会议的董事、董事会秘书和记录人员应当在会议记录上签名。董事会会议记录应当妥善保存。

2.2.4 董事会各项法定职权应当由董事会集体行使，不得授权他人行使，并不得以公司章程、股东大会决议等方式加以变更或者剥夺。

公司章程规定的董事会其他职权涉及重大业务和事项的，应当实行集体决策审批，不得授权董事长、总经理等行使。

董事会授权董事长在董事会闭会期间行使董事会部分职权的，上市公司应当在公司章程中明确规定授权的原则和具体内容。

2.2.5 董事会应当设立审计委员会，并可以根据需要设立战略、提名、薪酬与考核等相关专门委员会。专门委员会对董事会负责，依照公司章程和董事会授权履行职责，专门委员会的提案应当提交董事会审议决定。

专门委员会成员全部由董事组成，其中审计委员会、提名委员会、薪酬与考核委员会中独立董事应当占多数并担任召集人，审计委员会的召集人应当为会计专业人士。

上市公司应当在公司章程中对专门委员会的组成、职责等作出规定，并应当制定专门委员会工作规程，明确专门委员会的人员构成、委员任期、职责范围和议事规则等相关事项。

2.2.6 上市公司须为审计委员会提供必要的工作条件，配备专门人员或者机构承担审计委员会的工作联络、会议组织、材料准备和档案管理等日常工作。审计委员会履行职责时，上市公司管理层及相关部门须给予配合。

审计委员会认为必要的，可以聘请中介机构提供专业意见，有关费用由公司承担。

2.2.7 上市公司审计委员会由董事会任命3名或者以上董事会成员组成。审计委员会成员应当勤勉尽责，切实有效地监督、评估上市公司内外部审计工作，促进公司建立有效的内部控制并提供真实、准确、完整的财务报告。

审计委员会成员应当具备履行审计委员会工作职责的专业知识和商业经验。

2.2.8 上市公司审计委员会应当履行下列职责：

（一）监督及评估外部审计机构工作；

（二）监督及评估内部审计工作；

（三）审阅公司的财务报告并对其发表意见；

（四）监督及评估公司的内部控制；

（五）协调管理层、内部审计部门及相关部门与外部审计机构的沟通；

（六）公司董事会授权的其他事宜及法律法规和本所相关规定中涉及的其他事项。

审计委员会应当就其认为必须采取的措施或者改善的事项向董事会报告，并提出建议。

2.2.9 上市公司聘请或更换外部审计机构，须由审计委员会形成审议意见并向董事会提出建议后，董事会方可审议相关议案。

2.2.10 董事会审计委员会应当审阅上市公司的财务会计报告，对财务会计报告的真实性、准确性和完整性提出意见，重点关注公司财务会计报告的重大会计和审计问题，特别关注是否存在与财务会计报告相关的欺诈、舞弊行为及重大错报的可能性，监督财务会计报告问题的整改情况。

审计委员会向董事会提出聘请或更换外部审计机构的建议，审核外部审计机构的审计费用及聘用条款，不应受上市公司主要股东、实际控制人或者董事、监事及高级管理人员的不当影响。

审计委员会应当督促外部审计机构诚实守信、勤勉尽责，严格遵守业务规则和行业自律规范，严格执行内部控制制度，对公司财务会计报告进行核查验证，履行特别注意义务，审慎发表专业意见。

2.2.11 上市公司董事、监事及高级管理人员发现公司发布的财务会计报告存在虚假记载、误导性陈述或者重大遗漏并向董事会、监事会报告的，或者保荐人、独立财务顾问、外部审计机构向董事会、监事会指出公司财务会计报告存在虚假记载、误导性陈述或者重大遗漏的，董事会应当及时向本所报告并予以披露。

上市公司根据前款规定披露相关信息的，应当在公告中披露财务会计报告存在的重大问题、已经或者可能导致的后果，以及已采取或者拟采取的措施。

上市公司审计委员会应当督促公司相关责任部门制定整改措施和整改时间，进行后续审查，监督整改措施的落实情况，并及时披露整改完成情况。

2.2.12 上市公司应当在年度报告中披露审计委员会年度履职情况，主要包括其履行职责的具体情况和审计委员会会议的召开情况。

审计委员会就其职责范围内事项向董事会提出审议意见，董事会未采纳的，公司应当披露该事项并充分说明理由。

第三节 监事会

2.3.1 上市公司监事会依法检查公司财务，监督董事、高级管理人员履行职责的合法合规性，行使公司章程规定的其他职权，维护公司及股东的合法权益。

监事会发现董事、高级管理人员违反法律法规和本所相关规定或者公司章程的，应当向董事会通报或者向股东大会报告，并及时披露，也可以直接向监管机构报告。

监事会的人员和结构应当确保能够独立有效地履行职责。

2.3.2 上市公司应当制定监事会议事规则，并列入公司章程或者作为章程附件，报股东大会批准，确保监事会有效履行职责。

2.3.3 上市公司应当采取有效措施保障监事的知情权，为监事正常履行职责提供必要的协助，任何人不得干预、阻挠。

2.3.4 监事会会议记录应当真实、准确、完整，充分反映与会人员对所审议事项提出的意见，出席会议的监事和记录人员应当在会议记录上签字。监事会会议记录应当妥善保存。

2.3.5 监事会应当对董事会编制的财务会计报告进行审核并提出书面审核意见，书面审核意见应当说明报告编制和审核程序是否符合相关规定，内容是否真实、准确、完整。

监事会依法检查公司财务，监督董事、高级管理人员在财务会计报告编制过程中的行为，必要时可以聘请中介机构提供专业意见。董事、高级管理人员应当如实向监事会提供有关情况和资料，不得妨碍监事会行使职权。

监事发现上市公司或者董事、监事、高级管理人员、股东、实际控制人等存在与财务会计报告相关的欺诈、舞弊行为及其他可能导致重大错报的情形时，应当要求相关方立即纠正或者停止，并及时向董事会、监事会报告，提请董事会、监事会进行核查，必要时应当向本所报告。

第三章　董事、监事和高级管理人员

第一节　总体要求

3.1.1　董事、监事和高级管理人员应当遵守法律法规、本指引、本所其他规定和公司章程，在公司章程、股东大会或者董事会授权范围内，忠实、勤勉、谨慎履职，并严格履行其作出的各项承诺。

3.1.2　上市公司董事、监事和高级管理人员应当在公司股票首次公开发行并上市前，新任董事、监事应当在股东大会或者职工代表大会通过其任命后1个月内，新任高级管理人员应当在董事会通过其任命后1个月内，签署一式三份《董事（监事、高级管理人员）声明及承诺书》，并报本所和公司董事会。

董事、监事和高级管理人员签署《董事（监事、高级管理人员）声明及承诺书》时，应当由律师见证，并由律师解释该文件的内容，董事、监事和高级管理人员在充分理解后签字。

董事会秘书应当督促董事、监事和高级管理人员及时签署《董事（监事、高级管理人员）声明及承诺书》，并按本所规定的途径和方式提交《董事（监事、高级管理人员）声明及承诺书》的书面文件和电子文件。

3.1.3　上市公司董事、监事和高级管理人员应当在《董事（监事、高级管理人员）声明及承诺书》中声明：

（一）持有本公司股票的情况；

（二）有无因违反法律法规、本指引或者本所其他规定受查处的情况；

（三）其他任职情况和最近5年的工作经历；

（四）拥有其他国家或者地区的国籍、长期居留权的情况；

（五）本所认为应当说明的其他情况。

3.1.4　上市公司董事、监事和高级管理人员应当保证《董事（监事、高级管理人员）声明及承诺书》中声明事项的真实、准确、完整，不存在虚假记载、误导性陈述或者重大遗漏。

3.1.5　上市公司董事、监事和高级管理人员在任职（含续任）期间出现声明事项发生重大变化的（持有本公司的股票情况除外），董事、监事和高级管理人员应当在5个交易日内更新并报本所和公司董事会。

3.1.6　上市公司董事、监事和高级管理人员应当履行以下职责并在《董事（监事、高级管理人员）声明及承诺书》中作出承诺：

（一）遵守并促使上市公司遵守法律法规，履行忠实义务和勤勉义务；

（二）遵守并促使上市公司遵守本指引和本所其他相关规定，接受本所监管；

（三）遵守并促使上市公司遵守《公司章程》；

（四）本所认为应当履行的其他职责和应当作出的其他承诺。

监事还应当承诺监督董事和高级管理人员遵守其承诺。

高级管理人员还应当承诺及时向董事会报告有关公司经营或者财务方面出现的可能对公司股票及其衍生品种交易价格产生较大影响的事项。

3.1.7 董事、监事和高级管理人员不得利用其在上市公司的职权牟取个人利益，不得因其作为董事、监事和高级管理人员身份从第三方获取不当利益。

3.1.8 董事、监事和高级管理人员应当保护上市公司资产的安全、完整，不得挪用公司资金和侵占公司财产。

董事、监事和高级管理人员应当严格区分公务支出和个人支出，不得利用公司为其支付应当由其个人负担的费用。

3.1.9 董事、监事和高级管理人员与上市公司订立合同或者进行交易的，应当根据本所相关规定和公司章程的规定提交公司董事会或者股东大会审议通过，并严格遵守公平性原则。

3.1.10 董事、监事和高级管理人员不得利用职务便利为自己或者他人牟取属于上市公司的商业机会，不得自营或者为他人经营与公司相同或者类似的业务。

3.1.11 董事、监事和高级管理人员应当勤勉尽责地履行职责，具备正常履行职责所需的必要的知识、技能和经验，并保证有足够的时间和精力履行职责。

3.1.12 董事、监事和高级管理人员应当严格按照有关规定履行报告义务和信息披露义务，并保证报告和披露的信息真实、准确、完整，不存在虚假记载、误导性陈述或者重大遗漏。

董事、监事和高级管理人员向上市公司董事会、监事会报告重大事件的，应当同时通报董事会秘书。

董事、监事和高级管理人员应当积极配合本所的日常监管，在规定期限内回答本所问询并按本所要求提交书面说明和相关资料，按时参加本所的约见谈话。

3.1.13 董事、监事和高级管理人员应当严格遵守公平信息披露原则，做好上市公司未公开重大信息的保密工作，不得以任何方式泄露公司未公开重大信息，不得进行内幕交易、操纵市场或者其他欺诈活动。一旦出现泄露，应当立即通知公司并督促其公告，公司不予披露的，应当立即向本所报告。

3.1.14 董事、监事和高级管理人员应当及时阅读并核查上市公司在符合中国证监会规定条件的媒体及本所网站（以下统称符合条件媒体）上发布的信息披露文件，发现与董事会决议、监事会决议不符或者与事实不符的，应当及时了解原因，提请董事会、监事会予以纠正，董事会、监事会不予纠正的，应当立即向本所报告。

第二节 董事、监事及高级管理人员任职管理

3.2.1 上市公司应当在公司章程中规定规范、透明的董事、监事和高级管理人员提名、选任程序，保障董事、监事和高级管理人员选任公开、公平、公正。

3.2.2 董事、监事和高级管理人员候选人存在下列情形之一的，不得被提名担任上市公司董事、监事和高级管理人员：

（一）《公司法》规定不得担任董事、监事、高级管理人员的情形；

（二）被中国证监会采取不得担任上市公司董事、监事、高级管理人员的市场禁入措施，期限尚未届满；

（三）被证券交易所公开认定为不适合担任上市公司董事、监事和高级管理人员，期限尚未届满；

（四）法律法规、本所规定的其他情形。

董事、监事和高级管理人员候选人存在下列情形之一的，公司应当披露该候选人具体情形、拟聘请该候选人的原因以及是否影响公司规范运作：

（一）最近36个月内受到中国证监会行政处罚；

（二）最近36个月内受到证券交易所公开谴责或者3次以上通报批评；

（三）因涉嫌犯罪被司法机关立案侦查或者涉嫌违法违规被中国证监会立案调查，尚未有明确结论意见；

（四）被中国证监会在证券期货市场违法失信信息公开查询平台公示或者被人民法院纳入失信被执行人名单。

上述期间，应当以公司董事会、股东大会等有权机构审议董事、监事和高级管理人员候选人聘任议案的日期为截止日。

3.2.3 上市公司董事会中兼任公司高级管理人员以及由职工代表担任的董事人数总计不得超过公司董事总数的1/2。

公司董事、高级管理人员及其配偶和直系亲属在公司董事、高级管理人员任职期间不得担任公司监事。

3.2.4 董事、监事和高级管理人员候选人被提名后，应当自查是否符合任职条件，及时向上市公司提供其是否符合任职条件的书面说明和相关材料。

候选人应当作出书面承诺，同意接受提名，承诺公开披露的候选人资料真实、准确、完整以及符合任职条件，并保证当选后切实履行职责。

3.2.5 董事会秘书候选人除应符合本节规定的高级管理人员的任职条件外，提名人和候选人还应在其被提名时说明候选人是否熟悉履职相关的法律法规、是否具备与岗位要求相适应的职业操守、是否具备相应的专业胜任能力与从业经验。

董事会秘书为履行职责有权参加相关会议，查阅有关文件，了解公司的财务和经营等情况。董事会及其他高级管理人员应当支持董事会秘书的工作，对于董事会秘书提出的问询，应当及时、如实予以回复，并提供相关资料。任何机构及个人不得干预董事会秘书的正常履职行为。

3.2.6 董事、监事、高级管理人员候选人简历中，应当包括下列内容：

（一）教育背景、工作经历、兼职等情况，在公司5%以上股东、实际控制人等单位的工作情况以及最近5年在其他机构担任董事、监事、高级管理人员的情况；

（二）是否与持有公司5%以上股份的股东、实际控制人、公司其他董事、监事、高级管理人员存在关联关系；

（三）持有本公司股票的情况；

（四）是否受过中国证监会及其他有关部门的处罚和证券交易所纪律处分，是否因涉嫌犯罪被司法机关立案侦查或者涉嫌违法违规被中国证监会立案稽查，尚未有明确结论；

（五）是否曾被中国证监会在证券期货市场违法失信信息公开查询平台公示或者被人民法院纳入失信被执行人名单；

（六）本所要求披露的其他重要事项。

股东大会选举董事、监事的，相关提案中除了应当充分披露上述资料外，还应当说明相关候选人是否存在不得提名为董事、监事的情形，是否符合法律法规、本指引、本所其他规定和公司章程等规定的任职要求。候选人存在第（四）项、第（五）项相关情形的，股东大会召集人应披露推举该候选人的原因、是否对上市公司规范运作和公司治理产生影响及公司的应对措施。

3.2.7 董事、监事和高级管理人员候选人在股东大会、董事会或者职工代表大会等有权机构审议其受聘议案时，应当亲自出席会议，就其任职条件、专业能力、从业经历、违法违规情况、与上市公司是否存在利益冲突，与公司控股股东、实际控制人以及其他董事、监事和高级管理人员的关系等情况进行说明。

3.2.8 董事、监事和高级管理人员辞职应当提交书面辞职报告。高级管理人员的辞职自辞职报告送达董事会时生效。除下列情形外，董事和监事的辞职自辞职报告送达董事会或者监事会时生效：

（一）董事、监事辞职导致董事会、监事会成员低于法定最低人数；

（二）职工代表监事辞职导致职工代表监事人数少于监事会成员的1/3；

（三）独立董事辞职导致独立董事人数少于董事会成员的1/3或者独立董事中没有会计专业人士。

在上述情形下，辞职报告应当在下任董事或者监事填补因其辞职产生的空缺后方能生效。在辞职报告生效之前，拟辞职董事或者监事仍应当按照有关法律法规和公司章程的规定继续履行职责，但存在本指引第3.2.2条第一款规定情形的除外。

董事、监事提出辞职的，上市公司应当在2个月内完成补选，确保董事会、监事会构成符合法律法规和公司章程的规定。

3.2.9 董事、监事和高级管理人员应当在辞职报告中说明辞职时间、辞职原因、辞去的职务、辞职后是否继续在上市公司及其控股子公司任职（如继续任职，说明继续任职的情况）等情况。

3.2.10 上市公司董事、监事和高级管理人员在任职期间出现本节第3.2.2条第一款第（一）项、第（二）项情形的，相关董事、监事和高级管理人员应当立即停止履职并由公司按相应规定解除其职务。公司董事、监事和高级管理人员在任职期间出现本节第3.2.2条第一款第（三）项、第（四）项情形的，公司应当在该事实发生之日起1个月内解除其职务。

相关董事、监事应被解除职务但仍未解除，参加董事会、监事会会议并投票的，其投票无效。

上市公司半数以上董事、监事和高级管理人员在任职期间出现依照本节规定应当离职情形的，经公司申请并经本所同意，相关董事、监事和高级管理人员离职期限可以适当延长，但延长时间最长不得超过3个月。

在离职生效之前，相关董事、监事和高级管理人员仍应当按照法律法规和公司章程的规定继续履行职责，确保公司的正常运作。

3.2.11 董事长、总经理在任职期间离职，上市公司独立董事应当对董事长、总经理离职原因进行核查，并对披露原因与实际情况是否一致以及该事项对公司的影响发表意见。独立董事认为必要时，可以聘请中介机构进行离任审计，费用由公司承担。

3.2.12 董事、监事和高级管理人员在离职生效之前，以及离职生效后或者任期结束后的合理期间或者约定的期限内，对上市公司和全体股东承担的忠实义务并不当然解除。

董事、监事和高级管理人员离职后，其对公司的商业秘密负有的保密义务在该商业秘密成为公开信息之前仍然有效，并应当严格履行与公司约定的禁止同业竞争等义务。

第三节 董事、监事及高级管理人员行为规范

3.3.1 董事应当在调查、获取作出决策所需文件和资料的基础上，充分考虑所审议事项的合法合规性、对上市公司的影响（包括潜在影响）以及存在的风险，以正常合理的谨慎态度勤勉履行职责并对所议事项表示明确的个人意见。对所议事项有疑问的，应当主动调查或者要求董事会提供决策所需的更充足的资料或者信息。

3.3.2 董事应当关注董事会审议事项的决策程序，特别关注相关事项的提议程序、决策权限、表决程序和回避事宜。

3.3.3 董事应当亲自出席董事会会议，因故不能亲自出席董事会会议的，应当审慎选择并以书面形式委托其他董事代为出席，独立董事不得委托非独立董事代为出席会议。涉及表决事项的，委托人应当在委托书中明确对每一事项发表同意、反对或者弃权的意见。董事不得作出或者接受无表决意向的委托、全权委托或者授权范围不明确的委托。董事对表决事项的责任不因委托其他董事出席而免除。

1名董事不得在一次董事会会议上接受超过2名董事的委托代为出席会议。在审议关联交易事项时，非关联董事不得委托关联董事代为出席会议。

3.3.4 出现下列情形之一的，董事应当作出书面说明并对外披露：

（一）连续两次未亲自出席董事会会议；

（二）任职期内连续12个月未亲自出席董事会会议次数超过其间董事会会议总次数的1/2。

3.3.5 董事会审议授权事项时，董事应当对授权的范围、合法合规性、合理性和风险进行审慎判断，充分关注是否超出公司章程、股东大会议事规则和董事会议事规则等规定的授权范围，授权事项是否存在重大风险。

董事应当对授权事项的执行情况进行持续监督。

3.3.6 董事会在审议重大交易事项时，董事应当详细了解发生交易的原因，审慎评估交易对上市公司财务状况和长远发展的影响，特别关注是否存在通过关联交易非关联化的方式掩盖关联交易的实质以及损害公司和中小股东合法权益的行为。

3.3.7 董事会在审议关联交易事项时，董事应当对关联交易的必要性、公平性、真实意图、对上市公司的影响作出明确判断，特别关注交易的定价政策及定价依据，包括评估值的公允性、交易标的的成交价格与账面值或者评估值之间的关系等，严格遵守关联董事回避制度，防止利用关联交易调控利润、向关联人输送利益以及损害公司和中小股东的合法权益。

3.3.8 董事会在审议重大投资事项时，董事应当认真分析投资项目的可行性和投资前景，充分关注投资项目是否与上市公司主营业务相关、资金来源安排是否合理、投资风险是否可控以及该事项对公司的影响。

3.3.9 董事会在审议提供担保事项前，董事应当充分了解被担保方的经营和资信情况，认真分析被担保方的财务状况、营运状况和信用情况等。

董事应当对担保的合规性、合理性、被担保方偿还债务的能力以及反担保措施是否有效

等作出审慎判断。

董事会在审议对上市公司的控股子公司、参股公司的担保议案时，董事应当重点关注控股子公司、参股公司的各股东是否按出资比例提供同等担保或者反担保等风险控制措施。

3.3.10　董事会在审议涉及会计政策变更、会计估计变更、重大会计差错更正等事项时，董事应当关注变更或者更正的合理性、对上市公司定期报告会计数据的影响、是否涉及追溯调整、是否导致公司相关年度盈亏性质改变、是否存在利用该等事项调节各期利润误导投资者的情形。

3.3.11　董事会在审议提供财务资助事项前，董事应当积极了解被资助方的基本情况，如经营和财务状况、资信情况、纳税情况等。

董事会在审议提供财务资助事项时，董事应当对提供财务资助的合规性、合理性、被资助方偿还能力以及担保措施是否有效等作出审慎判断。

3.3.12　董事会在审议为控股子公司（上市公司合并报表范围内且持股比例超过50%的控股子公司除外）、参股公司提供财务资助事项时，董事应当关注被资助对象的其他股东是否按出资比例提供财务资助且条件同等，是否存在直接或者间接损害上市公司利益的情形，以及上市公司是否按规定履行审批程序和信息披露义务。

3.3.13　董事会在审议出售或者转让在用的商标、专利、专有技术、特许经营权等与上市公司核心竞争能力相关的资产时，董事应当充分关注该事项是否存在损害公司和中小股东合法权益的情形，并应当对此发表明确意见。前述意见应当在董事会会议记录中作出记载。

3.3.14　董事会在审议委托理财事项时，董事应当充分关注是否将委托理财的审批权授予董事或者高级管理人员个人行使，相关风险控制制度和措施是否健全有效，受托方的诚信记录、经营状况和财务状况是否良好。

3.3.15　董事会在审议证券投资与衍生品交易等投资事项时，董事应当充分关注上市公司是否建立专门内部控制制度，投资风险是否可控以及风险控制措施是否有效，投资规模是否影响公司正常经营，资金来源是否为自有资金，是否存在违反规定的投资等情形。

3.3.16　董事会在审议变更募集资金用途事项时，董事应当充分关注变更的合理性和必要性，在充分了解变更后项目的可行性、投资前景、预期收益等情况后作出审慎判断。

3.3.17　董事会在审议上市公司收购和重大资产重组事项时，董事应当充分调查收购或者重组的意图，关注收购方或者重组交易对方的资信状况和财务状况，交易价格是否公允、合理，收购或者重组是否符合公司的整体利益，审慎评估收购或者重组对公司财务状况和长远发展的影响。

3.3.18　董事会在审议利润分配和资本公积金转增股本方案时，董事应当关注方案的合规性和合理性，是否与上市公司可分配利润总额、资金充裕程度、成长性、公司可持续发展等状况相匹配。

3.3.19　董事会在审议重大融资事项时，董事应当关注上市公司是否符合融资条件，并结合公司实际，分析各种融资方式的利弊，合理确定融资方式。涉及向关联人非公开发行股票议案的，应当特别关注发行价格的合理性。

3.3.20　董事会在审议定期报告时，董事应当认真阅读定期报告全文，重点关注定期报告内容是否真实、准确、完整，是否存在重大编制错误或者遗漏，主要会计数据和财务指标是否发生大幅波动及波动原因的解释是否合理，是否存在异常情况，经营情况讨论与分析是否全面分析了上市公司报告期财务状况与经营成果并且充分披露了可能影响公司未来财务状况与经营成果的重大事项和不确定性因素等。

董事应当依法对定期报告是否真实、准确、完整签署书面确认意见，不得委托他人签署，也不得以任何理由拒绝签署。

董事对定期报告内容的真实性、准确性、完整性无法保证或者存在异议的，应当说明具体原因并公告，董事会和监事会应当对所涉及事项及其对公司的影响作出说明并公告。

3.3.21 董事应当严格执行并督促高级管理人员执行股东大会决议、董事会决议等相关决议。

在执行过程中发现下列情形之一时，董事应当及时向上市公司董事会报告，提请董事会采取应对措施：

（一）实施环境、实施条件等出现重大变化，导致相关决议无法实施或者继续实施可能导致公司利益受损；

（二）实际执行情况与相关决议内容不一致，或者执行过程中发现重大风险；

（三）实际执行进度与相关决议存在重大差异，继续实施难以实现预期目标。

3.3.22 董事应当及时关注媒体对上市公司的报道，发现与公司实际情况不符、可能或者已经对公司股票及其衍生品种交易产生较大影响的，应当及时向有关方面了解情况，督促公司查明真实情况并做好信息披露工作，必要时应当向本所报告。

3.3.23 出现下列情形之一的，董事应当立即向本所报告并披露：

（一）向董事会报告所发现的上市公司经营活动中的重大问题或者其他董事、监事、高级管理人员损害公司利益的行为，但董事会未采取有效措施的；

（二）董事会拟作出涉嫌违反法律法规、《股票上市规则》、本指引、本所其他规定或者公司章程的决议时，董事明确提出反对意见，但董事会坚持作出决议的；

（三）其他应当报告的重大事件。

3.3.24 董事应当积极关注上市公司事务，通过审阅文件、问询相关人员、现场考察、组织调查等多种形式，主动了解公司的经营、运作、管理和财务等情况。对于关注到的重大事项、重大问题或者市场传闻，董事应当要求公司相关人员及时作出说明或者澄清，必要时应当提议召开董事会审议。

3.3.25 监事应当对上市公司董事、高级管理人员遵守法律法规、本指引、本所其他规定和公司章程以及执行公司职务的行为进行监督。董事、高级管理人员应当如实向监事提供有关情况和资料，不得妨碍监事行使职权。

3.3.26 监事在履行监督职责过程中，对违反法律法规、本指引、本所其他规定、公司章程或者股东大会决议的董事、高级管理人员，可以提出罢免的建议。

3.3.27 监事应当对董事会专门委员会的执行情况进行监督，检查董事会专门委员会成员是否按照董事会专门委员会议事规则履行职责。

3.3.28 上市公司高级管理人员应当严格执行股东大会决议、董事会决议等相关决议，不得擅自变更、拒绝或者消极执行相关决议。高级管理人员在执行相关决议过程中发现公司存在第3.3.21条所列情形之一的，应当及时向总经理或者董事会报告，提请总经理或者董事会采取应对措施。

3.3.29 上市公司出现下列情形之一的，总经理或者其他高级管理人员应当及时向董事会报告，充分说明原因及对公司的影响，并提请董事会按照有关规定履行信息披露义务：

（一）公司所处行业发展前景、国家产业政策、税收政策、经营模式、产品结构、主要原材料和产品价格、主要客户和供应商等内外部生产经营环境出现重大变化的；

（二）预计公司经营业绩出现亏损、扭亏为盈或者同比大幅变动，或者预计公司实际经营业绩与已披露业绩预告情况存在较大差异的；

（三）其他可能对公司生产经营和财务状况产生较大影响的事项。

3.3.30　上市公司财务负责人对财务报告编制、会计政策处理、财务信息披露等财务相关事项负有直接责任。

财务负责人应当加强对公司财务流程的控制，定期检查公司货币资金、资产受限情况，监控公司与控股股东、实际控制人等关联方之间的交易和资金往来情况。财务负责人应当监控公司资金进出与余额变动情况，在资金余额发生异常变动时积极采取措施，并及时向董事会报告。

财务负责人应当保证公司的财务独立，不受控股股东、实际控制人影响，若收到控股股东、实际控制人及其关联人占用、转移资金、资产或者其他资源等侵占公司利益的指令，应当明确予以拒绝，并及时向董事会报告。

3.3.31　监事审议上市公司重大事项、高级管理人员进行上市公司重大事项决策，参照本节董事对重大事项审议的相关规定执行。

3.3.32　董事、监事和高级管理人员发现上市公司或者公司董事、监事、高级管理人员、股东、实际控制人等存在涉嫌违反法律法规或其他损害公司利益的行为时，应当要求相关方立即纠正或者停止，并及时向董事会或者监事会报告、提请核查，必要时应当向本所报告。

董事、监事和高级管理人员获悉上市公司控股股东、实际控制人及其关联人发生本所《股票上市规则》第4.5.4条相关情形时，应当及时向公司董事会或者监事会报告，并督促公司按照有关规定履行信息披露义务。公司未及时履行信息披露义务，或者披露内容与实际情况不符的，相关董事、监事和高级管理人员应当立即向本所报告。

3.3.33　董事、监事、高级管理人员应当在其职责范围内尽到合理注意义务，不得单纯以对公司业务不熟悉或者对相关事项不了解为由主张免除责任。

董事、监事、高级管理人员采取有效措施消除违规行为不良影响，或者在违规行为被发现前，积极主动采取或要求公司采取纠正措施，并向本所或者相关监管机构报告，或者在违规行为所涉期间，由于不可抗力、失去人身自由等原因无法正常履行职责的，本所将在责任认定上予以考虑。

第四节　董事长行为规范

3.4.1　董事长应当积极推动上市公司内部各项制度的制订和完善，加强董事会建设，确保董事会工作依法正常开展，依法召集、主持董事会会议并督促董事亲自出席董事会会议。

3.4.2　董事长应当遵守董事会议事规则，保证上市公司董事会会议的正常召开，及时将应当由董事会审议的事项提交董事会审议，不得以任何形式限制或者阻碍其他董事独立行使其职权。

董事长应当严格遵守董事会集体决策机制，不得以个人意见代替董事会决策，不得影响其他董事独立决策。

3.4.3 董事长不得从事超越其职权范围的行为。

董事长在其职权范围（包括授权）内行使权力时，对上市公司经营可能产生重大影响的事项应当审慎决策，必要时应当提交董事会集体决策。

对于授权事项的执行情况，董事长应当及时告知其他董事。

3.4.4 董事长应当积极督促董事会决议的执行，并及时将有关情况告知其他董事。

实际执行情况与董事会决议内容不一致，或者执行过程中发现重大风险的，董事长应当及时召集董事会进行审议并采取有效措施。

董事长应当定期向总经理和其他高级管理人员了解董事会决议的执行情况。

3.4.5 董事长应当保证全体董事和董事会秘书的知情权，为其履行职责创造良好的工作条件，不得以任何形式阻挠其依法行使职权。

3.4.6 董事长在接到有关上市公司重大事件的报告后，应当立即敦促董事会秘书及时履行信息披露义务。

第五节 独立董事任职管理及行为规范

3.5.1 独立董事除应当遵守本指引关于董事的一般规定外，还应当遵守本节关于独立董事的特别规定。

3.5.2 独立董事候选人应当符合下列法律法规和本所相关规定有关独立董事任职条件和要求：

（一）《公司法》有关董事任职条件的规定；

（二）《中华人民共和国公务员法》的相关规定（如适用）；

（三）中国证监会《上市公司独立董事规则》的相关规定；

（四）中共中央纪委《关于规范中管干部辞去公职或者退（离）休后担任上市公司、基金管理公司独立董事、独立监事的通知》的相关规定（如适用）；

（五）中共中央组织部《关于进一步规范党政领导干部在企业兼职（任职）问题的意见》的相关规定（如适用）；

（六）中共中央纪委、教育部、监察部《关于加强高等学校反腐倡廉建设的意见》的相关规定（如适用）；

（七）中国人民银行《股份制商业银行独立董事和外部监事制度指引》等的相关规定（如适用）；

（八）中国证监会《证券公司董事、监事和高级管理人员任职资格监管办法》等的相关规定（如适用）；

（九）中国银保监会《银行业金融机构董事（理事）和高级管理人员任职资格管理办法》《保险公司董事、监事和高级管理人员任职资格管理规定》《保险机构独立董事管理办法》等的相关规定（如适用）；

（十）其他法律法规及本指引等有关独立董事任职条件和要求的规定。

3.5.3 独立董事候选人应当具备上市公司运作相关的基本知识，熟悉相关法律法规及本所业务规则，具有5年以上法律、经济、管理、会计、财务或者其他履行独立董事职责所必需的工作经验。

3.5.4 独立董事候选人应当具有独立性，下列人员不得担任独立董事：

（一）在上市公司或者其附属企业任职的人员及其直系亲属和主要社会关系；

（二）直接或间接持有上市公司已发行股份1%以上或者是上市公司前十名股东中的自然人股东及其直系亲属；

（三）在直接或间接持有上市公司已发行股份5%以上的股东单位或者在上市公司前五名股东单位任职的人员及其直系亲属；

（四）在上市公司控股股东、实际控制人及其附属企业任职的人员及其直系亲属；

（五）为上市公司及其控股股东、实际控制人或者其各自附属企业提供财务、法律、咨询等服务的人员，包括但不限于提供服务的中介机构的项目组全体人员、各级复核人员、在报告上签字的人员、合伙人及主要负责人；

（六）在与上市公司及其控股股东、实际控制人或者其各自的附属企业有重大业务往来的单位任职的人员，或者在有重大业务往来单位的控股股东单位任职的人员；

（七）最近12个月内曾经具有前六项所列情形之一的人员；

（八）本所认定不具有独立性的其他人员。

前款第（四）项、第（五）项及第（六）项中的上市公司控股股东、实际控制人的附属企业，不包括根据《股票上市规则》第6.3.4条的规定，与上市公司不构成关联关系的附属企业。

第一款中“直系亲属”是指配偶、父母、子女；“主要社会关系”是指兄弟姐妹、配偶的父母、子女的配偶、兄弟姐妹的配偶、配偶的兄弟姐妹；“重大业务往来”是指根据本所《股票上市规则》及本所其他相关规定或者上市公司章程规定需提交股东大会审议的事项，或者本所认定的其他重大事项；“任职”是指担任董事、监事、高级管理人员以及其他工作人员。

3.5.5 独立董事候选人不得存在本章第3.2.3条规定的不得被提名为上市公司董事的情形，并不得存在下列不良记录：

（一）最近36个月内因证券期货违法犯罪，受到中国证监会行政处罚或者司法机关刑事处罚的；

（二）因涉嫌证券期货违法犯罪，被中国证监会立案调查或者被司法机关立案侦查，尚未有明确结论意见的；

（三）最近36个月内受到证券交易所公开谴责或3次以上通报批评的；

（四）作为失信惩戒对象等被国家发改委等部委认定限制担任上市公司董事职务的；

（五）在过往任职独立董事期间因连续3次未亲自出席董事会会议或者因连续两次未能亲自出席也不委托其他董事出席董事会会议被董事会提请股东大会予以撤换，未满12个月的；

（六）本所认定的其他情形。

3.5.6 在同一上市公司连续任职独立董事已满6年的，自该事实发生之日起12个月内不得被提名为该上市公司独立董事候选人。

3.5.7 独立董事候选人最多在5家境内外上市公司（含本次拟任职上市公司）兼任独立董事，并确保有足够的时间和精力有效地履行独立董事职责。

3.5.8 以会计专业人士身份被提名的独立董事候选人，应当具备丰富的会计专业知识和经验，并至少符合下列条件之一：

（一）具备注册会计师资格；

（二）具有会计、审计或者财务管理专业的高级职称、副教授或以上职称、博士学位；

（三）具有经济管理方面高级职称，且在会计、审计或者财务管理等专业岗位有5年以上全职工作经验。

3.5.9 独立董事提名人在提名候选人时，除遵守本节第3.5.2至3.5.8条的规定外，还应当重点关注独立董事候选人是否存在下列情形：

（一）过往任职独立董事期间，连续两次未亲自出席董事会会议或者连续12个月未亲自出席董事会会议的次数超过期间董事会会议总数的1/2的；

（二）过往任职独立董事期间，未按规定发表独立董事意见或发表的独立意见经证实明显与事实不符的；

（三）同时在超过5家公司担任董事、监事或高级管理人员的；

（四）过往任职独立董事任期届满前被上市公司提前免职的；

（五）最近36个月内受到中国证监会以外的其他有关部门处罚的；

（六）可能影响独立董事诚信勤勉和独立履职的其他情形。

独立董事候选人存在上述情形之一的，其提名人应当披露具体情形、仍提名该候选人的理由、是否对上市公司规范运作和公司治理产生影响及应对措施。

3.5.10 独立董事在任职后出现不符合独立性条件或其他不适宜履行独立董事职责情形的，应当按照本指引第3.2.8条、第3.2.10条的有关规定执行。

3.5.11 独立董事候选人应当就其是否符合法律法规和本所相关规则有关独立董事任职条件及独立性的要求作出声明。

独立董事提名人应当就独立董事候选人任职条件及是否存在影响其独立性的情形进行审慎核实，并就核实结果作出声明。

3.5.12 上市公司最迟应当在发布召开关于选举独立董事的股东大会通知公告时向本所报送《独立董事提名人声明》《独立董事候选人声明》《独立董事候选人履历表》，并披露相关公告。

3.5.13 上市公司董事会最迟应当在发布召开关于选举独立董事的股东大会通知公告时，将独立董事候选人的职业、学历、专业资格、详细的工作经历、全部兼职情况等详细信息提交至本所网站进行公示，公示期为3个交易日。公示期间，任何单位或个人对独立董事候选人的任职条件和独立性有异议的，均可通过本所网站提供的渠道，就独立董事候选人任职条件和可能影响其独立性的情况向本所反馈意见。

独立董事候选人及提名人应当对上市公司披露或公示的所有与其相关的信息进行核对，如发现披露或公示内容存在错误或遗漏的，应当及时告知上市公司予以更正。

3.5.14 上市公司董事会、独立董事候选人、独立董事提名人应当在规定时间内如实回答本所的问询，并按要求及时向本所补充有关材料。未按要求及时回答问询或补充有关材料的，本所将根据现有材料决定是否对独立董事候选人的任职条件和独立性提出异议。

3.5.15 独立董事候选人不符合独立董事任职条件或独立性要求的，本所可以对独立董事候选人的任职条件和独立性提出异议，公司应当及时披露本所异议函的内容。

在召开股东大会选举独立董事时，董事会应当对独立董事候选人是否被本所提出异议的情况进行说明。对于本所提出异议的独立董事候选人，上市公司不得将其提交股东大会选举为独立董事。如已提交股东大会审议的，应当取消该提案。

3.5.16 本所对独立董事候选人的其他情况表示关注的，上市公司应当及时披露本所关注函的内容，独立董事提名人应当最迟在股东大会召开日的2个交易日前披露对本所关注函的回复，说明本所关注事项的具体情形、是否仍推举该候选人，继续推举的，说明具体理由、是否对上市公司规范运作和公司治理产生影响及应对措施。

上市公司在召开股东大会选举独立董事时，应当对独立董事候选人的相关情况是否被本所关注及其具体情形进行说明。

3.5.17 独立董事应当在上市公司治理、内部控制、信息披露、财务监督等各方面积极履职，并对其履行职责的情况进行书面记载。

独立董事应当独立公正地履行职责，不受上市公司主要股东、实际控制人或者其他与公司存在利害关系的单位和个人的影响。若发现所审议事项存在影响其独立性的情况，应当向公司申明并实行回避。任职期间出现明显影响独立性情形的，应当及时通知公司，提出解决措施，必要时应当提出辞职。

3.5.18 独立董事应当充分行使下列特别职权：

（一）需要提交股东大会审议的关联交易应当由独立董事认可后，提交董事会讨论。独立董事在作出判断前，可以聘请中介机构出具专项报告；

（二）向董事会提议聘用或者解聘会计师事务所；

（三）向董事会提请召开临时股东大会；

（四）征集中小股东的意见，提出利润分配提案，并直接提交董事会审议；

（五）提议召开董事会；

（六）在股东大会召开前公开向股东征集投票权；

（七）独立聘请外部审计机构和咨询机构。

独立董事行使前款第（一）项至第（六）项职权，应当取得全体独立董事的1/2以上同意；行使前款第（七）项职权，应当经全体独立董事同意。独立董事聘请中介机构的费用及其他行使职权时所需的费用由上市公司承担。

第一款第（一）、第（二）项事项应由1/2以上独立董事同意后，方可提交董事会讨论。

如第一款所列提议未被采纳或上述职权不能正常行使，上市公司应将有关情况予以披露。

3.5.19 独立董事应当对下列上市公司重大事项发表独立意见：

（一）提名、任免董事；

（二）聘任、解聘高级管理人员；

（三）董事、高级管理人员的薪酬；

（四）聘用、解聘会计师事务所；

（五）因会计准则变更以外的原因作出会计政策、会计估计变更或重大会计差错更正；

（六）上市公司的财务会计报告、内部控制被会计师事务所出具非标准无保留审计意见；

（七）内部控制评价报告；

（八）相关方变更承诺的方案；

（九）优先股发行对公司各类股东权益的影响；

（十）公司现金分红政策的制定、调整、决策程序、执行情况及信息披露，以及利润分配政策是否损害中小投资者合法权益；

（十一）需要披露的关联交易、提供担保（不含对合并报表范围内子公司提供担保）、委托理财、提供财务资助、募集资金使用相关事项、股票及衍生品投资等重大事项；

（十二）重大资产重组方案、管理层收购、股权激励计划、员工持股计划、回购股份方案、上市公司关联方以资抵债方案；

（十三）公司拟决定其股票不再在本所交易；

（十四）独立董事认为有可能损害中小股东合法权益的事项；

（十五）有关法律法规、本所相关规定及公司章程规定的其他事项。

独立董事发表的独立意见类型包括同意、保留意见及其理由、反对意见及其理由和无法发表意见及其障碍，所发表的意见应当明确、清楚。

3.5.20 独立董事对重大事项出具的独立意见至少应当包括下列内容：

（一）重大事项的基本情况；

（二）发表意见的依据，包括所履行的程序、核查的文件、现场检查的内容等；

（三）重大事项的合法合规性；

（四）对上市公司和中小股东权益的影响、可能存在的风险以及公司采取的措施是否有效；

（五）发表的结论性意见。对重大事项提出保留意见、反对意见或者无法发表意见的，相关独立董事应当明确说明理由。

独立董事应当对出具的独立意见签字确认，并将上述意见及时报告董事会，与公司相关公告同时披露。

3.5.21 独立董事发现上市公司存在下列情形之一的，应当积极主动履行尽职调查义务并及时向本所报告，必要时应当聘请中介机构进行专项调查：

（一）重大事项未按规定提交董事会或者股东大会审议；

（二）未及时履行信息披露义务；

（三）公开信息中存在虚假记载、误导性陈述或者重大遗漏；

（四）其他涉嫌违法违规或者损害中小股东合法权益的情形。

3.5.22 除参加董事会会议外，独立董事应当保证安排合理时间，对上市公司生产经营状况、管理和内部控制等制度的建设及执行情况、董事会决议执行情况等进行现场检查。现场检查发现异常情形的，应当及时向公司董事会和本所报告。

3.5.23 独立董事应当依法履行董事义务，充分了解公司经营运作情况和董事会议题内容，维护上市公司和全体股东的利益，尤其关注中小股东的合法权益保护。

公司股东间或者董事间发生冲突，对公司经营管理造成重大影响的，独立董事应当主动履行职责，维护公司整体利益。

本所鼓励独立董事公布通信地址或者电子信箱与投资者进行交流，接受投资者咨询、投诉，主动调查损害公司和中小投资者合法权益的情况，并将调查结果及时回复投资者。

3.5.24 出现下列情形之一的，独立董事应当及时向本所报告：

（一）被公司免职，本人认为免职理由不当的；

（二）由于公司存在妨碍独立董事依法行使职权的情形，致使独立董事辞职的；

（三）董事会会议资料不完整或者论证不充分，2 名及以上独立董事书面要求延期召开董事会会议或者延期审议相关事项的提议未被采纳的；

（四）对公司或者其董事、监事、高级管理人员涉嫌违法违规行为向董事会报告后，董事会未采取有效措施的；

（五）严重妨碍独立董事履行职责的其他情形。

3.5.25 独立董事应当向上市公司年度股东大会提交述职报告并披露，述职报告应当包括下列内容：

（一）全年出席董事会方式、次数及投票情况，出席股东大会次数；

（二）发表独立意见的情况；

（三）现场检查情况；

（四）提议召开董事会、提议聘用或者解聘会计师事务所、独立聘请外部审计机构和咨询机构等情况；

（五）保护中小股东合法权益方面所做的其他工作。

第四章 股东、控股股东和实际控制人

第一节 总体要求

4.1.1 上市公司股东应当遵守法律法规、本指引、本所其他规定和公司章程，依法行使股东权利，不得滥用股东权利损害公司和其他股东的利益。

控股股东、实际控制人应当遵守诚实信用原则，依法行使权利、履行义务，维护上市公司独立性，不得滥用控制地位损害上市公司和其他股东的合法权益，不得利用对公司的控制地位牟取非法利益。

4.1.2 控股股东、实际控制人不得隐瞒其控股股东、实际控制人身份，逃避相关义务和责任。

上市公司应当根据股东持股比例、董事会成员构成及其推荐和提名主体、过往决策实际情况、股东之间的一致行动协议或者约定、表决权委托等情况，客观、审慎、真实、准确地认定上市公司控制权的归属，无正当、合理理由不得认定为无控股股东、实际控制人。

4.1.3 控股股东、实际控制人应当按照本所《股票上市规则》的要求签署《控股股东、实际控制人声明及承诺书》，并在《控股股东、实际控制人声明及承诺书》中声明：

（一）直接和间接持有上市公司股票的情况；

（二）有无因违反法律法规、《股票上市规则》或者其他相关规定受查处的情况；

（三）关联人基本情况；

（四）本所认为应当说明的其他情况。

4.1.4 控股股东、实际控制人签署《控股股东、实际控制人声明及承诺书》时，应当由律师见证，并由律师解释该文件的内容，相关控股股东、实际控制人在充分理解后签字盖章。

4.1.5 控股股东、实际控制人应当履行下列职责并在《控股股东、实际控制人声明及承诺书》中作出承诺：

（一）遵守并促使上市公司遵守法律法规；

（二）遵守并促使公司遵守本所《股票上市规则》、本指引、本所其他相关规定，接受本所监督；

（三）遵守并促使公司遵守公司章程；

（四）依法行使股东权利，不滥用控制权损害公司或者其他股东的利益；

（五）严格履行作出的公开声明和各项承诺，不擅自变更或者解除；

（六）严格按照有关规定履行信息披露义务；

（七）本所认为应当履行的其他职责和应当作出的其他承诺。

控股股东、实际控制人应当明确承诺，如存在控股股东、实际控制人及其关联人占用公司资金、要求公司违法违规提供担保的，在占用资金全部归还、违规担保全部解除前不转让所持有、控制的公司股份，但转让所持有、控制的公司股份所得资金用以清偿占用资金、解除违规担保的除外。

4.1.6 上市公司股东、控股股东和实际控制人应当积极配合公司履行信息披露义务，保证披露信息的真实、准确、完整、及时、公平，不得有虚假记载、误导性陈述或者重大遗漏。

控股股东和实际控制人应当指定相关部门和人员负责信息披露工作，及时向上市公司告知相关部门和人员的联系信息，积极配合公司的信息披露工作和内幕信息知情人登记工作，不得向上市公司隐瞒或者要求、协助上市公司隐瞒重要信息。

本所、公司向股东、实际控制人调查、询问有关情况和信息时，相关股东、实际控制人应当积极配合并及时、如实答复，提供相关资料，确认、说明或者澄清有关事实，并保证相关信息和资料的真实、准确和完整。

4.1.7 上市公司股东和实际控制人以及其他知情人员应当对其知悉的上市公司未披露重大信息予以保密，不得利用公司未公开重大信息牟取利益，不得进行内幕交易、操纵市场或者其他欺诈活动。

4.1.8 上市公司控股股东和实际控制人的董事、监事和高级管理人员应当遵守并促使相关控股股东、实际控制人遵守法律法规、《股票上市规则》、本指引、本所其他规定和公司章程的规定。

4.1.9 上市公司无控股股东、实际控制人的，公司第一大股东及其最终控制人应当比照控股股东、实际控制人，履行本章的规定。

第二节 独立性

4.2.1 控股股东、实际控制人应当采取切实措施保证上市公司资产完整、人员独立、财务独立、机构独立和业务独立，不得通过任何方式影响公司的独立性。

控股股东、实际控制人依照法律法规或者有权机关授权履行国有资本出资人职责的，从其规定。

4.2.2 控股股东、实际控制人不得通过下列任何方式影响上市公司人员独立：

（一）通过行使提案权、表决权等法律法规、本所相关规定及上市公司章程规定的股东权利以外的方式影响公司人事任免，限制上市公司董事、监事及高级管理人员或者其他在公司任职的人员履行职责；

（二）聘任公司高级管理人员在控股股东或者其控制的企业担任除董事、监事以外的其他行政职务；

（三）向公司高级管理人员支付薪金或者其他报酬；

（四）无偿要求公司人员为其提供服务；

（五）指使上市公司董事、监事及高级管理人员以及其他在上市公司任职的人员实施损害上市公司利益的决策或者行为；

（六）有关法律法规规定及本所认定的其他情形。

4.2.3　控股股东、实际控制人及其关联人不得通过下列任何方式影响上市公司财务独立：

（一）与公司共用或者借用公司银行账户等金融类账户，或将公司资金以任何方式存入控股股东、实际控制人及其关联人控制的账户；

（二）通过各种方式非经营性占用公司资金；

（三）要求公司违法违规提供担保；

（四）将公司财务核算体系纳入控股股东、实际控制人管理系统之内，如共用财务会计核算系统或者控股股东、实际控制人可以通过财务会计核算系统直接查询公司经营情况、财务状况等信息；

（五）有关法律法规规定及本所认定的其他情形。

4.2.4　控股股东、实际控制人控制的财务公司为上市公司提供日常金融服务的，应当按照法律法规和本所相关规定，督促财务公司以及相关各方配合上市公司履行关联交易的决策程序和信息披露义务，监督财务公司规范运作，保证上市公司存储在财务公司资金的安全，不得利用支配地位强制公司接受财务公司的服务。

4.2.5　控股股东、实际控制人及其关联人不得以下列任何方式占用上市公司资金：

（一）要求公司为其垫付、承担工资、福利、保险、广告等费用、成本和其他支出；

（二）要求公司代其偿还债务；

（三）要求公司有偿或者无偿、直接或者间接拆借资金给其使用（含委托贷款）；

（四）要求公司委托其进行投资活动；

（五）要求公司为其开具没有真实交易背景的商业承兑汇票；

（六）要求公司在没有商品和劳务对价情况或者明显有悖商业逻辑情况下以采购款、资产转让款、预付款等方式向其提供资金；

（七）中国证监会及本所认定的其他情形。

控股股东、实际控制人不得以“期间占用、期末归还”或者“小金额、多批次”等形式占用公司资金。

4.2.6　控股股东、实际控制人应当维护上市公司业务独立，支持并配合公司建立独立的生产经营模式，不得与公司在业务范围、业务性质、客户对象、产品可替代性等方面存在可能损害公司利益的竞争，不得利用其对公司的控制地位，牟取属于公司的商业机会。控股股东、实际控制人应当采取措施，避免或者消除与公司的同业竞争。

控股股东、实际控制人应当维护公司在生产经营、内部管理、对外投资、对外担保等方面的独立决策，支持并配合公司依法履行重大事项的内部决策程序，以行使提案权、表决权等法律法规、本所相关规定及公司章程规定的股东权利的方式，通过股东大会依法参与公司重大事项的决策。

4.2.7　控股股东、实际控制人应当维护上市公司在提供担保方面的独立决策，支持并配合公司依法依规履行对外担保事项的内部决策程序与信息披露义务，不得强令、指使或者要求公司及相关人员违规对外提供担保。

控股股东、实际控制人强令、指使或者要求公司从事违规担保行为的，公司及其董事、监事及高级管理人员应当拒绝，不得协助、配合、默许。

4.2.8 控股股东、实际控制人及其关联人不得通过下列任何方式影响上市公司资产完整：

（一）与公司共用主要机器设备、厂房、专利、非专利技术等；

（二）与公司共用原材料采购和产品销售系统；

（三）有关法律法规及本所认定的其他情形。

4.2.9 控股股东、实际控制人应当维护上市公司机构独立，支持公司董事会、监事会、业务经营部门或者其他机构及其人员的独立运作，不得通过行使提案权、表决权等法律法规、本所相关规定及公司章程规定的股东权利以外的方式，干预公司机构的设立、调整或者撤销，或者对公司董事会、监事会和其他机构及其人员行使职权进行限制或者施加其他不正当影响。

4.2.10 控股股东、实际控制人与上市公司之间进行关联交易，应当遵循平等、自愿、等价、有偿的原则，并签署书面协议，不得要求公司与其进行显失公平的关联交易，不得要求公司无偿或者以明显不公平的条件为其提供商品、服务或者其他资产，不得通过任何方式影响公司的独立决策，不得通过欺诈、虚假陈述或者其他不正当行为等方式损害公司和中小股东的合法权益。

第三节 控股股东和实际控制人行为规范

4.3.1 控股股东、实际控制人及其关联人不得利用关联交易、资产重组、对外投资、担保、利润分配和其他方式直接或者间接侵占上市公司资金、资产，损害公司及其他股东的合法权益。

4.3.2 对上市公司违法行为负有责任的控股股东及实际控制人，应当主动、依法将其持有的公司股权及其他资产用于赔偿中小投资者。

4.3.3 控股股东、实际控制人应当充分保护中小股东的提案权、表决权、董事提名权等权利，不得以任何理由限制、阻挠其合法权利的行使。

控股股东、实际控制人提出议案时应当充分考虑并说明议案对公司和中小股东利益的影响。

4.3.4 控股股东、实际控制人及其一致行动人买卖上市公司股份，应当遵守法律法规和本所相关规定，遵守有关声明和承诺，不得以利用他人账户或者向他人提供资金的方式买卖公司股份。

4.3.5 控股股东、实际控制人应当维持控制权稳定。确有必要转让上市公司股权导致控制权变动的，应当保证交易公允、公平、合理、具有可行性，不得利用控制权转让炒作股价，不得损害公司和其他股东的合法权益。

4.3.6 控股股东、实际控制人转让上市公司控制权之前，应当对拟受让人的主体资格、诚信状况、受让意图、履约能力、是否存在不得转让控制权的情形等情况进行合理调查，保证交易公允、公平、合理，有利于维护公司和中小股东利益。

控股股东、实际控制人及其关联人如存在占用公司资金、要求公司违法违规提供担保等违规情形的，控股股东、实际控制人在转让控制权之前，应将占用资金全部归还、违规担保全部解除；存在未履行承诺情形的，应当采取措施保证承诺履行不受影响。

控股股东、实际控制人转让公司控制权时，应当关注、协调新老股东更换，确保上市公司董事会以及公司管理层平稳过渡。

4.3.7 控股股东、实际控制人应当建立信息披露管理制度，相关制度应至少包含以下内容：

（一）涉及上市公司的重大信息的范围；

（二）未披露重大信息的报告流程；

（三）内幕信息知情人登记制度；

（四）未披露重大信息保密措施；

（五）对外发布信息的流程；

（六）配合公司信息披露工作的程序；

（七）相关人员在信息披露事务中的职责与权限；

（八）其他信息披露管理制度。

4.3.8 控股股东、实际控制人对涉及上市公司的未公开重大信息应当采取严格的保密措施。对应当披露的重大信息，应当第一时间通知公司并通过公司对外公平披露，不得提前泄露。一旦出现泄露应当立即通知公司，并督促公司立即公告。

控股股东、实际控制人为履行法定职责要求公司提供有关对外投资、财务预算数据、财务决算数据等未披露信息时，应当做好内幕信息知情人的登记备案工作，并承担保密义务。

除第二款规定外，控股股东、实际控制人不得调用、查阅公司未披露的财务、业务等信息。

4.3.9 控股股东、实际控制人应当向上市公司提供实际控制人及其一致行动人的基本情况，配合公司逐级披露公司与实际控制人之间的股权和控制关系。

通过投资关系、协议或者其他安排共同控制公司的，除按前款规定提供信息以外，还应当书面告知公司实施共同控制的方式和内容。

通过接受委托或者信托等方式拥有公司权益的控股股东、实际控制人，应当及时将委托人情况、委托或者信托合同以及其他资产管理安排的主要内容书面告知公司，配合公司履行信息披露义务。

契约型基金、信托计划或者资产管理计划成为公司控股股东或者实际控制人的，除应当履行第三款规定义务外，还应当在权益变动文件中穿透披露至最终投资者。

4.3.10 媒体出现与控股股东、实际控制人有关的报道或者传闻，且可能对上市公司股票及其衍生品种交易价格产生较大影响的，控股股东、实际控制人应当主动了解真实情况，及时将相关信息告知公司和答复公司的询证，并保证所提供信息和材料的真实、准确、完整，配合公司履行信息披露义务。

控股股东、实际控制人及其相关人员在接受媒体采访和投资者调研，或者与其他机构和个人进行沟通时，不得提供、传播与公司相关的未披露的重大信息，或者提供、传播虚假信息、进行误导性陈述等。

4.3.11 控股股东、实际控制人应当按照本所要求如实填报并及时更新关联人信息，保证所提供的信息真实、准确、完整。

第五章 内部控制

5.1 上市公司应当完善内部控制制度，确保董事会、监事会和股东大会等机构合法运作和科学决策，建立有效的激励约束机制，树立风险防范意识，培育良好的企业精神和内部控制文化，创造全体职工充分了解并履行职责的环境。

公司应当建立健全印章管理制度，明确印章的保管职责和使用审批权限，并指定专人保管印章和登记使用情况。

公司董事会应当对公司内部控制制度的制定和有效执行负责。

5.2 上市公司的内部控制制度应当涵盖公司经营活动中与财务报告和信息披露事务相关的所有业务环节，包括：销货与收款、采购及付款、存货管理、固定资产管理、资金管理、投资与融资管理、人力资源管理、信息系统管理和信息披露事务管理等。

5.3 上市公司的人员应当独立于控股股东。公司的高级管理人员在控股股东或者其控制的企业不得担任除董事、监事以外的其他行政职务。控股股东高级管理人员兼任公司董事、监事的，应当保证有足够的时间和精力承担公司的工作。

5.4 上市公司的资产应当独立完整、权属清晰，不被董事、监事、高级管理人员、控股股东、实际控制人及其关联人占用或者支配。

5.5 上市公司应当建立健全独立的财务核算体系，能够独立作出财务决策，具有规范的财务会计制度和对分公司、子公司的财务管理制度。

5.6 上市公司应当加强对关联交易、提供担保、募集资金使用、重大投资、信息披露等活动的控制，按照本所有关规定的要求建立相应控制政策和程序。

5.7 上市公司应当设立内部审计部门，对公司内部控制制度的建立和实施、公司财务信息的真实性和完整性等情况进行检查监督。上市公司各内部机构或者职能部门、控股子公司以及对上市公司具有重大影响的参股公司应当配合内部审计部门依法履行职责，不得妨碍内部审计部门的工作。

内部审计部门应当保持独立性，不得置于财务部门的领导之下，或者与财务部门合署办公。

内部审计部门对审计委员会负责，向审计委员会报告工作。

5.8 审计委员会在监督及评估内部审计部门工作时，应当履行下列主要职责：

（一）指导和监督内部审计制度的建立和实施；

（二）审阅公司年度内部审计工作计划；

（三）督促公司内部审计计划的实施；

（四）指导内部审计部门的有效运作。公司内部审计部门须向审计委员会报告工作，内部审计部门提交给管理层的各类审计报告、审计问题的整改计划和整改情况须同时报送审计委员会；

（五）向董事会报告内部审计工作进度、质量以及发现的重大问题等；

（六）协调内部审计部门与会计师事务所、国家审计机构等外部审计单位之间的关系。

5.9 内部审计部门应当履行以下主要职责：

（一）对上市公司各内部机构、控股子公司以及对上市公司具有重大影响的参股公司的内部控制制度的完整性、合理性及其实施的有效性进行检查和评估；

（二）对上市公司各内部机构、控股子公司以及对上市公司具有重大影响的参股公司的会计资料及其他有关经济资料，以及所反映的财务收支及有关的经济活动的合法性、合规性、真实性和完整性进行审计，包括但不限于财务报告、业绩快报、自愿披露的预测性财务信息等；

（三）协助建立健全反舞弊机制，确定反舞弊的重点领域、关键环节和主要内容，并在内部审计过程中合理关注和检查可能存在的舞弊行为；

（四）至少每季度向董事会或者审计委员会报告一次，内容包括但不限于内部审计计划的执行情况以及内部审计工作中发现的问题。

5.10　上市公司应当根据自身经营特点和实际状况，制定公司内部控制自查制度和年度内部控制自查计划。

公司应当要求各内部机构（含分支机构）、控股子公司积极配合内部审计部门的检查监督，必要时可以要求其定期进行自查。

5.11　内部审计人员获取的审计证据应当具备充分性、相关性和可靠性。内部审计人员应当将获取审计证据的名称、来源、内容、时间等信息清晰、完整地记录在工作底稿中。内部审计部门应当建立工作底稿制度，并依据法律法规的规定，建立相应的档案管理制度，明确内部审计工作报告、工作底稿及相关资料的保存时间。

5.12　内部审计部门每季度应当向董事会或者审计委员会至少报告一次内部审计工作情况和发现的问题，并至少每年向其提交一次内部审计报告。

内部审计部门对审查过程中发现的内部控制缺陷，应当督促相关责任部门制定整改措施和整改时间，并进行内部控制的后续审查，监督整改措施的落实情况。

内部审计部门在审查过程中如发现内部控制存在重大缺陷或者重大风险，应当及时向董事会或者审计委员会报告。

5.13　审计委员会应当督导内部审计部门至少每半年对下列事项进行一次检查，出具检查报告并提交审计委员会。检查发现上市公司存在违法违规、运作不规范等情形的，应当及时向本所报告：

（一）公司募集资金使用、提供担保、关联交易、证券投资与衍生品交易、提供财务资助、购买或者出售资产、对外投资等重大事件的实施情况；

（二）公司大额资金往来以及与董事、监事、高级管理人员、控股股东、实际控制人及其关联人资金往来情况。

审计委员会应当根据内部审计部门提交的内部审计报告及相关资料，对公司内部控制有效性出具书面的评估意见，并向董事会报告。董事会或者审计委员会认为公司内部控制存在重大缺陷或者重大风险的，或者保荐人、独立财务顾问、会计师事务所指出上市公司内部控制有效性存在重大缺陷的，董事会应当及时向本所报告并予以披露。公司应当在公告中披露内部控制存在的重大缺陷或者重大风险、已经或者可能导致的后果，以及已采取或者拟采取的措施。

5.14　上市公司董事会或者其审计委员会应当根据内部审计部门出具的评价报告及相关资料，出具年度内部控制自我评价报告。内部控制自我评价报告至少应当包括下列内容：

（一）董事会对内部控制报告真实性的声明；

（二）内部控制评价工作的总体情况；

（三）内部控制评价的依据、范围、程序和方法；
（四）内部控制缺陷及其认定情况；
（五）对上一年度内部控制缺陷的整改情况；
（六）对本年度内部控制缺陷拟采取的整改措施；
（七）内部控制有效性的结论。

5.15 上市公司董事会应当在审议年度报告的同时，对内部控制自我评价报告形成决议。监事会和独立董事应当对内部控制自我评价报告发表意见，保荐人或独立财务顾问（如有）应当对内部控制自我评价报告进行核查，并出具核查意见。

上市公司应当在年度报告披露的同时，在符合条件媒体上披露内部控制自我评价报告和内部控制审计报告，法律法规另有规定的除外。

5.16 如会计师事务所对上市公司内部控制有效性出具非标准审计报告、保留结论或者否定结论的鉴证报告（如有），或者指出公司非财务报告内部控制存在重大缺陷的，公司董事会、监事会应当针对所涉及事项作出专项说明，专项说明至少应当包括下列内容：
（一）所涉及事项的基本情况；
（二）该事项对公司内部控制有效性的影响程度；
（三）公司董事会、监事会对该事项的意见；
（四）消除该事项及其影响的具体措施。

5.17 上市公司应当重点加强对控股子公司的管理控制，主要包括：
（一）建立对各控股子公司的控制制度，明确向控股子公司委派的董事、监事及重要高级管理人员的选任方式和职责权限等；
（二）根据上市公司的战略规划，协调控股子公司的经营策略和风险管理策略，督促控股子公司据以制定相关业务经营计划、风险管理程序和内部控制制度；
（三）制定控股子公司的业绩考核与激励约束制度；
（四）制定控股子公司重大事项的内部报告制度，及时向上市公司报告重大业务事件、重大财务事件以及其他可能对上市公司股票及其衍生品种交易价格产生较大影响的信息，并严格按照授权规定将重大事件报公司董事会审议或者股东大会审议；
（五）要求控股子公司及时向上市公司董事会秘书报送其董事会决议、股东大会或股东会决议等重要文件；
（六）定期取得并分析各控股子公司的季度或者月度报告，包括营运报告、产销量报表、资产负债表、利润表、现金流量表、向他人提供资金及对外担保报表等，并根据相关规定，委托会计师事务所审计控股子公司的财务报告；
（七）对控股子公司内控制度的实施及其检查监督工作进行评价。

上市公司存在多级下属企业的，应当相应建立和完善对各级下属企业的管理控制制度。

上市公司对分公司和对上市公司经营具有重大影响的参股公司的内控制度应当比照上述要求作出安排。

第六章　重大事项管理

第一节　提供财务资助

6.1.1 上市公司及其控股子公司有偿或者无偿提供资金、委托贷款等行为，适用本节规定，但下列情况除外：

（一）公司以对外提供借款、贷款等融资业务为其主营业务；

（二）资助对象为上市公司合并报表范围内且持股比例超过50%的控股子公司，且该控股子公司其他股东中不包含上市公司的控股股东、实际控制人及其关联人；

（三）中国证监会或者本所认定的其他情形。

6.1.2　上市公司应当建立健全有关财务资助的内部控制制度，在公司章程或者公司其他规章制度中明确股东大会、董事会审批提供财务资助的审批权限、审议程序以及违反审批权限、审议程序的责任追究机制，采取充分、有效的风险防范措施。

6.1.3　上市公司提供财务资助，应当经出席董事会的2/3以上的董事同意并作出决议并及时履行信息披露义务。

公司董事会审议财务资助事项时，应当充分关注提供财务资助的原因，在对被资助对象的资产质量、经营情况、行业前景、偿债能力、信用状况、第三方担保及履约能力情况等进行全面评估的基础上，披露该财务资助事项的风险和公允性，以及董事会对被资助对象偿还债务能力的判断。

公司独立董事应当对财务资助事项的必要性、合法合规性、公允性、对上市公司和中小股东权益的影响及存在的风险等发表独立意见。

保荐人或独立财务顾问（如有）应当对财务资助事项的合法合规性、公允性及存在的风险等发表意见。

6.1.4　上市公司应当充分披露所采取的风险防范措施，包括被资助对象或者其他第三方是否就财务资助事项提供担保等。由第三方就财务资助事项提供担保的，应当披露该第三方的基本情况及其担保履约能力情况。

6.1.5　上市公司不得为本所《股票上市规则》第6.3.3条规定的关联法人（或者其他组织）和关联自然人提供资金等财务资助。公司的关联参股公司（不包括上市公司控股股东、实际控制人及其关联人控制的主体）的其他股东按出资比例提供同等条件的财务资助的，上市公司可以向该关联参股公司提供财务资助，应当经全体非关联董事的过半数审议通过，还应当经出席董事会会议的非关联董事的2/3以上董事审议通过，并提交股东大会审议。

除前款规定情形外，上市公司对控股子公司、参股公司提供财务资助的，该公司的其他股东原则上应当按出资比例提供同等条件的财务资助。如其他股东未能以同等条件或者出资比例向该公司提供财务资助的，应当说明原因以及上市公司利益未受到损害的理由，上市公司是否已要求上述其他股东提供相应担保。

6.1.6　上市公司提供财务资助，应当与被资助对象等有关方签署协议，约定被资助对象应遵守的条件、财务资助的金额、期限、违约责任等内容。

6.1.7　对于已披露的财务资助事项，上市公司还应当在出现以下情形之一时，及时披露相关情况及拟采取的补救措施，并充分说明董事会关于被资助对象偿债能力和该项财务资助收回风险的判断：

（一）被资助对象在约定资助期限到期后未能及时还款的；

（二）被资助对象或者就财务资助事项提供担保的第三方出现财务困难、资不抵债、现金流转困难、破产及其他严重影响还款能力情形的；

（三）本所认定的其他情形。

逾期财务资助款项收回前，公司不得向同一对象追加提供财务资助。

6.1.8 上市公司存在下列情形之一的，应当参照本节的规定执行：

（一）在主营业务范围外以实物资产、无形资产等方式对外提供资助；

（二）为他人承担费用；

（三）无偿提供资产使用权或者收取资产使用权的费用明显低于行业一般水平；

（四）支付预付款比例明显高于同行业一般水平；

（五）本所认定的其他构成实质性财务资助的行为。

第二节 提供担保

6.2.1 上市公司为他人提供担保，包括为其控股子公司提供担保，适用本节规定。

6.2.2 上市公司应当按照有关法律法规和本所相关规定，在公司章程中明确股东大会、董事会关于提供担保事项的审批权限，以及违反审批权限和审议程序的责任追究机制，并严格执行提供担保审议程序。

未经董事会或者股东大会审议通过，公司不得提供担保。

6.2.3 上市公司应当在印章保管与使用管理相关制度中明确与担保事项相关的印章使用审批权限，做好与担保事项相关的印章使用登记。

6.2.4 上市公司对外担保时应当采取必要措施核查被担保人的资信状况，并在审慎判断被担保方偿还债务能力的基础上，决定是否提供担保。

上市公司为控股股东、实际控制人及其关联人提供担保的，应当要求对方提供反担保。

6.2.5 上市公司为其控股子公司、参股公司提供担保，该控股子公司、参股公司的其他股东应当按出资比例提供同等担保等风险控制措施，如该股东未能按出资比例向上市公司控股子公司或者参股公司提供同等担保等风险控制措施，上市公司董事会应当披露主要原因，并在分析担保对象经营情况、偿债能力的基础上，充分说明该笔担保风险是否可控，是否损害上市公司利益等。

6.2.6 上市公司向其控股子公司提供担保，如每年发生数量众多、需要经常订立担保协议而难以就每份协议提交董事会或者股东大会审议的，上市公司可以对最近一期财务报表资产负债率为70%以上和70%以下的两类子公司分别预计未来12个月的新增担保总额度，并提交股东大会审议。

前述担保事项实际发生时，上市公司应当及时披露。任一时点的担保余额不得超过股东大会审议通过的担保额度。

6.2.7 上市公司向其合营或者联营企业提供担保且同时满足以下条件，如每年发生数量众多、需要经常订立担保协议而难以就每份协议提交董事会或者股东大会审议的，上市公司可以对未来12个月内拟提供担保的具体对象及其对应新增担保额度进行合理预计，并提交股东大会审议：

（一）被担保人不是上市公司的董事、监事、高级管理人员、持股5%以上的股东、实际控制人及其控制的法人或其他组织；

（二）被担保人的各股东按出资比例对其提供同等担保或反担保等风险控制措施。

前述担保事项实际发生时，上市公司应当及时披露，任一时点的担保余额不得超过股东大会审议通过的担保额度。

6.2.8 上市公司向其合营或者联营企业进行担保额度预计，同时满足以下条件的，可以在其合营或联营企业之间进行担保额度调剂，但累计调剂总额不得超过预计担保总额度的50%：

（一）获调剂方的单笔调剂金额不超过上市公司最近一期经审计净资产的10%；

（二）在调剂发生时资产负债率超过70%的担保对象，仅能从资产负债率超过70%（股东大会审议担保额度时）的担保对象处获得担保额度；

（三）在调剂发生时，获调剂方不存在逾期未偿还负债等情况；

（四）获调剂方的各股东按出资比例对其提供同等担保或反担保等风险控制措施。

前述调剂事项实际发生时，上市公司应当及时披露。

6.2.9 上市公司应当持续关注被担保人的财务状况及偿债能力等，如发现被担保人经营状况严重恶化或者发生公司解散、分立等重大事项的，上市公司董事会应当及时采取有效措施，将损失降低到最小程度。

提供担保的债务到期后，上市公司应当督促被担保人在限定时间内履行偿债义务。若被担保人未能按时履行义务，上市公司应当及时采取必要的补救措施。

6.2.10 上市公司担保的债务到期后需展期并继续由其提供担保的，应当作为新的对外担保，重新履行审议程序和信息披露义务。

6.2.11 上市公司控股子公司为上市公司合并报表范围内的法人或者其他组织提供担保的，上市公司应当在控股子公司履行审议程序后及时披露。按照本所《股票上市规则》第6.1.10条，需要提交上市公司股东大会审议的担保事项除外。

上市公司控股子公司为前款规定主体以外的其他主体提供担保的，视同上市公司提供担保，应当遵守本节相关规定。

6.2.12 上市公司及其控股子公司提供反担保应当比照担保的相关规定执行，以其提供的反担保金额为标准履行相应审议程序和信息披露义务，但上市公司及其控股子公司为以自身债务为基础的担保提供反担保的除外。

6.2.13 上市公司董事会应当建立定期核查制度，对上市公司担保行为进行核查。上市公司发生违规担保行为的，应当及时披露，并采取合理、有效措施解除或者改正违规担保行为，降低公司损失，维护公司及中小股东的利益，并追究有关人员的责任。

6.2.14 因控股股东、实际控制人及其关联人不及时偿债，导致上市公司承担担保责任的，公司董事会应当及时采取追讨、诉讼、财产保全、责令提供担保等保护性措施避免或者减少损失，并追究有关人员的责任。

第三节 募集资金管理

6.3.1 本指引所称募集资金是指上市公司通过发行股票及其衍生品种，向投资者募集并用于特定用途的资金。

本指引所称超募资金是指实际募集资金净额超过计划募集资金金额的部分。

6.3.2 上市公司应当审慎使用募集资金，保证募集资金的使用与发行申请文件的承诺相一致，不得随意改变募集资金的投向。

上市公司应当真实、准确、完整地披露募集资金的实际使用情况。出现严重影响募集资金投资计划正常进行的情形时，应当及时公告。

募集资金投资项目通过上市公司的子公司或者上市公司控制的其他企业实施的，上市公司应当确保该子公司或者受控制的其他企业遵守本节规定。

6.3.3 上市公司董事会应当负责建立健全公司募集资金管理制度，并确保该制度的有效实施。

募集资金管理制度应当对募集资金专户存储、使用、变更、监督以及募集资金使用的申请、分级审批权限、决策程序、风险控制措施、信息披露程序和责任追究等内容进行明确规定。

6.3.4 上市公司的董事、监事和高级管理人员应当勤勉尽责，督促上市公司规范使用募集资金，自觉维护上市公司募集资金安全，不得参与、协助或纵容上市公司擅自或变相改变募集资金用途。

6.3.5 上市公司会计部门应当对募集资金的使用情况设立台账，详细记录募集资金的支出情况和募集资金项目的投入情况。

公司内部审计部门应当至少每季度对募集资金的存放与使用情况检查一次，并及时向审计委员会报告检查结果。

公司审计委员会认为公司募集资金管理存在违规情形、重大风险或者内部审计部门没有按前款规定提交检查结果报告的，应当及时向董事会报告。董事会应当在收到报告后2个交易日内向本所报告并公告。

6.3.6 上市公司应当审慎选择商业银行并开设募集资金专项账户（以下简称专户），募集资金应当存放于经董事会批准设立的专户集中管理，专户不得存放非募集资金或者用作其他用途。

公司存在两次以上融资的，应当分别设置募集资金专户。

超募资金也应当存放于募集资金专户管理。

6.3.7 上市公司应当在募集资金到位后1个月内与保荐人或者独立财务顾问、存放募集资金的商业银行签订三方监管协议（以下简称三方协议）。三方协议至少应当包括下列内容：

（一）公司应当将募集资金集中存放于专户；

（二）募集资金专户账号、该专户涉及的募集资金项目、存放金额；

（三）公司一次或者12个月内累计从专户中支取的金额超过5000万元人民币或者募集资金净额的20%的，公司及商业银行应当及时通知保荐人或者独立财务顾问；

（四）商业银行每月向公司出具银行对账单，并抄送保荐人或者独立财务顾问；

（五）保荐人或者独立财务顾问可以随时到商业银行查询专户资料；

（六）保荐人或者独立财务顾问的督导职责、商业银行的告知及配合职责、保荐人或者独立财务顾问和商业银行对公司募集资金使用的监管方式；

（七）公司、商业银行、保荐人或者独立财务顾问的权利、义务和违约责任；

（八）商业银行3次未及时向保荐人或者独立财务顾问出具对账单或者通知专户大额支取情况，以及存在未配合保荐人或者独立财务顾问查询与调查专户资料情形的，公司可以终止协议并注销该募集资金专户。

公司应当在上述三方协议签订后及时公告三方协议主要内容。

公司通过控股子公司实施募集资金投资项目的，应当由公司、实施募集资金投资项目的控股子公司、商业银行和保荐人或独立财务顾问共同签署三方协议，公司及其控股子公司应当视为共同一方。

上述三方协议在有效期届满前提前终止的，公司应当自三方协议终止之日起 1 个月内与相关当事人签订新的三方协议并及时公告。

6.3.8 募集资金原则上应当用于上市公司主营业务，除金融类企业外，募集资金不得用于证券投资、衍生品交易等高风险投资或者为他人提供财务资助，也不得直接或者间接投资于以买卖有价证券为主要业务的公司。

上市公司不得将募集资金用于质押、委托贷款或者其他变相改变募集资金用途的投资。

上市公司应当确保募集资金使用的真实性和公允性，防止募集资金被控股股东、实际控制人等关联人占用或者挪用，并采取有效措施避免关联人利用募集资金投资项目获取不正当利益。

6.3.9 募集资金投资项目出现下列情形之一的，上市公司应当对该项目的可行性、预计收益等重新进行论证，决定是否继续实施该项目：

（一）募集资金投资项目涉及的市场环境发生重大变化的；

（二）募集资金投资项目搁置时间超过 1 年的；

（三）超过最近一次募集资金投资计划的完成期限且募集资金投入金额未达到相关计划金额 50% 的；

（四）募集资金投资项目出现其他异常情形的。

公司应当在最近一期定期报告中披露项目的进展情况、出现异常的原因，需要调整募集资金投资计划的，应当同时披露调整后的募集资金投资计划。

6.3.10 上市公司将募集资金用作以下事项时，应当经董事会审议通过，并由独立董事、监事会以及保荐人或者独立财务顾问发表明确同意意见：

（一）以募集资金置换预先已投入募集资金投资项目的自筹资金；

（二）使用暂时闲置的募集资金进行现金管理；

（三）使用暂时闲置的募集资金暂时补充流动资金；

（四）变更募集资金用途；

（五）改变募集资金投资项目实施地点；

（六）使用节余募集资金；

（七）超募资金用于在建项目及新项目。

公司变更募集资金用途，还应当经股东大会审议通过。

相关事项涉及关联交易、购买资产、对外投资等的，还应当按照本所《股票上市规则》第六章的规定履行审议程序和信息披露义务。

6.3.11 单个或者全部募集资金投资项目完成后，结余资金（包括利息收入）低于该项目募集资金净额 10% 的，上市公司使用结余资金应当按照第 6.3.10 条第一款履行相应程序。

结余资金（包括利息收入）达到或者超过该项目募集资金净额 10% 的，公司使用结余资金还应当经股东大会审议通过。

结余资金（包括利息收入）低于 500 万元或者低于项目募集资金净额 1% 的，可以豁免履行前述程序，其使用情况应当在年度报告中披露。

6.3.12 上市公司以募集资金置换预先投入的自筹资金的，应当由会计师事务所出具鉴证报告。公司可以在募集资金到账后6个月内，以募集资金置换自筹资金。

公司已在发行申请文件中披露拟以募集资金置换预先投入的自筹资金且预先投入金额确定的，应当在置换实施前对外公告。

6.3.13 上市公司可以对暂时闲置的募集资金进行现金管理，其投资产品的期限不得超过12个月，且必须安全性高、流动性好，不得影响募集资金投资计划正常进行。

投资产品不得质押，产品专用结算账户（如适用）不得存放非募集资金或者用作其他用途，开立或者注销产品专用结算账户的，公司应当及时公告。

6.3.14 上市公司使用暂时闲置的募集资金进行现金管理的，应当在董事会会议后及时公告下列内容：

（一）本次募集资金的基本情况，包括募集时间、募集资金金额、募集资金净额及投资计划等；

（二）募集资金使用情况、募集资金闲置的原因；

（三）闲置募集资金投资产品的额度及期限，是否存在变相改变募集资金用途的行为和保证不影响募集资金项目正常进行的措施；

（四）投资产品的收益分配方式、投资范围、产品发行主体提供的安全性分析，公司为确保资金安全所采取的风险控制措施等；

（五）独立董事、监事会以及保荐人或独立财务顾问出具的意见。

公司应当在出现产品发行主体财务状况恶化、所投资的产品面临亏损等重大风险情形时，及时对外披露风险提示性公告，并说明公司为确保资金安全采取的风险控制措施。

6.3.15 上市公司使用闲置募集资金暂时补充流动资金的，仅限于与主营业务相关的生产经营使用，且应当符合下列条件：

（一）不得变相改变募集资金用途或者影响募集资金投资计划的正常进行；

（二）已归还前次用于暂时补充流动资金的募集资金；

（三）单次补充流动资金时间不得超过12个月；

（四）不使用闲置募集资金直接或者间接进行证券投资、衍生品交易等高风险投资。

6.3.16 上市公司使用闲置募集资金暂时补充流动资金的，应当在董事会审议通过后及时公告下列内容：

（一）本次募集资金的基本情况，包括募集时间、募集资金金额、募集资金净额及投资计划等；

（二）募集资金使用情况；

（三）闲置募集资金补充流动资金的金额及期限；

（四）闲置募集资金补充流动资金预计节约财务费用的金额、导致流动资金不足的原因、是否存在变相改变募集资金用途的行为和保证不影响募集资金项目正常进行的措施；

（五）独立董事、监事会以及保荐人或者独立财务顾问出具的意见；

（六）本所要求的其他内容。

补充流动资金到期日之前，公司应当将该部分资金归还至募集资金专户，并在资金全部归还后及时公告。

6.3.17 上市公司存在下列情形的，视为募集资金用途变更：

（一）取消或者终止原募集资金项目，实施新项目；

（二）变更募集资金投资项目实施主体（实施主体在上市公司及其全资子公司之间变更的除外）；

（三）变更募集资金投资项目实施方式；

（四）本所认定为募集资金用途变更的其他情形。

6.3.18 上市公司董事会应当科学、审慎地选择新的投资项目，对新的投资项目进行可行性分析，确信投资项目具有较好的市场前景和盈利能力，能够有效防范投资风险，提高募集资金使用效益。

6.3.19 上市公司将募集资金投资项目变更为合资经营方式实施的，应当在充分了解合资方基本情况的基础上，慎重考虑合资的必要性，并且公司应当控股，确保对募集资金投资项目的有效控制。

6.3.20 上市公司变更募集资金用途用于收购控股股东或者实际控制人资产（包括权益）的，应当确保在收购完成后能够有效避免同业竞争及减少关联交易。

6.3.21 上市公司改变募集资金投资项目实施地点的，应当在董事会审议通过后及时公告，说明改变情况、原因、对募集资金投资项目实施造成的影响以及保荐人或者独立财务顾问出具的意见。

6.3.22 上市公司全部募集资金项目完成前，因项目终止出现结余资金，将部分募集资金用于永久补充流动资金的，应当符合以下要求：

（一）募集资金到账超过1年；

（二）不影响其他募集资金项目的实施；

（三）按照募集资金用途变更的要求履行审批程序和信息披露义务。

6.3.23 上市公司应当根据企业实际生产经营需求，提交董事会或者股东大会审议通过后，按照以下先后顺序有计划地使用超募资金：

（一）补充募集资金投资项目资金缺口；

（二）用于在建项目及新项目；

（三）归还银行借款；

（四）暂时补充流动资金；

（五）进行现金管理；

（六）永久补充流动资金。

6.3.24 上市公司将超募资金用于在建项目及新项目，应当按照在建项目和新项目的进度情况使用。

公司使用超募资金用于在建项目及新项目，保荐人或者独立财务顾问及独立董事应当出具专项意见。项目涉及关联交易、购买资产、对外投资等的，还应当按照本所《股票上市规则》第六章等规定履行审议程序和信息披露义务。

6.3.25 上市公司使用超募资金偿还银行贷款或者永久补充流动资金的，应当经股东大会审议通过，独立董事、监事会以及保荐人或者独立财务顾问应当发表明确同意意见并披露，且应当符合以下要求：

（一）公司应当承诺补充流动资金后12个月内不进行证券投资、衍生品交易等高风险投资及为控股子公司以外的对象提供财务资助并对外披露；

（二）公司应当按照实际需求偿还银行贷款或者补充流动资金，每12个月内累计金额不得超过超募资金总额的30%。

6.3.26 上市公司董事会应当每半年度全面核查募集资金投资项目的进展情况，出具半年度及年度募集资金存放与使用情况专项报告，并聘请会计师事务所对年度募集资金存放与使用情况出具鉴证报告。公司应当将会计师事务所出具的鉴证报告与定期报告同时在符合条件媒体披露。

募集资金投资项目实际投资进度与投资计划存在差异的，公司应当解释具体原因。募集资金投资项目年度实际使用募集资金与最近一次披露的募集资金投资计划预计使用金额差异超过30%的，公司应当调整募集资金投资计划，并在募集资金存放与使用情况的专项报告和定期报告中披露最近一次募集资金年度投资计划、目前实际投资进度、调整后预计分年度投资计划以及投资计划变化的原因等。

会计师事务所应当对董事会的专项报告是否已经按照本所相关规定编制以及是否如实反映了年度募集资金实际存放、使用情况进行合理鉴证，提出鉴证结论。

鉴证结论为“保留结论”“否定结论”或者“无法提出结论”的，公司董事会应当就鉴证报告中会计师提出该结论的理由进行分析、提出整改措施并在年度报告中披露。

6.3.27 保荐人或者独立财务顾问应当至少每半年对上市公司募集资金的存放与使用情况进行一次现场检查。每个会计年度结束后，保荐人或者独立财务顾问应当对公司年度募集资金存放与使用情况出具专项核查报告并披露。

公司募集资金存放与使用情况被会计师事务所出具了“保留结论”“否定结论”或者“无法提出结论”鉴证结论的，保荐人或者独立财务顾问还应当在其核查报告中认真分析会计师事务所提出上述鉴证结论的原因，并提出明确的核查意见。

保荐人或者独立财务顾问发现上市公司、商业银行未按约定履行三方协议的，或者在对公司进行现场检查时发现公司募集资金管理存在重大违规情形或者重大风险等，应当督促公司及时整改并向本所报告。

6.3.28 独立董事应当持续关注募集资金实际管理和使用情况与上市公司信息披露情况是否存在重大差异。经1/2以上独立董事同意，独立董事可以聘请会计师事务所对募集资金存放与使用情况出具鉴证报告。公司应当积极配合，并承担必要的费用。

董事会应当在收到前款规定的鉴证报告后及时公告。如鉴证报告认为上市公司募集资金的管理和使用存在违规情形的，董事会还应当公告募集资金存放与使用情况存在的违规情形、已经或者可能导致的后果及已经或者拟采取的措施。

第四节　承诺及承诺履行

6.4.1 上市公司和相关信息披露义务人应当严格遵守中国证监会和本所的相关规定，履行其作出的各项公开承诺，采取有效措施确保承诺的履行，不得擅自变更或者解除。

6.4.2 承诺人应当及时将其作出的承诺事项告知上市公司，公司应当及时将承诺人承诺事项从相关信息披露文件中单独摘出，逐项在本所网站上予以公开。

6.4.3 承诺人作出的承诺应当明确、具体、可执行，不得承诺根据当时情况判断明显不可能实现的事项。承诺人应当在承诺中作出履行承诺声明、明确违反承诺的责任，并切实履行承诺。

承诺事项需要主管部门审批的，承诺人应当明确披露需要取得的审批，并明确如无法取得审批的补救措施。

承诺人应当关注自身经营、财务状况及承诺履行能力，在其经营财务状况恶化、担保人或者担保物发生变化导致或者可能导致其无法履行承诺时，应当及时告知上市公司，并予以披露，说明有关影响承诺履行的具体情况，同时提供新的履行担保。

6.4.4 承诺人作出的承诺事项应当包括下列内容：

（一）承诺的具体事项；

（二）履约方式、履约时限、履约能力分析、履约风险及防范对策；

（三）履约担保安排，包括担保方、担保方资质、担保方式、担保协议（函）主要条款、担保责任等（如有）；

（四）履行承诺声明和违反承诺的责任；

（五）本所要求的其他内容。

上市公司的实际控制人、股东、关联方、收购人和上市公司在首次公开发行股票、再融资、并购重组以及公司治理专项活动等过程中作出的解决同业竞争、资产注入、股权激励、解决产权瑕疵等各项承诺事项，必须有明确的履约时限，不得使用“尽快”“时机成熟时”等模糊性词语，承诺履行涉及行业政策限制的，应当在政策允许的基础上明确履约时限。

6.4.5 承诺人所作出的承诺应当符合本节规定，相关承诺事项应当由上市公司予以披露，公司如发现承诺人作出的承诺事项不符合本节要求，应当及时披露相关信息并向投资者作出风险提示。

公司应当在定期报告中披露报告期内发生或者正在履行中的所有承诺事项及具体履行情况。

当承诺履行条件即将达到或者已经达到时，承诺人应当及时通知公司，并履行承诺和信息披露义务。

6.4.6 上市公司股东、交易对手方对公司或相关资产在报告年度经营业绩作出承诺的，公司董事会应关注业绩承诺的实现情况。公司或相关资产年度业绩未达到承诺的，董事会应对公司或相关资产的实际盈利数与承诺数据的差异情况进行单独审议，详细说明差异情况及公司已或拟采取的措施，督促公司相关股东、交易对手方履行承诺。

公司应在年度报告中披露上述事项，要求会计师事务所、保荐人或独立财务顾问（如适用）对此出具专项审核意见，并与年报同时在符合条件媒体披露。

公司追溯调整公司或相关资产承诺期实际盈利数的，应当及时披露相关情况并明确说明调整后是否实现。公司或相关资产年度业绩未达到承诺的，董事会应当对相关情况进行审议，会计师事务所、保荐人或独立财务顾问（如适用）应当进行出具专项审核意见。

6.4.7 上市公司控股股东、实际控制人通过处置股权等方式丧失控制权的，如该控股股东、实际控制人承诺的相关事项未履行完毕，相关承诺义务应当予以履行或者由收购人予以承接，相关事项应当明确披露。

6.4.8 因相关法律法规、政策变化、自然灾害等自身无法控制的客观原因导致承诺无法履行或者无法按期履行的，承诺人应当及时披露相关信息。

除因相关法律法规、政策变化、自然灾害等自身无法控制的客观原因外，承诺确已无法履行或者履行承诺不利于维护上市公司权益的，承诺人应当充分披露原因，并向公司或者其他投资者提出用新承诺替代原有承诺或者提出豁免履行承诺义务。

上述变更方案应当提交股东大会审议，承诺人及关联人应当回避表决。如原承诺以特别决议方式审议通过的，本次变更仍应当以特别决议方式审议。独立董事、监事会应当就承诺人提出的变更方案是否合法合规、是否有利于保护公司或者其他投资者的利益发表意见。变更方案未经股东大会审议通过且承诺到期的，视同超期未履行承诺。

6.4.9 承诺人对其所持有的上市公司股份的持有期限等追加承诺的，不得影响其已经作出承诺的履行。承诺人作出追加承诺后2个交易日内，应当通知上市公司董事会并及时公告。

6.4.10 承诺人作出股份限售等承诺的，其所持股份因司法强制执行、继承、遗赠、依法分割财产等原因发生非交易过户的，受让方应当遵守原股东作出的相关承诺。

6.4.11 上市公司董事会应当督促承诺人严格遵守承诺。承诺人违反承诺的，董事会应当主动、及时要求相关承诺人承担违约责任，并及时披露相关承诺人违反承诺的情况、公司采取的补救措施、违约金计算方法、董事会收回相关违约金的情况等内容。

第五节　利润分配和资本公积金转增股本

6.5.1 上市公司应当综合考虑所处行业特点、发展阶段、自身经营模式、盈利水平以及是否有重大资金支出安排等因素，科学、审慎决策，合理确定利润分配政策。

6.5.2 上市公司制定利润分配政策时，应当履行公司章程规定的决策程序。董事会应当就股东回报事宜进行专项研究论证，制定明确、清晰的股东回报规划，并详细说明规划安排的理由等情况。公司应当在公司章程中载明以下内容：

（一）公司董事会、股东大会对利润分配尤其是现金分红事项的决策程序和机制，对既定利润分配政策尤其是现金分红政策作出调整的具体条件、决策程序和机制，以及为充分听取独立董事和中小股东意见所采取的措施；

（二）公司的利润分配政策尤其是现金分红政策的具体内容，利润分配的形式，利润分配尤其是现金分红的期间间隔，现金分红的具体条件，发放股票股利的条件，各期现金分红最低金额或者比例（如有）等。

6.5.3 上市公司通过股东回报规划对公司未来利润分配事项作出安排的，应当充分考虑相关规划的合理性和可执行性。

公司应当严格执行股东回报规划。确有必要根据相关规划确定的原则对利润分配事项作出调整的，应当按规定履行相应的调整决策程序，并充分披露调整的具体原因及合理性。

6.5.4 上市公司应当在公司章程中明确现金分红相对于股票股利在利润分配方式中的优先顺序。

具备现金分红条件的，应当采用现金分红进行利润分配。

6.5.5 上市公司在制定现金分红方案时，董事会应当认真研究和论证公司现金分红的时机、条件和最低比例、调整的条件及其决策程序要求等事宜，独立董事应当发表明确意见。

监事会对董事会执行现金分红政策和股东回报规划以及是否履行相应决策程序和信息披露等情况进行监督。监事会发现董事会存在未严格执行现金分红政策和股东回报规划、未严格履行相应决策程序或未能真实、准确、完整进行相应信息披露的，应当发表明确意见，并督促其及时改正。

6.5.6 上市公司合并资产负债表、母公司资产负债表中本年末未分配利润均为正值，公司不进行现金分红或者最近3年现金分红总额低于最近3年年均净利润的30%的，公司应当在披露利润分配方案的同时，披露以下内容：

（一）结合所处行业特点、发展阶段及自身经营模式、盈利水平、资金需求等因素，对不进行现金分红或现金分红水平较低原因的说明；

（二）留存未分配利润的预计用途以及收益情况；

（三）公司在相应期间是否按照中国证监会相关规定为中小股东参与现金分红决策提供了便利。

6.5.7 上市公司在制定和执行现金分红政策过程中出现下列情形的，独立董事应当发表明确意见：

（一）公司章程中没有明确、清晰的股东回报规划或者具体的现金分红政策；

（二）公司章程规定不进行现金分红；

（三）公司章程规定了现金分红政策，但无法按照既定现金分红政策确定当年利润分配方案；

（四）公司在年度报告期内有能力分红但不分红尤其是连续多年不分红或者分红水平较低；

（五）公司存在大比例现金分红；

（六）本所认定的其他情形。

6.5.8 上市公司利润分配方案中现金分红的金额达到或者超过当期归属于上市公司股东净利润的100%，且达到或者超过当期末可供分配利润的50%的，公司应当同时披露该现金分红方案的提议人、公司确定该现金分红方案的理由、方案是否将造成公司流动资金短缺、公司在过去12个月内是否使用过募集资金补充流动资金以及在未来12个月内是否计划使用募集资金补充流动资金等内容。

6.5.9 上市公司在报告期结束后，至利润分配、资本公积金转增股本方案公布前发生股本总额变动的，应当以最新股本总额作为分配或者转增的股本基数。

公司董事会在审议利润分配、资本公积金转增股本方案时，应当明确在利润分配、资本公积金转增股本方案公布后至实施前，出现股权激励行权、可转债转股、股份回购等情形时的方案调整原则，未约定或者约定不明确的，公司应当按照“现金分红金额、送红股金额、资本公积金转增股本金额固定不变”的原则，在方案实施公告中披露按公司最新股本总额计算的分配、转增比例。

根据中国证监会相关规定，拟发行证券的公司存在利润分配、资本公积金转增股本方案尚未提交股东大会表决或者虽经股东大会表决通过但未实施的，应当在方案实施后发行。相关方案实施前，主承销商不得承销公司发行的证券。

6.5.10 上市公司利润分配方案经股东大会审议通过后，应当及时做好资金安排，确保现金分红方案顺利实施。

6.5.11 上市公司实施高比例送转股份（以下简称高送转）方案的，应当符合《公司法》《企业会计准则》以及公司章程等规定，并符合公司确定的利润分配政策、利润分配计划、股东长期回报规划以及作出的相关承诺。

高送转是指上市公司每10股送红股与公积金转增股本合计达到或者超过5股。

6.5.12 上市公司披露高送转方案的，应当符合下列条件之一：

（一）最近2年同期净利润持续增长，且每股送转股比例不得高于上市公司最近2年同期净利润的复合增长率；

（二）报告期内实施再融资、并购重组等导致净资产有较大变化的，每股送转股比例不得高于上市公司报告期末净资产较之于期初净资产的增长率；

（三）最近 2 年净利润持续增长且最近 3 年每股收益均不低于 1 元，上市公司认为确有必要披露高送转方案的，应当充分披露高送转的主要考虑及其合理性，且送转股后每股收益不低于 0.5 元（仅适用于依据年度财务报表进行高送转）。

最近 2 年同期净利润的复合增长率，是指［第 N 年净利润/第 N－2 年净利润的绝对值］1/2－1；若分子采取第 N 年中期净利润的，分母相应为第 N－2 年同期的净利润。

6.5.13 上市公司存在下列情形之一的，不得披露高送转方案：

（一）报告期净利润为负、净利润同比下降 50% 以上或者送转股后每股收益低于 0.2 元的；

（二）公司的提议股东和控股股东及其一致行动人、董事、监事及高级管理人员（以下统称相关股东）在前 3 个月存在减持情形或者后 3 个月存在减持计划的。

上市公司应当向相关股东问询其未来 3 个月是否不存在减持计划及未来 4～6 个月的减持计划并披露。相关股东应当将其作为承诺事项予以遵守。

上市公司在相关股东所持限售股（股权激励限售股除外）限售期届满前后 3 个月内，不得披露高送转方案。

6.5.14 上市公司不得利用高送转方案配合股东减持。

6.5.15 上市公司应当在高送转方案公告中充分披露以下内容：

（一）方案的具体内容，包括提议人、提议理由以及每 10 股送红股、派息及公积金转增股本情况；

（二）方案的合法合规性；

（三）结合净利润、净资产的增长情况等说明高送转与公司业绩增长的匹配情况，或结合最近 3 年每股收益情况等说明高送转的主要考虑及其合理性；

（四）相关股东前 3 个月的持股变动情况、未来 3 个月不存在减持计划的承诺及未来 4～6 个月的减持计划；

（五）方案披露前后 3 个月不存在相关股东所持限售股（股权激励限售股除外）限售期届满的情形；

（六）相关说明及风险提示，明确方案对公司报告期内净资产收益率及投资者持股比例没有实质性影响，说明方案对公司报告期内每股收益、每股净资产的摊薄情况，以及方案尚需履行的审议程序及其不确定性等。

6.5.16 上市公司及相关内幕信息知情人不得单独或者与他人合谋，利用利润分配、资本公积金转增股本方案从事内幕交易、操纵市场等违法违规行为。

6.5.17 在筹划或者讨论利润分配、资本公积金转增股本方案过程中，上市公司应当将内幕信息知情人控制在最小范围内，及时登记内幕信息知情人员名单及其个人信息，并采取严格的保密措施，防止方案提前泄露。

公司还应当密切关注媒体关于公司分配方案、转增方案的报道和公司股票及其衍生品种的交易情况，及时采取相应措施。

第六节 员工持股计划

6.6.1 上市公司采用回购、二级市场购买、非公开发行、股东自愿赠与以及其他法律法规及中国证监会允许的方式实施员工持股计划的，适用本节规定。本节未作规定的，适用中国证监会及本所其他有关规定。

6.6.2 上市公司实施员工持股计划，应当遵循依法合规、自愿参与、风险自担的原则，按照法律法规、中国证监会及本所有关规定的要求履行相应的审议程序和信息披露义务。

为上市公司员工持股计划出具意见的中介机构和人员，应当诚实守信、勤勉尽责，保证所出具文件内容真实、准确、完整。

6.6.3 任何人不得利用员工持股计划进行内幕交易、操纵市场等违法违规行为。

上市公司实施员工持股计划时，应当遵守市场交易规则，不得在法律法规规定的上市公司董事、监事、高级管理人员不得买卖本公司股票的期间买卖本公司股票。

6.6.4 上市公司筹划员工持股计划，应当做好内幕信息管理工作。

员工持股计划有关各方对所知悉的员工持股计划相关信息，在依法依规披露前负有保密义务。

6.6.5 上市公司在董事会审议前披露筹划员工持股计划提示性公告的，提示性公告应当至少包括以下内容：

（一）员工持股计划拟持有的公司股票数量（上限）及占公司股本总额的比例（上限）；

（二）员工持股计划参加对象是否包括公司董事、监事或高级管理人员；

（三）员工持股计划的股票来源；

（四）员工持股计划尚需履行的程序，存在的不确定性和风险；

（五）预计披露员工持股计划草案的时间（自披露提示性公告之日起不得超过3个月）；

（六）本所要求的其他内容。

6.6.6 上市公司董事会审议员工持股计划相关事项时，拟参加员工持股计划的董事及与其存在关联关系的董事应当回避。出席董事会的非关联董事人数不足3人的，上市公司应当将该事项直接提交股东大会审议。

上市公司应当在董事会审议通过员工持股计划草案后及时披露董事会决议、员工持股计划草案、独立董事意见、监事会意见等文件。

独立董事和监事会应当就员工持股计划是否有利于上市公司的持续发展，是否损害上市公司利益及中小股东合法权益，计划推出前征求员工意见的情况，公司是否以摊派、强行分配等方式强制员工参加持股计划等事项发表意见。

6.6.7 上市公司员工持股计划草案全文内容应当至少包括：

（一）实施员工持股计划的目的；

（二）员工持股计划规模，包括拟持有公司股票的数量、占公司股本总额的比例等；

（三）员工持股计划的参加对象及确定标准，包括拟参加员工持股计划的上市公司董事、监事、高级管理人员的姓名及其所获份额对应的股份比例，及拟参加员工持股计划的其他员工所获份额对应的合计股份比例等；员工持股计划的参加对象同时是上市公司持股5%以上股东、实际控制人的，还应当披露相关人员参加目的、是否有利于保护中小股东合法权益；

（四）员工持股计划的资金来源，同时披露是否存在上市公司向员工提供财务资助或为其贷款提供担保的情况；资金来源涉及杠杆资金的，应当披露杠杆倍数和杠杆资金来源、杠杆倍数是否合规；资金来源为上市公司提取激励基金的，应当披露基金的计提方法、相关会计处理；

（五）员工持股计划的股票来源；来源于上市公司所回购股份的，应当披露定价依据、定价方式及其合理性，相关会计处理及理由，对公司经营业绩的影响；来源于股东自愿赠与的，应当披露相关会计处理及理由，对公司经营业绩的影响；

（六）员工持股计划的存续期限，存续期限届满后若继续展期应履行的程序，员工持股计划的锁定期及其合理性、合规性；

（七）员工持股计划管理模式；

（八）员工持股计划资产管理机构（如有）的选任程序、管理协议的主要条款（管理费用的计提及支付方式等）；

（九）员工持股计划持有人会议的召集、表决程序、表决权行使机制，持有人代表或机构的选任程序及其职责；

（十）结合员工持股计划管理模式及决策程序，说明员工持股计划所持股份对应股东权利的情况，包括上市公司股东大会的出席、提案、表决等的安排，参加现金分红、债券兑息、送股、转增股份、配股和配售债券等的安排，以及公司融资时员工持股计划的参与方式；同时披露员工持股计划在股东大会审议上市公司与股东、董事、监事、高级管理人员等参与对象的交易相关提案时是否需要回避；说明员工持股计划不得买卖上市公司股票的期间；

（十一）本次员工持股计划与公司控股股东或第一大股东、实际控制人、董事、监事、高级管理人员、已存续员工持股计划（如有）之间是否存在关联关系或一致行动关系；上市公司同时存在多个员工持股计划的，应当说明各员工持股计划所持上市公司权益是否合并计算及依据；

（十二）第三方是否为员工参加持股计划提供奖励、资助、补贴、兜底等安排；如是，应当披露相关安排的提供人、来源、形式、可执行性等具体情况，以及第三方的履约保障措施；

（十三）员工持股计划持有人对通过持股计划获得的股份权益的占有、使用、收益和处分权利的安排；员工持股计划持有人出现离职、退休、死亡或其他不再适合参加持股计划等情形时，所持股份权益的处置办法；

（十四）员工持股计划期满后所持有股份的处置办法、损益分配方法；

（十五）员工持股计划变更和终止的情形及决策程序；

（十六）已经或者尚需获得的国有资产管理机构、行业主管等部门的批准情况（如适用）；

（十七）本所要求的其他内容。

6.6.8 上市公司应当在相关股东大会现场会议召开的2个交易日前公告员工持股计划的法律意见书。法律意见书应当至少就以下事项发表结论性意见：

（一）员工持股计划内容的合法合规性，包括员工持股计划的规模及比例（上市公司全部有效的员工持股计划所持有的股票总数累计是否超过公司股本总额的10%、单个员工所获股份权益对应的股票总数累计是否超过公司股本总额的1%）、参加对象、资金来源（其中杠杆倍数的合规性）、股票来源（其中是否存在来源于上市公司所回购股份）、存续期限、管理模式等；

（二）员工持股计划审议程序的合法合规性；

（三）员工持股计划在股东大会审议上市公司与股东、董事、监事、高级管理人员等参与对象的交易相关提案时回避安排的合法合规性；

（四）员工持股计划在本公司融资时参与方式的合法合规性；

（五）员工持股计划一致行动关系认定的合法合规性；

（六）本所要求的其他内容。

6.6.9 股东大会就员工持股计划进行表决时，存在下列情形的股东及其一致行动人应当回避：自身或关联方拟成为员工持股计划的资产管理机构、认购计划份额、提供或垫付资金、提供股票、分享收益，以及其他可能导致利益倾斜的情形。

员工持股计划方案应当经出席会议的非关联股东所持表决权的过半数通过。

上市公司股东大会决议公告应当披露中小股东对员工持股计划相关提案的表决情况和表决结果。

6.6.10 在股东大会审议通过后，公司拟变更员工持股计划的，应当按照员工持股计划方案的约定经董事会或者股东大会审议通过，并披露差异对照表及变更原因。

6.6.11 上市公司实施员工持股计划依照规定需取得有关部门批准的，应当在取得有关批复文件后的2个交易日内公告批复情况。

6.6.12 员工持股计划股票来源于二级市场购买的，上市公司应当在股东大会审议通过员工持股计划后6个月内每月公告一次购买股票的时间、方式、数量、价格等具体情况。员工持股计划需在6个月内完成标的股票的购买。

6.6.13 上市公司应当在员工持股计划完成标的股票的购买或过户的2个交易日内进行公告，内容包括但不限于获得标的股票的时间、按股票来源类别列示的数量、对应会计处理（如有）、按资金来源类别列示的购买金额、员工实际认购份额与股东大会审议通过的拟认购份额的一致性，相关方为员工参加持股计划提供的奖励、资助、补贴、兜底等的进展（如有），并说明本次员工持股计划与上市公司控股股东或第一大股东、实际控制人、董事、监事、高级管理人员、已存续的员工持股计划（如有）之间是否存在关联关系或一致行动关系。

6.6.14 员工因参加员工持股计划，其股份权益发生变动，应当按照法律法规、本所相关规定的要求履行相应义务。

6.6.15 员工持股计划及其一致行动人持有公司股票达到权益变动信息披露标准的，应当按照法律法规、本所相关规定的要求履行披露义务。

6.6.16 员工持股计划持有人会议产生管理委员会的，应当在持有人会议决议后及时公告管理委员会成员是否在上市公司控股股东或者实际控制人（无控股股东的，第一大股东）单位担任职务，是否为持有上市公司5%以上股东、实际控制人、上市公司董事、监事、高级管理人员或者与前述主体存在关联关系。

6.6.17 员工持股计划存续期内，发生下列情形之一的，应当及时披露：

（一）员工持股计划变更、提前终止，或者相关当事人未按照约定实施员工持股计划的；

（二）员工持股计划持有人之外的第三人对员工持股计划的股票和资金提出权利主张的；

（三）员工持股计划锁定期届满；

（四）出现单个员工所获份额对应的股票总数累计达到公司股本总额的1%的；

（五）触发兜底等安排但未能如期兑现的；

（六）本所认定的其他情形。

6.6.18 员工持股计划在锁定期届满后减持完毕全部所持本公司股份的，上市公司应当及时披露公告，披露内容至少包括减持期间、股份数量及占公司股本总额的比例；通过集中竞价交易以外方式进行减持的部分，还应当披露受让方与上市公司5%以上股东、实际控制人是否存在关联关系或者一致行动关系。员工持股计划持股期间及其与草案披露的存续期或者展期后的存续期应当一致。

6.6.19 上市公司应当在员工持股计划存续期限届满前6个月披露提示性公告，说明即将到期的员工持股计划所持有的股票数量及占公司股本总额的比例。

6.6.20 上市公司应当至迟在员工持股计划存续期限届满时披露到期的员工持股计划所持有的股票数量及占公司股本总额的比例、届满后的处置安排。拟展期的，应对照第6.6.7条的披露要求逐项说明与展期前的差异情况，并按员工持股计划方案的约定履行相应的审议程序和披露义务。

6.6.21 上市公司应当及时、真实、准确、完整地披露相关各方作出的涉及员工持股计划的各项承诺，并督促相关方切实履行承诺。

6.6.22 上市公司应当在半年度报告、年度报告中披露报告期内员工持股计划的实施情况，内容应当至少包括：

（一）报告期内全部有效的员工持股计划持有的股票总额及占上市公司股本总额的比例；

（二）报告期内持股员工的范围、人数及其变更情况，董事、监事、高级管理人员情况单独列示；

（三）报告期内实施计划的资金来源；

（四）报告期内资产管理机构的变更情况（如有）；

（五）报告期内因持有人处置份额等引起的权益变动情况（如有）。

上市公司在年度报告中，还应当披露以下内容：

（一）报告期内股东权利行使的情况；

（二）员工持股计划持有人出现离职、退休、死亡或其他不再适合继续参加持股计划等情形的处置情况（如有），或除前述情形外的其他处置情况（如有），包括处置总体情况、受让方（如有）与上市公司5%以上股东、实际控制人是否存在关联关系或者一致行动关系，以及相关处置是否符合员工持股计划的约定；

（三）员工持股计划管理委员会（如有）成员发生变化的；

（四）员工持股计划对报告期上市公司的财务影响及相关会计处理（如有）；

（五）报告期内员工持股计划终止的情况（如有）；

（六）本所要求的其他内容。

6.6.23 员工持股计划行使提案权、表决权等股东权利的，上市公司相关股东大会的法律意见书中应当对员工持股计划行使股东权利的行为和决策过程是否符合员工持股计划的约定，审议涉及股东或者董事、监事、高级管理人员的相关提案时是否存在应回避而未回避表决情形等发表意见。

6.6.24　上市公司及其董事、监事、高级管理人员或者其他员工，通过设立资产管理计划、信托计划、持股平台等形式实施员工持股计划类似方案的，参照本节相关规定履行信息披露义务。

第七章　投资者关系管理

第一节　总体要求

7.1.1　上市公司以及董事、监事、高级管理人员和工作人员开展投资者关系管理工作，应当遵守法律法规和本所其他相关规定，体现公平、公正、公开原则，客观、真实、准确、完整地介绍和反映公司的实际状况，不得出现以下情形：

（一）透露或通过符合条件媒体以外的方式发布尚未公开披露的重大信息；

（二）发布含有虚假或者引人误解的内容，作出夸大性宣传、误导性提示；

（三）对公司股票及其衍生产品价格作出预期或者承诺；

（四）歧视、轻视等不公平对待中小股东的行为；

（五）其他违反信息披露规则或者涉嫌操纵证券市场、内幕交易等违法违规行为。

7.1.2　上市公司开展投资者关系管理活动，应当以已公开披露信息作为交流内容，不得以任何方式透露或者泄露未公开披露的重大信息。

投资者关系活动中涉及或者可能涉及股价敏感事项、未公开披露的重大信息或者可以推测出未公开披露的重大信息的提问的，公司应当告知投资者关注公司公告，并就信息披露规则进行必要的解释说明。

公司不得以投资者关系管理活动中的交流代替正式信息披露。公司在投资者关系管理活动中不慎泄露未公开披露的重大信息的，应当立即通过符合条件媒体发布公告，并采取其他必要措施。

7.1.3　上市公司应当建立投资者关系管理机制，董事会秘书负责组织和协调投资者关系管理工作。除非得到明确授权并经过培训，公司其他董事、监事、高级管理人员和员工应当避免在投资者关系活动中代表公司发言。

7.1.4　上市公司投资者关系管理工作人员应当具备履行职责所必需的专业知识，具有良好的职业素养。公司应当定期对控股股东、实际控制人、董事、监事、高级管理人员及相关人员进行投资者关系管理的系统培训，增强其对相关法律法规、本所相关规则和公司规章制度的理解。

7.1.5　上市公司进行投资者关系活动应建立完备的投资者关系管理档案制度，投资者关系管理档案至少应包括下列内容：

（一）投资者关系活动参与人员、时间、地点；

（二）投资者关系活动的交流内容；

（三）未公开重大信息泄密的处理过程及责任追究情况（如有）；

（四）其他内容。

投资者关系管理档案应当按照投资者关系管理的方式进行分类，将相关记录、现场录音、演示文稿、活动中提供的文档（如有）等文件资料存档并妥善保管，保存期限不得少于3年。

7.1.6 上市公司应当在定期报告中公布公司网址和咨询电话号码。当网址或者咨询电话号码发生变更后，公司应当及时进行公告。

公司应当保证咨询电话、传真和电子信箱等对外联系渠道畅通，确保咨询电话在工作时间有专人接听，并通过有效形式及时向投资者答复和反馈相关信息。

7.1.7 保荐人及其保荐代表人、独立财务顾问及其主办人对上市公司公平信息披露履行持续督导义务，督导公司建立健全并严格执行公平信息披露相关制度，发现公司及相关主体存在违反本指引规定的，应当立即向本所报告并督促公司采取相应措施。

7.1.8 上市公司应当建立、健全投资者关系管理活动相关制度及程序，保证信息披露的公平性：

（一）公司应当制定接待和推广制度，内容应当至少包括接待和推广的组织安排、活动内容安排、人员安排、禁止擅自披露、透露或者泄露未公开重大信息的规定等；

（二）公司应当制定信息披露备查登记制度，对接受或者邀请特定对象的调研、沟通、采访等活动予以详细记载，内容应当至少包括活动时间、地点、方式（书面或者口头）、双方当事人姓名、活动中谈论的有关公司的内容、提供的有关资料等，公司应当在定期报告中将信息披露备查登记情况予以披露；

（三）公司应当将投资者关系管理活动相关制度公开。

7.1.9 上市公司应当对以非正式公告方式向外界传达的信息进行严格审查，设置审阅或者记录程序，防止泄露未公开重大信息。

上述非正式公告的方式包括：股东大会、新闻发布会、产品推介会；公司或者相关个人接受媒体采访；直接或者间接向媒体发布新闻稿；公司（含子公司）网站与内部刊物；董事、监事或者高级管理人员博客、微博、微信等社交媒体；以书面或者口头方式与特定投资者沟通；以书面或者口头方式与证券分析师沟通；公司其他各种形式的对外宣传、报告等；本所认定的其他形式。

第二节 投资者关系管理的形式和要求

7.2.1 上市公司可以通过公司官方网站、本所网站和本所投资者关系互动平台（以下简称互动易平台）、新媒体平台、电话、传真、邮箱、投资者教育基地等方式，采取股东大会、投资者说明会、路演、投资者调研、证券分析师调研等形式，建立与投资者的重大事件沟通机制。

7.2.2 上市公司可以在官方网站设立投资者关系管理专栏，用于发布和更新投资者关系管理工作相关信息。

7.2.3 上市公司应当为中小股东、机构投资者到公司现场参观、座谈沟通提供便利，合理、妥善地安排活动过程，做好信息隔离，不得使来访者接触到未公开披露的重大信息。

7.2.4 上市公司应当承担投资者投诉处理的首要责任，完善投诉处理机制，妥善处理投资者诉求。

公司与投资者之间发生的纠纷，可以自行协商解决、向调解组织申请调解、向仲裁机构申请仲裁或者向人民法院提起诉讼。

7.2.5 上市公司应当充分关注互动易收集的信息以及其他媒体关于本公司的报道，充分重视并依法履行有关公司的媒体报道信息引发或者可能引发的信息披露义务。

7.2.6 上市公司在投资者说明会、业绩说明会、分析师会议、路演等投资者关系活动结束后应当及时编制投资者关系活动记录表，并及时在互动易和公司网站（如有）刊载。活动记录表至少应当包括以下内容：

（一）活动参与人员、时间、地点、形式；

（二）交流内容及具体问答记录；

（三）关于本次活动是否涉及应披露重大信息的说明；

（四）活动过程中所使用的演示文稿、提供的文档等附件（如有）；

（五）本所要求的其他内容。

第三节 投资者说明会

7.3.1 上市公司召开投资者说明会的，应当采取便于投资者参与的方式进行。公司应当在投资者说明会召开前发布公告，说明投资者关系活动的时间、方式、地点、网址、公司出席人员名单和活动主题等。投资者说明会原则上应当安排在非交易时段召开。

公司应当在投资者说明会召开前以及召开期间为投资者开通提问渠道，做好投资者提问征集工作，并在说明会上对投资者关注的问题予以答复。

7.3.2 参与投资者说明会的上市公司人员应当包括公司董事长（或者总经理）、财务负责人、独立董事和董事会秘书。公司处于持续督导期内的，鼓励保荐代表人或独立财务顾问主办人参加。

7.3.3 除依法履行信息披露义务外，上市公司应当积极召开投资者说明会，向投资者介绍情况、回答问题、听取建议。存在下列情形的，上市公司应当及时召开投资者说明会：

（一）公司当年现金分红水平未达相关规定，需要说明原因的；

（二）公司在披露重组预案或重组报告书后终止重组的；

（三）公司股票交易出现相关规则规定的异常波动，公司核查后发现存在未披露重大事件的；

（四）公司相关重大事件受到市场高度关注或质疑的；

（五）公司在年度报告披露后，按照中国证监会和本所相关规定应当召开年度报告业绩说明会的；

（六）其他按照中国证监会和本所规定应当召开投资者说明会的情形。

7.3.4 本所鼓励上市公司在年度报告披露后15个交易日内举行年度报告业绩说明会，对公司所处行业状况、发展战略、生产经营、财务状况、分红情况、风险与困难等投资者关心的内容进行说明。

7.3.5 股东大会对现金分红具体方案进行审议前，上市公司应当通过多种渠道主动与股东特别是中小股东进行沟通和交流，充分听取中小股东的意见和诉求，及时答复中小股东关心的问题。

第四节 上市公司接受调研

7.4.1 上市公司接受从事证券分析、咨询及其他证券服务的机构及个人、从事证券投资的机构及个人（以下简称调研机构及个人）的调研时，应当妥善开展相关接待工作，并按规定履行相应的信息披露义务。

7.4.2 上市公司、调研机构及个人不得利用调研活动从事市场操纵、内幕交易或者其他违法违规行为。

7.4.3 上市公司控股股东、实际控制人、董事、监事、高级管理人员及其他员工在接受调研前，应当知会董事会秘书，原则上董事会秘书应当全程参加。

7.4.4 上市公司与调研机构及个人进行直接沟通的，除应邀参加证券公司研究所等机构举办的投资策略分析会等情形外，应当要求调研机构及个人出具单位证明和身份证等资料，并要求与其签署承诺书。

承诺书至少应当包括下列内容：

（一）不故意打探公司未公开重大信息，未经公司许可，不与公司指定人员以外的人员进行沟通或者问询；

（二）不泄露无意中获取的未公开重大信息，不利用所获取的未公开重大信息买卖或者建议他人买卖公司股票及其衍生品种；

（三）在投资价值分析报告等研究报告、新闻稿等文件中不使用未公开重大信息，除非公司同时披露该信息；

（四）在投资价值分析报告等研究报告中涉及盈利预测和股价预测的，注明资料来源，不使用主观臆断、缺乏事实根据的资料；

（五）在投资价值分析报告等研究报告、新闻稿等文件在对外发布或者使用前知会公司；

（六）明确违反承诺的责任。

7.4.5 上市公司应当就调研过程和交流内容形成书面调研记录，参加调研的人员和董事会秘书应当签字确认。具备条件的，可以对调研过程进行录音录像。

7.4.6 上市公司应当建立接受调研的事后核实程序，明确未公开重大信息被泄露的应对措施和处理流程，要求调研机构及个人将基于交流沟通形成的投资价值分析报告等研究报告、新闻稿等文件在发布或者使用前知会公司。

公司在核查中发现前条所述文件存在错误、误导性记载的，应当要求其改正，对方拒不改正的，公司应当及时对外公告进行说明；发现前述文件涉及未公开重大信息的，应当立即向本所报告并公告，同时要求调研机构及个人在公司正式公告前不得对外泄露该信息，并明确告知其在此期间不得买卖或者建议他人买卖公司股票及其衍生品种。

7.4.7 媒体、市场或投资者对上市公司发布调研记录提出质疑的，本所可以视情况要求公司对有关问题作出解释和说明，并予以披露。

公司股票及其衍生品交易出现异常的，本所可以视情况要求公司提示相关风险。

上市公司接受调研及发布调研记录不符合本指引要求的，本所可以要求公司改正。

7.4.8 上市公司接受新闻媒体及其他机构或者个人调研或采访，参照本章规定执行。

上市公司控股股东、实际控制人接受与公司相关的调研或采访，参照本章规定执行。

第五节 互动易平台

7.5.1 上市公司应当通过互动易等多种渠道与投资者交流，指派或授权专人及时查看并处理互动易的相关信息。公司应当就投资者对已披露信息的提问进行充分、深入、详细的分析、说明和答复。

对于重要或者具普遍性的问题及答复，公司应当加以整理并在互动易以显著方式刊载。

7.5.2 上市公司在互动易平台发布信息的，应当谨慎、客观，以事实为依据，保证所发布信息的真实、准确、完整和公平，不得使用夸大性、宣传性、误导性语言，不得误导投资者，并充分提示相关事项可能存在的重大不确定性和风险。

上市公司信息披露以其通过符合条件媒体披露的内容为准，在互动易动平台发布的信息不得与依法披露的信息相冲突。

7.5.3 上市公司在互动易平台发布信息及对涉及市场热点概念、敏感事项问题进行答复，应当谨慎、客观、具有事实依据，不得利用互动易平台迎合市场热点或者与市场热点不当关联，不得故意夸大相关事项对公司生产、经营、研发、销售、发展等方面的影响，不当影响公司股票及其衍生品种价格。

第八章 社会责任

8.1 上市公司应当在追求经济效益、保护股东利益的同时，积极保护债权人和职工的合法权益，诚信对待供应商、客户和消费者，践行绿色发展理念，积极从事环境保护、社区建设等公益事业，从而促进公司本身与全社会的协调、和谐发展。

8.2 上市公司在经营活动中，应当遵循自愿、公平、等价有偿、诚实信用的原则，遵守社会公德、商业道德，接受政府和社会公众的监督，不得依靠夸大宣传、虚假广告等不当方式牟利，不得通过贿赂、走私等非法活动牟取不正当利益，不得侵犯他人的商标权、专利权和著作权等知识产权，不得从事不正当竞争行为。

8.3 上市公司应当根据所处行业及自身经营特点，形成符合本公司实际的社会责任战略规划及工作机制。上市公司的社会责任战略规划至少应当包括公司的商业伦理准则、员工保障计划及职业发展支持计划、合理利用资源及有效保护环境的技术投入及研发计划、社会发展资助计划以及对社会责任规划进行落实管理及监督的机制安排等内容。

8.4 上市公司应当积极履行社会责任，定期评估公司社会责任的履行情况。“深证100”样本公司应当在年度报告披露的同时披露公司履行社会责任的报告（以下简称社会责任报告）。

本所鼓励其他有条件的上市公司，在年度报告披露的同时披露社会责任报告。

8.5 上市公司应当依据《公司法》和公司章程的规定，建立职工董事、职工监事选任制度，确保职工在公司治理中享有充分的权利；支持工会依法开展工作，对工资、福利、劳动安全卫生、社会保险等涉及职工切身利益的事项，通过职工代表大会、工会会议等民主形式听取职工的意见，关心和重视职工的合理需求。

8.6 上市公司应当将生态环保要求融入发展战略和公司治理过程，并根据自身生产经营特点、对环境的影响程度等实际情况，履行下列环境保护责任：

（一）遵守环境保护法律法规与行业标准；

（二）制订执行公司环境保护计划；

（三）高效使用能源、水资源、原材料等自然资源；

（四）合规处置污染物；

（五）建设运行有效的污染防治设施；

（六）足额缴纳环境保护相关税费；

（七）保障供应链环境安全；

（八）其他应当履行的环境保护责任事项。

8.7 上市公司可以根据自身实际情况，在公司年度社会责任报告中披露或者单独披露如下环境信息：

（一）公司环境保护方针、年度环境保护目标及成效；

（二）公司年度资源消耗总量；

（三）公司环保投资和环境技术开发情况；

（四）公司排放污染物种类、数量、浓度和去向；

（五）公司环保设施的建设和运行情况；

（六）公司在生产过程中产生的废物的处理、处置情况，废弃产品的回收、综合利用情况；

（七）与环保部门签订的改善环境行为的自愿协议；

（八）公司受到环保部门奖励的情况；

（九）公司自愿公开的其他环境信息。

从事火力发电、钢铁冶炼、水泥生产、电解铝、矿产开发等对环境影响较大行业的上市公司，应当披露前款第（一）至（七）项所列的环境信息，并应重点说明公司在环保投资和环境技术开发方面的工作情况。

8.8 上市公司应当定期指派专人检查环保政策的实施情况，对不符合公司环境保护政策的行为应当予以纠正，并采取相应补救措施。

公司出现重大环境污染事故时，应当及时披露环境污染的产生原因、对公司业绩的影响、环境污染的影响情况、公司拟采取的整改措施等。

8.9 属于环境保护部门公布的重点排污单位的上市公司或者其重要子公司，应当根据法律法规和本所相关规定在年度报告中披露相关环境信息。

公司在报告期内以临时报告的形式披露环境信息内容的，应当说明后续进展或者变化情况。如相关事项已在临时报告披露且后续实施无进展或者变化的，仅需披露该事项概述，并提供临时报告披露网站的相关查询索引。

8.10 上市公司应当根据自身生产经营模式，履行下列生产及产品安全保障责任：

（一）遵守产品安全法律法规与行业标准；

（二）建立安全可靠的生产环境和生产流程；

（三）建立产品质量安全保障机制与产品安全事故应急方案；

（四）其他应当履行的生产与产品安全责任。

8.11 上市公司应当根据员工构成情况，履行下列员工权益保障责任：

（一）建立员工聘用解雇、薪酬福利、社会保险、工作时间等管理制度及违规处理措施；

（二）建立防范职业性危害的工作环境与配套安全措施；

（三）开展必要的员工知识和职业技能培训；

（四）其他应当履行的员工权益保护责任。

8.12 上市公司应当严格遵守科学伦理规范，尊重科学精神，恪守应有的价值观念、社会责任和行为规范，发挥科学技术的正面效应。

公司应当避免研究、开发和使用危害自然环境、生命健康、公共安全、伦理道德的科学技术，不得从事侵犯个人基本权利或者损害社会公共利益的研发和经营活动。

公司在生命科学、人工智能、信息技术、生态环境、新材料等科技创新领域开发或者使用创新技术的，应当遵循审慎和稳健原则，充分评估其潜在影响及可靠性。

8.13 上市公司可将社会责任报告与年度报告同时对外披露。社会责任报告的内容至少应当包括：

（一）关于职工保护、环境污染、商品质量、社区关系等方面的社会责任制度的建设和执行情况；

（二）履行社会责任存在的问题和不足、与本指引相关要求存在的差距及其原因；

（三）改进措施和具体时间安排。

第九章 附 则

9.1 本指引1.2条所规定的相关主体违反本指引的，本所按照《股票上市规则》和《深圳证券交易所自律监管措施和纪律处分实施办法》等相关规定对其采取自律监管措施或者纪律处分措施。

9.2 本指引由本所负责解释。

9.3 本指引自发布之日起施行。

相关附件

附件1：董事声明及承诺书（略）

附件2：监事声明及承诺书（略）

附件3：高级管理人员声明及承诺书（略）

附件4：控股股东、实际控制人声明及承诺书（法人及其他组织版本）（略）

附件5：募集资金三方监管协议（范本）（略）

深圳证券交易所上市公司自律监管指引第 3 号——行业信息披露

【发布机关】深圳证券交易所
【发文字号】深证上〔2022〕15 号
【发布日期】2022 年 1 月 7 日

各市场参与人：

为优化上市公司自律监管规则体系，结合监管实践，本所对深圳证券交易所行业信息披露指引第 1 号至第 18 号进行了整合、修订，并更名为《深圳证券交易所上市公司自律监管指引第 3 号——行业信息披露》，现予以发布，自发布之日起施行。

深圳证券交易所行业信息披露指引第 1 号至第 18 号同时废止。

特此通知

深圳证券交易所

2022 年 1 月 7 日

第一章　一般规定

1.1　为了规范深圳证券交易所（以下简称本所）特定行业上市公司（以下简称上市公司或者公司）披露所属行业经营性信息，提高信息披露的有效性，保护投资者的合法权益，根据《中华人民共和国公司法》《中华人民共和国证券法》《上市公司信息披露管理办法》等法律、行政法规、部门规章、规范性文件和《深圳证券交易所股票上市规则》《深圳证券交易所创业板股票上市规则》（以下统称《股票上市规则》）等业务规则，制定本指引。

1.2　特定行业上市公司应当按照本指引的规定，披露对投资者作出价值判断和投资决策所需的行业经营性信息。

本指引所称特定行业，指本指引第二至十章具体行业信息披露规定所规范的行业；行业经营性信息，指与上市公司业务相关的行业信息和经营性信息。

上市公司除遵守本指引的规定外，还应当根据法律、行政法规、部门规章、规范性文件、《股票上市规则》及本所其他规定，履行相应的审议程序和信息披露义务。

1.3　上市公司特定业务的营业收入占公司最近一个会计年度经审计营业收入 30% 以上的，或者归属于母公司所有者的净利润（以下简称净利润）占公司最近一个会计年度经审计的净利润 30% 以上的，或者该业务可能对公司业绩或股票及其衍生品种交易价格产生较大影响的，应当按照本指引的规定履行信息披露义务。

本所鼓励从事特定业务未达到前款标准的，以及相关行业的上市公司，参照本指引相关规定执行。

上市公司控股子公司从事特定业务，视同上市公司从事该等业务，适用本指引的规定。上市公司参股公司从事特定业务，可能对上市公司业绩或股票及其衍生品种交易价格产生较大影响的，应当参照本指引规定履行信息披露义务。

上市公司同时从事多个业务且均达到本条第一款规定标准的，应当分别参照相关章节具体规定，履行信息披露义务。

1.4　本指引按照中国证监会规定的上市公司行业分类结构与代码的顺序进行编排。

1.5　上市公司应当在年度报告中披露所属行业的宏观形势、市场环境、行业政策、发展状况、经营特点，以及公司的行业地位、经营模式、竞争优势、经营成果、主要风险及应对措施。

本所鼓励上市公司在半年度报告中披露前述信息。

1.6　上市公司根据《公开发行证券的公司信息披露编报规则第15号——财务报告的一般规定》（以下简称《15号编报规则》）披露财务报告附注时，应当依据自身经营模式和结算方式，披露与行业特征相关的具体会计政策、会计估计和会计科目注释。

本所鼓励上市公司在半年度报告中披露前述信息。

1.7　本所鼓励上市公司每月或每季度定期披露反映行业特征的主要经营数据。上市公司披露前述数据时，各月或各季度数据的统计口径原则上应当保持一致，并披露统计口径。

本指引第二至十章规定特定行业上市公司应当定期披露主要经营数据的，从其规定。

1.8　上市公司购买或者出售特定行业资产、取得或丧失特定行业资质，达到《股票上市规则》规定标准或对股票及其衍生品种交易价格可能产生较大影响的，应当及时履行相应的审议程序和临时信息披露义务，并按照本指引第二至十章的规定披露相关资产的行业经营性信息。

上市公司在对上述事项首次履行信息披露义务后，应按照《股票上市规则》的规定及时披露进展情况。

1.9　上市公司披露行业经营性信息时，应当合理、审慎、客观，简明清晰、通俗易懂；涉及引用数据的，应当确保引用内容客观、权威，并注明来源；涉及专业术语的，应当对其含义作出详细解释，便于投资者理解。

1.10　上市公司披露的行业经营性信息发生或者可能发生变化，对投资者作出价值判断和投资决策有较大影响的，公司应当及时披露，并说明对当期及未来发展的影响。

1.11　上市公司因特殊原因无法按照本指引个别条款的规定履行信息披露义务的，可以根据实际情况调整披露内容或者不披露相关内容，但应当说明并披露原因、提示投资者注意相关风险。

第二章　农、林、牧、渔业

第一节　种业、种植业务

2.1.1　本节所称种植业务，指种植粮食、棉花、油料、糖料、水果、蔬菜、茶叶、蚕桑、花卉、麻料、中药材、烟草、食用菌等作物的业务活动。

2.1.2　本节所称的上市公司，指达到本指引第1.3条规定标准的从事种业、种植业务的上市公司。

2.1.3 上市公司根据中国证监会相关格式准则要求，披露年度报告、半年度报告时，应当同时按照下列要求履行信息披露义务：

（一）在披露报告期内所从事的主要业务和主要经营情况时：

1. 应当详细披露公司主要经营模式（包括生产和采购模式、销售和结算模式、新产品研发模式、生物资产管理模式等）的具体内容，模式的特有风险和模式变化等情况；

2. 采用“公司+基地（或合作社）+农户”“公司+农户”或者“公司+基地”等生产采购模式的公司，应当披露各模式运作的主要方式和内容（如为委托代制模式或自制模式等），生产过程中形成的农作物等存货的所有权归属方，以及如出现自然灾害、技术不当等情况影响存货产量时，相关主要风险的承担方等情况；

3. 采用经销商销售模式的公司，应当披露该模式运作的主要方式和内容（如向经销商销售的产品为买断式销售或非买断式销售等）、公司产品风险转移的具体时点、期后涉及的销售退回的处理方式等情况；

4. 存在研发活动的公司，应当披露公司的研发模式，包括公司主要作物育种程序、育种条件和育种周期、研发活动实施主体（如公司自育品种、公司与科研单位合作育种、科研单位的商业化育种等）以及不同研发模式下研发成果的所有权归属方等情况；

5. 存在因发芽、老化死亡等生物特性导致生物资产数量发生变动的公司，应当结合生物资产的生物特性（如花卉、种苗等资产由于发芽、老化死亡等生物特性，除采购、销售等出入库外，还会因自身生物特性等原因发生变动），披露公司对生物资产存量和生物资产增量的管理模式，包括公司如何保证生物资产数量的准确性，以及公司为保证生物资产数量和价值准确性所建立的各项管理制度、盘点核查程序和信息系统运用等情况。

（二）在回顾分析报告期内的主要经营情况时，应当披露报告期内通过审定的品种数量、报告期内制种产量及其变化、种植产量及其变化以及报告期内发生的销售退回（包括销售退回总额和涉及的主要品种）等情况。

（三）在披露报告期内公司主要资产变化时，应当披露公司商标、专利、品种权等重要无形资产在报告期内的重大变化情况以及对公司的影响。

（四）在披露报告期内公司核心竞争力的重要变化及对公司的影响时，应当披露品种经营权等重要无形资产自主研发与授权许可使用的占比及其变化情况，说明公司核心技术是否来源于第三方，是否存在有关的知识产权纠纷或潜在纠纷，以及公司业务、核心技术的独立性等情况。

对于授权许可使用且对公司生产经营有重大影响的品种权等重要无形资产，应当披露具体授权使用方式、授权协议的具体期限、许可方是否为关联方以及公司与第三方的授权协议到期后如不能续签对公司生产经营、经营业绩、持续发展的具体影响。

（五）在披露公司的风险因素时，应当结合公司业务特点，披露对公司有重大影响的具体风险，如新品种研发和推广风险、库存和市场价格大幅波动风险、销售价格及利润季节性波动风险、食品安全风险、自然灾害和病虫害风险、自然人客户较多且变动较大的风险、产业政策变化风险、税收优惠政策变化风险等情况。

（六）当报告期内发生对公司造成重大影响的自然灾害、病虫灾害或食品安全事故等重大事件时，应当在报告期内重要事项中披露相关事件对公司的影响情况，包括但不限于预计的损失金额、保险投保情况及可能的赔偿情况、公司拟采取的应对措施等。

（七）当报告期内公司享受的农业企业税收优惠政策、政府补助政策和产业政策发生重大变化时，应当在报告期内重要事项中披露政策变化具体情况，包括但不限于变化内容、预计对公司业绩的影响情况以及公司拟采取的应对措施等。

（八）当报告期内公司生产经营用地发生重大变化，如通过土地流转、租赁或其他方式取得的重要生产经营用地在报告期内被国家或集体依法征用、占用、收回，国家有关耕地保护、土地承包经营流转的政策发生重大不利变化，或者通过企业兼并获得新的重要生产经营用地等，应当在报告期内重要事项中披露相关事项对公司的影响情况，包括但不限于事项变化具体情况、预计的影响金额、公司拟采取的应对措施（如适用）等。

2.1.4 上市公司根据《15号编报规则》披露财务报告附注时，应当同时按照下列要求履行信息披露义务：

（一）披露重要会计政策和会计估计时：

1. 采用经销商销售模式的公司，应当披露收入确认的具体时点、对销售退回、销售返利和销售奖励的会计核算方法和账务处理方式；

2. 存在因发芽、老化死亡等生物特性导致生物资产数量发生变动的公司，应当披露公司对相关生物资产增量的成本归集、成本核算和成本结转方法，说明对应的成本结转方法与公司总体生物资产成本结转制度是否一致；

3. 采用不同研发模式的公司，应当结合不同研发活动的特点针对性披露研发支出会计政策，如对于科研体系的打造、突破性大品种等全局性研发活动，及对于细分市场品种研究的具体研发活动，分别披露研究阶段和开发阶段划分的标准、开发阶段支出资本化的具体条件等情况。

（二）披露存货项目注释时，应当披露期末存货余额占比较大的存货的品种结构；对于种业企业，还应当披露报告期内的转商金额等信息。

（三）单项政府补助影响净利润的金额占当期净利润绝对值的比例在10%以上且绝对金额超过500万元的，应当详细披露该政府补助的具体内容及条款、会计处理方法、涉及金额和当期实际收到金额等。

（四）披露预付账款、应收账款项目注释时，若单个客户预付账款、应收账款余额占相应总额比例超过10%且账龄1年以上的，应当详细披露该客户应收款项较高的原因并提示回款风险等。

2.1.5 上市公司在报告期内出现以下情形之一的，应当以临时报告方式按照对应要求履行信息披露义务：

（一）公司新品种通过品种审定且公司预计相关品种将对公司经营业绩产生重大影响的，应当及时披露相关品种获得审定的日期、审定部门、品种的农艺性状（产量特点、品质特征与抗性，如抗病、抗虫、抗逆境等）、适宜种植和推广区域、农业部农作物品种审定公告链接、公司对被审定品种是否具有自主知识产权以及对公司的影响等；

（二）公司获得植物新品种权且公司预计相关品种权将对公司经营业绩产生重大影响的，应当及时披露实施和使用品种权的范围、适用地域性以及品种权的保护期限等；

（三）公司生产经营用地发生重大变化的，如通过土地流转、租赁或其他方式取得的重要生产经营用地在报告期内被国家或集体依法征用、占用、收回，国家有关耕地保护、土地承包经营流转的政策发生重大不利变化等，或者通过企业兼并获得新的重要生产经营用地等，预计影响金额占最近一期经审计净资产或者净利润10%以上的，应当及时披露相关事项对公司的影响情况，包括但不限于事项变化具体情况、预计的影响金额、公司拟采取的应对措施（如适用）等。

2.1.6 主营业务包含种业相关业务的上市公司，应当在业务年度结束时，以临时报告方式披露该业务年度的总体销售情况和期末库存信息，包括业务年度涵盖的期间、业务年度总营业收入、总销售数量，营业收入排名前五的品种大类、销售收入、销售数量及占比情况，业务年度结束时的库存商品金额，对于期末余额占比较大的库存商品，公司应同时披露相应商品的品种结构等信息。

经营多种类别种子的公司，如不同类别种子的业务年度不同，应以公司主要类别种子的业务年度统一时点对前述信息进行披露；多主业公司应同时对上述披露仅包含种业相关业务板块作出风险提示。

2.1.7 发生对上市公司造成重大影响的自然灾害、病虫灾害、食品安全事故等重大事件时，公司如预计损失金额占其最近一期经审计净资产或净利润10%以上的，应当及时以临时报告方式披露相关事件可能产生的风险、对公司生产经营的影响、预计的损失金额、保险投保情况及可能的赔偿情况、公司拟采取的应对措施、灾后重建计划等情况，并及时披露有关事项的进展情况。

2.1.8 上市公司在产品推广、销售过程中出现因产品质量等原因导致产品被退回或召回等情形时，如预计损失金额占最近一期经审计净资产或净利润10%以上的，应当及时以临时报告方式披露事项可能产生的风险、对公司生产经营的影响、预计的损失金额、公司拟采取的应对措施等情况。

2.1.9 上市公司单个新建产能项目（包括使用募集资金投资的项目）投资金额占公司最近一期经审计净资产10%以上的，应当按照下列要求履行临时信息披露义务：

（一）在董事会审议通过该投资项目后，应当及时披露项目所在地、生产经营用地取得方式及履行程序的合规性、新增产能规模、建设期、达产期、补贴政策、资金来源及规模、主要风险等；

（二）在项目执行过程中出现重大不确定性情形（如所在地政策变动、土地纠纷、变更地址等）时，应当及时披露并提示相关风险；

（三）应当及时披露项目的重大进展情况，包括项目达产情况等。

2.1.10 上市公司享受的税收优惠政策、政府补助政策和产业政策发生重大变化时，如预计影响金额占最近一期经审计净资产或者净利润10%以上的，应当及时以临时报告方式披露政策变化情况，预计对公司的影响以及公司拟采取的应对措施等情况。

第二节 畜禽、水产养殖相关业务

2.2.1 本节所称的上市公司，指达到本指引第1.3条规定标准的从事畜禽、水产养殖相关业务的上市公司。

2.2.2 上市公司根据中国证监会相关格式准则要求披露年度报告、半年度报告时，应当同时按照下列要求履行信息披露义务：

（一）在披露报告期内所从事的主要业务和主要经营情况时：

1. 应当详细披露经营养殖模式的具体内容、模式的特有风险和模式变化情况，如采用与其他方合作养殖模式的，应当披露合作的主要内容，包括但不限于各方职责分工、定价方式、结算模式；合作方的数量、养殖规模区间分布、地区分布以及报告期内合作方的变化情况等；

2. 应当按自行繁育、外购等分项披露报告期末公司生物资产的数量、金额和淘汰率；

3. 涉及向合作社或农户等个人采购的，且合计金额占采购总金额比例20%以上的，应披露采购的具体内容、总金额、结算方式，以及前五大个人供应商的名称、金额、采购款实际支付情况等；

4. 存在向合作方提供担保或财务资助的，应当根据合作方类型分别披露截至报告期末担保余额或财务资助余额、报告期内已承担担保责任或财务资助逾期未收回金额的具体情况。

（二）结合公司业务特点，具体分析并披露对公司有重大影响的各类风险，如疫病风险、市场价格大幅波动风险、食品安全风险、季节性风险、自然灾害风险、自然人客户较多且变动较大的风险、产业政策变化风险等。

（三）当报告期内出现重大流行疫病且国务院兽医主管部门公布重大动物疫情时，应当在报告期内重要事项中披露疫病发生情况，包括但不限于疫病类型、预计损失金额、影响业绩情况以及采取的应对措施等。

（四）当报告期内发生对公司业务造成重大影响的自然灾害时，应当披露自然灾害对公司业务的影响情况，包括但不限于预计的损失金额、保险投保情况及可能的赔偿情况、公司拟采取的应对措施、灾后重建计划等。

2.2.3 上市公司根据《15号编报规则》披露财务报告附注时，应当同时按照下列要求履行信息披露义务：

（一）披露主要会计政策和会计估计时，应结合公司具体业务分主要产品披露存货盘点制度、具体盘点方法、存货成本结转制度和具体结转方法，并结合公司经营模式和生物资产的生产周期、流动性、生长环境等特点披露公司生物资产的确认、计量等会计政策和会计估计。

（二）披露应收账款项目注释时，若单个客户应收账款余额占应收账款总额比例超过10%且账龄1年以上的，应当详细披露该客户应收账款较高的原因并提示回款风险，涉及应收个人款项的，还应披露应收个人款项余额及占比。

（三）单项政府补助影响净利润的金额占当期净利润绝对值的比例在10%以上且绝对金额超过500万元的，应当详细披露该政府补助的具体内容及条款、会计处理方法、涉及金额和当期实际收到金额。

2.2.4 上市公司主营业务为畜禽养殖业务的，应当每月通过临时公告形式披露该业务月度产品销售数量（或生产数量）、销售收入及各指标同/环比变动情况，在同/环比变动幅度超过30%时，还应当披露具体原因，多主业公司应同时对上述披露仅包含养殖业务板块作出风险提示。

本所鼓励从事水产类养殖业务公司参照前款规定执行。

2.2.5 上市公司新建产能项目投资金额占公司最近一期经审计净资产10%以上的，应当按照下列要求履行临时信息披露义务：

（一）在董事会审议通过该投资项目后，应当及时披露项目所在地、新增产能规模、建设期、达产期、补贴政策、资金来源及规模、主要风险等。

（二）在项目执行过程中出现重大不确定性情形（如所在地政策变动、土地纠纷、变更地址等）时，应当及时披露并提示相关风险。

（三）应当及时披露项目的重大进展情况，包括项目达产情况、出栏情况等。

2.2.6 上市公司出现重大流行疫病且国务院兽医主管部门公布重大动物疫情时，应当及时披露临时报告提示疫病风险；预计直接损失金额占最近一期经审计净资产10%以上的，应当及时披露疫病类型、预计损失金额、保险赔偿情况、控制疫病的措施及效果，以及对当期业绩的影响情况等；公司还应当在后续定期披露进展情况，直至公司面临的疫情得到控制。

2.2.7 上市公司出现重大自然灾害时，预计损失金额占最近一期经审计净资产10%以上的，应当及时披露自然灾害可能产生的风险、对公司生产经营影响情况、预计损失金额、保险投保情况及可能的赔偿情况、公司拟采取的应对措施、灾后重建计划等。

2.2.8 上市公司发生污染物排放超标，或者重大环保事故等可能对公司股票及其衍生品种交易价格产生较大影响的事件时，应当及时进行披露并揭示风险；因环保问题被主管部门处以重大行政处罚的，应当及时披露处罚原因、内容以及对公司未来业务的影响。

第三章　固体矿产资源相关业务

3.1 本章所指的固体矿产资源相关业务，包括：

（一）上市公司向矿产资源主管部门提出新设矿业权申请、通过参加矿产资源主管部门组织的矿业权招标拍卖挂牌活动有偿取得矿业权、受让其他主体拥有的矿业权、直接或间接收购已取得矿业权的矿山企业股权；

（二）上市公司转让其拥有的矿业权或转让其拥有矿业权的矿山企业股权；

（三）上市公司进行的矿产资源勘探及开采活动。

上述矿业权包括探矿权和采矿权。

3.2 本章所称上市公司，指达到本指引第1.3条规定标准的从事固体矿产资源相关业务的上市公司。

3.3 上市公司披露年度报告时，应按照下列要求履行信息披露义务：

（一）上市公司应披露报告期内直接影响行业发展的宏观经济走势、税费制度改革、限产转型政策、下游需求以及新兴运营模式等外部因素的变化情况，并说明其对公司当期和未来发展的具体影响，以及公司已经或计划采取的应对措施；

（二）上市公司应结合自身经营情况，披露下列反映行业发展状况与公司行业地位的信息：

1. 主要产品或者服务的用途；
2. 主要产品的工艺流程或者服务流程；
3. 主要经营模式，包括生产模式和销售模式；

本所鼓励上市公司披露在全行业或区域市场的市场地位、竞争优势、市场份额，以及在行业总体经济总量中的占比等情况，相关数据须注明数据来源及测算方法；

（三）上市公司应分品种披露矿产品的产销量、营业收入、营业成本、毛利率等主要经营、财务数据及其较前一年度的变动情况。如果上市公司拥有多个矿山，鼓励上市公司分矿山进行披露；

（四）上市公司应披露报告期内进行的矿产勘探活动，以及相关的勘探支出情况，包括资本化金额和费用化金额。若报告期内未进行任何矿产勘探活动，应如实说明。另外，上市公司应根据首次披露的固体矿产资源/储量情况，结合之后进行的勘探活动所增加的固体矿产资源/储量、开采活动所消耗的固体矿产资源/储量情况，披露固体矿产资源/储量的最新资料；

（五）上市公司应披露与行业相关的具体会计政策。上市公司应在年度报告财务报表附注中披露勘探开发支出、资源税、维简费、安全生产费及其他与行业直接相关费用的提取标准、年度提取金额、使用情况、会计政策。公司应在企业会计准则的基础上，依据公司自身的经营模式和结算方式，细化收入、在建工程转固定资产等确认条件、确认时点、计量依据等会计政策标准。

上市公司从事固体矿产资源相关业务未达到本条规定标准的，本所鼓励公司参照本条规定执行。

3.4 上市公司拟取得、出让矿业权或者主要资产为矿业权的公司股权，达到本所《股票上市规则》披露要求的，首次披露时应披露以下基本情况：

（一）拟取得矿业权的具体方式，如申请新设矿业权、通过招标拍卖挂牌活动取得矿业权、受让其他主体拥有的矿业权、直接或间接收购已取得矿业权的公司股权等；

（二）矿业权的历史权属情况，包括矿业权权利人取得方式和时间、审批部门层级、有效存续期限、最近3年权属变更情况、最近一期期末账面价值，以及上述资产对公司生产经营的重要程度；

（三）矿业权对应矿产资源类型（主矿及共伴生矿）、地理位置坐标、勘查面积或者矿区面积、勘探开发所处阶段、储量、基础储量、资源量（不含334）矿产品用途、生产规模等；

（四）涉及固体矿产资源/储量（不含334）信息时，应按照以下要求披露：

1. 上市公司在披露矿产储量、基础储量、资源量（不含334）时，应披露矿产资源储量、基础储量、资源量（不含334）采用标准及对应的级别、数量（包括矿石量、金属或氧化物含量）、矿石品位等。如果是煤炭资源，应披露煤的种类、含硫量、发热量等主要煤质指标。如果上市公司拥有多个矿山，应分矿山进行披露；

对于矿石品位指标，特别是稀有矿石资源，应简单描述该矿石品位的高低程度，可以与全球或国内同类矿山平均品位或者该矿种的工业品位进行简单对比；

2. 本所不鼓励单独披露预测的资源量（334）。如果披露的固体矿产资源/储量中预测的资源量（334）占固体矿产资源/储量的50%及以上，应在显著位置声明：预测的资源量（334）属于未查明矿产资源，有无经济意义尚不确定；

（五）上市公司是否具备相关矿业开发的资质和准入条件：

1. 是否已取得矿产资源开发利用所需要的资质条件、是否符合国家关于特定矿种的行业准入条件；

2. 尚不具备开采资质或者不符合行业准入条件的，应说明拟采取的解决办法以及预计可具备相关资质条件的时间；

（六）对于已进入矿产资源开采阶段的矿业权，应说明最近3年经营情况，包括但不限于主要产品形态、年开采量（矿石量及品位）、精矿产量及品级、单位售价、年销售收入、年净利润；

对于尚未进入矿产资源开采阶段的矿业权，应披露目前勘探的工程量（钻孔、探槽等）和分析测试量，并结合水、电、交通、周边居民情况、采选技术等生产配套条件，说明达到生产状态需完成的工作、需履行的审批程序、预计投产时间、达产时间、生产规模、单位经营成本、单位完全成本、年收入及净利润等。如果年收入、净利润等受矿产品价格波动影响较大的，应进行价格敏感性分析；

（七）是否已取得矿产资源主管部门颁发的许可证（如勘查许可证或采矿许可证）；

已取得许可证的，应说明矿业权的剩余有效期。许可证即将到期的，应说明是否将申请延期，以及办理延续登记需满足的条件、相关成本以及存在的风险；

未取得许可证的，应说明是否具备取得许可证的条件、需履行的审批程序、需缴纳的各项费用、是否存在实质性障碍、计划申请许可证的时间以及存在的风险；

（八）矿产资源开采是否已取得必要的开采许可、项目审批、环保审批和安全生产许可。过去3年，是否存在重大违规开采、环保事故和安全生产事故等情形，是否因上述情形受到相关主管部门处罚。曾经受到处罚的，应说明所采取的整改措施和整改验收情况。存在重污染情况的，应当披露污染治理情况、因环境保护原因受到处罚的情况、最近3年相关费用成本支出及未来支出的情况，说明是否符合环境保护的要求。存在高危险情况的，应当披露安全生产治理情况、因安全生产原因受到处罚的情况、最近3年相关费用成本支出及未来支出的情况，说明是否符合安全生产的要求。在固体矿产资源相关业务存在委托经营情况，应说明上市公司对相关业务的管理方式，环保、安全相关责任等情况；

（九）矿业权权利人是否已按国家有关规定缴纳了相关费用，包括探矿权价款、采矿权价款、矿业权占用费、矿产资源补偿费、资源税等。存在欠费情况的，应说明解决措施及其影响；

（十）矿业权是否存在质押、查封等权利限制或者诉讼仲裁等权利争议情况；

（十一）上市公司应说明矿业权投资生效需满足的条件和履行的审批程序，如矿业权转让需取得矿产资源主管部门的同意并办理登记手续，国有矿山企业转让矿业权需取得国有资产管理部门批准等；

（十二）如果上市公司目前的主营业务为非固体矿产资源业务，且公司属于首次开展固体矿产资源业务时，上市公司要充分披露其矿业相关管理人员、地质专业人员的配备情况，主要人员勘探及开采的行业经验是否能够保障公司业务的顺利进行。如果缺乏相应的专业人员，上市公司应说明拟解决的途径并充分揭示风险。

如果拟投资的矿产资源属于境外项目，公司可根据实际情况调整披露或者不披露相关内容，但应当说明并披露原因，并说明矿产资源所在国矿业项目实施关键流程及相关法律法规，拟投资的矿业项目所处阶段以及海外矿产资源开采相关税费缴纳情况。

3.5 上市公司在首次披露拟取得、出让矿业权或者主要资产为矿业权的公司股权时，应根据矿业项目具体情况充分揭示在矿产资源勘查、立项、获准、开采等环节存在的风险因素，并对重大风险进行特别提示。相关风险因素包括但不限于以下内容：

（一）矿业权取得、矿产勘查和开发的审批风险。矿业权取得、矿产开发需获得批准的，说明需履行的审批程序、预计获得批准的时间及其不确定性；

（二）矿产资源勘查失败风险；

（三）矿业权价值和开发效益存在的不确定性风险，说明资源储量预估值与实际值存在差异的风险等；

（四）预测的资源量（334）属于未查明的资源量，可信度可能为0的风险；

（五）矿产资源尚不具备开采条件；

（六）矿业权权属存在限制或者争议；

（七）无法获取采矿权证的行政审批风险；

（八）无法获取相配套生产经营所需证照的行政审批风险；

（九）无法取得预期采矿规模的技术风险和自然条件约束；

（十）工程建设资金前期投入较大的风险；

（十一）安全生产的风险；

（十二）产业结构调整、少数客户依赖、矿产品销售价格波动的风险；

（十三）税收政策变化风险（如资源税、出口退税等）；

（十四）缺乏矿山经营管理方面专业人才的风险；

（十五）公司与周边居民的关系处理的风险；

（十六）前期投资超预期的风险；

（十七）海外矿产资源面临的国外法律、政治等风险；

（十八）公司或本所认为应说明的其他风险。

上市公司对这些风险因素能作出定量分析的，应进行定量分析，不能作出定量分析的，应进行定性描述。

3.6　上市公司进行矿业权投资，在首次履行信息披露义务后，应按照《股票上市规则》的规定及时披露进展情况，包括但不限于以下信息：

（一）取得勘查许可证或采矿许可证；

（二）矿业权权利延续申请获得批准或被否决；

（三）矿业权投资相关申请获得批准或被否决；

（四）矿产资源勘查取得重大成果；

（五）矿山开始投产或者扩产；

（六）公司的矿产资源品种、储量、品位以及开采条件发生重大变化的，并详细说明具体变动情况、原因和影响；

（七）矿产资源勘探开发发生安全生产、环境污染等重大责任事故；

（八）矿业权投资相关协议未按计划履行；

（九）矿业权投资相关业绩承诺未实现或预期无法实现；

（十）本所认为其他应披露的重大情况。

3.7　上市公司拟取得、出让矿业权或者主要资产为已取得矿业权的公司股权，达到《股票上市规则》要求提交股东大会的交易，上市公司披露的矿产资源储量信息应同时满足以下要求：

（一）首次披露某一矿业权的矿产资源储量信息时，应提供地质勘查报告或者矿产资源储量核实报告，并提交矿产资源储量评审机构出具的评审意见；

地质勘查报告或者矿产资源储量核实报告、评审机构评审意见应以附件形式进行披露，同时介绍相应评审机构的具体情况；

（二）涉及境外矿产资源的，上市公司应提供境内矿产资源储量评审机构出具的评审意见或境外证券交易所公认的合格人士编制并签字的独立技术报告。如境内评审机构出具评审意见，应说明其具体情况；如境外出具独立技术报告，相应合格人士必须至少有一次在境外交易所出具独立技术报告的经验，且公司应对上述合格人士是否仍具备出具独立技术报告的资质进行说明；

（三）上述矿产资源储量评审机构、合格人士应满足独立性要求；

（四）涉及固体矿产资源业务的，应按照《矿山储量动态管理要求》的规定，大、中型矿山必须建立矿山地质测量机构，小型矿山必须配备地质测量人员。年度报告或者临时公告中披露的资源储量更新信息，应由公司内部的地质测量机构负责人或者地质测量专业人员予以声明：保证资源储量信息的真实、准确、完整。

3.8 上市公司进行主营业务以外的矿业权投资，达到本所《股票上市规则》要求提交股东大会的交易，应当委托律师事务所对矿业权投资涉及的法律问题出具法律意见书。法律意见书除应核实普通交易所涉及的一般法律事项外，还应逐一核实以下事项，并就矿业权的取得是否合法有效发表结论性意见：

（一）交易主体是否已具有矿业权的权属证书，相关矿业权是否存在权利限制或者权利争议情况；

（二）矿业权的取得或者出让是否已获得矿产资源主管部门（如需要）、项目审批部门（如需要）、环保审批部门（如需要）、安全生产管理部门（如需要）等有权审批部门的同意。如未获得，办理相关登记、备案或者审批手续是否存在法律障碍；

（三）矿业权是否已经具有资质的矿业权评估机构评估，相关评估报告是否仍处于有效期内；

（四）上市公司为矿业权取得人或者受让人的，是否具备开采利用矿业权所涉特定矿种的资质，是否符合其行业准入条件；

（五）上市公司取得或受让境外矿业权的，需说明该行为是否符合矿产所在地的外资管理、行业管理等法律规定。

上市公司应在矿业权投资公告中披露法律意见书的结论性意见，同时在本所网站和符合中国证监会规定条件的媒体披露法律意见书全文。

3.9 上市公司涉及矿业权价值、作价依据、作价方法等评估相关信息的披露，参照本所自律监管指南规定的资产评估业务有关公告格式的披露要求执行。

3.10 上市公司披露涉及矿业权的经济行为时，本所认为有必要的，公司应委托律师事务所出具专项法律意见书。

3.11 本章中储量、基础储量、资源量等行业专用术语的定义，按照中华人民共和国国家标准 GB/T17766－2020 的定义执行。

第四章 制造业

第一节 食品及酒制造相关业务

4.1.1 本节所称食品及酒制造相关业务，是指供人食用或饮用产品的生产、加工及销售业务，包括国家市场监督管理总局颁布的食品生产许可分类目录中所涉及的食品、食品添加剂等产品，不包括烟草或只作为药品用的产品。

公司从事食品及酒制造相关业务过程中涉及农产品养殖和种植业务的，同时需按照本指引第二章的要求进行披露。

4.1.2 本节所称的上市公司，指达到本指引第1.3条规定标准的从事食品及酒制造相关业务的上市公司。

4.1.3 上市公司按中国证监会相关格式准则披露年度报告时，应当同时按照下列要求履行信息披露义务：

（一）上市公司应当结合行业情况和公司经营状况，披露主营业务情况、竞争格局、公司在行业中具备的竞争优势、公司存在的风险因素等信息。

如公司产品涉及许可销售的，需披露公司取得的许可证书或备案凭证名称、数量，报告期内取得证书或备案凭证的产品名称、取得时间、取得方式、备案号等情况。

如报告期内公司出现商标权属纠纷、食品质量问题、食品安全事故等情况且对公司产生重大影响的，应在定期报告中披露相关事项的进展情况，以及公司为消除上述事件影响所采取的应对措施。

（二）上市公司应当结合行业特征和自身业务特点，披露生产模式、采购模式、销售模式等与经营相关的主要内容。如报告期内公司经营模式发生重大变化的，应披露新模式的特点、发生变化的原因、主要风险因素等情况。

（三）上市公司应披露品牌运营情况，包括但不限于主要产品类型、代表品牌名称、新产品投放情况等。在对主要产品按类别披露时，公司应说明分类标准并保持一致性；如分类标准发生变化，需说明变化产生的原因。

（四）上市公司应详细披露以下与销售相关的具体内容：

1. 主要销售模式，如直销模式、经销模式等；并结合自身销售模式的特点，说明主要销售渠道，如线上销售、线下销售（门店销售、商超销售等）、自营销售、代理销售等。

2. 公司应按照销售模式或销售渠道分类，披露不同销售模式或销售渠道下的营业收入、营业成本、毛利率及同比变动情况。

公司应该按照产品类别分类，披露各类产品的营业收入、营业成本、毛利率及同比变动情况。

3. 涉及经销模式的，应当按照区域分类，披露报告期末经销商数量、报告期内增加数量、减少数量，如报告期末对同一地区经销商数量变动同比超过30%的，应详细披露发生变化的原因。

公司应披露对经销客户的主要结算方式、经销方式，以及报告期内对前五大经销客户的销售收入总额、销售占比、期末应收账款总金额。

4. 涉及门店销售终端的，应当按照区域分类，分别披露直营门店、加盟门店及其他合作方式下的门店的期末数量、期初数量。如报告期末对同一地区的门店变动数量超过30%的，应详细披露发生变化的原因。门店销售终端营业收入低于当期营业收入总额10%的，可以免于披露上述信息。

5. 涉及线上直销销售的，应当披露主要线上销售产品品种、平台名称等信息。

6. 如占当期营业收入总额10%以上的主要产品销售价格较上一报告期的变动幅度超过30%的，需分析售价变动原因及对公司产生的影响。

（五）上市公司应详细披露以下与采购相关的具体内容：

1. 采购模式及采购内容，主要采购内容（如原材料、燃料和动力等）的金额。

2. 涉及向合作社或农户采购原材料，且合计金额占采购总金额比例超过30%的，需披露向其采购的具体内容、总金额、结算方式、采购款实际支付情况等。

3. 报告期内，主要外购原材料价格同比变动超过30%的，公司应披露发生变动的具体原因并说明对主营业务成本的影响。

（六）上市公司应详细披露以下与生产相关的具体内容：

1. 主要生产模式，包括但不限于自产、委托加工等。

2. 涉及委托加工生产的，应披露委托加工产品的内容、数量、占该类产品生产量的比重、委托加工劳务金额。如公司委托加工产品数量同比变动超过30%的，应详细说明发生变化的原因。

委托加工生产产品成本占营业成本比例低于10%的可免于披露。

3. 本所鼓励上市公司按照产品分类，披露营业成本的主要构成项目，如原材料、人工费用、折旧、能源和动力等项目的金额、在成本总额中的占比情况。

（七）上市公司应详细披露以下与产量和库存量相关的具体内容：

1. 按照主要产品分类，分别披露生产量、销售量、库存量、同比变动情况；如同比变动超过30%的，应说明发生变化的原因。

酒类制造企业应披露期末成品酒、半成品酒（含基础酒）的库存量。

2. 按照生产主体分类，分别披露主要产品的设计产能、实际产能、在建产能情况。

（八）上市公司应详细披露销售费用的具体构成、金额、销售费用占比、同比增长率等信息；如单项细分费用同比变动超过30%的，应披露变动的具体原因。

公司可根据自身经营模式、营销方式等特点对销售费用进行分类，应当包括但不限于广告宣传费、促销费、仓储费及物流费、人工费用等项目。公司应披露报告期内投放广告的主要方式、金额，包括但不限于线上广告、线下广告、电视广告等。

上市公司披露半年度报告时，鼓励公司参照本条规定执行。

4.1.4 上市公司根据《15号编报规则》披露财务报告附注时，应当同时按照下列要求履行信息披露义务：

（一）公司应根据经营模式特点，在重要会计政策及会计估计中披露不同销售模式下的收入确认会计政策、产品风险转移的具体时点、期后销售退回、销售返利及销售奖励的会计核算方法等。

（二）在应收账款、预收账款项目的注释中，应披露上述往来款项的账龄、金额前五名的单位合计金额及占比情况；若单个客户应收账款余额占应收账款总额比例超过10%且账龄超过1年以上的，应当详细披露该客户应收账款形成的原因，并评估款项是否存在无法回收的风险、坏账准备计提的充分性等情况。

（三）在存货项目的注释中，应按照库存商品的主要产品类型，分别披露余额、存货跌价准备的计提情况等。

（四）在货币资金项目的注释中，酒制造企业应详细披露是否存在与相关方建立资金共管账户等特殊利益安排的情形，如存在，说明具体内容。

4.1.5 上市公司出现以下情形之一且对公司产生重大影响的，应当以临时报告方式履行信息披露义务：

（一）公司产品被市场监督管理局检查出存在食品安全问题，或因产品质量等原因导致产品被退回、召回、消费者投诉等情形时，应在知悉该事项或出现媒体报道时，及时披露相关产品的具体名称、最近一年销售收入金额、占营业收入比例，对问题产品的后续处理计划，并预计损失金额及对公司未来经营业绩的影响、公司拟采取的应对措施等情况。

（二）公司所处细分行业因出现重大食品安全事故或产品出现影响公众健康安全的事件时，应在知悉该事项或出现媒体报道时，及时披露事件的具体情况、相关事件是否涉及公司产品、对公司生产经营的影响及拟采取的应对措施等情况。

（三）公司如涉及商标权属纠纷等情况的，应及时披露相关事项产生的原因、商标权所有人的情况，并判断对生产经营是否产生重大影响及后续处理措施等。

第二节 纺织服装相关业务

4.2.1 本节所称的纺织服装相关业务，是指从事以棉、毛、麻、丝、人造纤维、皮革皮草等为原材料进行针织、纺织、印染、加工等相关业务，以及从事服装、鞋帽、箱包等相关服饰的设计、生产加工、销售业务。

4.2.2 本节所称的上市公司，指达到本指引第1.3条规定标准的从事纺织服装相关业务的上市公司。

4.2.3 上市公司按中国证监会相关格式准则披露年度报告、半年度报告时，应当按照以下要求履行信息披露义务：

（一）上市公司应当披露反映纺织服装行业面临的宏观环境、市场环境、行业发展以及所处行业周期等外部因素：

1. 公司应结合宏观经济数据与行业指标（如社会消费品零售总额等）说明行业发展状况、公司经营情况与行业发展是否匹配，如公司情况与行业情况存在较大差异，应当分析原因。

2. 鼓励公司结合业务规模、经营区域、产品类别和特点、竞争对手情况，披露所在细分行业或区域的市场竞争格局、发展趋势、公司市场地位、竞争优势及劣势等，并说明领域划分的具体标准。

3. 上市公司应披露报告期内对所在行业具有重大影响的国家及地方税收、进出口政策、境外市场尤其是投资项目所在地的市场环境等外部因素的变化情况，说明其对公司的具体影响、公司已经或者计划采取的应对措施，并进行必要的风险提示。

（二）上市公司应当披露主要产品和经营模式，包括研发设计模式、采购模式、生产模式、销售模式、品牌经营等相关经营信息，重点分析公司所在的产业链位置、盈利模式、产品特色等要素。

（三）上市公司应结合行业特点和自身经营模式，披露可能对公司未来发展战略和经营目标产生不利影响的风险因素，包括但不限于原材料价格变动的风险、存货管理及跌价风险、进出口贸易风险、品牌运营风险，并说明公司对相应风险的应对措施。

（四）上市公司应当披露自有产能状况，包括总产能、产能利用率、在建工厂情况。存在海外产能的，公司还应披露海内外产能的占比、布局、海外产能利用率并披露公司未来的海外产能扩建计划，包括但不限于当前或计划建设的工厂等。产能利用率同比变动超过10%的，应结合订单、库存和销售情况说明原因。

（五）上市公司及其子公司属于环境保护部门公布的重点排污单位，或涉及印染、鞣制等加工业务产生废水、固体废物等的，还要披露报告期内公司环保合规情况，说明公司废水废料的处理设备、技术、使用年限，相关环保标准，报告期内相关部门检查记录以及有关事项对公司生产经营、财务状况的影响等。

（六）上市公司应当详细披露产品的销售渠道，包括线上销售、直营销售、加盟销售、分销销售等，并具体说明不同销售渠道的实际运营方式，还应当按照销售渠道分别列示营业收入、成本、毛利率以及同比变动情况，对毛利率变动幅度较大的，应当说明变化原因。主要渠道收入占比超过50%的，鼓励上市公司将主渠道收入按照城市级别披露营业收入占比。

（七）上市公司应当披露销售费用及构成，报告期内上市公司销售费用同比变动超过30%或者销售费用构成发生较大变化的，应该根据行业特点、自身经营和销售模式，并结合销售员工的数量及薪酬、广告宣传费用、折扣活动、门店租赁装修情况、加盟商补贴等因素披露变动原因。

（八）加盟商、分销商实现销售收入占比超过30%的，应具体披露加盟、分销商的总数以及与加盟、分销商的具体合作模式，包括但不限于拿货政策、结算方式以及预计负债的计提等情况，并根据具体合作模式披露公司收入确认的会计政策，以及报告期内前五大加盟商、分销商情况（属同一控制的应合并计算）、开始合作时间、是否为关联方、销售总额、加盟商的层级。

（九）线上销售实现销售收入占比超过30%的，应披露报告期内线上业务的具体运营模式及收入占比。对于自建销售平台的，公司应披露自建平台开始运营的时间、注册用户数量、月均活跃用户数量、主要销售品牌或品类的退货率等。对于与第三方销售平台合作的，公司应对销售收入占比超过10%以上的平台分别列示报告期内的交易金额、向该平台支付费用、退货率等情况。涉及代运营模式的，公司应披露合作方名称、主要合作内容、费用支付情况等。

（十）上市公司有实体门店销售终端的，应披露以下内容：

1. 实体门店分布情况，公司应按照直营和加盟等分别披露门店的数量、面积、报告期内新开门店的数量和类型、报告期末关闭门店的数量、类型和关闭原因以及涉及品牌等。

2. 直营门店总面积和店效情况，包括开业12个月以上直营门店的平均营业收入变动情况，以及营业收入排名前五的门店名称、开业日期、营业收入及店面平效等信息。公司存在加盟或分销的，鼓励公司披露前五大加盟店的上述信息。

（十一）上市公司应当披露主要产品的存货情况，包括存货周转天数、存货数量、存货库龄、存货余额同比增减情况及原因；上市公司应结合库龄、产品的季节性特征、产品的历史退货率等信息披露存货跌价准备的计提情况。鼓励公司披露加盟或分销商等终端渠道的上述存货信息。

（十二）上市公司涉及生产和销售品牌服装、服饰以及家纺产品的，应当披露以下品牌建设情况：

1. 自有品牌，包括核心品牌及其他品牌名称和商标名称、各品牌的主要产品类型、特点、目标客户群、主要产品价格带、主要销售区域和城市级别等；

2. 合作品牌，除本条第（一）项要求披露的事项外，还包括品牌及商标权权属、合作方名称、合作方式和合作期限等；

3. 被授权品牌，除本条第（一）项要求披露的事项外，还包括授权方、授权期限、是否为独家授权等情况；

4. 公司应结合品牌的品牌定位和竞争格局分析报告期内各品牌的营销与运营，包括营销网络、营销战略、报告期内的主要市场推广活动以及推广活动产生的效应等。

（十三）上市公司从事服装设计相关业务的，应披露自有的服装设计师数量、签约的服装设计师数量、搭建的设计师平台的运营情况等信息。

4.2.4 上市公司开设门店，预计对公司经营业绩产生重大影响的，鼓励及时披露新增门店地址、开设时间、合同面积（建筑面积或使用面积）、投资金额、产品类别、经营业态、经营模式（直营、加盟或其他模式）、物业权属状态（自有物业、租赁物业或其他权属状态）等内容。公司前期已披露相关物业的购买、租赁信息的，可援引前期公告。

上市公司关闭门店对公司经营业绩产生重要影响的，应及时披露关闭门店的名称、地址、开业及停业时间、关闭原因、对公司的影响等。

4.2.5 上市公司开设或关闭线上销售渠道的，应当披露渠道的名称、主营品牌和主要产品类别等内容，关闭线上渠道的，应披露关闭的具体原因、开业时间、开店期间经营情况，并说明对公司当期及未来发展的影响。

4.2.6 上市公司如涉及商标权属纠纷等情况的，应及时披露相关事项产生原因、商标权所有人的情况，并判断对生产经营是否产生重大影响及后续处理措施等。

4.2.7 上市公司若为经销商提供担保及财务资助的，上市公司除了按照本所《股票上市规则》相关章节进行披露之外，还应披露同该经销商合作时间，对其销售政策、过去12个月累计销售金额及截至公告披露日的回款情况。

4.2.8 上市公司应当及时披露重要品牌合作情况。公司除参照本所自律监管指南规定的签署战略框架协议有关公告格式的要求进行披露外，还应当披露合作品牌的产品情况、目标客户群、最近3年的经营销售情况，以及品牌合作方式、经营模式、合作期限、合作涉及的投融资计划等合作协议重要条款。公司应当披露本次品牌合作对未来经营的影响，并予以必要的风险提示。

公司取消品牌合作的，除按前款要求披露合作品牌基本情况外，还应当披露取消合作的具体原因、对公司经营的影响等情况。

4.2.9 上市公司举办订货会的，鼓励披露每半年举办订货会的情况，如订货会召开次数、时间、订货金额、同比增减情况及上年同期订货会执行率等。

4.2.10 本节有关用语含义如下：

（一）销售渠道：指实体门店销售、线上销售或者通过其他方式进行的销售。

（二）门店：指在一定硬件设施基础上（营业场所）建立起地点相对固定的实体零售场所，包括商场专柜、店中店、独立店铺等形式。

（三）线上销售：指顾客通过计算机、手机或其他设备等利用互联网渠道购买商品而实现的销售。

（四）直营：指由公司直接投资经营管理各门店的经营形态。

（五）加盟：指企业将自行设计或生产的产品、服务的营业系统（包括商标、商号等企业形象、经营技术、营业场合和区域），以合同的形式授予加盟店经销权或营业权。

（六）分销：指企业将自行设计或生产的产品、服务通过分销商、经销商销售给终端消费者的模式，其中企业将产品、服务的所有权转移给分销商或经销商。

（七）目标客户群：指商品有针对性地提供给具有特定消费特征和消费能力的客户群体。

（八）价格带：指商品销售价格的上限与下限之间的范围。

第三节 化工行业相关业务

4.3.1 本节所称化工行业相关业务，是指上市公司从事化学原料和化学制品制造、化学纤维制造、橡胶和塑料制品制造、石油贸易和加工等相关业务活动。

上市公司从事民用爆破相关业务的，适用本章第四节“民用爆破相关业务”的规定。

4.3.2 本节所称的上市公司，指达到本指引第1.3条规定标准的从事化工行业相关业务的上市公司。

4.3.3 上市公司根据中国证监会相关格式准则要求披露年度报告时，应当同时按照下列要求履行信息披露义务：

（一）结合报告期内宏观经济形势、行业政策环境、上下游情况等外部因素的变化情况，分析行业发展状况及总体供求趋势，并说明对公司当期及未来发展的影响，以及公司已经或计划采取的应对措施；

（二）主要产品及用途、主要产品工艺流程、主要产品的上下游产业链、主要经营模式等。如较上一报告期发生重大变化，应当披露变化的原因；

（三）单独披露占公司营业收入或净利润10%以上的产品，分项列示产品的产量、销量及收入实现情况、产品每半年度的平均售价及同比变动情况，并分析变动原因；

（四）结合主要产品的成本要素构成，详细披露主要原材料的采购模式、各项主要原材料采购额占采购总额的比例、结算方式是否发生重大变化、主要原材料每半年度的平均价格等。如主要原材料价格较上一报告期发生重大变化，应当披露变动的原因，并量化分析原材料价格波动对公司营业成本的影响；

（五）上市公司能源采购价格占生产总成本30%以上的，应当披露主要能源供应情况，包括但不限于主要能源类型、主要能源每半年度的采购金额及数量等。报告期内上市公司主要能源类型发生重大变化的，应当披露变化的原因、对公司生产经营的影响以及公司的应对措施；

（六）主要产品生产技术所处的阶段、核心技术人员情况、专利技术、产品研发优势等；

（七）以列表方式披露主要产品的设计产能、产能利用率、在建产能及其投资建设情况等，并分别披露主要化工园区生产的产品种类；

（八）报告期内正在申请或者新增取得的环评批复情况，如涉及新增产能，需明确环评申请所处阶段，并提示风险；

（九）报告期内上市公司如出现非正常停产情形的，应当披露非正常停产的原因、停产子公司或车间产生的营业收入和净利润占最近一个会计年度经审计营业收入和净利润的比例、复产情况、预计复产时间以及对公司生产经营的影响等；

（十）报告期内主要产品生产、运输、销售等方面已取得及应取得的相关批复、许可、资质及有效期。下一报告期内相关批复、许可、资质有效期限将届满的，公司应当披露续期条件的达成情况；

（十一）上市公司海外业务产生的营业收入或净利润占公司最近一个会计年度经审计营业收入或净利润10%以上的，还应披露海外业务开展的具体情况、报告期内税收政策对海外业务的影响及公司的应对措施；

（十二）报告期内开展金融工具套期保值业务的，应当披露衍生品交易情况；

（十三）公司从事下列化工细分行业的，除披露前款规定内容外，还应当披露以下信息：

1. 从事石油加工、石油贸易行业的，应当披露公司主要销售渠道、进出口贸易规模及相关税收政策对公司生产经营的影响、公司码头、仓储、储罐容量等物流设施情况；

2. 从事化肥行业的，应当披露公司主要产品种类、竞争优势、营销方式、政府补贴对公司生产经营的影响、销售淡季生产能力的安排、进出口贸易规模及税收政策等变化情况及对公司生产经营的影响；

3. 从事农药行业的，应当披露公司主要产品市场占有率、农药产品登记情况、主要产品的用途及竞争优势、进出口贸易规模及税收政策等变化情况及对公司生产经营的影响；

4. 从事氯碱、纯碱行业的，应当披露公司产业链布局、单位产值能耗情况、是否享受优惠电价，并说明电价政策和购电价格变化对公司营业成本的影响；

5. 从事化纤行业的，应当披露产品品种及用途、进出口贸易规模及税收政策等变化情况及对公司生产经营的影响；

6. 从事塑料、橡胶行业的，应当披露销售模式、产品品种及应用领域、进出口贸易规模及税收政策等变化情况及对公司生产经营的影响。

4.3.4 上市公司应当在年度报告、半年度报告的“重要事项”中披露下列信息：

（一）报告期内上市公司因违反环保法律法规及相关监管规定被环保部门处以行政处罚的，应当披露处罚的原因、内容及整改措施；

（二）披露报告期内安全管理相关内部控制制度的建设及运行情况，包括但不限于公司安全生产监管体系、安全生产标准化建设、安全生产工艺、安全生产投入、安全生产教育与培训和报告期内接受主管单位安全检查的情况等。报告期内公司发生重大安全事故的，还应当披露影响及应对措施；

（三）不属于环境保护部门公布的重点排污单位的公司或其重要子公司的，鼓励参照重点排污单位披露主要环境信息。

4.3.5 上市公司根据《15号编报规则》披露财务报告附注时，应当披露与行业相关的具体会计政策，并按照下列要求履行信息披露义务：

（一）依据自身业务模式和结算方式，详细披露收入确认会计政策，并披露行业特殊的收入确认条件、确认时点和核算依据；

（二）披露报告期内固定资产、在建工程投资情况，包括但不限于新增投资规模、预计产能、建设周期、在建工程转固情况；

（三）披露报告期内安全专项储备的核算情况，包括但不限于计提比例、计提金额和安全专项储备在报告期内的使用情况。

4.3.6 上市公司出现非正常停产的，应当及时披露相关情况，包括但不限于停产产能占比情况、停产子公司或车间产生的营业收入和净利润占最近一个会计年度经审计营业收入和净利润的比例、预计复产时间、公司的应对措施等。

4.3.7 上市公司主要产品销售价格、原材料采购价格等发生重大变动的，应当及时披露价格变动情况、对公司生产经营的影响以及公司的应对措施。本所鼓励上市公司每季度披露主要产品和原材料价格环比变动情况。

4.3.8 上市公司能源采购价格占生产总成本30%以上的，主要能源类型发生重大变化时，应当及时披露对公司生产经营的影响以及公司的应对措施。

4.3.9 上市公司取得或丧失重要生产许可或资质时，应当及时披露相关情况，并说明对公司未来业务的影响。

4.3.10 上市公司因违反安全生产法律法规及相关行业监管规定被主管部门处以重大行政处罚的，应当及时披露处罚原因、内容以及对公司未来业务的影响。

4.3.11 上市公司因违反环保法律法规及相关监管规定被环保部门处以重大行政处罚的，应当及时披露处罚原因、内容以及对公司未来业务的影响。

第四节 民用爆破相关业务

4.4.1 本节所称民用爆破相关业务，是指用于非军事目的的各类火药、炸药及其制品和雷管、导火索等点火、起爆器材的研发、生产、销售、购买、进出口、运输、储存及爆破服务等相关业务活动。

4.4.2 本节所称的上市公司，指达到本指引第1.3条规定标准的从事民用爆破相关业务的上市公司。

4.4.3 上市公司根据中国证监会相关格式准则要求披露年度报告、半年度报告时，应当同时按照下列要求履行信息披露义务：

（一）上市公司应结合报告期内宏观经济情况和民用爆破行业的上下游行业情况，分析民用爆破行业的总体供求趋势，并对报告期内公司主要销售区域市场份额变化情况、利润水平的变动趋势及其原因等进行有针对性的讨论与分析，并说明对公司当期及未来发展的具体影响，以及公司已经或计划采取的应对措施；

（二）上市公司应披露报告期内产业政策和行业监管法律法规相关情况，相关政策和法律法规发生重大变化的，应说明相关事项对公司的影响，并说明公司已经或计划采取的应对措施；

（三）上市公司应区分不同产品和服务类型（如工业炸药、起爆器材、爆破服务等）披露营业收入、营业成本、毛利率，分不同区域（国内主要销售省份和境外销售区域等）披露营业收入及其较前一年度的变动情况；

（四）上市公司应分别披露各类民用爆炸产品的许可产能、产能利用率、在建产能及其投资建设情况等。鼓励公司结合市场供求情况，在年度报告中披露下一年度的产能调整方案；

（五）上市公司利用自有车辆从事民用爆炸产品运输业务的，应结合危险品货物运输车辆的数量、规格等说明运输能力的主要情况；

（六）上市公司应披露在报告期内取得的民用爆炸产品生产、储存、运输及爆破作业相关资质及许可的类型、适用区域和有效期。报告期内相关资质与许可发生重大变化的，公司应当说明影响及应对措施。下一报告期内相关资质与许可有效期限届满的，公司应当披露续期条件的达成情况；

（七）上市公司应当披露报告期内安全管理相关内部控制制度的建设及运行情况，包括但不限于公司安全生产监管体系、安全生产标准化建设、安全生产工艺、安全生产投入、安全生产教育与培训和报告期内接受主管单位安全检查的情况等。报告期内公司发生重大安全事故的，还应当披露影响及应对措施；

（八）上市公司在海外开展民用爆破业务涉及营业收入占公司最近一个会计年度经审计营业收入、或涉及净利润占公司最近一个会计年度经审计净利润、或涉及投资额占公司最近一个会计年度经审计净资产的10%以上的，或从事其他对公司存在较大影响的海外业务的，应当对公司海外业务开展的具体情况进行披露。报告期内，上市公司开展海外业务所在国家或地区的经营环境和行业政策发生重大变化的，应当披露具体影响和应对措施。

4.4.4 上市公司根据《15号编报规则》披露财务报告附注时，应披露与行业相关的具体会计政策，并按照下列要求履行信息披露义务：

（一）依据自身业务模式和结算方式对收入确认会计政策进行详细披露，并披露行业特殊的收入确认条件、确认时点、核算依据等。如按完工百分比法确认的，还应当详细披露确定完工进度的方法；

（二）按照不同业务模式对应收款项的确认、信用政策、坏账计提政策进行详细披露；

（三）披露主要会计政策和会计估计时，应结合公司的具体情况分主要产品披露存货盘点制度和具体盘点方法；

（四）披露报告期内安全专项储备的核算情况，包括计提比例、计提金额和安全专项储备在报告期内的使用情况。

4.4.5 上市公司拟新增或减少的产能达到上一会计年度期末许可产能总量10%的，应以临时报告形式披露相关事项的进展，包括新取得许可和资质的情况、新建生产线试运行及正式投产的情况等。

4.4.6 上市公司拟通过股权收购方式收购从事民用爆破相关业务标的公司的，应参照本节披露标的公司从事民用爆破相关业务的资质、许可和产能等相关情况。

4.4.7 上市公司在民用爆炸产品研发、生产、销售、购买、进出口、运输、储存和进行爆破服务过程中发生可能对公司股票及其衍生品种交易价格产生重大影响的安全事故时，应当及时进行披露并揭示风险，包括但不限于公司是否可能被主管部门责令停产、吊销相关资质及许可、调减许可产能、公司预计获得保险理赔金额、对当期损益的影响以及拟采取的应对措施等。

4.4.8 上市公司因违反安全生产法律法规及相关行业监管规定被主管部门处以重大行政处罚的，应当及时披露处罚原因、内容以及对公司未来业务的影响。

4.4.9 上市公司因违反环保法律法规及相关监管规定被环保部门处以重大行政处罚的，应当及时披露处罚原因、内容以及对公司未来业务的影响。

第五节 非金属建材相关业务

4.5.1 本节所称的非金属建材相关业务，主要是指工程建筑用非金属材料的生产、制造和销售等业务。非金属建材包括但不限于水泥、建筑石材、建筑陶瓷、玻璃、玻璃纤维、砖、瓦、石灰、石膏、混凝土及其制品，以及相关防水、耐火、保温、塑料管材、装饰板材、涂料材料和其他材料。

4.5.2 本节所称的上市公司，指达到本指引第1.3条规定标准的从事非金属建材相关业务的上市公司。

4.5.3 上市公司应当在年度报告的“经营情况讨论与分析”中披露下列反映行业和自身生产经营特征的信息：

（一）结合宏观经济数据与行业指标（如行业总产能、总产销量、总能耗、总排放量等）变化说明行业发展状况、公司经营情况与行业发展是否匹配，如公司情况与行业情况存在较大差异，应当分析原因；

（二）报告期内对行业或公司具体生产经营有重大影响的国家行业管理体制、产业政策及主要法规等变动情况及其具体影响，并说明已经或计划采取的应对措施；

（三）针对周期性非金属建材产品（主要指水泥、建筑石材、石灰、石膏及相关制品、玻璃、混凝土等产品），应当披露所在细分行业或主要产品区域的市场竞争状况、公司的市场地位及竞争优势与劣势等情况；

（四）结合披露的宏观环境、行业特性、消费需求及原材料等信息，详细说明公司生产经营所处行业的周期性、季节性和区域性等特征；

（五）主要产销模式，并列表说明不同销售区域或者细分产品的生产量、销售量、库存量等经营性指标情况，并披露该等指标的同比变动情况，以及在主要销售区域或者细分产品的毛利率变动趋势及其原因；

（六）针对周期性非金属建材产品，应当披露相关产品的产能、产能利用率、成品率（如适用），以及在建产能及其投资建设情况等。鼓励公司结合市场供求情况，在年度报告中披露下一年度的产能利用率调整计划；

（七）主要产品的原材料和能源及其供应情况，报告期内主要原材料和能源的价格出现大幅波动的，应当披露其对公司生产经营的影响及应对措施。

4.5.4 上市公司应当在年度报告、半年度报告的“重要事项”中披露下列环境保护信息：

（一）自身生产经营过程中需遵守的与环境保护相关的法律法规和行业标准；

（二）相关的环境保护行政许可情况，如现有排污许可证的申领时间、有效期等；

（三）有关行业排放标准，以及生产经营活动中涉及的污染物排放的具体情况，包括但不限于污染物的种类和名称、排放方式、主要排放口数量和分布情况、排放浓度/强度和总量、超标排放情况、执行的排放标准、核定的排放总量等；

（四）对污染物的处理技术和处理方式，污染防治设施的建设、运行情况和实施成果（例如排放浓度/强度或排放总量的降幅）；

（五）环境自行监测方案和执行情况，包括但不限于监测指标、执行标准及其限值、监测频次、质量保证与质量控制等；

（六）针对突发环境事件的风险评估、预防相关风险的管理措施和针对突发环境事件的应急预案；

（七）环境治理和保护的投入情况，以及缴纳环境保护税的相关情况；

（八）受到环境保护部门行政处罚的情况，包括但不限于处罚原因、违规情形、处罚结果、对上市公司生产经营的影响以及公司的整改措施；

（九）其他应当公开的环境信息。

4.5.5 上市公司发生环境事故的，应当及时披露以下信息：

（一）环境事故发生的基本情况，包括但不限于发生日期、地点、原因、初步影响和损害程度；

（二）超标或违规排放的情况，包括但不限于污染物名称和污染源分布情况，超标或违规排放次数、排放总量、最高排放浓度/强度等；

（三）超标或违规排放对环境、社会及其他利益相关者造成的影响和损失；

（四）事故处理方式和处理结果，受到的处罚情况（如有），以及对公司后续生产经营的影响及公司的整改措施。

公司如无法在事故发生后及时披露前款全部内容的，可以按照分阶段披露原则及时披露环境事故的具体情况和进展情况。

公司应当在年度报告、半年度报告中持续披露上述环境事故的后续处理情况，并核查公司环境监测方案和风险管理措施是否存在重大缺陷；如是，应当披露相关解决或整改方案。

4.5.6　上市公司生产经营过程中发生重大安全事故的，应当比照本节第4.5.4条规定，及时披露有关具体情况、影响及应对措施，并应当在年度报告、半年度报告中持续披露该等安全生产事故的处理进展情况。

4.5.7　上市公司根据《15号编报规则》披露财务报告附注时，应当同时按照以下要求披露相关信息：

（一）结合上市公司的经营特点，披露不同销售模式下的收入结算方式、确认时点和确认方法；

（二）区分产品类型披露存货盘点制度和具体盘点方法，以及结合公司具体业务分主要产品披露存货成本结转制度和具体结转方法；

（三）披露存货科目注释时，应披露原材料、在产品、库存商品、在途物资等存货项目中，各存货类型的分布情况，并按存货类型披露确定可变现净值的具体依据及本期转回或转销存货跌价准备的具体原因；

（四）披露应收账款科目注释时，若单个客户应收账款余额占应收账款总额比例超过10%且账龄超过1年的，应当详细披露该客户应收账款较高的原因并提示回款风险等。

4.5.8　本所鼓励上市公司按月度披露周期性非金属建材产品的主要经营数据，包括但不限于按销售区域或者细分产品的产量、销量或销售收入，以及各指标同比/环比变动情况等。

4.5.9　上市公司依据本节第4.5.4条披露的行业经营性信息发生重大变化，或者在不同销售区域的产销情况发生重大变化，如大幅提价、被安排错峰生产等，可能对股票及其衍生品种交易价格产生较大影响的，公司应当及时披露，并简要说明对当期及未来发展的影响。

4.5.10　上市公司对周期性非金属建材产品拟新建产能项目投资金额占公司最近一期经审计净资产10%以上的，应当按照以下要求履行临时信息披露义务：

（一）在董事会审议通过该投资项目后，及时披露新增产能规模、已履行或未履行的报批程序、有权机关的许可情况、项目所在地、建设期、达产期、资金来源及规模、主要风险等；

（二）如在项目执行过程中出现重大不确定性情形（如所在地产业政策和环保标准变动、土地纠纷等），及时披露并提示相关风险；

（三）及时披露项目的重大进展情况，包括项目达产情况、成品率（如适用）等。

第六节 工程机械相关业务

4.6.1 本节所称工程机械相关业务，是指广泛应用于土石方工程、流动起重装卸工程、人货升降输送工程、市政和环卫及各种建设工程、综合机械化施工等的工程机械设备的研发、生产、销售、运营及服务等相关业务活动，工程机械设备的范畴包括但不限于挖掘、起重、压实、掘进、桩工、凿岩与钻采、铲土运输、混凝土、高空作业、水利与环卫、路面及轨道交通的施工与养护等机械设备。

4.6.2 本节所称的上市公司，指达到本指引第1.3条规定标准的从事工程机械相关业务的上市公司。

4.6.3 上市公司应当在年度报告"公司业务概要"等部分披露下列信息：

（一）工程机械行业的基本情况和报告期的变化情况（如有），包括但不限于行业壁垒、行业周期性、行业发展阶段、其他行业特征（如规模经济、资本密集性、资金周转）等；

（二）报告期内从事的工程机械业务的运营模式、相关产品的生产销售模式、物流管理和应用领域的变化情况（如有）及其原因，以及上述变化对公司经营效率的影响；

（三）公司核心竞争力情况，如从行业标准制定、研发能力、产品设计、产品性能、成本控制、专有设备或技术、营销和服务能力、品牌优势等方面分析公司的核心竞争优势，报告期公司核心竞争力发生较大变化的，应当披露变化的具体情况和原因。

4.6.4 鼓励上市公司在年度报告"公司业务概要"等部分披露下列信息：

（一）产品设计、产能规划、生产制造、销售政策、信用政策、售后政策等经营环节的相关信息；

（二）反映工程机械产品竞争力的信息，如简要介绍整机、系统或零部件的主要性能、可靠性、节能和智能化等基本情况。同时鼓励结合主要机型核心零部件的自主知识产权情况和自主配套能力等进一步分析技术实力情况。

4.6.5 上市公司应当在年度报告"管理层讨论与分析"等部分披露下列信息：

（一）结合自身的机械产品类别、经营区域、竞争对手等情况说明行业竞争格局和公司的行业地位或区域市场地位，报告期行业地位或市场地位发生变化的，应当说明发生变化的具体情况；

（二）报告期内对所处行业有重要影响的政策的变化情况（如有），包括但不限于宏观经济政策、财政税收政策、行业监管政策、资质及招投标管理政策、政府补助政策等，以及行业政策变化对公司的影响；

（三）已披露的产能扩张、资产收购等重大投资计划在报告期发生较大变化的，应当披露变化的具体情况和原因；

（四）报告期内偿债能力发生较大变化的，披露变化的具体情况、原因及对公司的影响。

4.6.6 鼓励上市公司在年度报告"管理层讨论与分析"等部分披露下列信息：

（一）所在工程机械行业产业链或价值链情况（例如从零部件制造、系统总成到整机制造）以及公司在行业产业链中的定位；

（二）结合报告期上下游行业（如上游材料、下游工程应用领域）的发展情况，对报告期市场供求特点、市场份额变化情况、利润水平的变动趋势等进行有针对性的讨论与分析；

（三）以列表方式披露公司主要产品的设计产能、产能利用率、在建产能及其投资建设情况等；

（四）结合市场发展、行业竞争状况、投融资情况、相关财务指标等，对偿债能力进行详细分析。

4.6.7 上市公司工程机械相关业务的海外业务营业收入占公司最近一期经审计营业收入、营业利润占公司最近一期经审计营业利润、投资额占公司最近一期经审计净资产10%以上的，应当在年度报告中对公司海外业务开展的具体情况进行披露。

上市公司报告期内相关国家（或地区）有关投资政策、进出口政策、贸易政策、贸易摩擦处理机制等对公司海外业务（含进出口业务）造成较大影响的，公司应当披露受影响的具体情况，公司已经或拟采取的应对措施及效果。涉及重大风险的，应当进行相应的风险提示。

4.6.8 上市公司的工程机械相关产品采用按揭销售、融资租赁、先租后售等模式的销售金额占营业收入比重达到10%以上的，应当在年度报告“公司业务概要”部分披露其业务模式、各类销售模式报告期内的销售金额及占营业收入的比例、期初应收或存在风险敞口的余额、前期款项回收的进展情况（如报告期收取租金或收到对方还款的总金额、款项逾期金额及占比）、期末应收或存在风险敞口的余额、审议程序和信息披露义务的履行等情况。

相关销售模式中由公司承担回购、追偿、垫付保证金（或月供、租金）义务或合同存在其他风险条款的，应当披露风险条款的设置情况，并结合条款内容说明公司销售收入的确认政策、计量标准及其合理性，说明可能发生风险损失的情形、会计处理等。

报告期内触发上述风险条款相关义务且对当期扣除非经常性损益后净利润的影响达到10%以上的，公司应当在年度报告和半年度报告中披露风险触发的具体情况，包括但不限于触发情形和原因，涉及回购、追偿或垫付的金额，相关会计处理，对当期主要财务指标的影响等，同时对未来报告期的风险情况进行充分评估和预判，披露公司的风险应对措施并作出相应风险提示。

4.6.9 经销商向金融机构申请贷款并作为货款直接支付给上市公司，同时由上市公司对经销商的上述贷款提供担保且实质风险敞口为已收讫货款的，公司应当在年度报告和半年度报告中披露前述担保尚存在担保责任的期初余额、本期增加、本期减少、期末余额；分别或汇总列示尚存在担保责任的余额中前五大担保对象对应的担保余额、本期担保发生额及占报告期对其销售金额的比例。

报告期触发上市公司履行相应担保义务的，应当披露触发担保义务的具体情形和原因、涉及金额、相关会计处理、对当期主要财务指标的影响、公司采取的风险应对措施等。

4.6.10 上市公司签订的重大合同中涉及按揭销售、融资租赁、先租后售、为经销商提供担保等情形的，除按本所自律监管指南规定的签署重大合同有关公告格式披露有关信息外，还应当就上述模式可能存在的风险敞口进行充分提示，并结合风险情况说明对应的收入确认政策、可能发生风险损失的情形及发生损失时的会计处理原则。

第七节 汽车制造相关业务

4.7.1 本节所称汽车制造相关业务，是指汽车整车制造和汽车零部件制造业务。

4.7.2 本节所称的上市公司，指达到本指引第1.3条规定标准的从事汽车制造相关业务的上市公司。

4.7.3 上市公司根据中国证监会相关格式准则要求披露年度报告时，应当同时按照下列要求履行信息披露义务：

（一）上市公司应当披露反映行业发展状况与公司行业地位的信息，主要包括：

1. 结合宏观经济形势、汽车产业周期及行业指标（如行业总体产销量、同比增幅等），说明所处细分行业发展状况、公司经营情况与行业发展是否匹配，如公司情况与行业情况存在较大差异，应当分析原因；

2. 报告期内对所处细分行业或公司生产经营有重大影响的行业管理体制、产业政策及主要法规（如市场准入、燃油标准、排放要求、新能源、进出口与消费等方面）发生较大变化的，应当披露变化的具体情况及对公司的影响；

3. 结合公司主要产品类别、经营区域、竞争对手等情况说明所处细分行业的市场竞争格局和公司的行业地位。

鼓励上市公司从行业标准制定、研发能力、产品设计、产品性能、成本控制、专有设备或技术、营销和服务能力、品牌优势等方面分析公司的核心竞争优势。

（二）上市公司应当披露报告期内主要经营模式（如采购模式、生产模式、销售模式等）的变化情况（如有）及其原因，以及上述变化对公司经营效率的影响。

（三）上市公司应当披露产能状况，已披露的产能扩张、资产收购等重大投资计划在报告期发生较大变化的，应当披露变化的具体情况和原因。鼓励以列表方式披露公司主要工厂的设计产能、产能利用率、在建产能及其投资建设情况等。

（四）上市公司汽车整车制造业务收入占公司最近一个会计年度经审计营业收入30%以上的，应当单独披露下列反映报告期内整车生产经营情况的信息：

1. 按车型类别、境内和境外地区或其他方式分类统计的整车产品产销数据及同比变化情况，同比变化30%以上的，需分析说明变化原因；

2. 零部件配套体系建设情况，主要车型类别的核心零部件自主生产、对外采购的情况；

3. 采用经销商销售模式的，应当披露报告期末合作经销商的数量；采用订单销售模式的，应当披露已签订的重大订单截至报告期末的履行情况，包括订单基本情况、生效时间、订单总金额、订单履行的进度、本期及累计确认的销售收入金额、应收账款回款情况等。履行进展与合同约定出现重大差异，影响合同金额30%以上的，还应当说明并披露原因。

（五）上市公司汽车零部件制造业务收入占公司最近一个会计年度经审计营业收入30%以上的，应当单独披露下列反映报告期内零部件生产经营情况的信息：

1. 按零部件类别、整车配套和售后服务市场、境内和境外地区或其他方式分类统计的零部件产品产销数据及同比变化情况，同比变化30%以上的，需分析说明变化原因；

2. 零部件销售方式，包括销售模式、销售渠道及其变化情况。

（六）上市公司采用按揭销售、融资租赁等模式的销售金额占营业收入比重达到10%以上的，应当披露其业务模式、各类销售模式报告期内的销售金额及占营业收入的比例、期初应收或存在风险敞口的余额、前期款项回收的进展情况（如报告期收取租金或收到对方还款的总金额、款项逾期金额及占比）、期末应收或存在风险敞口的余额。

相关销售模式中由公司承担回购、追偿、垫付保证金（或月供、租金）义务或合同存在其他风险条款的，应当披露风险条款的设置情况，并结合条款内容说明公司销售收入的确认政策、计量标准及其合理性，说明可能发生风险损失的情形、会计处理等。

报告期内触发上述风险条款相关义务且对当期扣除非经常性损益后净利润的影响达到10%以上的，公司应当披露风险触发的具体情况，包括但不限于触发情形和原因，涉及回购、追偿或垫付的金额，相关会计处理，对当期主要财务指标的影响等，同时对未来报告期的风险情况进行充分评估和预判，披露公司的风险应对措施并作出相应风险提示。

（七）经销商向金融机构申请贷款并作为货款直接支付给上市公司，同时由上市公司对经销商的上述贷款提供担保且实质风险敞口为已收讫货款的，公司应当披露前述担保尚存在担保责任的期末余额、与该担保责任对应的销售收入金额、占营业收入的比例以及相关销售收入的确认政策、计量标准及其合理性。

报告期内触发上市公司履行相应担保义务且对当期扣除非经常性损益后净利润的影响达到10%以上的，应当披露触发相关义务的具体情形和原因、涉及金额、相关会计处理、对当期主要财务指标的影响、公司采取的风险应对措施等。

（八）上市公司开展汽车金融业务的，应当披露报告期内相关子公司经营汽车金融业务的业务模式及其注册资本、总资产、净资产、营业收入、营业利润、净利润等。

4.7.4 上市公司开展新能源汽车（包括纯电动汽车、插电式混合动力汽车、燃料电池汽车等）相关业务的，应当参照第4.7.3条的相关要求，在年度报告中单独披露报告期内新能源汽车整车及零部件的生产经营情况，包括产品类别、产能状况、产销数据、销售收入等方面。

上市公司应当在年度报告中披露新能源汽车补贴收入情况。报告期内新能源汽车补贴政策发生变化的，应当披露具体情况、对公司的影响并提示相关政策风险。

4.7.5 上市公司开展自动驾驶、智能网联汽车、共享出行等新兴业务，公司拟就相关技术研发取得的阶段性进展或相关合作协议的签订情况进行披露的，应当披露对当期及未来发展的影响，并充分提示政策、财务、市场及运营等方面的风险。

4.7.6 上市公司定期向相关机构报送月度产销数据的，披露时间应当不晚于报送时间，披露内容主要包括按车型类别或按下属公司类别统计的整车月度产销数据、本年累计产销数据、上年同期数据及同比变动情况。

4.7.7 上市公司日常生产经营中出现下列情形之一的，应当及时披露相关情况，充分提示风险并说明对公司生产经营的影响、公司后续处理措施等：

（一）上市公司年度报告披露的行业影响因素发生重大变化，或者发生对公司有重大影响的行业性重大事件；

（二）上市公司因生产或销售的产品质量、提供的服务等问题受到投诉、起诉或媒体质疑，或出现产品召回情况，可能对公司产生重大影响的；

（三）发生重大安全、质量、环保事故，或被相关部门要求进行安全、环保整改，影响重大的。

4.7.8 本节所称车型类别，是指中国汽车工业协会统计口径下的车型类别，分为乘用车和商用车两大类。乘用车分为基本型乘用车（轿车）、多功能乘用车（MPV）、运动型多用途乘用车（SUV）和交叉型乘用车4类。商用车分为客车、货车、半挂牵引车、客车非完整车辆和货车非完整车辆5类。其中，客车分为大型客车、中型客车和轻型客车3类，货车分为重型货车、中型货车、轻型货车和微型货车4类。上市公司可以参照上述分类并结合自身产品特点进行细分披露。

上市公司根据本节要求按零部件类别披露时，应当根据自身零部件产品的特点进行分类，并保持分类的一致性。

第八节 珠宝相关业务

4.8.1 本节所称的珠宝相关业务，是指从事珠宝、贵金属首饰产品的设计、研发、采购、生产及销售业务。

4.8.2 本节所称的上市公司，指达到本指引第1.3条规定标准的从事珠宝相关业务的上市公司。

4.8.3 上市公司根据中国证监会相关格式准则要求披露年度报告、半年度报告时，应当同时按照下列要求履行信息披露义务：

（一）上市公司应当披露反映珠宝行业发展状况与公司经营概况的信息，主要包括以下内容：

1. 结合宏观经济数据与行业指标说明行业发展状况、公司经营情况与行业发展是否匹配，如公司情况与行业情况存在较大差异，应当分析原因。

2. 公司所在细分行业或地区的市场竞争状况、公司的市场地位及竞争优势等情况。

3. 结合公司业务特点，具体分析并披露对公司有重大影响的各类风险，如原材料价格波动、黄金交易业务风险、存货余额较大的风险等，以及已经或计划采取的应对措施。

（二）在披露报告期内主要经营情况时，应当详细披露以下内容：

1. 主要销售模式的具体内容，包括但不限于经销、直营、专营、联营、加盟、批发等，不同模式下的营业收入、营业成本与毛利率，以及特有风险和模式变化情况。

2. 主要生产模式的具体内容，包括但不限于自产、委托加工、外购半成品等，如公司采用其中两种及以上生产模式的，应当披露每种模式的生产量与占比，以及特有风险和模式变化情况。

3. 主要采购模式的具体内容，包括但不限于现货交易、延期交易、租赁业务等，不同模式下的采购量、采购金额与占比，以及特有风险和模式变化情况。

（三）在披露报告期内实体经营门店的经营情况时，应当详细披露以下内容：

1. 营业收入排名前十名的直营门店的名称、地址、营业收入、营业成本、营业利润等。

2. 按地区披露，报告期内上市公司新增及关闭门店的概况，包括新增及关闭门店的数量，新增直营门店的应披露报告期内营业收入金额，关闭直营门店的应披露最近一年又一期营业收入金额。鼓励上市公司披露下一年度的新增及关闭门店的计划。

（四）在披露报告期内线上销售的经营情况时，应当详细披露以下内容：

1. 报告期内，线上销售的概况，包括自建销售平台及第三方销售平台的交易额、营业收入；自建销售平台的注册用户数量、注册用户人均消费金额。

2. 线上销售低于公司营业收入5%的，可只披露自建销售平台及第三方销售平台的营业收入与占比。

鼓励上市公司披露线上销售的退回情况。

（五）在披露报告期内的存货情况时，应当详细披露以下内容：

1. 报告期内，原材料、在产品、库存商品、在途物资等存货项目中，各存货类型的分布情况，包括但不限于黄金（产品）、铂金（产品）、K金（产品）、白银（产品）、钻石（产品）等。

2. 报告期内，如公司进行以规避商品价格风险为目的的金融衍生品交易，包括但不限于商品期货套期保值、远期协议等，应当披露交易的具体情况，包括初始投资成本、资金来源、报告期内购入或售出及投资收益情况、公允价值变动情况等。

4.8.4 上市公司根据《15 号编报规则》披露财务报告附注时，应当同时按照下列要求履行信息披露义务：

（一）结合上市公司的经营特点，披露不同销售模式下的收入结算方式、确认时点和确认方法，以及退货、以旧换新等特殊业务的会计处理。

（二）结合上市公司的经营特点，披露存货计价方法、存货成本结转、存货跌价准备，以及进行金融衍生品交易的会计政策与会计估计。

4.8.5 上市公司新增直营门店的，应当每月度通过临时公告形式披露该月度新增直营门店的概况（如有），包括但不限于门店名称、所在地区、拟开设时间、投资金额、主要商品类别等。鼓励上市公司每月度通过临时公告形式披露该月度新增其他门店的概况（如有）。

4.8.6 在一个会计年度内，上市公司关闭门店（不包含变更门店地址等情形）的最近一个会计年度营业收入累计达到上市公司同期营业收入的 10% 以上的，应当按照不同经营模式，及时披露门店名称、所在地区、关闭时间、关闭原因、主营商品类别、该等门店最近一年又一期贡献的营业收入等内容。

4.8.7 上市公司收购同类公司股权，除应按照本所自律监管指南规定的公告格式进行披露外，还应披露收购标的的经营模式、门店数量、地区分布等情况。

4.8.8 上市公司因生产或销售的产品质量或提供的服务等问题受到消费者投诉、起诉的，或者发生生产经营事故、知识产权纠纷、媒体质疑的，应判断对公司生产经营是否产生重大影响，如是，应及时披露相关事项、对公司的影响及公司后续处理措施等。

第五章 电力供应业

5.1 本章所称电力相关业务，主要是指电力生产，包括火力发电、热电联产、水力发电、核力发电、风力发电、太阳能发电、生物质能发电等方面的电力生产活动。

5.2 本章所称的上市公司，指达到本指引第 1.3 条规定标准的从事电力供应相关业务的上市公司。

5.3 上市公司应当在年度报告“经营情况讨论与分析”部分结合自身的电源种类、经营区域、生产规模等介绍公司主要经营区域（分省、直辖区）内的电力生产、销售状况及发展趋势。

报告期内对电力业务存在重要影响的政策发生较大变化，或者新政策出台对公司装机容量、发电量、电力业务收入或成本有重大影响的，上市公司应当以临时公告形式及时披露具体情况及对公司的影响，并在当年度的年度报告“经营情况讨论与分析”部分汇总披露。

5.4 上市公司应当在年度报告中披露主要经营模式，如经营模式发生重大变化的，应当披露变化的具体情况和原因，以及对公司经营效率的影响。

上市公司参与电力市场化交易的，鼓励公司披露市场化交易总电量、占总上网电量的比例及同比变动情况。

上市公司经营售电业务的，应当披露售电业务的经营模式及服务内容。

5.5 上市公司应当在年度报告中分电源种类、经营区域披露以下经营信息：

（一）公司总装机容量、新投产机组的装机容量、核准和在建项目的计划装机容量等。

（二）报告期及上年同期发电量、上网电量或售电量、平均上网电价或售电价。公司有售电业务的，还应当披露代理或外购电量的具体情况及占公司总销售电量的比重。如报告期相关数据发生重大变化的，应当披露变化原因。

（三）报告期及上年同期的发电厂平均用电率、利用小时数。

（四）报告期及上年同期的收入构成、成本构成、毛利率等财务指标，如相关财务指标发生较大变化的，应当说明原因。

5.6 上市公司涉及新能源发电业务的（如风电、水电、光伏发电、生物质能发电、潮汐能发电等），鼓励披露新能源发电业务的产能投建、扩张以及资产收购进展及未来规划情况；鼓励披露报告期内新能源补贴情况及对公司业绩的影响。

5.7 上市公司应当根据有关规定在年度报告“企业社会责任”部分披露报告期内环保政策、法规对公司的影响，鼓励披露公司执行环保政策、法规要求的经营性、资本性支出和下一年度预算（如适用）。

上市公司应当披露供电煤耗等节能减排关键指标的情况（如适用）。公司可以披露脱硫设备投运率、二氧化硫、氮氧化物、烟尘和废水排放情况等与节能减排相关的指标。

5.8 上市公司拟新增或减少的装机容量、发电量累计分别占上年度公司总装机容量、发电量的10%以上的，以及新投产项目、新核准项目、在建项目发生重大变化，达到公司上年度总装机容量的10%以上的，应当在月末汇总披露经营数据时披露相关事项的具体情况及影响因素，包括但不限于政策变化、产能变化、经营模式变化、业绩影响等。

5.9 上市公司拟通过股权收购方式收购从事电力业务标的公司的，达到本所《股票上市规则》披露标准的，应参照本章第5.4条、第5.5条及第5.7条有关经营模式、经营数据、主要财务指标、环保信息的相关要求披露标的公司的相关情况。

5.10 上市公司出售和关停子公司影响重大的，除应当按照本所《股票上市规则》等的要求进行披露外，还应当披露子公司装机容量及其占上市公司总装机容量比重、当年已发电量及其占上市公司累计已发电量的比重，以及出售或关停子公司对上市公司经营及业绩的影响，包括但不限于经营损失、处置损益、资产减值等情况。

5.11 上市公司发生重大安全、环保事故，或被相关部门要求进行安全、环保整改，影响重大的，应当及时披露事故的原因、涉事公司预计全年发电量、已发电量、停产整改期限、对公司经营的影响及拟采取的应对措施等。

第六章 建筑业

第一节 土木工程建筑业务

6.1.1 本节所称的上市公司，指达到本指引第1.3条规定标准的从事土木工程建筑相关业务的上市公司。

6.1.2 上市公司根据中国证监会相关格式准则要求披露年度报告时，应当同时按照下列要求履行信息披露义务：

（一）上市公司应当说明与土木工程建筑行业相关的宏观经济形势、行业政策环境等外部因素的变化情况，公司主营业务的行业发展及国内外市场需求情况，并说明对公司当期及未来发展的具体影响，以及公司已经或计划采取的应对措施。

（二）上市公司所处细分行业的市场竞争格局、公司的市场地位；上市公司在品牌、专业技术、项目管理及项目融资等方面的竞争优势及劣势。

（三）上市公司报告期内取得的行业资质类型及有效期，报告期内相关资质发生重大变化的，公司应当说明影响及应对措施，下一报告期内相关资质有效期限届满的，公司应当披露续期条件的达成情况。

（四）上市公司应当详细披露实施工程项目的主要业务模式，不同模式的特有风险、定价机制、回款安排、融资方式、政策优惠，以及报告期内业务模式的变化情况。

（五）上市公司应当按照不同业务模式披露报告期内完工（已竣工验收）项目的总数量、总金额以及完工重大项目的验收、收入确认、结算和回款情况；

公司重大项目采用融资合同模式并涉及后续运营的，还应当披露特许经营、运营期限、收入来源及归属、保底运营量、投资收益的保障措施等主要安排；

重大项目，是指项目金额占公司上一会计年度经审计营业收入30%以上的项目。

（六）上市公司应当按照不同业务模式披露报告期内未完工项目的情况，包括项目数量、项目金额、累计确认收入、未完工部分金额。公司需披露未完工重大项目的进展情况，包括项目名称、项目金额、业务模式、开工日期和工期、完工百分比、本期及累计确认收入、回款情况、应收账款余额。项目进展与合同约定出现重大变化或者重大差异的（影响项目或合同收入30%以上的情况），还应当说明并披露原因；

公司重大项目采用融资合同模式并涉及后续运营的，还应当披露特许经营、运营期限、收入来源及归属、保底运营量、投资收益的保障措施等主要安排。

（七）上市公司应当汇总披露存货中已完工未结算项目的情况，包括累计已发生成本、累计已确认毛利、预计损失、已办理结算的金额、已完工未结算的余额。公司需披露已完工未结算重大项目的情况，包括项目名称、合同金额、已办理结算的金额、已完工未结算的余额，并说明是否存在未按合同约定及时结算情况、交易对手方的履约能力是否存在重大变化，以及相关项目结算是否存在重大风险，还应当说明长期未结算的原因及预计损失。

（八）上市公司开展境外项目的，应当披露报告期内境外项目涉及的汇率风险等特殊风险以及公司的应对措施；

上市公司应当披露境外项目的数量、金额以及区域分布情况，并披露境外重大项目的名称、金额、业务模式和完工情况，鼓励公司按照上述第（五）项至第（八）项的要求披露境外重大项目的其他情况。

（九）上市公司应当按照融资途径（如银行贷款、票据、债券、信托融资、基金融资等）披露报告期末各类融资余额、融资成本区间、期限结构等。

（十）上市公司应当披露公司的质量控制体系、执行标准、控制措施及整体评价；

公司应当披露报告期内的重大项目质量问题，并说明可能产生的工程回款、收入确认及诉讼仲裁等风险。

（十一）上市公司应当披露报告期内安全生产制度的运行情况。公司发生重大安全事故的，还应当披露影响及应对措施，涉及重大风险的，应当进行相应的风险提示。

6.1.3　上市公司根据《15号编报规则》披露财务报告附注时，应当同时按照下列要求履行信息披露义务：

（一）依据自身业务模式和结算方式对收入确认会计政策进行详细披露，并披露行业特殊的收入确认条件、确认时点、核算依据等，如按完工百分比法确认的，还应当详细披露确定完工进度的方法。

（二）按照不同业务模式对应收款项的确认、回款条件、坏账计提政策进行详细披露。

（三）若单个客户应收账款余额占应收账款总额比例超过10%且账龄3年以上的，应当在应收账款附注中详细披露该应收账款较高的原因并提示回款风险等。

6.1.4 上市公司应当每个季度结束之日起1个月内通过临时报告形式披露公司上一季度的以下经营情况：

（一）新签订单数量及金额、截至报告期末累计已签约未完工订单数量及金额、已中标尚未签约订单数量及金额。

（二）重大项目对应合同金额、业务模式、开工日期和工期、工程进度、收入确认情况、结算情况及收款情况等，并说明是否存在未按合同约定及时结算与回款的情况、交易对手方的履约能力是否存在重大变化，以及相关项目结算和回款是否存在重大风险。涉及境外重大项目的，应当披露合同金额和业务模式，鼓励按照上述要求披露境外重大项目的其他情况。

6.1.5 上市公司中标重大项目，在获悉已被确定为中标单位并已进入公示期、但尚未取得中标通知书或其他相关证明文件时，应当及时披露提示性公告，披露中标公示的有关内容，包括但不限于：公示媒体名称、招标人、项目概况、项目金额、项目执行期限、中标单位、公示起止时间、中标金额、中标事项对公司业绩的影响、关于获得中标通知书存在不确定性和项目执行过程中面临的困难等事项的风险提示。公司在后续取得中标通知书时，应当及时披露项目中标的有关情况。预计无法取得中标通知书的，公司应当及时披露进展情况并提示风险。

公司以项目联合体方式中标重大项目的，还应当披露联合体的相关信息，并在联合体的合作模式确定时及时披露参与工程项目的方式、工程量、收入分成等相关权利义务安排。

涉及境外重大项目的，公司还应当评估并披露项目所在地区经济发展水平、自然环境等因素对该项目的影响。

6.1.6 上市公司重大项目已签订合同的，应当及时披露重大项目合同的各方基本情况、合同金额、业务模式、施工期限、结算条件等重要合同条款。

6.1.7 上市公司应当按照分阶段披露原则及时披露重大项目的进展情况。项目执行过程中发生重大质量问题、重大资金问题、重大用工问题，以及中止和撤销等可能导致影响项目或合同收入30%以上的情况的，应当说明影响及后续安排。

第二节　装修装饰业务

6.2.1 本节所称的上市公司，指达到本指引第1.3条规定标准的从事装修装饰相关业务的上市公司。

6.2.2 上市公司根据中国证监会相关格式准则要求披露年度报告时，应当同时按照下列要求履行信息披露义务：

（一）上市公司应当说明与装修装饰行业相关的宏观经济形势、行业政策环境等外部因素的变化情况，公司主营业务的行业发展及市场需求情况，并说明对公司当期及未来发展的具体影响，以及公司已经或计划采取的应对措施；

（二）上市公司在披露报告期内主要经营情况时，应当详细披露实施工程项目的主要业务模式、模式的特有风险和模式变化情况；

（三）上市公司所处细分行业的市场竞争格局、公司的市场地位；上市公司在品牌、专业技术、项目管理及项目融资等方面的竞争优势及劣势；

（四）上市公司报告期内取得的行业资质类型及有效期，报告期内相关资质发生重大变化的，公司应当说明影响及应对措施，下一报告期内相关资质有效期限届满的，公司应当披露续期条件的达成情况；

（五）上市公司应当披露公司的质量控制体系、执行标准、控制措施及整体评价。

公司应当披露报告期内的重大项目质量问题，并说明可能产生的工程回款、收入确认及诉讼仲裁等风险。重大项目是指项目金额占公司最近一个会计年度经审计营业收入10%以上的项目；

（六）上市公司应当区分不同业务类型（如公共装修、住宅装修、家装业务、设计业务等）披露营业收入、营业成本、毛利率等财务数据以及相关数据的统计口径。

公司通过互联网渠道开展业务的，还应当披露互联网业务开展情况，如互联网业务分部的体验店数量、体验店分布区域及营收情况等；

（七）上市公司应当区分不同业务类型（如公共装修、住宅装修、家装业务、设计业务等）披露近2年项目成本的主要构成，如原材料、人力成本等，并分析近2年成本构成要素的变动情况及原因；

（八）上市公司应当汇总披露报告期内未完工项目的情况，包括项目金额、累计确认产值、未完工部分金额。公司需披露重大未完工项目的进展情况，包括项目名称、项目金额、工期、完工百分比、本期及累计确认收入、回款情况、应收账款余额。项目进展与合同约定出现重大变化或者重大差异的，还应当说明并披露原因；

（九）上市公司应当汇总披露报告期内已完工未结算项目的情况，包括累计已发生成本、累计已确认毛利、预计损失、已办理结算的金额、已完工未结算的余额。公司需披露重大已完工未结算项目的情况，包括项目名称、合同金额、已办理结算的金额、已完工未结算的余额，并说明是否存在未按合同约定及时结算情况、交易对手方的履约能力是否存在重大变化，以及相关项目结算是否存在重大风险，还应当说明长期未结算的原因及预计损失；

（十）上市公司应当披露报告期安全生产制度的运行情况。公司发生重大安全事故的，还应当披露影响及应对措施；

（十一）上市公司开展境外项目的，还应当披露境外项目的数量、金额、区域分布情况以及重大境外项目的工期、结算、回款情况等。

6.2.3 上市公司根据《15号编报规则》披露财务报告附注时，应当同时按照下列要求履行信息披露义务：

（一）依据自身业务模式和结算方式对收入确认会计政策进行详细披露，并披露行业特殊的收入确认条件、确认时点、核算依据等。如按完工百分比法确认的，还应当详细披露确定完工进度的方法；

（二）按照不同业务模式对应收款项的确认、回款条件、坏账计提政策进行详细披露；

（三）应在应收账款附注中说明是否存在账龄超过3年的单项金额重大的应收账款，若存在，详细披露该应收账款较高的原因并提示回款风险等。

6.2.4 上市公司应当在下一季度第1个月内通过临时报告形式披露公司上一季度的以下经营情况：

（一）按业务类型（如公共装修、住宅装修、家装业务、设计业务等）披露新签订单金额、截至报告期末累计已签约未完工的合同金额（不含已完工部分）、已中标尚未签约订单金额；

（二）说明是否存在尚未完工的重大项目，若存在，应当说明重大项目对应合同金额、工期安排、工程进度、收入确认情况、结算情况及收款情况等，并说明是否存在未按合同约定及时结算与回款的情况、交易对手方的履约能力是否存在重大变化，以及相关项目结算和回款是否存在重大风险。

6.2.5 上市公司应当按照分阶段披露原则及时披露重大项目的进展情况。项目执行过程中发生中止、撤销等可能导致影响项目或合同收入30%以上的情况的，应当说明影响及后续安排。

第七章　零售业

7.1 本章所称的零售业务，是指以百货商场、购物中心、大型综合卖场、连锁超市、便利店、线上销售等经营业态形式面向终端消费者销售商品的业务模式。

7.2 本章所称的上市公司，指达到本指引第1.3条规定标准的从事零售相关业务的上市公司。

7.3 上市公司根据中国证监会相关格式准则要求披露年度报告、半年度报告时，应当同时按照以下要求履行信息披露义务：

（一）上市公司应当披露反映零售行业发展状况与公司行业地位相关的信息：

1. 结合宏观经济数据与行业指标（如社会消费品零售总额等）说明行业发展状况、公司经营情况与行业发展是否匹配，如公司情况与行业情况存在较大差异，应当分析原因。

2. 公司应当披露所在细分行业或区域的市场竞争状况、公司的市场地位及竞争优势等情况。

（二）上市公司应当披露报告期内实体经营业态即门店的经营情况：

1. 报告期末门店的经营情况，包括按所在地区、经营业态披露所有门店的分布情况，直营店营业收入和来自加盟店收入（加盟费、品牌使用费、批发收入等）情况，并披露公司收入排名在前十名的门店的名称、地址、开业日期、合同面积（建筑面积或使用面积）、经营业态、经营模式（直营、加盟或其他模式）、物业权属状态（自有物业、租赁物业或其他权属状态）等。

2. 报告期内门店的变动情况，包括按地区、经营业态披露新增和关闭门店的数量、合同面积、对公司业绩的影响；新增门店对公司业绩有重大影响的，应披露新增门店的名称、地址、开业时间、合同面积（建筑面积或使用面积）、经营业态、经营模式（直营、加盟或其他模式）、物业权属状态（自有物业、租赁物业或其他权属状态）；关闭门店对公司业绩有重大影响的，应披露关闭门店的名称、地址、关闭原因、停业时间、合同面积（建筑面积或使用面积）。

本所鼓励上市公司披露下一年度新增和关闭门店的计划。

3. 门店店效信息。公司应当按地区和经营业态披露直营门店店面平效（终端零售收入除以经营面积）、平均销售增长率、门店可比营业收入、净利润的变化情况。如加盟门店与公司存在关联交易，应比照上述要求进行披露。

本所鼓励上市公司披露加盟门店的店效信息。

（三）上市公司应当披露报告期内线上销售情况，包括自建销售平台及第三方销售平台的交易额（GMV）、营业收入；自建销售平台的注册用户数量、注册用户人均消费金额、入驻商家数量。

线上销售低于公司总销售额5%的，可以只披露自建销售平台及第三方销售平台的交易额、营业收入。

本所鼓励上市公司披露线上销售的退回情况。

（四）上市公司应当披露报告期内采购、仓储及物流情况：

1. 商品采购与存货情况，包括按照总采购金额披露前五名供应商的供货比例、向关联方采购的金额及占比、存货管理政策、对滞销及过期商品的处理政策等。

2. 仓储与物流情况，包括物流体系总体情况或模式、仓储中心的数量及地区分布、仓储与物流支出、自有物流与外包物流运输支出占比情况等。

（五）自有品牌（定制包销、定牌生产、原始设计等）商品销售收入占总销售额5%以上的上市公司，应当披露自有品牌商品的类别、营业收入及占比情况。

7.4　上市公司根据《15号编报规则》披露财务报告附注时，应当同时按照以下要求履行信息披露义务：

（一）结合上市公司的经营特点，披露不同销售模式下的收入结算方式、确认时点和确认方法，以及存货计量和跌价准备等会计政策。

（二）结合上市公司的经营特点，披露会员消费积分、积分兑换、销售退回、销售返利及销售奖励的会计核算方法和账务处理方式。

7.5　上市公司签订购买、租入、租出或续租物业的相关协议，按照年度相关购买、租赁合同总额达到《股票上市规则》相关标准的，应当及时履行相关审议程序及信息披露义务。

相关购买、租赁合同金额虽未达到披露标准但影响重大的，上市公司应当参照前述要求进行披露。

7.6　上市公司开设门店，预计对公司经营业绩产生重大影响的，鼓励及时披露新增门店的名称、地址、开设时间、合同面积（建筑面积或使用面积）、投资金额、主营商品类别、经营业态、经营模式（直营、加盟或其他模式）、物业权属状态（自有物业、租赁物业或其他权属状态）等内容。公司前期已披露相关物业的购买、租赁信息的，可援引前期公告。

上市公司关闭门店，对公司经营业绩产生重要影响的，应当及时披露关闭门店的名称、地址、开业及停业时间、关闭原因、对公司的影响等。

7.7　上市公司收购同类公司股权，影响重大的，除应按照本所自律监管指南规定的公告格式进行披露外，还应披露收购标的的经营业态、经营模式（直营、加盟或其他模式）、门店数量、地区分布、合同面积（建筑面积或使用面积）、物业权属状态（自有物业、租赁物业或其他权属状态）等情况。

收购对公司经营业态分布产生重大影响的，公司应当披露变动后的业态分布情况。

7.8 上市公司因生产或销售的产品质量或提供的服务等问题受到消费者投诉、起诉的，或者发生生产经营事故、媒体质疑的，应判断对公司生产经营是否产生重大影响，如是，应及时披露相关事项、对公司的影响及公司后续处理措施等。

第八章 快递服务业

8.1 本章所称的快递服务，指的是快速收寄、运输、投递单独封装的、有名址的快件或其他不需要储存的物品，按承诺时限递送到收件人或指定地点，并获得签收的寄递服务。

8.2 本章所称的上市公司，指达到本指引第1.3条规定标准的从事快递服务相关业务的上市公司。

8.3 上市公司根据中国证监会相关格式准则要求，披露年度报告时，应当同时按照下列要求履行信息披露义务：

（一）公司应当披露与快递服务行业相关的宏观经济形势、行业政策环境等外部因素的变化情况，并说明相关情况对公司当期及未来发展的具体影响，以及公司已经或计划采取的应对措施；

公司应当披露快递服务行业的发展情况，并结合公司业务特点，披露公司所处行业的市场竞争格局、公司的市场地位；公司在品牌、专业技术、运输网络、信息管理等方面的竞争优势及劣势等。

（二）公司应当分业务类型（如快递服务、物料销售等）披露营业收入、营业成本和毛利率等财务数据；应当分季度披露营业收入、营业成本和毛利率等财务数据；

营业收入、营业成本的构成因素较上年变动30%以上的，公司应当结合宏观经济、行业发展和自身经营等情况，披露具体原因、影响程度、风险和应对措施；毛利率变动5个百分点以上的，应当详细披露变化原因；境外营业收入占比30%以上的，应当按主要国家和地区披露营业收入情况。

（三）公司应当区分服务产品类型（如国内时效产品、仓储配送业务、重货运输业务、国际快递业务等）、收入类型（如面单收入、中转收入、物料收入等）等分类披露公司快递服务业务收入及其变动情况，区分经营模式（如加盟和直营等）分类披露年度快递发件量及其变动情况，区分收入类型披露单票业务收入及其变动情况，并分析上述快递服务业务收入、快递发件量和单票业务收入变动的原因及合理性；公司应当披露快递服务业务的电子面单和纸质面单使用比例、各收入类型的定价机制及公司主要客户情况等。

（四）公司应当披露快递服务网络节点的数量及区域分布情况，例如加盟商、网点及门店、转运中心、航空部等，并披露相关快递服务网络节点的加盟、直营或外包的比例；

公司应当披露加盟商的管理制度的变化情况，包括但不限于加盟商准入标准及流程、培训制度、日常管理、考核与淘汰的相关变化情况；

公司应当披露占公司销售金额前十名加盟商的名称（如涉及商业秘密，可用指代标识代替）、所属城市、发件量、快递服务业务量、员工数量等，并披露前十名加盟商的变化情况及主要原因；公司应当披露报告期内加盟商的流失情况，并说明相关原因及风险应急的措施。本所鼓励公司披露加盟商的实际名称。

（五）公司应当披露主要运输网络的建设情况（包括陆路运输、航空运输等），以及陆路运输、航空运输等运输方式的快递业务完成量及其占当年总业务完成量的比重；

关于陆路运输，公司应当区分运营模式（如自营、租赁、第三方运输、卡班车、网点车等）披露公司使用的陆路运输工具的数量；公司应当披露与关联第三方运输公司签订长期运输合同的总金额及合同期限范围；

关于航空运输，公司应当按照运营方式（如自营保有、融资租赁、经营租赁等）披露公司使用的飞机型号、数量、平均机龄，并披露报告期内飞机的保养政策及成本、报告期内飞机的折旧成本等，鼓励披露飞机及相关设备的引进和融资计划。

（六）公司应当披露全快递服务网络管理的快递员总数，鼓励公司区分管理层级（如公司、加盟商和外包）披露全快递服务网络管理的快递员总数及比例。

（七）公司应当结合公司业务特点，在"风险因素"部分具体分析并披露对公司有重大影响的各类风险，如燃油价格大幅波动的风险、安全运营的风险、人力成本上涨的风险和信息系统的风险等；

关于燃油价格波动风险，公司应当披露燃油成本占营业成本总额的比例、燃油成本波动对营业成本总额的敏感性分析等；

关于安全运营风险，公司应当披露报告期内关于安全运营的内控管理制度及其执行情况，包括但不限于快件安全、运输安全、仓储安全、现金收支安全等方面；公司发生重大安全事故的，应当披露相关事件对公司的影响及采取的应对措施；

关于信息系统风险，公司应当披露报告期内公司信息系统建设情况，针对信息系统风险的防范及补救措施；公司应当及时披露对公司日常经营活动的正常开展或对业务开展带来重大不利影响的信息系统故障、无法正常运行或数据泄露的情形。

（八）公司应当披露关于公司快递服务质量的相关指标（如延误率、遗失率、申诉率等）和客户申诉的处理机制；

报告期内存在重大消费者投诉事件的，公司应当披露相关事件对公司的影响及采取的措施。

（九）公司应当披露国际包裹业务、同城包裹业务、零担运输业务、冷链运输业务、供应链服务业务等新业务领域的发展情况及有关发展战略。

8.4　上市公司根据《15号编报规则》披露财务报告附注时，应当按照下列要求履行信息披露义务：

（一）依据自身业务模式和结算方式对收入确认会计政策进行详细披露，并披露行业特殊的收入确认条件、确认时点、核算依据等；

（二）结合公司自身经营特点和发展战略，在财务报表附注中细化披露固定资产折旧政策；报告期内公司处置飞机、发动机、高价周转件等重要固定资产的情况；

（三）若存在账龄超过3年的单项金额重大的应收账款的，应当在应收账款附注中详细披露该应收账款较高的原因并提示回款风险等；

（四）公司应当披露报告期内资本支出细分项目情况，包括土地、仓库、分拣中心、飞机、车辆、IT设备及服务等。公司也可根据实际情况划分资本支出细分项目，但应说明具体划分情况及标准，并保持划分标准的连贯性。

8.5　上市公司根据中国证监会相关格式准则要求，披露半年度报告时，应当同时按照下列要求履行信息披露义务：

（一）公司应当区分业务类型披露营业收入、营业成本、毛利率等财务数据；营业收入、营业成本构成因素较上年同期变动30%以上的，公司应当结合宏观经济、行业发展和自身经营等情况，披露具体原因、影响程度、风险和应对措施；

（二）披露报告期快递发件量及单票业务收入情况，并分析变动的原因及合理性；

（三）公司应当披露对公司有重大影响的各类风险的具体情况，如燃油价格大幅波动的风险、安全运营的风险、人力成本上涨的风险、信息系统的风险等。

8.6 上市公司每月定期披露月度快递服务业务收入及其同比变动情况，在同比变动幅度超过30%时，还应当披露具体原因。公司应当在报告月度结束后20日内披露上述有关内容。

鼓励公司每月披露快递服务业务量、快递服务业务单票收入等其他日常经营数据及其同比变动情况；鼓励公司披露快递服务业务旺季的快递服务业务量及票均业务收入情况。

8.7 上市公司重要的加盟商、网点及门店或转运中心流失或无法正常经营的，应当及时披露该加盟商、网点及门店或转运中心的所在城市、员工数量、主要经营情况、流失或无法正常经营的具体原因以及对公司的影响。

第九章 软件与信息技术服务业

9.1 本章所称软件与信息技术服务业务，是指为政府、企事业单位等客户提供软件开发、信息系统集成服务、信息技术咨询服务、数据处理和运营服务等业务。

9.2 本章所称的上市公司，指达到本指引1.3条规定标准的从事软件与信息技术服务相关业务的上市公司。

9.3 上市公司根据中国证监会相关格式准则要求披露年度报告和半年度报告时，应当同时按照下列要求履行信息披露义务：

（一）上市公司应当说明客户所处行业相关的宏观经济形势、行业政策环境和信息化投资需求等外部因素的变化情况，并说明对公司当期及未来发展的影响，以及公司已经或计划采取的应对措施；

（二）上市公司应当结合客户所处行业和自身实际情况，对占公司营业收入或营业利润10%以上的行业，分项列示该行业营业收入、营业成本、毛利率，并分析其变动情况；

（三）上市公司应当详细披露报告期内单一销售合同金额占公司最近一个会计年度经审计营业收入30%以上且金额超过5000万元的正在履行的合同情况，包括项目名称、合同金额、业务类型、项目执行进度、本期确认收入、累计确认收入、回款情况等内容，项目进展未达到计划进度或预期的，应当披露原因。

9.4 上市公司根据中国证监会相关格式准则要求披露年度报告时，应当同时按照下列要求履行信息披露义务：

（一）上市公司经营存在季节性或周期性特征的，应当结合公司经营模式说明经营季节性（或周期性）发生的原因，结合最近2个年度内各季度的经营情况（如营业收入、净利润等）量化说明经营的季节性（或周期性），并提示经营季节性（或周期性）波动风险；

（二）上市公司存在研发投入资本化情形的，应披露研发资本化的金额、相关项目的基本情况、实施进度；研发投入资本化的依据及相关内控制度的内容和执行情况；

（三）上市公司应当披露报告期内职工薪酬总额（计入成本部分）及占公司成本总额的比重，分析公司利润对职工薪酬总额变化的敏感性。同时，披露报告期内核心技术人员数量占比和薪酬占比，以及变动情况；

（四）报告期内存在已授予股权激励的，应当披露实施股权激励计提的费用及对上市公司净利润的影响。上市公司应当披露核心技术人员的股权激励费用及占公司当期股权激励费用的比重。

9.5 上市公司根据《15号编报规则》披露财务报告附注时，应当同时按照下列要求履行信息披露义务：

（一）依据自身业务模式和结算方式对收入确认会计政策进行详细披露，并披露行业特殊的收入确认条件、确认时点、核算依据等。如按完工百分比法确认的，还应当详细披露确定完工进度的方法；

（二）存在账龄超过3年的单项金额重大的应收账款的，应当在应收账款附注中详细披露该应收账款金额较大的原因并提示回款风险等；

（三）根据不同业务模式，分类披露成本构成情况，如原材料、人工成本、设备折旧、无形资产摊销等项目的金额和占比；

（四）披露报告期内公司享受的税收优惠政策，如软件增值税退税等，以及相关税收优惠对公司当期损益的影响。

9.6 适用于本章的上市公司为政府、企事业单位等客户提供SaaS（Software - as - a - Service，软件即服务）服务的，若实现收入金额达到公司报告期内营业收入10%或者实现营业利润达到公司报告期内营业利润10%的，应当在年度报告和半年度报告中披露企业客户数量、最终用户数量和续费率。

9.7 上市公司应当及时披露公司新取得的对公司经营有重要影响的业务资质或认证（如国家规划布局内的重点软件企业证书、高新技术企业证书、系统集成资质证书、武器装备质量管理体系认证等）的情况，和现有资质的变动情况（如证书已到期），披露内容包括许可证类型、有效期、取得主体、适用范围以及对公司经营的影响等，如资质发生不利变化，应同时提示相关风险。

9.8 上市公司应当按照分阶段披露原则及时披露单一销售合同金额占公司最近一个会计年度经审计营业收入30%以上且金额超过5000万元的重大合同的进展情况。合同执行过程中如发生中止、撤销等可能导致影响合同收入30%以上的情况，应当说明影响及后续安排。

第十章 房地产业

10.1 本章所称的上市公司，指达到本指引第1.3条规定标准的从事房地产相关业务的上市公司。

10.2 上市公司应当在年度报告的“经营情况讨论与分析”等部分披露以下信息：

（一）与房地产行业相关的宏观经济形势、行业政策环境的变化情况，上市公司主要项目所在城市的行业发展现状及政策情况，并说明其对上市公司未来经营业绩和盈利能力的影响；

（二）上市公司主要经营模式、经营项目业态，主要项目所在城市的房地产销售情况，上市公司市场地位及竞争优势，面临的主要风险及应对措施；

（三）报告期内新增主要土地储备项目情况，包括但不限于宗地或项目名称、所在位置、土地规划用途、土地面积、计容建筑面积、土地取得方式、权益比例、土地总价款、权益对价等；分项目或区域列示的累计土地储备情况，包括但不限于项目或区域名称、总土地面积、总计容建筑面积、剩余可开发计容建筑面积等；

（四）报告期内主要项目开发情况，包括但不限于项目名称、所在位置、项目业态、权益比例、开工时间、开发进度（在建、竣工、停工等）、土地面积、计容建筑面积、累计竣工面积、本期竣工面积、预计总投资金额、累计已投资金额；项目实际开发进度与计划进度在投资金额、建设周期等方面出现50%以上差异，或者项目出现停工、达到可销售条件后的12个月内未实现销售等情形的，应当披露具体情况及原因；

（五）报告期内主要项目销售情况，包括但不限于项目名称、所在位置、项目业态、权益比例、计容建筑面积、可售面积、累计预售（销售）面积、本期预售（销售）面积、本期预售（销售）金额、累计结算面积、本期结算面积、本期结算金额等；

（六）报告期内主要项目出租情况，包括但不限于项目名称、所在位置、项目业态、权益比例、可出租面积、累计已出租面积、平均出租率等；

（七）涉及一级土地开发业务的，应当披露报告期内主要项目情况，包括但不限于项目名称、所在位置、权益比例、预计总投资金额、累计投资金额、规划平整土地面积、累计平整土地面积、本期平整土地面积、累计销售面积、本期销售面积、累计结算土地面积、本期结算土地面积、累计一级土地开发收入、本期一级土地开发收入、相关款项回收情况等；

（八）按融资途径（如银行贷款、票据、债券、信托融资、基金融资等）披露截至报告期末各类融资余额、融资成本区间或平均融资成本、期限结构等；

（九）结合房地产宏观环境及上市公司经营情况，披露发展战略和未来一年经营计划，包括但不限于土地储备、开发、销售和融资安排等；

（十）报告期内存在向其商品房承购人因银行抵押贷款提供担保的，应当披露截至报告期末尚存在担保责任的担保余额、报告期内已承担担保责任且涉及金额占上市公司最近一期经审计净利润10%以上的具体情况等；

（十一）上市公司直接或者间接与其员工共同投资开展房地产业务的，上市公司应当披露开展前述业务的总体情况，包括但不限于项目总数、员工跟投总额、占项目资金峰值比例、退出情况等。投资主体为上市公司董事、监事、高级管理人员及其所控制或者委托的组织，或者与其关系密切的家庭成员，且参与投资金额在30万元以上的，上市公司应当披露投资项目情况，包括但不限于项目名称、投资主体类别、各类主体投资金额及占比、占项目资金峰值比例、累计收益、退出情况等，并说明实际投资金额与收益分配金额的匹配性。

本所鼓励上市公司在半年度报告中披露前述信息。

10.3 上市公司应当依据自身经营模式和结算方式，在年度财务报告部分披露与房地产行业特征相关的收入确认、存货、投资性房地产等具体会计政策，并披露以下信息：

（一）在“存货”项目附注中按“开发成本”“开发产品”披露主要项目信息，包括但不限于项目名称、期初余额、本期增加、本期减少、期末余额；存货余额中的利息资本化金额及利息资本化率情况，截至报告期末权属受限存货的期末账面价值、受限原因等；

（二）在“存货跌价准备”项目附注中披露主要项目信息，包括但不限于项目名称、期初余额、本期增加、本期减少、期末余额，对于其中的在建项目，可以合并列示；涉及“停工”“烂尾”“空置”项目但不计提或者计提比例较低的，应当说明原因；

（三）对投资性房地产采用公允价值进行后续计量的，在“投资性房地产”项目附注中披露以下信息：

1. 报告期内新增以公允价值计量的投资性房地产的，披露主要项目的原会计核算方法、原账面价值、入账公允价值、变动时间、差额的处理方式及依据等；

2. 处于建设期的投资性房地产的主要项目情况，包括但不限于项目名称、所处位置、开工日期、预计投资总额、期初金额、期末金额、预计竣工时间；

3. 已竣工投资性房地产的主要项目情况，包括但不限于项目名称、所处位置、竣工时间、建筑面积、报告期内租金收入、期初公允价值、期末公允价值等；报告期内投资性房地产公允价值变动超过10%的，应当对比可比项目披露变动原因；投资性房地产公允价值变动损益占公司最近一期经审计净利润30%以上的，应当单独披露投资性房地产公允价值评估报告、评估说明或者市场价值调研报告；

（四）在“合同负债”项目附注中披露预售房产收款的信息，包括但不限于截至报告期末预售金额前五项目的名称、期初余额、期末余额；

（五）在“营业收入”项目附注中披露报告期内确认收入金额前五的项目名称、收入金额等。

本所鼓励上市公司在半年度报告中披露前述信息。

10.4　按照中国证监会行业分类，属于房地产行业的上市公司取得与房地产开发业务相关的土地储备时，视同购买原材料；涉及金额达到本所规定的重大合同标准的，应当及时披露土地位置、取得方式、土地规划用途、土地面积、计容建筑面积、容积率、成交金额、权益比例、权益对价等。

10.5　上市公司出售其持有的土地、未建成项目以及以出售股权的形式出售房产，达到《股票上市规则》规定标准的，应当及时履行相应的审议程序和临时信息披露义务。

上市公司所持有土地出现被政府收储、置换，或者市政规划调整等情形，且可能或者已经对上市公司产生重大影响的，应当及时披露并说明其影响情况。

10.6　上市公司拟建、在建项目的预计投资金额增减变化达到或者超过原预计投资金额的50%，且原预计投资金额占上市公司最近一期经审计净资产的10%以上的，应当及时披露项目的基本情况、投资成本变化情况、已投入金额、调整后年度预计投资计划、变化原因及影响等。

10.7　上市公司主要项目在开发、销售、售后过程中可能或者已经出现重大风险情形的，如项目的权益比例或者利益分配等发生重大变化、项目开发中出现“烂尾”“停工”“空置”等情况、发生重大安全事故、已竣工项目或者在建项目存在重大质量缺陷等，应当及时披露相关情况、影响及拟采取的措施。

10.8　按照中国证监会行业分类，属于房地产行业的上市公司及其控股子公司向其为开展房地产业务而成立的项目公司提供财务资助，同时满足以下条件的，上市公司可以对未来12个月内拟新增资助总额度进行合理预计，并提交股东大会审议：

（一）被资助对象符合《股票上市规则》规定的对象范围，且不是上市公司的董事、监事、高级管理人员、持股5%以上的股东控制的法人或其他组织；

（二）被资助对象从事单一主营业务且为房地产开发业务，且资助资金仅用于主营业务；

（三）被资助对象的其他股东或者其他合作方按出资比例提供同等条件的财务资助，包括资助金额、期限、利率、违约责任、担保措施等；

（四）拟新增资助总额度不超过上市公司最近一期经审计净资产的50%，对单个被资助对象的资助额度不超过上市公司最近一期经审计净资产的10%。

前述资助事项实际发生时，上市公司应当及时披露，任一时点的资助余额不得超过股东大会审议通过的资助额度。

10.9 上市公司直接或者间接与其员工共同投资开展房地产业务的，应当制定投资管理制度，并经董事会审议通过后及时披露。参与主体涉及上市公司董事、监事、高级管理人员及其所控制或者委托的组织，或者与其关系密切的家庭成员的，投资管理制度还应当提交股东大会审议。与该事项有关联关系的董事、股东应当在上市公司履行相应审议程序时回避表决。

投资管理制度的内容应当包括但不限于参与主体、参与项目范围（所在区域、开工时间等）、除上市公司以外的参与主体合计及单个主体所占权益比例上限、项目收益分配比例。涉及收益分配比例与参与主体实缴出资比例不一致的，上市公司应当充分说明收益分配政策的合理性，并由独立董事发表意见。投资管理制度应当明确上市公司不得对参与主体提供借款、担保或者任何融资便利。

10.10 上市公司开展投资性房地产业务，出现以下情形之一的，应当及时披露：

（一）拟变更投资性房地产后续计量模式的，应当按照会计政策变更的相关要求，履行审议程序和临时信息披露义务；

（二）采用公允价值对投资性房地产进行后续计量的企业，预计相关公允价值变动损益影响占上市公司最近一期经审计净利润10%以上的，应当在明确损益影响后及时披露，包括但不限于项目名称、所处位置、建筑面积、公允价值变动情况、公允价值评估方法、主要评估参数、变动原因及依据、对上市公司的影响等；

（三）在建投资性房地产、存货、在建工程或者固定资产等转为以公允价值计量的投资性房地产，如预计该次转换影响金额占上市公司最近一期经审计净利润或者净资产10%以上的，应当在明确转换时点后及时披露，包括但不限于项目名称、所处位置、建筑面积、原会计核算方法、原账面价值、入账公允价值、公允价值评估方法、主要评估参数、转换时间、转换原因、内部决策程序、差额的处理方式及依据、对上市公司的影响等；

（四）投资性房地产公允价值变动或计量模式转换的影响金额占上市公司最近一期经审计净利润或者净资产30%以上的，还应当单独披露投资性房地产公允价值评估报告、评估说明或者市场价值调研报告。

10.11 本所鼓励上市公司每月定期披露销售面积、销售金额、新增土地储备、新增融资等反映房地产业务特征的主要经营数据。公司披露前述数据时，各月数据的统计口径原则上应当保持一致，并披露统计口径。

10.12 本章所称“主要项目”，是指房地产项目预计投资金额或已投资金额占上市公司最近一期经审计总资产的10%以上，或者报告期内项目所产生的收入占上市公司最近一期经审计营业收入的10%以上，或者报告期内项目所产生的净利润占上市公司最近一期经审计净利润的10%以上。

第十一章 附 则

11.1 本指引所称“以上”含本数，“超过”“低于”不含本数。

11.2 本指引由本所负责解释。

11.3 本指引自发布之日起施行。

相关附件

附件：《深圳证券交易所上市公司自律监管指引第3号——行业信息披露》废止规则文件目录（略）

深圳证券交易所上市公司自律监管指引第5号——信息披露事务管理

【发布机关】深圳证券交易所
【发文字号】深证上〔2022〕17号
【发布日期】2022年1月7日

各市场参与人：

为优化上市公司自律监管规则体系，结合监管实践，本所在整合相关规定的基础上形成了《深圳证券交易所上市公司自律监管指引第5号——信息披露事务管理》，现予以发布，自发布之日起施行。

特此通知

深圳证券交易所
2022年1月7日

第一章 总　　则

第一条 为规范上市公司及相关信息披露义务人的信息披露行为，提高公司信息披露管理水平和信息披露质量，引导和督促公司做好信息披露及相关工作，保护投资者合法权益，根据《证券法》《上市公司信息披露管理办法》和《深圳证券交易所股票上市规则》《深圳证券交易所创业板股票上市规则》（以下统称《股票上市规则》）等规定，制定本指引。

第二条 在深圳证券交易所（以下简称本所）上市的股票及其衍生品种的信息披露及相关工作（以下简称信息披露工作），适用本指引，本所另有规定的除外。

第三条 上市公司应当按照《上市公司信息披露管理办法》《股票上市规则》和本指引的规定制定信息披露事务管理制度，保证信息披露事务管理制度内容的完整性与实施的有效性。

第四条 上市公司应当明确负责本公司信息披露的常设机构，即信息披露事务管理部门。

公司应当指定董事会秘书具体负责信息披露工作，保证董事会秘书能够及时、畅通地获取相关信息，除董事会秘书外的其他董事、监事、高级管理人员和其他相关人员，非经董事会书面授权并遵守《股票上市规则》及本指引等有关规定，不得对外发布任何公司未公开重大信息。

第五条 上市公司信息披露采用直通披露和非直通披露两种方式。公司应当通过本所信息披露业务技术平台（以下简称本所技术平台）和本所认可的其他方式将公告文件相关材料报送本所，并通过本所网站和符合中国证监会规定条件的媒体（以下统称符合条件媒体）对外披露。

第六条 上市公司应当按照本指引和本所自律监管指南有关信息披露业务的规定做好信息披露有关工作。

公司应当完整、准确地选择公告类别，不得错选、漏选公告类别，不得以直通披露公告类别代替非直通披露公告类别。

公司应当特别关注公告中涉及的业务参数等信息的录入工作，保证完整、准确地录入业务参数等信息。

第七条 在本所上市的公司同时有股票及其衍生品种在境外证券交易所上市的，公司及相关信息披露义务人应当保证境外证券交易所要求其披露的信息，同时在符合条件媒体上按照本指引和本所其他有关规定的要求对外披露。

公司及相关信息披露义务人在境外市场进行信息披露时，不属于本所市场信息披露时段的，应当在本所市场最近一个信息披露时段内予以披露。

上市公司及相关信息披露义务人就同一事件履行报告和公告义务时，应当保证同时向本所和境外证券交易所报告，公告内容应当一致。出现重大差异时，公司及相关信息披露义务人应当向本所说明，并披露更正或者补充公告。

第八条 上市公司应当按照《证券法》《上市公司监管指引第5号——上市公司内幕信息知情人登记管理制度》和《股票上市规则》等相关规定建立内幕信息知情人登记管理制度，对内幕信息的保密管理及在内幕信息依法公开披露前的内幕信息知情人的登记管理等作出规定。

第二章 信息披露事务管理制度

第九条 信息披露事务管理制度应当包括：

（一）明确上市公司应当披露的信息，确定披露标准；

（二）未公开信息的传递、审核、披露流程；

（三）信息披露事务管理部门及其负责人在信息披露中的职责；

（四）董事和董事会、监事和监事会、高级管理人员等的报告、审议和披露的职责；

（五）董事、监事、高级管理人员履行职责的记录和保管制度；

（六）未公开信息的保密措施，内幕信息知情人登记管理制度，内幕信息知情人的范围和保密责任；

（七）财务管理和会计核算的内部控制及监督机制；

（八）对外发布信息的申请、审核、发布流程；与投资者、中介机构、媒体等的信息沟通与制度；

（九）信息披露相关文件、资料的档案管理；

（十）涉及子公司的信息披露事务管理和报告制度；

（十一）未按规定披露信息的责任追究机制，对违反规定人员的处理措施；

（十二）中国证监会或者本所要求的其他内容。

信息披露事务管理制度应经公司董事会审议通过并披露。

第十条 上市公司信息披露事务管理制度应当结合信息披露相关法律法规以及本所相关业务规则规定的披露要求，确定本公司的信息披露标准，明确界定应当披露的信息范围。

第十一条 上市公司应当在信息披露事务管理制度中明确未公开信息的内部流转、审核及披露流程。

当出现、发生或者即将发生可能对公司股票及其衍生品种的交易价格产生较大影响的情形或者事件时，负有报告义务的责任人应当及时履行内部报告程序。董事长在接到报告后，应当立即向董事会报告，并敦促董事会秘书组织临时报告的披露工作。

第十二条 上市公司信息披露事务管理制度应当明确规定董事会秘书和信息披露事务管理部门在信息披露事务中的责任和义务，明确董事长对公司信息披露事务管理承担首要责任。

董事会秘书负责组织和协调公司信息披露事务，汇集上市公司应予披露的信息并报告董事会，持续关注媒体对公司的报道并主动求证报道的真实情况，办理公司信息对外公布等相关事宜。董事会秘书有权参加股东大会、董事会会议、监事会会议和高级管理人员相关会议，有权了解公司的财务和经营情况，查阅涉及信息披露事宜的所有文件。

董事会秘书需了解重大事件的情况和进展时，相关部门（包括公司控股子公司）及人员应当予以积极配合和协助，及时、准确、完整地进行回复，并根据要求提供相关资料。

第十三条 上市公司应当在信息披露事务管理制度中明确规定，董事和董事会、监事和监事会、高级管理人员应当配合董事会秘书信息披露相关工作，为董事会秘书和信息披露事务管理部门履行职责提供工作便利，财务负责人应当配合董事会秘书在财务信息披露方面的相关工作，董事会、监事会和公司管理层应当建立有效机制，确保董事会秘书能够第一时间获悉公司重大信息，保证信息披露的及时性、准确性、公平性和完整性。

董事会应当定期对公司信息披露管理制度的实施情况进行自查，发现问题的，应当及时改正。

独立董事和监事会负责对信息披露事务管理制度的实施情况进行监督，对公司信息披露事务管理制度的实施情况进行检查，发现重大缺陷应当及时提出处理建议并督促公司董事会进行改正，公司董事会不予改正的，应当立即向本所报告。独立董事、监事会应当在独立董事年度述职报告、监事会年度报告中披露对公司信息披露事务管理制度进行检查的情况。

第十四条 上市公司信息披露事务管理制度应当包括公司信息披露文件、内部资料的档案管理相关要求，设置明确的档案管理岗位及其工作职责，特别应当确立董事、监事、高级管理人员履行职责的记录和保管制度。

第十五条 上市公司信息披露事务管理制度应当健全对未公开信息的保密管理，明确应予保密的信息范围及判断标准，加强未公开重大信息内部流转过程中的保密工作，对公司、控股股东、实际控制人、董事、监事、高级管理人员以及其他核心人员使用网站、博客、微博、微信等媒体发布信息进行必要的关注和引导，明确未公开重大信息的密级，尽量缩小知情人员范围，防止泄露未公开重大信息。

第十六条 信息披露事务管理制度应当确立财务管理和会计核算的内部控制及监督机制。公司应当根据国家财政主管部门的规定建立并执行财务管理和会计核算的内部控制，公司董事会应当负责内部控制的制定和执行，保证相关控制规范的有效实施。公司内部审计部门应当对公司内部控制制度的建立和实施、公司财务信息的真实性和完整性等情况进行检查监督。

第十七条 信息披露事务管理制度应当明确公司对外发布信息的申请、审核、发布等流程，以及公司与投资者、中介机构、媒体等的信息沟通制度，确保严格遵守公平信息披露原则，保证投资者关系管理工作的顺利开展。

第十八条 上市公司应当在信息披露事务管理制度中明确规定对各部门及分公司、控股子公司的信息披露事务管理和报告制度，明确各部门及分公司、控股子公司重大信息的范围和报告流程。

上市公司应当要求控股子公司参照上市公司规定建立信息披露事务管理制度。

上市公司各部门及分公司、控股子公司的负责人是该单位向上市公司报告信息的第一责任人，应当督促该单位严格执行信息披露事务管理和报告制度，确保应予披露的重大信息及时上报给上市公司信息披露事务管理部门或者董事会秘书。

参股公司的信息披露事务管理和报告参照适用本条第一款、第二款的规定。

第十九条 上市公司信息披露事务管理制度应当明确公司实际控制人、控股股东和持股5%以上的股东相关重大信息的范围和通报流程，确保应予披露的重大信息及时通报给上市公司信息披露事务管理部门或者董事会秘书，履行相应的披露义务。

第二十条 上市公司信息披露事务管理制度应当明确，当市场出现有关公司的传闻时，公司董事会应当针对传闻内容是否属实、结论能否成立、传闻的影响、相关责任人等事项进行认真调查、核实，调查、核实传闻时应当尽量采取书面函询或者委托律师核查等方式进行。

公司董事会调查、核实的对象应当为与传闻有重大关系的机构或者个人，例如公司股东、实际控制人、行业协会、主管部门、公司董事、监事、高级管理人员、公司相关部门、参股公司、合作方、媒体、研究机构等。

第二十一条 上市公司应当在信息披露事务管理制度中健全对信息披露暂缓、豁免事项的管理，明确信息披露暂缓、豁免事项的内部审核程序。

公司应当审慎确定信息披露暂缓、豁免事项，公司决定对特定信息作暂缓、豁免披露处理的，应当由公司董事会秘书负责登记，并经公司董事长签字确认后，妥善归档保管。

第二十二条 上市公司应当在信息披露事务管理制度中明确未履行信息披露职责的责任追究机制，对违反信息披露事务管理制度或者对公司信息披露违规行为负有直接责任的部门和人员规定明确的处分措施，以及必要时追究相关责任人员法律责任的机制。

第二十三条 上市公司应当在信息披露事务管理制度中明确收到监管部门相关文件的内部报告、通报的范围、方式和流程。

第二十四条 董事会秘书应当定期对公司董事、监事、高级管理人员以及其他负有信息披露职责的人员开展信息披露制度方面的相关培训，将信息披露制度方面的相关内容通报给实际控制人、控股股东、持股5%以上的股东。

第三章 直通披露

第二十五条 本指引所称直通披露，是指上市公司将应当对外披露的信息通过本所技术平台直接提交至符合条件媒体进行披露的方式。

第二十六条 上市公司信息披露原则上采用直通披露方式，本所可以根据信息披露质量、规范运作程度等情况调整直通披露主体范围。

直通披露公告范围由本所确定，本所可以根据业务需要进行调整。

第二十七条 上市公司应当强化信息披露的责任意识，建立健全直通披露业务内部工作流程，严格按照本所相关规定编制公告，加强业务操作的风险防控，确保直通披露质量。

上市公司和相关信息披露义务人不得滥用直通披露业务，损害投资者合法权益。

第二十八条 上市公司可以在交易日6:00－20:30时段，单一非交易日或者连续非交易日的最后一日12:00－16:00时段提交直通披露公告。本所技术平台将相关公告发送至符合条件媒体的时间具体如下：

（一）对于交易日6:00－7:30时段提交的，本所技术平台在7:30后发送；7:30－8:00时段提交的，本所技术平台实时发送；8:00－11:30时段提交的，本所技术平台在11:30后发送；11:30－15:30时段提交的，本所技术平台在15:30后发送；15:30－20:30时段提交的，本所技术平台实时发送；

（二）对于单一非交易日或者连续非交易日的最后一日12:00－16:00时段提交的，本所技术平台在16:00后发送。

第二十九条 上市公司应当使用本所技术平台的上市公司业务专区提交信息披露相关文件。

为确保公司在提交信息披露相关文件等网上业务中能正确标识实体身份，保障网上业务的安全性，本所向公司发放“深圳证券交易所身份认证系统数字证书”（以下简称数字证书）。数字证书用于本所面向公司开放的各项网上业务，公司应当妥善保管数字证书及其密码，使用数字证书办理业务的行为视同公司行为，公司应当承担由此产生的法律责任。

本所向公司提供身份认证服务，办理公司与数字证书相关的业务，如数字证书的申领、挂失、冻结等。

第三十条 本所只提供上市公司将信息披露公告提交至符合条件媒体的技术平台，公司应当检查信息披露文件是否已经在符合条件媒体及时披露，如发现异常，应当立即向本所报告。

信息披露文件经符合条件媒体确认发布后，上市公司不得修改或者撤销。

第三十一条 上市公司和相关信息披露义务人通过直通方式披露信息，出现错误、遗漏或者误导等情形的，应当及时披露补充或者更正公告。

第三十二条 因不可抗力、意外事件及技术故障等原因，导致直通披露业务不能正常办理的，上市公司应当按照本所规定的其他方式办理信息披露事项。

第三十三条 上市公司及相关信息披露义务人违反本指引和有关规定，滥用直通披露公告发布应当事前审核的非直通披露公告，或者利用直通披露违规发布不当信息的，本所将视情况采取自律监管措施或者予以纪律处分。

第四章 内幕信息知情人登记管理

第三十四条 上市公司内幕信息知情人登记管理制度应当包括对公司下属各部门、分公司、控股子公司及上市公司能够对其实施重大影响的参股公司的内幕信息管理的内容，明确上述主体的内部报告义务、报告程序和有关人员的信息披露职责。

内幕信息知情人登记管理制度应当明确内幕信息知情人的保密义务、违反保密规定的责任和通过签订保密协议、禁止内幕交易告知书等必要方式将上述事项告知有关人员等内容。

第三十五条 本指引所称内幕信息，是指根据《证券法》相关规定，涉及上市公司的经营、财务或者对公司股票及其衍生品种交易价格有重大影响的尚未公开的信息。

第三十六条 本指引所称内幕信息知情人，是指可以接触、获取内幕信息的上市公司内部和外部相关人员，包括但不限于：

（一）公司及其董事、监事、高级管理人员；公司控股或者实际控制的企业及其董事、监事、高级管理人员；公司内部参与重大事项筹划、论证、决策等环节的人员；由于所任公司职务而知悉内幕信息的财务人员、内部审计人员、信息披露事务工作人员等。

（二）持有公司5%以上股份的股东及其董事、监事、高级管理人员；公司控股股东、第一大股东、实际控制人及其董事、监事、高级管理人员；公司收购人或者重大资产交易相关方及其控股股东、实际控制人、董事、监事、高级管理人员（如有）；相关事项的提案股东及其董事、监事、高级管理人员（如有）；因职务、工作可以获取内幕信息的证券监督管理机构工作人员，或者证券交易场所、证券登记结算机构、中介机构有关人员；因法定职责对证券的发行、交易或者对上市公司及其收购、重大资产交易进行管理可以获取内幕信息的有关主管部门、监管机构的工作人员；依法从公司获取有关内幕信息的其他外部单位人员；参与重大事项筹划、论证、决策、审批等环节的其他外部单位人员。

（三）由于与第（一）（二）项相关人员存在亲属关系、业务往来关系等原因而知悉公司有关内幕信息的其他人员。

（四）中国证监会规定的可以获取内幕信息的其他人员。

第三十七条 上市公司在内幕信息依法公开披露前，应当填写公司内幕信息知情人档案，并在内幕信息首次依法披露后5个交易日内向本所报送。

内幕信息知情人档案应当包括：姓名或者名称、国籍、证件类型、证件号码或者统一社会信用代码、股东代码、联系手机、通讯地址、所属单位、与上市公司关系、职务、关系人、关系类型、知情日期、知情地点、知情方式、知情阶段、知情内容、登记人信息、登记时间等信息。

知情时间是指内幕信息知情人知悉或者应当知悉内幕信息的第一时间。知情方式包括但不限于会谈、电话、传真、书面报告、电子邮件等。知情阶段包括商议筹划，论证咨询，合同订立，公司内部的报告、传递、编制、决议等。

第三十八条 上市公司发生以下重大事项的，应当按本指引规定向本所报送相关内幕信息知情人档案：

（一）重大资产重组；

（二）高比例送转股份；

（三）导致实际控制人或者第一大股东发生变更的权益变动；

（四）要约收购；

（五）证券发行；

（六）合并、分立、分拆上市；

（七）股份回购；

（八）年度报告、半年度报告；

（九）股权激励草案、员工持股计划；

（十）中国证监会或者本所要求的其他可能对公司股票及其衍生品种的交易价格有重大影响的事项。

公司披露重大事项后，相关事项发生重大变化的，公司应当及时向本所补充提交内幕信息知情人档案。

公司披露重大事项前，其股票及其衍生品种交易已经发生异常波动的，公司应当向本所报送相关内幕信息知情人档案。

上市公司应当结合具体情形，合理确定本次应当报送的内幕信息知情人的范围，保证内幕信息知情人登记档案的完备性和准确性。

第三十九条 公司进行第三十八条规定的重大事项的，应当做好内幕信息管理工作，视情况分阶段披露相关情况；还应当制作重大事项进程备忘录，记录筹划决策过程中各个关键时点的时间、参与筹划决策人员名单、筹划决策方式等内容，并督促筹划重大事项涉及的相关人员在备忘录上签名确认。上市公司股东、实际控制人及其关联方等相关主体应当配合制作重大事项进程备忘录。

重大事项进程备忘录应记载重大事项的每一具体环节和进展情况，包括方案论证、接洽谈判、形成相关意向、作出相关决议、签署相关协议、履行报批手续等事项的时间、地点、参与机构和人员。公司应当在内幕信息依法披露后5个交易日内向本所报送重大事项进程备忘录。

第四十条 上市公司筹划重大资产重组（包括发行股份购买资产），应当于首次披露重组事项时向本所报送内幕信息知情人档案。首次披露重组事项是指首次披露筹划重组、披露重组预案或者披露重组报告书的孰早时点。

公司首次披露重组事项至披露重组报告书期间重组方案重大调整、终止重组的，或者首次披露重组事项未披露标的资产主要财务指标、预估值、拟定价等重要要素的，应当于披露重组方案重大变化或者披露重要要素时补充提交内幕信息知情人档案。

公司首次披露重组事项后股票交易异常波动的，本所可以视情况要求公司更新内幕信息知情人档案。

第四十一条 内幕信息知情人档案和重大事项进程备忘录自记录（含补充完善）之日起至少保存10年。本所可视情况要求上市公司披露重大事项进程备忘录中的相关内容。

第四十二条 上市公司应当加强内幕信息管理，严格控制内幕信息知情人的范围。

第四十三条 在本指引第三十八条规定的重大事项公开披露前或者筹划过程中，上市公司依法需要向相关行政管理部门进行备案、报送审批或者进行其他形式的信息报送的，应当做好内幕信息知情人登记工作，并依据本所相关规定履行信息披露义务。

第四十四条 内幕信息知情人负有保密义务，在内幕信息依法披露前，不得透露、泄露上市公司内幕信息，不得利用内幕信息买卖或者建议他人买卖上市公司股票及其衍生品种，不得在投资价值分析报告、研究报告等文件中使用内幕信息。

第四十五条 上市公司应当按照中国证监会、本所的规定和要求，在年度报告、半年度报告和相关重大事项公告后5个交易日内对内幕信息知情人买卖本公司股票及其衍生品种的情况进行自查，发现内幕信息知情人进行内幕交易、泄露内幕信息或者建议他人利用内幕信息进行交易的，应当进行核实并依据其内幕信息知情人登记管理制度对相关人员进行责任追究，并在2个交易日内将有关情况及处理结果对外披露。

第四十六条　内幕信息知情人应当积极配合上市公司做好内幕信息知情人登记工作，按照本指引的相关要求，及时向公司提供真实、准确、完整的内幕信息知情人档案信息。

第四十七条　上市公司董事会应当对内幕信息知情人信息的真实性、准确性、完整性进行核查，保证内幕信息知情人档案的真实、准确和完整，报送及时。

公司董事会秘书负责办理公司内幕信息知情人登记入档和报送工作。

公司在报送内幕信息知情人档案的同时应当出具书面承诺，保证所填报内幕信息知情人档案及重大事项进程备忘录内容的真实、准确、完整，并向全部内幕信息知情人通报了法律法规对内幕信息知情人的相关规定。董事长及董事会秘书应当在书面承诺上签字确认。

监事会应当对内幕信息知情人登记管理制度实施情况进行监督。

第四十八条　保荐人、财务顾问、律师事务所等中介机构应当明确告知内幕信息知情人关于内幕信息登记报送的相关规定以及内幕信息知情人的相关法律责任，督促、协助上市公司核实内幕信息知情人档案、重大事项进程备忘录的真实、准确和完整，并及时报送。

第四十九条　本所可以根据相关规定、中国证监会要求及监管需要，对内幕信息知情人的股票及其衍生品种交易情况进行核查。

第五十条　上市公司应当按照中国证监会、国务院国有资产监督管理委员会关于内幕信息登记管理的相关要求，及时向本所报送内幕信息知情人档案和重大事项进程备忘录。

第五十一条　有下列情形之一的，本所将视情节和后果严重程度，对上市公司及相关主体采取相应的自律监管措施或者纪律处分：

（一）未按照本指引要求报送内幕信息知情人档案和重大事项进程备忘录；

（二）内幕信息知情人档案、重大事项进程备忘录存在虚假记载、重大遗漏和重大错误；

（三）拒不配合上市公司进行内幕信息知情人登记、重大事项备忘录制作；

（四）其他违反本指引规定的行为。

本所依照前款规定采取自律监管措施或者纪律处分，涉及国有控股上市公司或者其控股股东的，通报有关国有资产监督管理机构。

第五章　附　　则

第五十二条　本指引由本所负责解释。

第五十三条　本指引自发布之日起施行。

深圳证券交易所上市公司自律监管指引第6号——停复牌

【发布机关】深圳证券交易所
【发文字号】深证上〔2022〕18号
【发布日期】2022年1月7日

各市场参与人：

为优化上市公司自律监管规则体系，结合监管实践，本所对《深圳证券交易所上市公司信息披露指引第2号——停复牌业务》进行了修订，并更名为《深圳证券交易所上市公司自律监管指引第6号——停复牌》，现予以发布，自发布之日起施行。

《深圳证券交易所上市公司信息披露指引第2号——停复牌业务》（深证上〔2018〕666号）同时废止。

特此通知

深圳证券交易所

2022年1月7日

第一章 总 则

第一条 为规范上市公司股票及其衍生品种的停复牌业务，提高市场效率，保护投资者的交易权、知情权等合法权益，根据《中华人民共和国证券法》《上市公司信息披露管理办法》《证券交易所管理办法》《上市公司重大资产重组管理办法》《上市公司证券发行管理办法》《上市公司股票停复牌规则》等法律、行政法规、部门规章、规范性文件和《深圳证券交易所股票上市规则》《深圳证券交易所创业板股票上市规则》（以下统称《股票上市规则》）等规定，制定本指引。

第二条 上市公司发生《股票上市规则》和本指引规定的停复牌事项，应当向本所申请对其股票及其衍生品种停牌与复牌，并严格按照《股票上市规则》和本指引的要求及时履行相应的信息披露义务。

未有明确规定的，公司可以以本所认为合理的理由向本所申请对其股票及其衍生品种停牌与复牌，本所视情况决定公司股票及其衍生品种的停牌与复牌事宜。

第三条 上市公司应当维护证券交易连续性，审慎申请停牌，不得以停牌代替相关方的信息保密义务。

第四条 上市公司筹划重大事项，应当分阶段披露所筹划事项的具体情况，不得以相关事项结果尚不确定为由随意申请停牌。

难以按照前款规定分阶段披露所筹划重大事项，确有需要申请停牌的，公司应当明确停牌事由，合理确定停牌时间，尽可能缩短停牌时长，并及时申请复牌。

第五条 上市公司及其股东、实际控制人，董事、监事、高级管理人员和其他交易各方，以及提供服务的中介机构，在筹划重大事项过程中，应当严格履行保密义务，建立健全保密制度，做好信息管理和内幕信息知情人登记工作，及时履行相关审议程序和信息披露义务，保证投资者及时、充分、公平地获取信息。

第六条 上市公司申请停牌的，应当在非交易时间向本所提交停牌申请、停牌公告、筹划相关事项的证明文件（如适用）和本所要求提供的其他文件。停牌申请和停牌公告应当包括公司股票及其衍生品种的停复牌安排、停牌具体事由、停牌期限、申请停牌的规则依据等。

停牌期间，公司应当分阶段披露所筹划重大事项的进展情况，避免笼统、概括式披露，并至少每 5 个交易日披露一次进展公告。

公司完成重大事项筹划、停牌期限届满或者终止筹划重大事项的，应当立即申请复牌。公司应当披露停牌期间筹划事项的主要工作、事项进展、对公司的影响以及后续安排等事项，并充分提示相关事项的风险和不确定性。终止筹划重大事项的，还应当披露终止筹划的具体原因及决策程序。

第七条 上市公司董事、监事、高级管理人员和其他交易各方等，应当勤勉尽责，在停牌期间积极推进所筹划事项，严格履行信息披露义务，尽可能缩短停牌时长，保障投资者的交易权利。

为公司筹划重大事项提供服务的中介机构，应当勤勉尽责，严格按照职业操守和执业要求，及时开展尽职调查以及审计、评估等工作，客观公正地发表意见，协助公司尽快完成各项筹划工作。

第八条 上市公司因筹划重大事项申请停牌的，本所依据本指引及本所相关业务规则予以办理，公司的停牌申请不符合本指引规定的事由、条件和要求的，本所不予受理。

本所可以依据中国证监会的要求、市场情况或者上市公司股票及其衍生品种的交易情况，作出公司股票及其衍生品种停牌和复牌的决定。

当证券市场交易出现极端异常情况，本所可以根据中国证监会的决定或者市场实际情况，暂停办理上市公司停牌申请，维护市场交易的连续性和流动性，保护投资者的交易权。

第二章 筹划重大资产重组

第九条 上市公司筹划发行股份购买资产，可以根据实际情况申请短期停牌，停牌时间不超过 10 个交易日。停牌期间更换重组标的，累计停牌时间不得超过 10 个交易日。

公司筹划发行股份购买资产拟申请停牌的，应当在首次提交披露有关事项的同时申请停牌。

公司不停牌筹划发行股份购买资产的，应当做好信息保密工作，在重组预案或者报告书披露前，不得披露所筹划重组的相关信息。相关信息发生泄露的，公司应当及时申请停牌或在第一时间披露重组预案或者报告书。

公司筹划其他类型重组的，应当分阶段披露相关情况，不得申请停牌。

公司筹划发行可转换公司债券购买资产的，参照发行股份购买资产适用本指引规定。

公司分阶段披露所筹划重组（涉及发行股份购买资产的除外）的有关情况，首次披露应当包括该次重组交易方式、交易标的所属行业、是否已签署交易意向性文件、是否可能不构成重大资产重组等信息。

第十条 上市公司筹划发行股份购买资产申请停牌的，应当在停牌公告中披露重组标的名称、交易对手方、交易方式、本次重组的意向性文件或者框架协议、本次重组涉及的中介机构（如有）等基本信息。

重组交易涉及通过竞拍方式进行，在停牌公告中披露重组标的名称可能不利于公司参与竞拍的，公司可以暂缓披露。中介机构（如有）应当就此发表核查意见并对外披露。暂缓披露的原因已消除的，公司应当及时披露重组标的名称、交易对手方及进展情况。

重组标的涉及境外上市公司，在停牌公告中披露重组标的名称可能影响重组标的境外市场交易的，公司可以暂缓披露标的资产及交易对手方名称，但应当披露重组标的资产的行业类型。中介机构（如有）应当就此发表核查意见并对外披露。公司最迟应当与境外上市公司同步披露标的资产及交易对手方。

第十一条 上市公司筹划发行股份购买资产申请停牌的，应当在复牌前披露截至停牌前一个交易日的公司前十大股东和前十大流通股股东的名称、持股数量和所持股份类别。

第十二条 上市公司应当在停牌期限届满前披露经董事会审议通过的重组预案或者报告书，并申请复牌；未能按期披露重组预案或者报告书的，应当终止筹划本次重组并申请复牌。

公司无法在本指引第九条规定的停牌期限届满前披露重组预案或者报告书，但国家有关部门对相关事项的停复牌时间另有要求的，公司可以在充分披露筹划事项的进展、继续停牌的原因和预计复牌时间后向本所申请继续停牌，但连续停牌时间原则上不得超过25个交易日。涉及国家重大战略项目、国家军工秘密等事项，对停复牌时间另有要求的，从其要求。

第十三条 上市公司披露重组预案或者报告书后，本所按规定进行信息披露审查问询及公司回复本所问询期间，公司股票及其衍生品种原则上不停牌。

第十四条 上市公司筹划重组期间更换财务顾问等中介机构，不得以此为由申请停牌或者延期复牌，并应当及时披露有关事项，充分提示风险。

第十五条 上市公司筹划涉及发行股份购买资产，可以在披露重组预案或者报告书后，以对相关方案作出重大调整为由申请停牌，停牌时间不得超过5个交易日。公司应及时披露重大调整的具体情况、当前进展、后续安排以及尚需履行的程序等事项，并申请复牌。

第十六条 上市公司筹划重组至披露重大资产重组报告书期间，应当编制交易进程备忘录。

公司应当每个月披露一次相关事项的具体进展情况及筹划的事项是否发生变更等具体信息，逾期未披露的，本所可以视情况对公司所筹划重组事项的真实性予以核查。

第十七条 上市公司筹划发行股份购买资产，公司或其现任董事、监事、高级管理人员、控股股东、实际控制人等在停牌期间因涉嫌违法违规被司法机关立案侦查或者被中国证监会立案调查的，公司应当核实并披露该事项对公司本次重组的影响，不能继续推进的，应当及时申请复牌。

公司筹划其他重大事项，相关主体在停牌期间因涉嫌违法违规被司法机关立案侦查或者被中国证监会立案调查的，参照上述规定办理。

第三章　其他重大事项

第十八条　上市公司筹划控制权变更、要约收购等事项的，原则上应当分阶段披露筹划进展。确需申请停牌的，可以申请停牌不超过2个交易日。确有必要的，可以延期至5个交易日。

公司首次披露筹划控制权变更、要约收购事项的，应当披露交易对手方所属行业、所涉及的股权比例范围，以及是否涉及有权部门事前审批等。

第十九条　上市公司破产重整期间原则上股票及其衍生品种不停牌，公司应当分阶段披露重整事项的进展。确需申请停牌的，应当披露停牌具体事由、重整事项的进展和预计复牌时间等内容，可以申请停牌不超过2个交易日。确有必要的，可以延期至5个交易日。

第二十条　上市公司筹划本指引规定的可停牌事项之外的其他重大事项，应当分阶段披露筹划进展，不得申请停牌，但中国证监会及本所另有规定的除外。

第二十一条　上市公司风险事项存在重大不确定性，可能严重影响市场秩序、损害投资者合法权益，中国证监会或者本所认为有必要的，公司可以申请停牌。

第四章　停复牌的办理和监管

第二十二条　上市公司申请停复牌的，应当向本所提交下列文件：

（一）经董事长签字、董事会盖章的停复牌申请表；

（二）按本指引第六条的规定编制的停复牌公告；

公司筹划发行股份购买资产申请停牌的，还应当向本所提交以下文件：

（一）经本次重组的交易对手方或者其主管部门盖章确认的关于本次重组的意向性文件或者框架协议；

（二）交易对手方关于不存在《上市公司监管指引第7号——上市公司重大资产重组相关股票异常交易监管》第十三条情形的说明文件。

公司无法按照本指引的规定在申请停牌时提交相关文件的，本所不予受理公司停牌申请，但国家有关部门对相关事项另有要求的除外。

第二十三条　上市公司停牌后，本所发现公司的停牌事由不成立，或者其停牌申请不符合或不再符合本指引规定的条件和要求的，本所可以要求公司立即申请复牌。公司未按要求申请的，本所可以予以强制复牌，并要求公司披露相关情况，作出解释说明。

第二十四条　本所可以视情况，要求公司及相关方补充提交有关文件，或者要求公司及相关方聘请财务顾问等中介机构，对公司停牌事由和停牌时间合理性、重大事项终止原因的真实性等事项发表意见，并对外披露。

第二十五条　上市公司违反本指引等有关规定，滥用停牌或者不履行相应决策程序和信息披露义务，损害投资者合法权益的，本所可以交易所公告等形式，向市场说明有关情况，并对公司股票及其衍生品种实施强制复牌。

公司股票及其衍生品种被本所实施强制停牌或者复牌，公司应当及时披露相关内容，向市场作出解释说明。

第二十六条　对于股票及其衍生品种累计停牌时间过长或者频繁停牌的上市公司，本所将在官网公示公司的停牌情况，包括停牌时长、最近1年内停牌次数、停牌原因、公司停牌进展披露情况等。

第二十七条 上市公司申请停牌不审慎，或者公司及其控股股东、实际控制人等相关方存在滥用停牌、拖延复牌时间、违反承诺、不履行相应决策程序以及信息披露不真实、不准确、不完整等行为的，本所可以采取开展现场检查等措施，并视情况对公司及相关当事人采取监管措施或者予以纪律处分。

为公司提供服务的中介机构在公司停复牌办理中未勤勉尽责，出具意见不审慎的，本所视情况采取监管措施或者予以纪律处分。

本所发现公司在停复牌过程中涉嫌违反法律、行政法规及中国证监会有关规定的，视情况提请中国证监会及其派出机构核查。

第五章 附 则

第二十八条 本指引由本所负责解释。

第二十九条 本指引自发布之日起施行。

深圳证券交易所上市公司自律监管指引 第7号——交易与关联交易

【发布机关】深圳证券交易所
【发文字号】深证上〔2022〕19号
【发布日期】2022年1月7日

各市场参与人：

为优化上市公司自律监管规则体系，结合监管实践，本所对《深圳证券交易所上市公司信息披露指引第5号——交易与关联交易》进行了修订，并更名为《深圳证券交易所上市公司自律监管指引第7号——交易与关联交易》，现予以发布，自发布之日起施行。

《深圳证券交易所上市公司信息披露指引第5号——交易与关联交易》（深证上〔2020〕451号）同时废止。

特此通知

深圳证券交易所
2022年1月7日

第一章 总 则

第一条 为规范上市公司交易与关联交易行为，提高上市公司规范运作水平，保护投资者的合法权益，根据《中华人民共和国公司法》（以下简称《公司法》）、《中华人民共和国证券法》（以下简称《证券法》）和《上市公司信息披露管理办法》等法律法规、部门规章、规范性文件，以及《深圳证券交易所股票上市规则》《深圳证券交易所创业板股票上市规则》（以下统称《股票上市规则》）等业务规则，制定本指引。

第二条 上市公司发生《股票上市规则》规定的交易与关联交易事项适用本指引。

第三条 上市公司应当建立健全交易与关联交易的内部控制制度，明确交易与关联交易的决策权限和审议程序，并在关联交易审议过程中严格实施关联董事和关联股东回避表决制度。

上市公司交易与关联交易行为应当定价公允、审议程序合规、信息披露规范。

第四条 上市公司交易与关联交易行为应当合法合规，不得隐瞒关联关系，不得通过将关联交易非关联化规避相关审议程序和信息披露义务。相关交易不得存在导致或者可能导致上市公司出现被控股股东、实际控制人及其他关联人非经营性资金占用、为关联人违规提供担保或者其他被关联人侵占利益的情形。

第五条 上市公司交易或关联交易事项应当根据《股票上市规则》的相关规定适用连续 12 个月累计计算原则。上市公司已披露但未履行股东大会审议程序的交易或关联交易事项，仍应当纳入累计计算范围以确定应当履行的审议程序。

上市公司交易或关联交易事项因适用连续 12 个月累计计算原则达到披露标准的，可以仅将本次交易或关联交易事项按照相关要求披露，并在公告中简要说明前期累计未达到披露标准的交易或关联交易事项。

上市公司交易或关联交易事项因适用连续 12 个月累计计算原则应当提交股东大会审议的，可以仅将本次交易或关联交易事项提交股东大会审议，并在公告中简要说明前期未履行股东大会审议程序的交易或关联交易事项。

第六条 上市公司在审议交易或关联交易事项时，应当详细了解交易标的真实状况和交易对方诚信记录、资信状况、履约能力等，审慎评估相关交易的必要性与合理性、定价依据的充分性、交易价格的公允性和对上市公司的影响，重点关注是否存在交易标的权属不清、交易对方履约能力不明、交易价格不明确等问题，并按照《股票上市规则》的要求聘请中介机构对交易标的进行审计或者评估。

交易对方应当配合上市公司履行相应的审议程序和信息披露义务。

第七条 上市公司应当及时通过本所网站业务管理系统填报或更新上市公司关联人名单及关联关系信息。

第八条 除《股票上市规则》规定的情形外，上市公司依据其公司章程或其他规定，以及上市公司自愿提交股东大会审议的交易或关联交易事项，应当适用《股票上市规则》有关审计或者评估的要求，本所另有规定的除外。涉及关联交易的，还应当披露独立董事的事前认可情况和发表的独立意见。

第九条 上市公司购买或出售交易标的少数股权，达到应当提交股东大会审议标准的，应当按照规定聘请会计师事务所对交易标的最近一年又一期财务会计报告进行审计。如因上市公司在交易前后均无法对交易标的形成控制、共同控制或重大影响等客观原因，导致确实无法对交易标的最近一年又一期财务会计报告进行审计或者提供相应审计报告的，上市公司可以充分披露相关情况并免于披露审计报告，中国证监会或者本所另有规定的除外。

第十条 上市公司因合并报表范围发生变更等情形导致新增关联人的，在相关情形发生前与该关联人已签订协议且正在履行的交易事项，应当在相关公告中予以充分披露，并可免于履行《股票上市规则》规定的关联交易相关审议程序，不适用关联交易连续 12 个月累计计算原则，此后新增的关联交易应当按照《股票上市规则》的相关规定披露并履行相应程序。

上市公司因合并报表范围发生变更等情形导致形成关联担保的不适用前款规定。

第十一条 上市公司披露的交易事项涉及资产评估的，应当按照相关规定披露评估情况。

提交股东大会审议的交易事项涉及的交易标的评估值增减值较大或与历史价格差异较大的，上市公司应当详细披露增减值原因、评估结果的推算过程。上市公司董事会应当对评估机构的选聘、评估机构的独立性、评估假设和评估结论的合理性发表明确意见。独立董事应当对选聘评估机构的程序、评估机构的胜任能力、评估机构的独立性、评估假设和评估结论的合理性发表明确意见。

第二章 关联交易的审议和披露

第一节 财务公司关联交易

第十二条 上市公司与存在关联关系的企业集团财务公司（以下简称财务公司）以及上市公司控股的财务公司与关联人发生存款、贷款等金融业务的，相关财务公司应当具备相应业务资质，且相关财务公司的基本财务指标应当符合中国人民银行、中国银行保险监督管理委员会等监管机构的规定。

上市公司通过不具备相关业务资质的财务公司与关联人发生关联交易，构成关联人非经营性资金占用的，上市公司应当及时披露并按照规定予以解决。

第十三条 上市公司与存在关联关系的财务公司发生存款、贷款等金融业务，应当以存款本金额度及利息、贷款利息金额等的较高者为标准适用《股票上市规则》的相关规定。

上市公司控股的财务公司与关联人发生存款、贷款等金融业务，应当以存款利息、贷款本金额度及利息金额等的较高者为标准适用《股票上市规则》的相关规定。

第十四条 上市公司与关联人发生涉及财务公司的关联交易，应当签订金融服务协议，作为单独议案提交董事会或者股东大会审议并披露。

金融服务协议应当明确协议期限、交易类型、各类交易预计额度、交易定价、风险评估及控制措施等内容，并予以披露。

金融服务协议超过 3 年的，应当每 3 年重新履行审议程序和信息披露义务。

第十五条 上市公司与存在关联关系的财务公司签署金融服务协议，应当在资金存放于财务公司前取得并审阅财务公司经审计的年度财务报告，并对财务公司的经营资质、业务和风险状况进行评估，出具风险评估报告，作为单独议案提交董事会审议并披露。风险评估报告应当至少包括财务公司及其业务的合法合规情况、是否存在违反《企业集团财务公司管理办法》等规定情形、经符合《证券法》规定的会计师事务所审计的最近一年主要财务数据、持续风险评估措施等内容。

第十六条 上市公司与关联人发生涉及财务公司的关联交易，应当制定以保障资金安全性为目标的风险处置预案，分析可能出现的影响上市公司资金安全的风险，针对相关风险提出解决措施及资金保全方案并明确相应责任人，作为单独议案提交董事会审议并披露。

关联交易存续期间，上市公司应当指派专门机构和人员对存放于财务公司的资金风险状况进行动态评估和监督。如出现风险处置预案确定的风险情形，上市公司应当及时予以披露，并积极采取措施保障上市公司利益。财务公司等关联人应当及时书面告知上市公司，并配合上市公司履行信息披露义务。

第十七条 上市公司独立董事应当对财务公司的资质、关联交易的必要性、公允性以及对上市公司的影响等发表意见，并对金融服务协议的合理性、风险评估报告的客观性和公正性、风险处置预案的充分性和可行性等发表意见。

第十八条 上市公司与存在关联关系的财务公司或上市公司控股的财务公司与关联人发生存款、贷款等关联交易，应当披露存款、贷款利率等的确定方式，并与存款基准利率、贷款市场报价利率等指标对比，说明交易定价是否公允，是否充分保护上市公司利益和中小股东合法权益。

第十九条 上市公司与关联人签订金融服务协议约定每年度各类金融业务规模，应当在协议期间内的每个年度及时披露预计业务情况：

（一）该年度每日最高存款限额、存款利率范围；

（二）该年度贷款额度、贷款利率范围；

（三）该年度授信总额、其他金融业务额度等。

上市公司与关联人签订超过1年的金融服务协议，约定每年度各类金融业务规模，并按照规定提交股东大会审议，且协议期间财务公司不存在违法违规、业务违约、资金安全性和可收回性难以保障等可能损害上市公司利益或风险处置预案确定的风险情形的，上市公司应当按照前款规定履行信息披露义务，并就财务公司的合规经营情况和业务风险状况、资金安全性和可收回性，以及不存在其他风险情形等予以充分说明。

如财务公司在协议期间发生前述风险情形，且上市公司拟继续在下一年度开展相关金融业务的，上市公司与关联人应当重新签订下一年度金融服务协议，充分说明继续开展相关金融业务的主要考虑及保障措施，并履行股东大会审议程序。

第二十条 上市公司应当在定期报告中持续披露涉及财务公司的关联交易情况，每半年取得并审阅财务公司的财务报告，出具风险持续评估报告，并与半年度报告、年度报告同步披露。

风险持续评估报告应当强化现金管理科学性，结合同行业其他上市公司资金支出情况，对报告期内资金收支的整体安排及其在财务公司存款是否将影响正常生产经营作出必要说明，包括是否存在重大经营性支出计划、同期在其他银行存贷款情况、在财务公司存款比例和贷款比例及其合理性、对外投资理财情况等。其中，上市公司在财务公司存（贷）款比例是指上市公司在财务公司的存（贷）款期末余额占其在财务公司和银行存（贷）款期末余额总额的比例。

为上市公司提供审计服务的会计师事务所应当每年度提交涉及财务公司关联交易的存款、贷款等金融业务的专项说明，按照存款、贷款等不同金融业务类别，分别统计每年度的发生额、余额，并与年度报告同步披露。保荐人、独立财务顾问在持续督导期间应当每年度对金融服务协议条款的完备性、协议的执行情况、风险控制措施和风险处置预案的执行情况，以及上市公司对上述情况的信息披露的真实性进行专项核查，并与年度报告同步披露。独立董事应当结合会计师事务所等中介机构的专项说明，就涉及财务公司的关联交易事项是否公平、上市公司资金独立性、安全性以及是否存在被关联人占用的风险、是否损害上市公司利益等发表明确意见，并与年度报告同步披露。

第二节 关联共同投资

第二十一条 上市公司与关联人共同投资，向共同投资的企业增资、减资，或者通过增资、购买非关联人投资份额而形成与关联人共同投资或者增加投资份额的，应当以上市公司的投资、增资、减资、购买投资份额的发生额作为计算标准，适用《股票上市规则》关联交易的相关规定。

第二十二条 上市公司关联人单方面向上市公司控制的企业增资或者减资，应当以关联人增资或者减资发生额作为计算标准，适用《股票上市规则》关联交易的相关规定。涉及有关放弃权利情形的，还应当适用放弃权利的相关规定。

上市公司关联人单方面向上市公司参股企业增资，或者上市公司关联人单方面受让上市公司拥有权益主体的其他股东的股权或者投资份额等，构成关联共同投资，涉及有关放弃权利情形的，应当适用放弃权利的相关规定；不涉及放弃权利情形，但可能对上市公司的财务状况、经营成果构成重大影响或者导致上市公司与该主体的关联关系发生变化的，上市公司应当及时披露。

董事会应当充分说明未参与增资或收购的原因，并分析该事项对公司的影响。

第二十三条 上市公司及其关联人向上市公司控制的关联共同投资企业以同等对价同比例现金增资，达到应当提交股东大会审议标准的，可免于按照《股票上市规则》的相关规定进行审计或者评估。

第三节 日常关联交易

第二十四条 上市公司根据《股票上市规则》的相关规定对日常关联交易进行预计应当区分交易对方、交易类型等分别进行预计。若关联人数量众多，上市公司难以披露全部关联人信息的，在充分说明原因的情况下可简化披露，其中预计与单一法人主体发生交易金额达到《股票上市规则》规定披露标准的，应当单独列示预计交易金额及关联人信息，其他法人主体可以同一控制为口径合并列示上述信息。

第二十五条 上市公司对日常关联交易进行预计，在适用关于实际执行超出预计金额的规定时，以同一控制下的各个关联人与上市公司实际发生的各类关联交易合计金额与对应的预计总金额进行比较。非同一控制下的不同关联人与上市公司的关联交易金额不合并计算。

第二十六条 上市公司委托关联人销售公司生产或者经营的各种产品、商品，或者受关联人委托代为销售其生产或者经营的各种产品、商品的，除采取买断式委托方式的情形外，可以按照合同期内应支付或者收取的委托代理费为标准适用《股票上市规则》的相关规定。

第四节 关联购买和出售资产

第二十七条 上市公司向关联人购买资产，按照规定应当提交股东大会审议且成交价格相比交易标的账面值溢价超过100%的，如交易对方未提供在一定期限内交易标的盈利担保、补偿承诺或者回购承诺的，上市公司应当说明具体原因，是否采取相关保障措施，是否有利于保护上市公司利益和中小股东合法权益。

第二十八条 上市公司因购买或出售资产可能导致交易完成后上市公司控股股东、实际控制人及其他关联人对上市公司形成非经营性资金占用的，应当在公告中明确合理的解决方案，并在相关交易实施完成前解决，避免形成非经营性资金占用。

第三章 重大交易的审议和披露

第一节 证券投资与衍生品交易

第二十九条 上市公司从事证券投资与衍生品交易的，适用本节规定，但下列情形除外：

（一）作为公司或其控股子公司主营业务的证券投资与衍生品交易行为；

（二）固定收益类或者承诺保本的投资行为；

（三）参与其他上市公司的配股或者行使优先认购权利；

（四）购买其他上市公司股份超过总股本的10%，且拟持有3年以上的证券投资；

（五）公司首次公开发行股票并上市前已进行的投资。

第三十条 本节所述证券投资，包括新股配售或者申购、证券回购、股票及存托凭证投资、债券投资以及本所认定的其他投资行为。

本节所述衍生品交易，是指远期、期货、掉期（互换）和期权等产品或者混合上述产品特征的金融工具交易。衍生品的基础资产既可以是证券、指数、利率、汇率、货币、商品等标的，也可以是上述标的的组合。

第三十一条 上市公司应当合理安排、使用资金，致力发展公司主营业务，不得使用募集资金从事证券投资与衍生品交易。

公司从事套期保值业务的期货品种应当仅限于与公司生产经营相关的产品或者所需的原材料。本所不鼓励公司从事以投机为目的的衍生品交易。

第三十二条 上市公司从事证券投资与衍生品交易，应当遵循合法、审慎、安全、有效的原则，建立健全内控制度，控制投资风险，注重投资效益。

公司应当分析投资的可行性与必要性，制定严格的决策程序、报告制度和监控措施，明确授权范围、操作要点与信息披露等具体要求，并根据公司的风险承受能力确定投资规模及期限。

公司董事会应当持续跟踪证券投资与衍生品交易的执行进展和投资安全状况，如出现投资发生较大损失等异常情况的，应当立即采取措施并按规定履行披露义务。

第三十三条 上市公司从事衍生品交易的，应当合理配备投资决策、业务操作、风险控制等专业人员，指定董事会相关委员会审查衍生品交易的必要性、可行性及风险控制情况。必要时可以聘请专业机构就衍生品交易出具可行性分析报告。

公司从事衍生品交易的，原则上应当控制现货与衍生品在种类、规模及时间上相匹配，并制定切实可行的应急处理预案，以及时应对交易过程中可能发生的重大突发事件。

第三十四条 上市公司因交易频次和时效要求等原因难以对每次证券投资履行审议程序和披露义务的，可以对未来 12 个月内证券投资范围、额度及期限等进行合理预计，证券投资额度占公司最近一期经审计净资产 10% 以上且绝对金额超过 1000 万元人民币的，应当在投资之前经董事会审议通过并及时履行信息披露义务。证券投资额度占公司最近一期经审计净资产 50% 以上且绝对金额超过 5000 万元人民币的，还应当提交股东大会审议。

相关额度的使用期限不应超过 12 个月，期限内任一时点的交易金额（含前述投资的收益进行再投资的相关金额）不应超过证券投资额度。

上市公司与关联人之间进行证券投资的，还应当以证券投资额度作为计算标准，适用《股票上市规则》关联交易的相关规定。

第三十五条 上市公司从事衍生品交易，应当提供可行性分析报告，提交董事会审议并及时履行信息披露义务，独立董事应当发表专项意见。

公司因交易频次和时效要求等原因难以对每次衍生品交易履行审议程序和披露义务的，可以对未来 12 个月内衍生品交易的范围、额度及期限等进行合理预计，额度金额超出董事会权限范围的，还应当提交股东大会审议。

相关额度的使用期限不应超过 12 个月，期限内任一时点的交易金额（含前述投资的收益进行再投资的相关金额）不应超过衍生品交易额度。

第三十六条 上市公司与关联人之间进行衍生品交易的，除应当经董事会审议通过外，还应当提交股东大会审议。

第三十七条 上市公司应当针对各类衍生品或者不同交易对手设定适当的止损限额，明确止损处理业务流程，并严格执行止损规定。

公司相关部门应当跟踪衍生品公开市场价格或者公允价值的变化，及时评估已交易衍生品的风险敞口变化情况，并向管理层和董事会提交包括衍生品交易授权执行情况、衍生品交易头寸情况、风险评估结果、本期衍生品交易盈亏状况、止损限额执行情况等内容的风险分析报告。

第三十八条 上市公司已交易衍生品的公允价值减值与用于风险对冲的资产（如有）价值变动加总，导致合计亏损或者浮动亏损金额每达到公司最近 1 年经审计的归属于上市公司股东净利润的 10% 且绝对金额超过 1000 万元人民币的，公司应当及时披露。

第二节 委托理财

第三十九条 本节所称委托理财，是指上市公司委托银行、信托、证券、基金、期货、保险资产管理机构、金融资产投资公司、私募基金管理人等专业理财机构对其财产进行投资和管理或者购买相关理财产品的行为。

以资金管理、投资理财等投融资活动为主营业务的上市公司或其控股子公司，其业务行为不适用本节规定。

第四十条 上市公司进行委托理财的，应当建立健全委托理财专项制度，明确决策程序、报告制度、内部控制及风险监控管理措施等。

上市公司应当选择资信状况及财务状况良好、无不良诚信记录及盈利能力强的合格专业理财机构作为受托方，并与受托方签订书面合同，明确委托理财的金额、期限、投资品种、双方的权利义务及法律责任等。

第四十一条 上市公司如因交易频次和时效要求等原因难以对每次委托理财履行审议程序和披露义务的，可以对未来 12 个月内委托理财范围、额度及期限等进行合理预计，委托理财额度占公司最近一期经审计净资产 10% 以上且绝对金额超过 1000 万元人民币的，应当在投资之前经董事会审议通过并及时履行信息披露义务。委托理财额度占公司最近一期经审计净资产 50% 以上且绝对金额超过 5000 万元人民币的，还应当提交股东大会审议。

相关额度的使用期限不应超过 12 个月，期限内任一时点的交易金额（含前述投资的收益进行再投资的相关金额）不应超过委托理财额度。

上市公司与关联人之间进行委托理财的，还应当以委托理财额度作为计算标准，适用《股票上市规则》关联交易的相关规定。

第四十二条 上市公司不得通过委托理财等投资的名义规避购买资产或者对外投资应当履行的审议程序和信息披露义务，或者变相为他人提供财务资助。

公司可对理财产品资金投向实施控制或者重大影响的，应当充分披露资金最终投向、涉及的交易对手方或者标的资产的详细情况，并充分揭示投资风险以及公司的应对措施。

第四十三条 进行委托理财的上市公司发生以下情形之一的，应当及时披露相关进展情况和拟采取的应对措施：

（一）理财产品募集失败、未能完成备案登记、提前终止、到期不能收回；

（二）理财产品协议或相关担保合同主要条款变更；

（三）受托方或资金使用方经营或财务状况出现重大风险事件；

（四）其他可能会损害上市公司利益或具有重要影响的情形。

第三节 与专业投资机构共同投资及合作

第四十四条 上市公司与专业投资机构共同设立并购基金或产业基金等投资基金（以

下简称投资基金，组织形式包括但不限于公司制、普通合伙、有限合伙等）、认购专业投资机构发起设立的投资基金份额，与上述投资基金进行后续资产交易，以及上市公司与专业投资机构签订战略合作、市值管理、财务顾问、业务咨询等合作协议（以下简称合作协议），适用本节规定。

上市公司控股股东、实际控制人、持股5%以上的股东、董事、监事、高级管理人员与专业投资机构进行合作，涉及向上市公司购买或转让资产等相关安排的，参照本节规定执行。

上市公司因实施证券发行、权益变动、股权激励等事项按照相关规定与中介机构签订财务顾问、业务咨询等合作协议，或者以资金管理、投资理财、经纪业务等投融资活动为主营业务的上市公司涉及本节规定的共同投资及合作事项的，可免于适用本节规定。

本节所称专业投资机构是指私募基金、私募基金管理人、基金管理公司、证券公司、期货公司、资产管理公司及证券投资咨询机构等专业从事投资业务活动的机构。

第四十五条 上市公司与专业投资机构共同投资，无论参与金额大小均应当及时披露，并以其承担的最大损失金额，参照上市公司对外投资相关规定履行相应的审议程序，构成关联交易的还应当履行关联交易审议程序。

前款所称“最大损失金额”，应当以上市公司因本次投资可能损失的投资总额、股份权益或承担其他责任可能导致的损失金额的较高者为准。

第四十六条 上市公司与专业投资机构共同投资，应当及时披露相关公告，并向本所报备有关协议。公告内容应当包括专业投资机构基本情况、关联关系或其他利益关系说明、投资基金的具体情况、管理模式、投资模式和利益分配方式、投资协议主要条款，并说明对上市公司的影响和存在的风险，是否可能导致同业竞争或关联交易等。

如上市公司控股股东、实际控制人、持股5%以上的股东、董事、监事、高级管理人员参与投资基金份额认购、在有关专业投资机构或者投资基金中任职的，还应当在公告中说明具体情况。

第四十七条 上市公司将超募资金用于永久性补充流动资金后的12个月内，不得与专业投资机构共同投资。

上市公司与专业投资机构共同投资与主营业务相关的投资基金，或者市场化运作的贫困地区产业投资基金和扶贫公益基金等投资基金，不适用前款规定。

第四十八条 上市公司与专业投资机构共同投资，发生以下情形时，应当及时披露相关进展情况：

（一）拟参与设立或认购份额的投资基金募集完毕或募集失败；

（二）投资基金完成备案登记（如涉及）；

（三）投资基金进行对上市公司具有重大影响的投资或资产收购事项；

（四）投资基金发生重大变更事项或投资运作出现重大风险事件，可能会对上市公司造成较大影响。

第四十九条 上市公司与专业投资机构签订合作协议的，应当披露专业投资机构基本情况、与上市公司存在的关联关系或其他利益关系，并完整披露合作协议主要条款、专业投资机构提供服务内容等，并对合作协议可能存在的风险进行充分揭示。上市公司应当完整披露与专业投资机构签订的各项协议，并承诺不存在其他未披露的协议。

第五十条　上市公司与专业投资机构签订合作协议，发生以下情形时，应当及时披露相关进展情况：

（一）完成合作协议约定的各项主要义务或计划安排；

（二）根据合作协议筹划对公司有重大影响的事项；

（三）合作协议发生重大变更或提前终止。

第五十一条　上市公司与专业投资机构存在前述共同投资及合作事项，又购买其直接、间接持有或推荐的交易标的，除按照法律、行政法规、部门规章、规范性文件及本所《股票上市规则》等相关规定进行信息披露外，还应当披露该专业投资机构及其控制的其他主体，管理的全部基金、信托、资产管理计划等产品在交易标的中持有的股份或投资份额情况，最近6个月内买卖上市公司股票情况，与上市公司及交易标的存在的关联关系及其他利益关系等情况。

第五十二条　上市公司在与专业投资机构共同投资及合作事项的筹划和实施过程中，应当建立有效的防范利益输送与利益冲突的机制，健全信息隔离制度，不得从事内幕交易、操纵市场、虚假陈述等违法违规行为。

第五十三条　上市公司应当在年度报告披露与专业投资机构共同投资及合作事项进展情况。

第四节　融资类交易

第五十四条　上市公司发生与他人签订资产出售及回购一揽子协议，或者控股子公司增资引入股权投资方并约定股权回购安排等以获取融资为目的的行为，应当参照《股票上市规则》购买资产、出售资产或者对外投资的相关规定履行相应审议程序和信息披露义务。

上市公司在资产出售或者增资行为发生时已经充分披露回购义务且履行相应审议程序的，此后按照原协议履行回购义务时，可以不再履行相应审议程序，但应当及时披露进展情况。若上市公司未按照原协议履行回购义务的，应当说明原因，并以放弃回购资产对应的财务指标与相关资产的评估值较高者为标准参照《股票上市规则》出售资产的相关规定履行相应审议程序和信息披露义务。

第五十五条　上市公司开展保理或者售后租回业务涉及出售应收账款或其他资产的，应当按照《股票上市规则》出售资产的相关规定履行相应审议程序和信息披露义务。

第五节　放弃权利

第五十六条　本节所称放弃权利，是指除行政划拨、司法裁决等情形外，上市公司主动放弃对其控股或参股的公司、非公司制主体及其他合作项目等所拥有以下权利的行为：

（一）放弃《公司法》规定的优先购买权；

（二）放弃《公司法》规定的优先认缴出资权利；

（三）放弃《合伙企业法》规定的优先购买权；

（四）放弃公司章程或协议约定的相关优先权利；

（五）其他放弃合法权利的情形。

第五十七条　上市公司直接或者间接放弃所控制企业的优先购买或者认缴出资等权利，导致合并报表范围发生变更的，应当以放弃金额与该主体的相关财务指标较高者为准，适用《股票上市规则》重大交易或关联交易的相关规定。

公司放弃权利未导致上市公司合并报表范围发生变更，但相比于未放弃权利，所拥有该主体权益的比例下降的，应当以放弃金额与按权益变动比例计算的相关财务指标的较高者为准，适用《股票上市规则》重大交易或关联交易的相关规定。

公司部分放弃权利的，还应当以前两款规定计算的指标与实际受让或者出资金额的较高者为准，适用《股票上市规则》重大交易或关联交易的相关规定。

第五十八条 对于未达到相关金额标准，但上市公司董事会或本所认为放弃权利可能对上市公司构成重大影响的，上市公司应当及时履行信息披露义务。

第四章 附 则

第五十九条 上市公司及有关各方违反本指引规定，本所可以采取开展现场检查、提请中国证监会及其派出机构核查等措施，并视情况对上市公司及相关当事人采取自律监管措施或者予以纪律处分。

第六十条 本指引由本所负责解释。

第六十一条 本指引自发布之日起施行。

深圳证券交易所上市公司自律监管指引第8号——重大资产重组

【发布机关】深圳证券交易所
【发文字号】深证上〔2022〕20号
【发布日期】2022年1月7日

各市场参与人：

为优化上市公司自律监管规则体系，结合监管实践，本所对《深圳证券交易所上市公司信息披露指引第3号——重大资产重组》进行了整合、修订，并更名为《深圳证券交易所上市公司自律监管指引第8号——重大资产重组》，现予以发布，自发布之日起施行。

《深圳证券交易所上市公司信息披露指引第3号——重大资产重组》（深证上〔2019〕273号）、《深圳证券交易所上市公司现金选择权业务指引（2011年修订）》（深证上〔2011〕276号）和《关于配合做好并购重组审核分道制相关工作的通知》（深证上〔2013〕323号）同时废止。

特此通知

深圳证券交易所
2022年1月7日

第一章 总 则

第一条 为规范深圳证券交易所（以下简称本所）上市公司重大资产重组信息披露相关行为，根据《中华人民共和国证券法》（以下简称《证券法》）、《上市公司重大资产重组管理办法》（以下简称《重组办法》）、《创业板上市公司持续监管办法（试行）》（以下简称《创业板持续监管办法》）、《公开发行证券的公司信息披露内容与格式准则第26号——上市公司重大资产重组》（以下简称《26号准则》），以及《深圳证券交易所股票上市规则》《深圳证券交易所创业板股票上市规则》（以下统称《股票上市规则》）等规定，制定本指引。

第二条 上市公司及其股东、实际控制人、董事、监事、高级管理人员和其他交易各方，以及提供服务的证券服务机构和人员等相关方（以下统称上市公司及有关各方）依照《重组办法》筹划、实施重大资产重组的信息披露及相关事宜，应当遵守《重组办法》《26号准则》《股票上市规则》和本指引等规定。创业板上市公司及有关各方还应当遵守《创业板持续监管办法》《深圳证券交易所创业板上市公司重大资产重组审核规则》（以下简称《创业板重组审核规则》）等相关规定。

上市公司及有关各方筹划、实施发行股份、优先股、定向可转债、定向权证、存托凭证购买资产、吸收合并等其他资产交易行为的信息披露及相关事宜，适用本指引规定。

第三条 上市公司及有关各方应审慎研究、筹划决策涉及上市公司的重大资产重组事项，保证筹划中的重大资产重组事项的真实性、可行性和可操作性，有利于提高上市公司质量。

第四条 上市公司及有关各方应当及时、公平地披露或者提供信息，保证所披露或者提供信息的真实、准确、完整，不得有虚假记载、误导性陈述或者重大遗漏。

第五条 提供服务的证券服务机构和人员应当遵守法律、行政法规和中国证监会的有关规定，以及本所的相关规则，遵循本行业公认的业务标准和道德规范，诚实守信，勤勉尽责，严格履行职责，对其所制作、出具文件的真实性、准确性和完整性承担责任。

第六条 上市公司应当维护证券交易连续性，审慎向本所申请对公司股票及其衍生品种停牌，切实保护投资者的交易权和知情权，不得随意以存在重大资产重组事项为由向本所申请停牌或者故意虚构重大资产重组信息损害投资者合法权益，严格控制停牌时间，避免滥用停牌或者无故拖延复牌时间，不得以申请停牌代替上市公司及有关各方的信息保密义务。

涉及停复牌业务的，上市公司应当按照《深圳证券交易所上市公司自律监管指引第 6 号——停复牌》（以下简称《停复牌指引》）相关规定办理（停牌申请表、公告格式见附件 1、附件 2）。

第七条 上市公司应当在非交易时间向本所提交重大资产重组相关的信息披露文件。本所对重大资产重组信息披露文件进行事后审查，并可以根据监管需要要求公司解释说明、补充披露或者提供其他有关文件，不对重组方案作实质性判断。

第八条 上市公司及有关各方应当采取必要且充分的保密措施，制定严格有效的保密制度，限定相关敏感信息的知悉范围，按照中国证监会及本所相关规定登记、报送内幕信息知情人档案，并编制交易进程备忘录。

重大资产重组有关各方对所知悉的重大资产重组事项在依法依规披露前负有保密义务。

第九条 上市公司应当关注公共媒体或者市场出现的关于公司重大资产重组的相关报道。如相关报道可能或者已经对上市公司股票及其衍生品种交易价格产生较大影响，公司及有关各方应当按照《股票上市规则》等规定，及时予以核实并发布澄清公告。

第二章　重组方案

第一节　重组方案披露

第十条 上市公司首次披露重组方案，可以披露重组预案，也可以直接披露重组报告书。公司披露重大资产重组方案，应当按照《26 号准则》和本指引相关规定的内容和格式要求编制重组信息披露文件。

上市公司筹划不涉及发行股份的重大资产重组，可以按照分阶段披露原则，在披露重组方案前披露筹划重大资产重组提示性公告。公告应当包括本次重组交易方式、交易标的所属行业、是否已签署交易意向性文件、是否可能不构成重大资产重组等信息。

第十一条 上市公司披露重组预案的，应当按照本指引附件 3 规定的重组预案报送材料要求向本所报送相关文件。披露重组报告书的，应当按照《26 号准则》《深圳证券交易所创业板发行上市审核业务指引第 2 号——上市公司重大资产重组审核标准》（如适用）有关重组申请文件的要求向本所报送有关文件。

第十二条 上市公司应当在首次披露重组方案的同时披露风险提示公告，就本次重组进程可能被暂停或者可能被终止作出风险提示。

第十三条 上市公司应当在重大资产重组预案或者重组报告书中就本次重组存在的重大不确定性因素，可能对重组后公司的生产经营状况、财务状况和持续盈利能力产生不利影响的有关风险因素以及其他需要提醒投资者重点关注的事项，进行“重大事项提示”或者“重大风险提示”，包括但不限于以下内容：

（一）本次交易的主要方案；

（二）本次交易与最近3年历次增减资及股权转让价格差异较大的原因及合理性（如适用）；

（三）拟注入资产评估增值较大的风险（如适用）；

（四）与拟注入资产经营相关的风险（如适用）；

（五）业绩承诺与补偿安排，以及业绩补偿无法实现的风险（如适用）；

（六）审批风险，包括本次重组尚未履行的决策程序及报批程序未能获得批准的风险；

（七）剔除大盘因素和同行业板块因素影响，公司股价在重组停牌前或者重组方案首次披露前20个交易日内累计涨跌幅超过20%的相关情况及由此产生的风险（如适用）；

（八）本次拟购买资产的股东及其关联人、资产所有人及其关联人存在对拟购买资产非经营性资金占用的风险及解决措施，以及本次交易完成后，公司存在资金、资产被实际控制人及其关联人、重组交易对方及其关联人或者其他关联人占用的风险及解决措施（如适用）；

（九）本次交易完成后，公司存在为实际控制人及其关联人、重组交易对方及其关联人提供担保情形的风险（如适用）；

（十）本次交易完成后对标的公司的整合计划、整合风险以及解决措施；

（十一）公司股票被实施退市风险警示、其他风险警示、终止上市的风险（如适用）；

（十二）公司控股股东所持限售股份即将解除限售并减持的风险，以及控股股东、实际控制人的减持计划（如适用）；

（十三）对标的公司剩余股权的安排或者计划（如适用）；

（十四）其他与本次重组相关的风险。

第十四条 重大资产重组预案和重组报告书应当披露本次重组相关主体是否存在依据《上市公司监管指引第7号——上市公司重大资产重组相关股票异常交易监管》第十三条不得参与任何上市公司重大资产重组情形的说明。

第十五条 上市公司与有关各方签订业绩补偿协议的，补偿协议应当包含以下内容：业绩承诺方、补偿方式、补偿的数量和金额、触发补偿的条件、补偿的执行程序、补偿的时间期限、补偿的保障措施、争议解决方式等。补偿协议条款应当清晰明确、切实可行，不存在争议。

公司董事会和独立财务顾问应当基于现有条件客观论证分析业绩承诺的可实现性，包括补偿时间安排、股份解限安排、股份质押安排、补偿股份的表决权和股利分配权安排等，并说明业绩补偿协议是否明确可行，以及保证上市公司能够获得切实可行的业绩补偿的相关措施，并充分提示是否存在补偿不足、补偿不及时的风险等。

第十六条 上市公司披露重组报告书的，独立财务顾问应当按照《重组办法》《26 号准则》《上市公司并购重组财务顾问业务管理办法》等规定，出具独立财务顾问报告并向本所报送。

公司及有关各方存在不规范行为的，独立财务顾问应当督促其整改，并将整改情况在相关核查意见中予以说明。因公司或者重组交易对方不配合，使尽职调查范围受限制，导致独立财务顾问无法做出判断的，独立财务顾问不得为公司出具独立财务顾问报告和相关核查意见。

第十七条 上市公司实施重大资产重组需由中国证监会核准的，独立财务顾问应当按照中国证监会的有关规定和本指引附件 6 并购重组分道制审核评价标准的相关要求，对以下事项发表明确意见：

（一）重大资产重组所涉及的行业或者企业是否属于中国证监会《监管规则适用指引——上市类第 1 号》1－12 中所列行业产业；

（二）本次重大资产重组所涉及的交易类型是否属于同行业或者上下游并购，是否构成重组上市；

（三）本次重大资产重组是否涉及发行股份购买资产；

（四）上市公司及其现任董事、高级管理人员是否被司法机关立案侦查或者被中国证监会立案调查尚未结案；

（五）中国证监会或者本所要求的其他事项。

第十八条 上市公司重大资产重组出现如下情形的，应当给予相关股东现金选择权：

（一）公司被其他公司通过换股方式吸收合并的；

（二）公司吸收合并其他公司，并给予其股东现金收购请求权的；

（三）公司分立成 2 个或者 2 个以上独立法人，并给予其股东现金收购请求权的。

第十九条 重大资产重组报告书、独立财务顾问报告、法律意见书以及重组涉及的审计报告、资产评估报告或者估值报告至迟应当与召开股东大会的通知同时公告。

第二十条 上市公司在召开股东大会审议重组方案之前，应当披露内幕信息知情人股票交易自查报告。股票交易自查期间为首次披露重组事项或者就本次重组申请股票停牌（孰早）前 6 个月至披露重组报告书。

公司披露重组报告书后重组方案重大调整、终止重组的，应当补充披露股票交易自查报告。股票交易自查期间为披露重组报告书至披露重组方案重大调整或者终止重组。

公司披露股票交易自查报告时，独立财务顾问和律师应当核查并发表明确意见。

公司披露股票交易自查报告，暂时无法及时提供证券登记结算机构就相关单位及自然人二级市场交易情况出具的文件的，可以在后续取得相关文件时补充提交。

第二十一条 上市公司发行股份购买资产导致特定对象持有或者控制的股份达到法定比例的，应当按照《上市公司收购管理办法》的规定履行相关义务。

交易对方免于发出要约的，应当按照《上市公司收购管理办法》的规定编制相关文件，并委托公司至迟与重大资产重组报告书同时披露。

第二十二条 上市公司应当根据本所重组问询函的反馈意见及时对重组方案等信息披露文件进行补充完善，并在规定的时限内披露本所问询函件的完整内容及对重组方案补充完善的具体情况。

第二十三条 上市公司首次披露重组方案后，应当每30日公告一次本次重组的下列最新进展情况，直至发出召开股东大会通知：

（一）各方就交易方案的商议情况；

（二）公司与聘请的证券服务机构签订重组服务协议；

（三）公司与交易对方签订重组框架或者意向协议，对已签订的重组框架或者意向协议作出重大修订或者变更；

（四）公司取得有权部门关于重组事项的事前审批意见；

（五）尽职调查、审计、评估等工作取得阶段性进展；

（六）已披露交易标的的公司，更换、增加、减少交易标的，应当披露拟变更标的的具体情况、变更原因，交易标的基本情况发生重大变化的，应当披露重大变化的具体情况；

（七）变更证券服务机构；

（八）其他重大进展或者重大变化。

同时，公告应当以特别提示的方式，充分披露本次重组事项尚存在的重大不确定风险，明确说明是否存在可能导致公司或者交易对方中止、取消本次重组方案或者对本次重组方案作出实质性变更的相关事项。

公司披露重组提示性公告的，应当参照上述内容，及时履行信息披露义务。

第二十四条 上市公司披露重组方案后，出现下列情形之一的，公司应当及时披露并提示相关风险，确实已不具备实施条件的，公司应当尽快终止本次重组：

（一）交易对方、重组标的资产范围出现重大变化或者调整；

（二）重组标的资产涉及重大诉讼或者仲裁；

（三）重组标的资产因产业、行业及市场因素导致其估值可能出现重大变化；

（四）公司及有关各方无法在预定时间内完成重组方案中作出的相关承诺；

（五）相关方未及时向公司通报重组进展情况；

（六）本次重组方案无法在规定时间内取得有关部门的批准；

（七）知悉本次重大资产重组相关方被中国证监会立案调查或者被司法机关立案侦查；

（八）其他可能对本次重组产生较大影响的情形。

公司披露重组提示性公告的，应当参照上述内容，及时履行信息披露义务。

第二节 重组方案审议

第二十五条 上市公司董事会审议重大资产重组事项，应当至少对下列议案作出决议：

（一）《关于公司进行重大资产重组的议案》，至少应当包括：本次重大资产重组的方式、交易标的和交易对方，交易价格或者价格区间（如有），定价方式或者定价依据，相关资产自定价基准日至交割日期间损益的归属，相关资产办理权属转移的合同义务和违约责任，决议的有效期，对董事会办理本次重大资产重组事宜的具体授权，以及其他需要明确的事项（需逐项表决）；

（二）《关于本次重组符合〈关于规范上市公司重大资产重组若干问题的规定〉第四条规定的议案》；

（三）《关于评估机构或者估值机构的独立性、评估（估值）假设前提的合理性、评估（估值）方法与评估（估值）目的的相关性以及评估（估值）定价的公允性的议案》（如有）；

（四）《关于本次重组是否构成关联交易的议案》；

（五）《关于签订重组相关协议的议案》；

（六）《关于批准本次重组有关审计、评估和盈利预测报告的议案》（如有）；

（七）《重大资产重组预案》或者《重大资产重组报告书及其摘要》；

（八）《关于提请股东大会审议同意相关方免于按照有关规定向全体股东发出（全面）要约的议案》（如适用）；

（九）《关于本次重组符合〈重组办法〉第十三条规定的议案》（适用于构成重组上市的情形）；

（十）《关于召开上市公司股东大会的议案》（如有）。

创业板上市公司董事会还应当就《关于本次重组符合〈创业板重组审核规则〉第十条或者第十一条规定的议案》作出决议。

第二十六条 上市公司股东大会审议重大资产重组事项，应当对本指引第二十五条第一款第（一）项所列事项进行逐项表决。

公司发行股份购买资产同时募集配套资金的，如购买资产不以配套融资为前提，购买资产与配套融资的交易方案可以分拆为两项议案、分别表决；如购买资产以配套融资为前提，购买资产与配套融资议案均获审议通过后，交易方案方可继续推进。

第二十七条 发行股份购买资产的首次董事会决议公告后，董事会在6个月内未发布召开股东大会通知的，上市公司应当披露关于6个月内未发布召开股东大会通知的专项说明。专项说明应当解释原因，并明确是否继续推进或者终止。继续推进的，公司应当重新召开董事会审议发行股份购买资产事项，并以该次董事会决议公告日作为发行股份的定价基准日。

发行股份购买资产事项提交股东大会审议未获批准的，公司董事会如再次作出发行股份购买资产的决议，应当以该次董事会决议公告日作为发行股份的定价基准日。

第二十八条 上市公司披露重组方案后，拟对交易对方、交易标的、交易价格等作出变更，构成对原交易方案重大调整的，应当重新履行相关决策程序并作出公告。

第三章 重组终止

第二十九条 上市公司首次披露重组方案至召开相关股东大会前，如该重组事项涉嫌内幕交易被中国证监会立案调查或者被司法机关立案侦查的，公司应当暂停本次重组进程，不得将重组事项提交股东大会进行审议，并及时披露相关信息，以及就本次重组可能被终止等情况进行风险提示。

公司召开相关股东大会后至向中国证监会或者本所报送申请文件前，如该重大资产重组事项涉嫌内幕交易被中国证监会立案调查或者被司法机关立案侦查的，公司应当暂停本次重组进程，及时公告相关信息并就本次重组可能被终止等情况进行风险提示。

在暂停期间，公司可以自主决定是否终止本次重组，决定终止的应当及时发布终止重大资产重组公告，并承诺自公告之日起至少1个月内不再筹划重大资产重组。

第三十条 上市公司筹划、实施重大资产重组期间，其控股股东或者实际控制人因本次重组事项相关的内幕交易行为被中国证监会行政处罚或者被司法机关依法追究刑事责任的，公司应当及时终止本次重组进程，并发布终止重大资产重组公告，同时承诺自公告之日起至少12个月内不再筹划重大资产重组。

第三十一条 上市公司筹划、实施重大资产重组期间，因出现违反《重组办法》《创业板重组审核规则》等相关规定被中国证监会责令暂停重组活动或者被本所要求暂停本次交易的，公司应当暂缓召开股东大会或者实施重组方案，并及时披露；被中国证监会责令终止重组活动或者被本所要求终止本次交易的，公司应当终止本次重组进程，并及时发布终止重大资产重组公告。

第三十二条 上市公司首次披露重组方案后、股东大会审议前，公司或者交易对方拟终止本次重大资产重组的，公司应当及时召开董事会审议终止重大资产重组事项，并披露董事会决议公告、终止重大资产重组公告、独立董事意见和独立财务顾问核查意见。

交易对方提出终止本次重大资产重组的，应当同时通过公司披露其关于终止重大资产重组事项的说明，公司应当配合交易对方进行信息披露。

第三十三条 重大资产重组方案经上市公司股东大会审议通过，且尚在股东大会决议有效期内，公司或者交易对方拟终止本次重大资产重组的，除应当按照本指引第三十二条履行董事会审议程序和信息披露义务外，还应当召开股东大会审议终止重组事项。

除另有规定外，公司股东大会此前已经授权董事会在必要情况下办理终止重组事项相关事宜的，在授权有效期内，公司原则上可不再召开股东大会。

第三十四条 除本节规定的情形外，上市公司筹划重组停牌后又终止重组的，或者披露重组提示性公告、重大资产重组预案或者重组报告书后又终止重组的，应当披露终止重大资产重组公告（见附件4），说明终止本次重大资产重组的原因、终止本次重组事项的具体过程、履行的相关审议程序等，同时承诺自公告之日起至少1个月内不再筹划重大资产重组。

第四章 重组相关说明会

第一节 媒体说明会

第三十五条 上市公司的重大资产重组事项涉及下列情形之一的，应当按照本指引第三十六条的规定召开媒体说明会：

（一）属于《重组办法》第十三条规定的交易情形的；

（二）涉嫌规避重组上市监管要求的；

（三）受到重大媒体质疑或者投诉举报的；

（四）中国证监会及其派出机构和本所认为必要的其他情形。

公司发现前款第（三）项情形的，应当主动、及时向本所报告。

第三十六条 上市公司应当在召开媒体说明会前发出召开通知，公告媒体说明会召开时间、地点、参与方式、网络直播地址、参与人员以及议程等事项。

出现本指引第三十五条第一款第（一）项情形的，公司应当在披露关于对本所重组问询函的回复公告时发出召开通知，并在发出通知后的2个交易日内召开媒体说明会。

出现本指引第三十五条第一款第（二）项至第（四）项情形的，公司应当在本所提出要求后及时发出召开通知，并在发出通知后的2个交易日内召开媒体说明会。

第三十七条 上市公司股票及其衍生品种处于交易状态的，媒体说明会应当在非交易时间召开。

第三十八条 上市公司召开媒体说明会应有不少于3家符合中国证监会规定条件的媒体参加。

第三十九条 媒体说明会的参会人员应包括上市公司的现任控股股东、实际控制人或其授权代表，公司主要董事、监事及高级管理人员，拟新进入的控股股东、实际控制人（如有）或者其授权代表和其他主要交易对方代表，重组标的主要董事和高级管理人员以及中介机构代表。

参会人员应认真答复媒体的问询，全面回应市场关注和质疑，保证发言的真实、准确、完整，不得含有宣传、广告、恭维或者夸大等性质的词句，不得有误导性陈述，不得透露、泄露未公开重大信息。

媒体说明会应当为媒体留出充足的提问时间，充分回应市场关注和质疑的问题。

第四十条 媒体说明会应当详细介绍重大资产重组方案情况，并应至少包括以下内容：

（一）上市公司现控股股东、实际控制人应充分说明本次交易的必要性、交易作价的合理性、承诺履行和公司规范运作等情况；

（二）公司董事、监事及高级管理人员应充分说明其对交易标的及其行业的了解情况、重大媒体质疑和投诉举报的主要内容及说明（如有），以及董事、监事及高级管理人员在本次重大资产重组项目的推进和筹划中是否切实履行忠实、勤勉义务等；

（三）拟新进入的控股股东、实际控制人应详细说明交易作价的合理性、业绩承诺的合规性和合理性（如有）；

（四）交易对方和重组标的董事及高级管理人员应充分说明重组标的报告期生产经营情况和未来发展规划，以及对相关的重大媒体质疑和投诉举报的说明（如有）；

（五）中介机构应充分说明核查过程和核查结果，评估机构应说明重组标的的估值假设、估值方法、估值过程的合规性和估值结果的合理性，披露重组预案但未披露交易标的预估值及拟定价的，应当说明原因及影响（如适用）；

（六）参会人员认为应说明的其他问题；

（七）中国证监会及其派出机构和本所要求说明的其他问题。

因涉嫌规避重组上市监管要求召开媒体说明会的，公司现控股股东、实际控制人以及独立财务顾问应明确说明本次重大资产重组是否构成重组上市。

第四十一条 上市公司应做好媒体说明会的会议记录。公司应当将参会媒体的身份证明、会议记录、现场录音（如有）、演示文稿（如有）、向参会媒体提供的文档（如有）等资料存档并妥善保管。

第四十二条 上市公司应当在媒体说明会召开后次一交易日披露媒体说明会的召开情况，主要包括：

（一）时间、地点、参会人员及媒体；

（二）涉及重大资产重组的主要问题及答复情况；

（三）公司认为应说明的其他事项。

公司应在媒体说明会召开后的2个交易日内，在互动易刊载媒体说明会文字记录。

第二节 投资者说明会

第四十三条 上市公司披露重组事项后出现重大市场质疑的，公司在披露澄清公告的同时可以主动召开投资者说明会，本所可以视情况要求公司召开投资者说明会。

第四十四条 上市公司终止筹划重组的，本所鼓励公司召开投资者说明会，并视情况可以要求公司召开投资者说明会。公司应就终止重组事项的具体原因、决策过程以及对公司的影响等内容作出说明，并披露投资者说明会的相关情况。

第四十五条 上市公司应当在非交易时间召开投资者说明会，并履行通知和相应的信息披露义务。

第四十六条 投资者说明会的参会人员至少应当包括上市公司董事长或者总经理、董事会秘书、交易对方或者其代表、重组标的主要董事和高级管理人员、独立财务顾问主办人。

第五章 重组核准、注册

第四十七条 上市公司重大资产重组事项需由中国证监会核准或者需由本所审核、证监会注册的，在向中国证监会或者本所提交重组相关申请文件后，重组申请被中国证监会或者本所作出受理、不予受理、中止审核、恢复审核或者终止审核决定的，公司应当及时披露有关情况，并作出风险提示。

第四十八条 中国证监会或者本所对重组方案审核期间，上市公司拟申请中止审核、恢复审核的，应当及时召开董事会审议并披露。

第四十九条 上市公司收到中国证监会或者本所提出的反馈意见，应当及时提供书面回复意见并予以披露，相关证券服务机构应按照要求出具专业意见。涉及需履行决策程序的，应及时履行决策程序。

第五十条 主板上市公司重大资产重组需提交中国证监会并购重组委审核的，应当在收到拟召开并购重组委工作会议的通知时，披露并购重组委审核提示性公告。公司应当密切关注中国证监会网站公告，在并购重组委工作会议召开日期明确后，及时披露并购重组委工作会议安排公告，并应当于中国证监会并购重组委工作会议召开的前一交易日提交公司股票在并购重组委工作会议召开当日停牌的申请及相关停牌公告。公司收到中国证监会并购重组委审核结果后，应当在次一交易日公告并复牌。公告应当说明，公司在收到中国证监会作出的予以核准或者不予核准的决定后将再行公告。

创业板上市公司重大资产重组需提交本所创业板并购重组委审议的，应当在收到拟召开并购重组委工作会议的通知时，披露并购重组委审议提示性公告。创业板并购重组委工作会议召开当日原则上无须申请停牌。公司在收到创业板并购重组委审议结果后，应当在次一交易日公告相关情况。公告应当说明，公司在收到本所作出的同意重组上市或者终止审核、中国证监会作出的同意注册或者不予注册的决定后将再行公告。

第五十一条 主板上市公司收到中国证监会就其重大资产重组申请作出的予以核准或者不予核准的决定后，应当在次一交易日公告核准相关情况。

创业板上市公司收到本所作出的同意重组上市或者终止审核的决定、中国证监会作出的同意注册或者不予注册决定后，应当在次一交易日公告决定相关情况。

第五十二条 中国证监会予以核准、同意注册或者本所出具同意重组上市决定的，上市公司应当在公告相关决定的同时，按照中国证监会或者本所相关规定补充披露相关文件。公司及相关证券服务机构应当在修订的重组报告书及相关证券服务机构报告或者意见的首页就补充或者修改的内容作出特别提示。

第五十三条 中国证监会不予核准或者不予注册、本所终止审核的，上市公司董事会应当在收到前述决定后 10 日内，根据股东大会的授权，就是否修改或者终止本次重组方案作出决议并予以公告。

如公司董事会根据股东大会的授权决定终止重组，应当在董事会公告中明确向投资者说明；如公司董事会根据股东大会的授权拟落实并购重组委的意见并重新上报，应当在董事会公告中明确说明重新上报的原因、后续安排等事项。

第五十四条 创业板上市公司发行股份购买资产或者重组上市被本所不予受理或者终止审核后，依据《创业板重组审核规则》等向本所申请复审的，应当及时披露相关情况及进展。

第六章 重组实施及持续监管

第一节 重组实施

第五十五条 上市公司重大资产重组事项完成必要的批准程序或者取得全部相关部门核准后，应当及时公告并尽快安排实施。

重组方案自完成相关批准或者核准、注册程序之日起 60 日内未实施完毕的，公司应当于期满后次一交易日披露重组实施进展情况公告，并在此后每 30 日披露一次进展公告，直至实施完毕。中国证监会已核准或者注册的重组交易，自收到核准或者注册文件之日起未在核准、注册文件规定时间内实施完毕的，核准或者注册文件失效。

第五十六条 置入和置出资产（含负债）全部过户完毕后，上市公司应当在 3 个工作日内提交并披露过户结果公告，同时提交资产（含负债）转移手续完成的相关证明文件。独立财务顾问和律师事务所应当对重组标的资产（含负债）过户事宜的合规性及风险进行核查，发表明确的结论性意见并披露。

第五十七条 上市公司重大资产重组如涉及新增股份上市，需在披露重组标的资产（含负债）过户结果公告及相关中介机构核查意见后向证券登记结算机构申请办理新增股份登记工作，并在证券登记结算机构出具《股份登记申请受理确认书》后的次一交易日到本所办理股份上市手续。

如涉及定向可转债发行的，公司应在发行结束后及时向本所申请定向可转债代码，向证券登记结算机构申请办理新增定向可转债登记手续并及时披露相关公告。

第五十八条 上市公司重大资产重组申请取得中国证监会核准或者注册文件后，若因实施利润分配或者资本公积转增股本方案需要调整股份发行价格及发行数量的，公司应当在办理新增股份登记托管及上市手续前，根据重组方案规定的调整办法对发行价格及发行数量进行调整，并对外披露调整公告，同时聘请律师出具专项法律意见书。

第五十九条 上市公司重大资产重组实施完成后，应当在 3 个工作日内按照《26 号准则》第六章和本指引附件 7 的要求编制重大资产重组实施情况报告书并予以公告，并披露独立财务顾问、律师事务所出具的意见和重大资产重组相关承诺事项。

第六十条 上市公司未能在股东大会决议有效期内实施重大资产重组，拟继续推进本次重组的，应当在决议有效期结束前召开股东大会审议延长决议有效期。

第二节 持续监管

第六十一条 如上市公司重组交易产生商誉的，公司应当按照《企业会计准则》和《会计监管风险提示第 8 号——商誉减值》的规定，每年进行减值测试，并在定期报告中披露资产组认定、选取的关键参数和假设等与商誉减值相关的重要信息。

第六十二条 重大资产重组实施完毕后、承诺事项未完全履行完毕前，上市公司应当在披露年度报告的同时，就有关各方重大资产重组承诺事项的履行情况予以单独披露；在承诺事项履行完毕时，公司应当及时披露承诺事项完成情况公告。

第六十三条 上市公司向控股股东、实际控制人或者其控制的关联人购买资产，或者向除前述主体之外的特定对象购买资产导致控制权发生变更的，且采取收益现值法、假设开发法等基于未来收益预期的估值方法对购买资产进行评估或者估值并作为定价参考依据的，公司应当在重大资产重组实施完毕后业绩承诺期内的年度报告中单独披露相关资产的实际盈利数与利润预测数的差异情况，并由符合《证券法》规定的会计师事务所对此出具专项审核意见，与公司年度报告同时披露。

公司在重组交易中自愿披露盈利预测报告或者交易对方自愿作出业绩承诺的，应当参照前款要求执行。

第六十四条 上市公司与交易对方签订业绩补偿协议，且相关资产的实际盈利数低于利润预测数的，公司董事会应当在审议年度报告的同时，对实际盈利数与利润预测数的差异情况进行单独审议，详细说明差异情况及上市公司已或者拟采取的措施，并督促交易对方履行承诺。

交易对方应当及时、足额履行业绩补偿承诺，不得逃废、变更补偿义务。交易对方超期未履行或者违反业绩补偿协议、承诺的，公司应当及时披露，并说明相应解决措施。

公司与交易对方存在每股收益填补措施安排的，应披露相关填补安排的具体履行情况。

第六十五条 公司向控股股东、实际控制人或者其控制的关联人发行股份购买资产，或者发行股份购买资产将导致上市公司实际控制权发生变更的，上市公司董事会及独立财务顾问应充分关注本次交易完成后6个月内上市公司股票是否存在连续20个交易日的收盘价低于发行价，或者交易完成后6个月期末收盘价低于发行价的情况。如出现上述情况，上市公司应及时提请认购股份的特定对象公告其持有公司股票的锁定期自动延长至少6个月（如适用）。

第六十六条 独立财务顾问应当根据相关规定，勤勉尽责，出具持续督导意见，切实履行持续督导义务。持续督导期内，独立财务顾问应当督促交易对方切实履行相关业绩补偿承诺和保障措施，在持续督导意见中对公司的整合计划及实施效果发表意见。

第六十七条 独立财务顾问应当通过日常沟通、定期回访等方式，结合上市公司定期报告的披露，做好持续督导工作，如发现交易标的存在重大财务造假嫌疑、重大风险事项，可能损害上市公司利益情况的，应当及时向本所报告，并督促上市公司及有关各方提供解决措施。

第七章 附　　则

第六十八条 上市公司及有关各方违反本指引规定，本所可以采取现场检查等措施，并视情况对公司及相关当事人采取自律监管措施或者予以纪律处分。

为上市公司重大资产重组事项提供服务的证券服务机构和人员在公司重组过程中未能勤勉尽责，出具意见不审慎的，本所视情况采取监管措施或者予以纪律处分。

本所发现上市公司及有关各方在重组过程中涉嫌违反法律、行政法规及中国证监会有关规定的，本所将及时提请中国证监会及其派出机构核查。

第六十九条 本指引由本所负责解释。

第七十条 本指引自发布之日起施行。

相关附件

附件1：上市公司重大资产重组停牌申请表（略）

附件2：××股份有限公司关于筹划发行股份购买资产/发行定向可转债购买资产事项的停牌公告（略）

附件3：重组预案报送材料（略）

附件4：××股份有限公司关于终止筹划重大资产重组公告（略）

附件5：××股份有限公司董事会关于重大资产重组申请不予受理（中止审核或者终止审核）的风险提示公告（略）

附件6：并购重组分道制审核评价标准（略）

附件7：××股份有限公司董事会关于重大资产重组实施情况报告书（略）

深圳证券交易所上市公司自律监管指引第9号——回购股份

【发布机关】深圳证券交易所
【发文字号】深证上〔2022〕21号
【发布日期】2022年1月7日

各市场参与人：

为优化上市公司自律监管规则体系，结合监管实践，本所对《深圳证券交易所上市公司回购股份实施细则》进行了修订，并更名为《深圳证券交易所上市公司自律监管指引第9号——回购股份》，现予以发布，自发布之日起施行。

《深圳证券交易所上市公司回购股份实施细则》（深证上〔2019〕22号）同时废止。

特此通知

深圳证券交易所
2022年1月7日

第一章　总　　则

第一条　为引导和规范上市公司回购股份行为，维护证券市场秩序，保护投资者和上市公司合法权益，根据《中华人民共和国公司法》（以下简称《公司法》）、《中华人民共和国证券法》（以下简称《证券法》）、《关于支持上市公司回购股份的意见》（以下简称《意见》）、《上市公司股份回购规则》（以下简称《回购规则》）、《深圳证券交易所股票上市规则》及《深圳证券交易所创业板股票上市规则》等规定，制定本指引。

第二条　在深圳证券交易所（以下简称本所）上市的公司，因下列情形回购本公司股份（以下简称回购股份）的，适用本指引：

（一）减少公司注册资本；

（二）将股份用于员工持股计划或者股权激励；

（三）将股份用于转换上市公司发行的可转换为股票的公司债券；

（四）为维护公司价值及股东权益所必需。

前款第（四）项所指情形，应当符合以下条件之一：

（一）公司股票收盘价低于其最近一期每股净资产；

（二）连续20个交易日内公司股票收盘价跌幅累计达到30%；

（三）中国证监会规定的其他条件。

上市公司除上述情形外回购股份的，应当按照《公司法》《证券法》及中国证监会和本所的相关规定办理。

第三条 上市公司回购股份，应当符合《公司法》《证券法》《意见》《回购规则》及本指引和公司章程的规定，有利于公司的可持续发展，不得损害股东和债权人的合法权益，并严格按照相关规定履行决策程序和信息披露义务。

未经法定或者公司章程规定的程序授权或者审议，上市公司、大股东不得对外发布回购股份的有关信息。

第四条 上市公司董事会应当充分关注公司的资金状况、债务履行能力和持续经营能力，审慎制定、实施回购股份方案，回购股份的数量和资金规模应当与公司的实际财务状况相匹配。

上市公司回购股份，应当建立规范有效的内部控制制度，制定具体的操作方案，防范内幕交易及其他不公平交易行为，不得利用回购股份操纵本公司股价，或者向董事、监事、高级管理人员、控股股东、实际控制人等进行利益输送。

第五条 上市公司全体董事在上市公司回购股份事项中应当诚实守信、勤勉尽责，维护上市公司利益及股东和债权人的合法权益。

全体董事应当承诺回购股份不损害上市公司的债务履行能力和持续经营能力。

第六条 上市公司控股股东、实际控制人应当积极支持上市公司依法回购股份，不得滥用权力、利用上市公司回购股份实施内幕交易、操纵市场等损害上市公司及其他股东利益的违法违规行为。

本所鼓励控股股东、实际控制人为上市公司回购股份依法提供资金支持。

第七条 上市公司以现金为对价，采用要约方式、集中竞价方式回购股份的，当年已实施的回购股份金额视同现金分红金额，纳入该年度现金分红的相关比例计算。

第八条 为上市公司回购股份提供服务、出具意见的证券服务机构及其相关人员，应当诚实守信、勤勉尽责，保证所出具的文件内容真实、准确、完整。

第九条 任何组织或者个人不得利用上市公司回购股份从事内幕交易、操纵市场、证券欺诈和利益输送等违法违规活动。

第二章　回购股份的基本要求

第十条 上市公司回购股份应当符合以下条件：

（一）公司股票上市已满 1 年；

（二）公司最近 1 年无重大违法行为；

（三）回购股份后，公司具备债务履行能力和持续经营能力；

（四）回购股份后，公司的股权分布原则上应当符合上市条件；公司拟通过回购股份终止其股票上市交易的，应当符合相关规定并经本所同意；

（五）中国证监会和本所规定的其他条件。

上市公司因本指引第二条第一款第（四）项情形回购股份并为减少注册资本的，不适用前款关于公司股票上市已满 1 年的要求。

第十一条 上市公司回购股份可以采用以下方式之一进行：

（一）集中竞价交易方式；

（二）要约方式；

（三）中国证监会认可的其他方式。

上市公司因本指引第二条第（二）项、第（三）项、第（四）项规定的情形回购股份的，应当通过本条第一款第（一）项、第（二）项规定的方式进行。

上市公司采用要约方式回购股份的，参照《上市公司收购管理办法》关于要约收购的规定执行。因上市公司回购股份，导致股东持有或者通过协议、其他安排与他人共同持有该公司已发行的有表决权股份超过30%的，该等股东可以免于发出要约。

第十二条 上市公司因本指引第二条第一款第（二）项、第（三）项、第（四）项情形回购股份的，合计持有的本公司股份数不得超过公司已发行股份总额的10%，并应当在披露回购结果暨股份变动公告后3年内转让或者注销。

第十三条 上市公司可以使用下列资金回购股份：

（一）自有资金；

（二）发行优先股、债券募集的资金；

（三）发行普通股取得的超募资金、募投项目结余资金和已依法变更为永久补充流动资金的募集资金；

（四）金融机构借款；

（五）其他合法资金。

第十四条 上市公司应当合理安排回购股份的数量和资金规模，并在回购股份方案中明确拟回购股份数量或者资金总额的上下限，且上限不得超出下限的一倍。

上市公司回购股份方案包含本指引第二条第一款第（一）项、第（二）项、第（三）项等多种情形的，应当按照前款规定在回购股份方案中明确披露各种用途的拟回购股份数量或者资金总额。

上市公司因本指引第二条第一款第（四）项情形回购股份的，应当按照本条第一款规定在回购股份方案中明确披露拟用于减少注册资本或者出售的回购股份数量或者资金总额。回购方案中未明确披露用于出售的，已回购股份不得出售。

第十五条 上市公司回购股份应当确定合理的价格区间，回购价格区间上限高于董事会通过回购股份决议前30个交易日公司股票交易均价150%的，应当在回购股份方案中充分说明其合理性。

前款规定的交易均价按照董事会通过回购股份决议前30个交易日的股票交易总额除以股票交易总量计算。

第十六条 上市公司应当在回购股份方案中明确回购的具体实施期限。因本指引第二条第一款第（一）项、第（二）项、第（三）项情形回购股份的，回购期限自股东大会或者董事会审议通过最终回购股份方案之日起不超过12个月。

上市公司因本指引第二条第一款第（四）项情形回购股份的，回购期限自股东大会或者董事会审议通过最终回购股份方案之日起不超过3个月。

第十七条 上市公司在下列期间不得回购股份：

（一）公司年度报告、半年度报告公告前10个交易日内，因特殊原因推迟公告日期的，自原预约公告日前10个交易日起算；

（二）公司季度报告、业绩预告、业绩快报公告前10个交易日内；

（三）自可能对本公司股票交易价格产生重大影响的重大事项发生之日或者在决策过程中，至依法披露之日内；

（四）中国证监会规定的其他情形。

上市公司因本指引第二条第一款第（四）项情形回购股份并为减少注册资本的，不适用前款规定。

第十八条 上市公司应当合理安排每日回购股份数量，因本指引第二条第一款第（一）项、第（二）项、第（三）项情形回购股份的，每 5 个交易日回购股份的数量，不得超过首次回购股份事实发生之日前 5 个交易日公司股票累计成交量的 25%，但每 5 个交易日回购数量不超过 100 万股的除外。

上市公司回购 B 股原则上按前款规定执行，未按前款规定执行的，应当充分披露理由及其合理性。

第十九条 上市公司以集中竞价交易方式回购股份的，应当符合下列要求：

（一）委托价格不得为公司股票当日交易涨幅限制的价格；

（二）不得在本所开盘集合竞价、收盘前半小时内及股票价格无涨跌幅限制的交易日内进行股份回购的委托；

（三）中国证监会和本所规定的其他要求。

第二十条 上市公司在回购期间不得实施股份发行行为，但依照有关规定实施优先股发行行为的除外。

第二十一条 上市公司应当通过回购专用账户回购股份。回购专用账户仅限于存放所回购的股份。

第二十二条 上市公司回购专用账户中的股份，不享有股东大会表决权、利润分配、公积金转增股本、认购新股和可转换公司债券等权利，不得质押和出借。

第二十三条 上市公司因本指引第二条第一款第（四）项情形回购股份的，公司董事、监事、高级管理人员、控股股东、实际控制人、回购股份提议人自公司首次披露回购股份事项之日至披露回购结果暨股份变动公告期间，不得直接或间接减持本公司股份。

第二十四条 上市公司应当按照本所和中国证券登记结算有限责任公司（以下简称中国结算）的有关业务规则，办理与回购股份相关的申领股东名册、开立回购专用账户、查询相关人员和证券服务机构买卖股票情况、注销回购股份等手续。

第二十五条 回购股份情况复杂、涉及重大问题专业判断的，上市公司可以聘请财务顾问、律师事务所、会计师事务所等证券服务机构就相关问题出具专业意见，并与回购股份方案一并披露。

第三章 实施程序和信息披露

第二十六条 根据相关法律法规及公司章程等享有提案权的提议人可以向上市公司董事会提议回购股份。提议人的提议应当明确具体，符合公司的实际情况，具有合理性和可行性，并至少包括本指引第二十七条第（二）项、第（三）项、第（四）项规定的内容。

提议人拟提议公司进行本指引第二条第一款第（四）项情形回购股份的，应当在本指引第二条第二款规定的相关事实发生之日起 10 个交易日内向上市公司董事会提出。

第二十七条 上市公司收到回购股份提议后，应当尽快召开董事会审议，并将回购股份提议与董事会决议同时公告。公告的内容应当包括：

（一）提议人基本情况及提议时间；

（二）提议人提议回购股份的原因和目的；

（三）提议人提议回购股份的种类、用途、方式、价格区间、数量、占公司总股本的比例及拟用于回购的资金总额；回购股份数量、资金总额至少有一项明确上下限，且上限不得超出下限的 1 倍；

（四）提议人在提议前 6 个月内买卖本公司股份的情况，以及提议人在回购期间的增减持计划；

（五）提议人将推动公司尽快召开董事会或者股东大会审议回购股份事项，并对公司回购股份议案投赞成票的承诺（如适用）；

（六）公司董事会对回购股份提议的意见及后续安排；

（七）中国证监会和本所认为需要披露的其他内容。

第二十八条 上市公司董事会应当充分评估公司经营、财务、研发、现金流以及股价等情况，审慎论证、判断和决策回购股份事项。

上市公司董事会可以就公司的财务和资金等情况是否适合回购、回购规模及回购会计处理等事项与会计师进行沟通，并在听取会计师意见后，审慎确定回购股份的数量、金额、价格区间和实施方式等关键事项。

第二十九条 上市公司应当制定合理可行的回购股份方案，并按照有关规定经股东大会或者董事会决议通过。

上市公司因本指引第二条第一款第（一）项情形回购股份的，董事会审议通过后应当经股东大会决议，并经出席会议的股东所持表决权的 2/3 以上通过。

上市公司因本指引第二条第一款第（二）项、第（三）项、第（四）项情形回购股份的，可以依照公司章程的规定或者股东大会的授权，经 2/3 以上董事出席的董事会会议决议。上市公司股东大会对董事会作出授权的，应当在提交股东大会审议的授权议案及决议中，明确授权实施回购股份的具体情形和授权期限。

第三十条 上市公司回购股份后拟予以注销的，应当在股东大会作出回购股份注销的决议后，依照《公司法》的有关规定通知债权人。

上市公司已发行公司债券的，还应当按照债券募集说明书履行相应的程序和义务。

第三十一条 上市公司因本指引第二条第一款第（四）项情形回购股份的，应当在本指引第二条第二款规定的相关事实发生之日起 10 个交易日内或者收到该情形回购股份提议之日起 10 个交易日内，召开董事会审议回购方案。

第三十二条 上市公司董事会审议通过回购股份方案后，应当及时披露董事会决议、回购股份方案、独立董事意见和其他相关材料。

按照《公司法》和公司章程规定，本次回购股份需经股东大会决议的，上市公司应当在董事会审议通过回购股份方案后，及时发布股东大会召开通知，将回购股份方案提交股东大会审议。

第三十三条 上市公司回购股份方案披露后，非因充分正当事由不得变更或者终止。

因公司生产经营、财务状况、外部客观情况发生重大变化等原因，确需变更或者终止的，应当及时披露拟变更或者终止的原因、变更的事项内容，说明变更或者终止的合理性、必要性和可行性，以及可能对公司债务履行能力、持续经营能力及股东权益等产生的影响，并应当按照公司制定本次回购股份方案的决策程序提交董事会或者股东大会审议。

上市公司回购股份用于注销的，不得变更为其他用途。

第三十四条 回购股份方案的内容应当包括：

（一）回购股份的目的、方式、价格区间；

（二）拟回购股份的种类、用途、数量、占公司总股本的比例及拟用于回购的资金总额；

（三）回购股份的资金来源；

（四）回购股份的实施期限；

（五）预计回购完成后公司股权结构的变动情况；

（六）管理层关于本次回购股份对公司经营、盈利能力、财务、研发、债务履行能力、未来发展影响和维持上市地位等情况的分析；

（七）上市公司董事、监事、高级管理人员、控股股东、实际控制人在董事会作出回购股份决议前6个月内买卖本公司股份的情况，是否存在单独或者与他人联合进行内幕交易及操纵市场行为的说明，以及在回购期间的增减持计划；

（八）本次回购股份方案的提议人、提议时间、提议理由、提议人在提议前6个月内买卖本公司股份的情况，是否存在单独或者与他人联合进行内幕交易及操纵市场行为的说明，以及在回购期间的增减持计划（如适用）；

（九）持股5%以上股东未来6个月的减持计划（如适用）；

（十）回购股份后依法注销或者转让的相关安排；

（十一）防范侵害债权人利益的相关安排；

（十二）对董事会办理本次回购股份事宜的具体授权（如适用）；

（十三）中国证监会和本所要求披露的其他内容。

第三十五条 上市公司独立董事应当在充分了解相关信息的基础上，就回购股份事宜发表独立意见。独立董事意见应当包括以下内容：

（一）公司回购股份是否符合《公司法》《证券法》《意见》《回购规则》、本指引及公司章程等相关规定；

（二）结合回购股份的目的、股价表现、公司价值分析等因素，说明回购的必要性；

（三）结合公司的经营、财务、研发、资金状况及回购股份所需资金和来源等因素，说明回购股份方案的合理性、可行性；

（四）其他应当说明的事项。

第三十六条 上市公司应当在披露回购方案后5个交易日内，披露董事会公告回购股份决议的前一个交易日登记在册的前十名股东和前十名无限售条件股东的名称及持股数量、比例。

回购方案需经股东大会决议的，上市公司应当在股东大会召开前3日，披露股东大会的股权登记日登记在册的前十名股东和前十名无限售条件股东的名称及持股数量、比例。

第三十七条 上市公司应当在股东大会或者董事会审议通过最终回购股份方案、开立回购专用账户后，按照中国证监会和本所的有关规定及时披露回购报告书。

第三十八条 回购期间，上市公司应当在以下时间及时披露回购进展情况，并在定期报告中披露回购进展情况：

（一）在首次回购股份事实发生的次日予以披露；

（二）回购股份占上市公司总股本的比例每增加1%的，应当在事实发生之日起3日内予以披露；

（三）每个月的前3个交易日内披露截至上月末的回购进展情况。

前款规定的公告内容，至少应当包括已回购股份数量和比例、购买的最高价和最低价、已支付的总金额。

上市公司在回购股份方案规定的回购实施期限过半时，仍未实施回购的，董事会应当公告未能实施回购的原因和后续回购安排。

公告期间无须停止回购行为。

第三十九条 回购期限届满或者回购股份已实施完毕的，上市公司应当停止回购行为，在2个交易日内披露回购结果暨股份变动公告。

上市公司应当在回购结果暨股份变动公告中，将实际回购股份数量、比例、使用资金总额与股东大会或者董事会审议通过的回购股份方案进行对照，就回购实施情况与方案的差异作出解释，并就回购股份方案的实施对公司的影响作出说明。

第四十条 上市公司董事、监事、高级管理人员、控股股东、实际控制人、回购股份提议人在上市公司首次披露回购股份事项之日至披露回购结果暨股份变动公告前一日买卖本公司股票的，应当及时向公司报告买卖情况及理由，由公司在回购结果暨股份变动公告中披露。

第四十一条 上市公司拟注销回购股份的，应当向本所提交回购股份注销申请，以及中国结算出具的回购专用账户持股数量查询证明。

股份注销完成后，上市公司应当及时披露，并及时办理变更登记手续。

第四章 回购股份的处理

第四十二条 上市公司已回购的股份，应当根据披露的回购用途按照《公司法》《证券法》等法律法规、中国证监会及本所相关规定办理注销或者转让事宜。

第四十三条 上市公司因本指引第二条第一款第（四）项情形回购的股份，可以按照本章规定在披露回购结果暨股份变动公告12个月后采用集中竞价交易方式减持，但下列期间除外：

（一）公司年度报告、半年度报告公告前10个交易日内，因特殊原因推迟公告日期的，自原预约公告日前10个交易日起算；

（二）公司季度报告、业绩预告、业绩快报公告前10个交易日内；

（三）自可能对本公司股票交易价格产生重大影响的重大事项发生之日或者在决策过程中，至依法披露之日内；

（四）中国证监会规定的其他情形。

第四十四条 上市公司采用集中竞价交易方式减持已回购股份的，应当经董事会审议通过，在首次卖出股份的15个交易日前披露减持计划，并至少公告以下内容：

（一）减持回购股份的董事会决议；

（二）减持的原因、目的和方式；

（三）拟减持的数量及占总股本的比例；

（四）减持的价格区间；

（五）减持的实施期限（每次披露的减持时间区间不得超过6个月）；

（六）减持所得资金的用途及使用安排；

（七）预计减持完成后公司股权结构的变动情况；

（八）管理层关于本次减持回购股份对公司经营、财务及未来发展影响等情况的分析；

（九）上市公司董事、监事、高级管理人员、控股股东、实际控制人、回购股份提议人在董事会作出减持股份决议前6个月内买卖本公司股份的情况；

（十）中国证监会和本所要求披露的其他内容。

第四十五条 上市公司采用集中竞价交易方式减持已回购股份的，应当符合下列要求：

（一）委托价格不得为公司股票当日交易跌幅限制的价格；

（二）不得在本所开盘集合竞价、收盘前半小时内及股票价格无涨跌幅限制的交易日内进行减持的委托；

（三）每日减持的数量不得超过减持预披露日前20个交易日日均成交量的25%，但每日减持数量不超过20万股的除外；

（四）在任意连续90日内，减持股份的总数不得超过公司股份总数的1%；

（五）中国证监会和本所规定的其他要求。

第四十六条 上市公司采用集中竞价交易方式减持回购股份的，应当在以下时间及时披露减持进展情况，并在定期报告中披露减持进展情况：

（一）在首次减持回购股份事实发生的次日予以披露；

（二）减持回购股份占上市公司总股本的比例每达到1%的，应当在事实发生之日起3日内予以披露；

（三）每个月的前3个交易日内披露截至上月末的减持进展情况。

前款规定的公告内容，至少应当包括已减持股份数量及占公司总股本的比例、减持的最高价、最低价、均价、回购均价、减持所得资金总额。

公告期间无须停止减持行为。

第四十七条 上市公司采用集中竞价交易方式减持回购股份的，在减持期限届满或者减持计划已实施完毕时，应当停止减持行为，并在2个交易日内披露减持结果暨股份变动公告。

上市公司应当在减持结果暨股份变动公告中，将实际减持股份数量、比例、减持所得资金总额与减持计划进行对照，就减持实施情况与减持计划的差异作出解释，并就本次减持对公司的影响作出说明。

第四十八条 上市公司回购的股份未按照披露用途转让，根据有关规定在3年持有期限届满前注销的，应当经公司股东大会决议，并及时履行债权人通知义务。

第五章 回购股份的日常监管

第四十九条 上市公司及相关各方在回购股份等信息依法披露前，必须做好内幕信息管理，相关内幕信息知情人不得利用内幕信息从事证券交易。

上市公司董事会应当在披露回购股份方案的同时，将下列相关信息知情人名单报送本所：

（一）上市公司及其董事、监事和高级管理人员；

（二）上市公司的控股股东或者第一大股东、实际控制人、董事、监事和高级管理人员（含主要负责人）；

（三）回购方案的提议人及其控股股东或第一大股东、实际控制人、董事、监事和高级管理人员（含主要负责人）（如适用）；

（四）为本次回购股份提供服务以及参与本次回购股份的咨询、制定、论证等各环节的相关证券服务机构，及其法定代表人和经办人（如适用）；

（五）上述第（一）至（四）项规定的自然人的配偶、父母和子女；

（六）其他在公司回购股份前通过直接或者间接方式知悉本次回购信息的知情人及其配偶、父母和子女。

第五十条 本所将对上市公司通过回购专用账户进行回购股份的交易行为，以及相关内幕信息知情人买卖公司股票等交易行为进行监管。

第五十一条 上市公司未按照本指引及其他相关规定披露回购股份信息的，本所可以要求其补充披露相关信息、暂停或者终止回购股份活动。

第五十二条 上市公司回购股份违反本指引规定的，本所将视情节轻重对上市公司及相关当事人采取自律监管措施或者给予纪律处分。涉嫌违反法律法规及中国证监会有关规定的，本所将上报中国证监会查处。

第六章 附 则

第五十三条 上市公司计算已回购股份占公司总股本的比例时，总股本以公司最近一次公告的总股本为准，不扣减回购专用账户中的股份。

上市公司计算定期报告中每股收益等相关指标时，发行在外的总股本以扣减回购专用账户中的股份数为准。

第五十四条 本指引关于控股股东、实际控制人、持股5%以上股东、提议人、第一大股东的相关规定，适用于其一致行动人。

第五十五条 本指引由本所负责解释。

第五十六条 本指引自发布之日起施行。

深圳证券交易所上市公司自律监管指引第 10 号——股份变动管理

【发布机关】深圳证券交易所
【发文字号】深证上〔2022〕22 号
【发布日期】2022 年 1 月 7 日

各市场参与人：

为优化上市公司自律监管规则体系，结合监管实践，本所对《深圳证券交易所上市公司董事、监事和高级管理人员所持本公司股份及其变动管理业务指引》进行了整合、修订，并更名为《深圳证券交易所上市公司自律监管指引第 10 号——股份变动管理》，现予以发布，自发布之日起施行。

《深圳证券交易所上市公司董事、监事和高级管理人员所持本公司股份及其变动管理业务指引》（深证上〔2007〕61 号）和《关于严格执行〈上市公司收购管理办法〉等有关规定的通知》（深证上〔2008〕162 号）同时废止。

特此通知

深圳证券交易所
2022 年 1 月 7 日

第一章　总　　则

第一条　为规范深圳证券交易所（以下简称本所）上市公司股东以及董事、监事和高级管理人员等主体所持本公司股份及其变动，根据《中华人民共和国公司法》《中华人民共和国证券法》（以下简称《证券法》）、《上市公司收购管理办法》（以下简称《收购管理办法》）、《上市公司董事、监事和高级管理人员所持本公司股份及其变动管理规则》等法律、行政法规、部门规章、规范性文件（以下统称法律法规），以及《深圳证券交易所股票上市规则》《深圳证券交易所创业板股票上市规则》（以下统称《股票上市规则》）等规定，制定本指引。

第二条　上市公司股东以及董事、监事和高级管理人员等主体应当遵守法律法规、本所相关规定以及公司章程等规定。

上市公司股东以及董事、监事和高级管理人员等主体对持有股份比例、持有期限、变动方式、变动价格等作出承诺的，应当严格履行所作出的承诺。

第二章 董事、监事和高级管理人员持股变动管理

第三条 上市公司董事、监事、高级管理人员在买卖本公司股份前，应当将其买卖计划以书面方式通知董事会秘书，董事会秘书应当核查上市公司信息披露及重大事项等进展情况，如该买卖行为可能违反法律法规、本所相关规定和公司章程的，董事会秘书应当及时书面通知相关董事、监事、高级管理人员。

第四条 因上市公司发行股份、实施股权激励计划等情形，对董事、监事和高级管理人员转让其所持本公司股份作出附加转让价格、附加业绩考核条件、设定限售期等限制性条件的，上市公司应当在办理股份变更登记等手续时，向本所申请并由中国证券登记结算有限公司深圳分公司（以下简称中国结算深圳分公司）将相关人员所持股份登记为有限售条件的股份。

第五条 上市公司董事、监事、高级管理人员应当在下列时间内委托公司向本所申报其个人及其近亲属（包括配偶、父母、子女、兄弟姐妹等）的身份信息（包括姓名、担任职务、身份证件号码、证券账户、离任职时间等）：

（一）新上市公司的董事、监事、高级管理人员在公司申请股票上市时；

（二）新任董事、监事在股东大会（或职工代表大会）通过其任职事项后 2 个交易日内；

（三）新任高级管理人员在董事会通过其任职事项后 2 个交易日内；

（四）现任董事、监事、高级管理人员在其已申报的个人信息发生变化后的 2 个交易日内；

（五）现任董事、监事、高级管理人员在离任后 2 个交易日内；

（六）本所要求的其他时间。

以上申报信息视为相关人员向本所提交的将其所持本公司股份按相关规定予以管理的申请。

第六条 上市公司及其董事、监事和高级管理人员应当保证其向本所申报信息的真实、准确、及时、完整，同意本所及时公布相关人员持有本公司股份的变动情况，并承担由此产生的法律责任。

第七条 上市公司董事、监事和高级管理人员在委托公司申报个人信息后，本所将其申报数据资料发送中国结算深圳分公司对其身份证件号码项下开立的证券账户中已登记的本公司股份予以锁定。

上市已满一年的公司的董事、监事和高级管理人员证券账户内通过二级市场购买、可转债转股、行权、协议受让等方式年内新增的本公司无限售条件股份，按 75% 自动锁定；新增有限售条件的股份，计入次年可转让股份的计算基数。

上市未满 1 年的公司的董事、监事、高级管理人员证券账户内新增的本公司股份，按 100% 自动锁定。

第八条 每年的第一个交易日，以上市公司董事、监事和高级管理人员在上年最后一个交易日登记在其名下的在本所上市的本公司股份为基数，按 25% 计算其本年度可转让股份法定额度；同时，中国结算深圳分公司对该人员所持的在本年度可转让股份额度内的无限售条件的流通股进行解锁。

当计算可解锁额度出现小数时，按四舍五入取整数位；当某账户持有本公司股份余额不足1000股时，其本年度可转让股份额度即为其持有本公司股份数。

因公司进行权益分派等导致董事、监事和高级管理人员所持本公司股份变化的，本年度可转让股份额度相应变更。

第九条 上市公司董事、监事和高级管理人员所持股份登记为有限售条件股份的，当解除限售的条件满足后，董事、监事和高级管理人员可以委托公司向本所和中国结算深圳分公司申请解除限售。

第十条 在锁定期间，董事、监事和高级管理人员所持本公司股份依法享有的收益权、表决权、优先配售权等相关权益不受影响。

第十一条 上市公司董事、监事和高级管理人员自实际离任之日起6个月内，不得转让其持有及新增的本公司股份。

第十二条 上市公司董事、监事和高级管理人员所持本公司股份发生变动之日起的2个交易日内，本所在网站上公开下列内容：

（一）本次变动前持股数量；

（二）本次股份变动的日期、数量、价格；

（三）本次变动后的持股数量；

（四）本所要求的其他事项。

第十三条 上市公司董事、监事、高级管理人员在下列期间不得买卖本公司股份：

（一）公司年度报告、半年度报告公告前30日内，因特殊原因推迟公告日期的，自原预约公告日前30日起算；

（二）公司季度报告、业绩预告、业绩快报公告前10日内；

（三）自可能对本公司股票及其衍生品种交易价格产生较大影响的重大事件发生之日或者进入决策程序之日至依法披露之日；

（四）中国证监会及本所规定的其他期间。

第三章 增持股份行为规范

第十四条 本章规定适用于下列增持股份情形：

（一）在一个上市公司中拥有权益的股份达到或者超过本公司已发行股份的30%但未达到50%的，自上述事实发生之日起1年后，每12个月内增持不超过本公司已发行的2%的股份；

（二）在一个上市公司中拥有权益的股份达到或者超过本公司已发行股份的50%的，继续增加其在本公司拥有的权益不影响本公司的上市地位；

（三）上市公司控股股东、5%以上股东、董事、监事和高级管理人员披露股份增持计划。

第十五条 上市公司控股股东、5%以上股东、董事、监事和高级管理人员在未披露股份增持计划的情况下，首次披露其股份增持情况并且拟继续增持的，应当披露其后续股份增持计划。

第十六条 上市公司控股股东、5%以上股东、董事、监事和高级管理人员按照本指引第十五条的规定披露股份增持计划或者自愿披露股份增持计划的，公告应当包括下列内容：

（一）相关增持主体的姓名或者名称，已持有本公司股份的数量、占公司总股本的比例；

（二）相关增持主体在本次公告前的12个月内已披露增持计划的实施完成的情况（如有）；

（三）相关增持主体在本次公告前6个月的减持情况（如有）；

（四）拟增持股份的目的；

（五）拟增持股份的数量或金额，明确下限或区间范围，且下限不得为零，区间范围应当具备合理性，且上限不得超出下限的1倍；

（六）拟增持股份的价格前提（如有）；

（七）增持计划的实施期限，应结合敏感期等因素考虑可执行性，且自公告披露之日起不得超过6个月；

（八）拟增持股份的方式；

（九）相关增持主体在增持期间及法定期限内不减持公司股份的承诺；

（十）增持股份是否存在锁定安排；

（十一）增持计划可能面临的不确定性风险及拟采取的应对措施；

（十二）相关增持主体限定了最低增持价格或股份数量的，应明确说明在发生除权除息等事项时的调整方式；

（十三）本所要求的其他内容。

披露上述增持计划的，相关增持主体应当同时作出承诺，将在上述实施期限内完成增持计划。

第十七条 相关增持主体披露股份增持计划后，在拟定的增持计划实施期限过半时，应当在事实发生之日通知公司，委托公司在次一交易日前披露增持股份进展公告。公告应当包括下列内容：

（一）概述增持计划的基本情况；

（二）已增持股份的数量及比例、增持方式（如集中竞价、大宗交易等）；

（三）如增持计划实施期限过半时仍未实施增持的，应当详细披露原因及后续安排；

（四）增持行为将严格遵守《证券法》《收购管理办法》等法律法规、本所相关规定的说明；

（五）本所要求的其他内容。

第十八条 属于本指引第十四条第（一）项情形的，应当在增持股份比例达到公司已发行股份的2%时，或者在全部增持计划完成时或者实施期限届满时（如适用），按孰早时点，及时通知公司，聘请律师就本次股份增持行为是否符合《证券法》《收购管理办法》等有关规定发表专项核查意见，并委托公司在增持行为完成后3日内披露股份增持结果公告和律师核查意见。

第十九条 属于本指引第十四条第（二）项情形的，应当在增持行为完成时，及时通知公司，聘请律师就本次股份增持行为是否符合《证券法》《收购管理办法》等有关规定发表专项核查意见，并委托公司在增持行为完成后3日内披露股份增持结果公告和律师核查意见。

属于本指引第十四条第（二）项情形的，通过集中竞价方式每累计增持股份比例达到公司已发行股份的2%的，应当披露股份增持进展公告。在事实发生之日起至公司披露股份增持进展公告日，不得再行增持公司股份。

第二十条 本指引第十八条、第十九条第一款规定的股份增持结果公告应当包括下列内容：

（一）相关增持主体姓名或者名称；

（二）首次披露增持公告的时间（如适用）；

（三）增持具体情况，包括增持期间、增持方式、增持股份的数量及比例、增持前后的持股数量及比例；

（四）增持计划的具体内容及履行情况（如适用）；

（五）对于增持期间届满仍未达到计划增持数量或金额下限的，应当公告说明原因（如适用）；

（六）说明增持行为是否存在违反《证券法》《收购管理办法》等法律法规、本所相关规定的情况，是否满足《收购管理办法》规定的免于发出要约的条件以及律师出具的专项核查意见；

（七）相关增持主体在法定期限内不减持公司股份的承诺；

（八）增持行为是否会导致公司股权分布不符合上市条件，是否会导致公司控制权发生变化；

（九）公司或者本所认为必要的其他内容。

相关增持主体完成其披露的增持计划，或者在增持计划实施期限内拟提前终止增持计划的，应当比照前款要求，通知上市公司及时履行信息披露义务。

第二十一条 上市公司按照规定发布定期报告时，相关增持主体的增持计划尚未实施完毕，或其实施期限尚未届满的，上市公司应在定期报告中披露相关增持主体增持计划的实施情况。

第二十二条 在上市公司发布相关增持主体增持计划实施完毕公告前，该增持主体不得减持本公司股份。

第四章 其他事项

第二十三条 上市公司根据公司章程的规定，对董事、监事和高级管理人员所持本公司股份规定更长的禁止转让期间、更低的可转让股份比例或者附加其他限制转让条件的，应当及时披露并做好后续管理。

第二十四条 上市公司董事、监事、高级管理人员应当确保下列自然人、法人或者其他组织不发生因获知内幕信息而买卖本公司股份的行为：

（一）公司董事、监事、高级管理人员的配偶、父母、子女、兄弟姐妹；

（二）公司董事、监事、高级管理人员控制的法人或者其他组织；

（三）中国证监会、本所或者公司根据实质重于形式的原则认定的其他与公司或者公司董事、监事和高级管理人员有特殊关系，可能获知内幕信息的自然人、法人或者其他组织。

第二十五条 上市公司的董事、监事和高级管理人员以及持有公司股份5%以上的股东，不得从事以本公司股票为标的证券的融资融券交易。

第二十六条 上市公司应当建立董事、监事、高级管理人员及本指引第二十四条规定的自然人、法人或其他组织所持本公司股份及其变动的专项管理制度，明确上述主体买卖本公司股份的报告、申报和监督程序，并对外披露。

上市公司董事会秘书负责管理公司董事、监事、高级管理人员及本指引第二十四条规定的自然人、法人或其他组织的身份及所持本公司股份的数据和信息，统一为以上人员办理个人信息的网上申报，并定期检查其买卖本公司股票的披露情况。

第五章 附 则

第二十七条 本所对上市公司股东以及董事、监事和高级管理人员等主体买卖本公司股份进行日常监管。

本所可通过发出问询函、约见谈话等方式对上述主体买卖本公司股份的目的、资金来源等进行问询。

第二十八条 上市公司股东以及董事、监事和高级管理人员等主体违反本指引规定的，本所视情节轻重给予纪律处分或采取自律监管措施。

第二十九条 除第二章所规定的事项外，本指引关于股东、董事、监事和高级管理人员的相关规定，适用于其一致行动人。

第三十条 本指引由本所负责解释。

第三十一条 本指引自发布之日起施行。

深圳证券交易所上市公司自律监管指引第 11 号——信息披露工作考核

【发布机关】深圳证券交易所
【发文字号】深证上〔2022〕23 号
【发布日期】2022 年 1 月 7 日

各市场参与人：

为优化上市公司自律监管规则体系，结合监管实践，本所对《深圳证券交易所上市公司信息披露考核办法（2020 年修订）》进行了修订，并更名为《深圳证券交易所上市公司自律监管指引第 11 号——信息披露工作考核》，现予以发布，自发布之日起施行。

《深圳证券交易所上市公司风险分类管理办法》（深证上〔2020〕785 号）和《深圳证券交易所上市公司信息披露工作考核办法（2020 年修订）》（深证上〔2020〕795 号）同时废止。

特此通知

深圳证券交易所
2022 年 1 月 7 日

第一章　总　　则

第一条　为了加强对深圳证券交易所上市公司（以下简称上市公司或公司）信息披露监管，督促上市公司及相关信息披露义务人加强信息披露工作，提高信息披露质量水平，根据《深圳证券交易所股票上市规则》《深圳证券交易所创业板股票上市规则》（以下统称《股票上市规则》）等有关规定，制定本指引。

第二条　本指引适用于深圳证券交易所（以下简称本所）上市公司信息披露工作的考核。

第三条　每年上市公司年度报告披露工作结束后，本所对上年 12 月 31 日前（含当日）已在本所上市的公司信息披露工作进行考核。

第四条　上市公司信息披露工作考核采用公司自评与本所考评相结合的方式进行，考核期间为上年 5 月 1 日至当年 4 月 30 日。

第五条　上市公司信息披露工作考核结果主要依据上市公司信息披露质量，同时结合上市公司规范运作水平、对投资者权益保护程度等因素，从高到低划分为 A、B、C、D 四个等级。

本所将上市公司信息披露工作考核结果在上市公司范围内通报，并向社会公开。

本所对上市公司信息披露工作进行考核的结果，不代表本所对上市公司投资价值的任何判断，也不代表任何投资建议，任何与之相反的声明均属虚假不实陈述。

第二章 考核内容和标准

第六条 本所在考核上市公司以下情形的基础上，结合本指引第二十四条、第二十五条和第二十六条的规定，对上市公司信息披露工作进行综合考核：

（一）信息披露的真实性、准确性、完整性、及时性、公平性和合法合规性；

（二）信息披露的有效性；

（三）自愿信息披露规范情况；

（四）投资者关系管理情况；

（五）履行社会责任的披露情况；

（六）信息披露事务管理情况；

（七）被处罚、处分及采取监管措施情况；

（八）上市公司与本所配合情况；

（九）本所认定的其他情况。

第七条 本所对上市公司信息披露的真实性主要考核以下内容：

（一）公告文稿是否以客观事实或具有事实基础的判断和意见为依据；

（二）公告文稿是否如实反映客观情况，是否存在虚假记载或不实陈述；

（三）公告相关备查文件是否存在伪造、变造等虚假情形。

第八条 本所对上市公司信息披露的准确性主要考核以下内容：

（一）公告文稿是否出现关键文字或数字错误，错误的影响程度；

（二）公告文稿是否简明清晰、通俗易懂；

（三）公告文稿是否存在歧义、误导性陈述；

（四）是否通过业务专区准确选择公告类别；

（五）是否通过业务专区准确录入业务参数。

第九条 本所对上市公司信息披露的完整性主要考核以下内容：

（一）提供文件是否齐备；

（二）公告格式是否符合要求；

（三）公告内容是否完整，是否存在重大遗漏；

（四）是否通过业务专区完整选择公告类别；

（五）是否通过业务专区完整录入业务参数。

第十条 本所对上市公司信息披露的及时性主要考核以下内容：

（一）是否在规定期限内披露定期报告、业绩快报、业绩预告及修正公告（如需）；

（二）是否按照规定的临时报告信息披露时限披露；

（三）是否及时核实市场关于公司的报道、传闻，主动澄清市场和投资者质疑的问题，并补充披露公司重大事项。

第十一条 本所对上市公司信息披露的合法合规性主要考核以下内容：

（一）公告事项是否符合法律、法规和本所相关业务规则的规定；

（二）公告事项涉及的程序是否符合法律、法规和本所相关业务规则的规定。

第十二条 本所对上市公司信息披露的公平性主要考核以下内容：

（一）公告事项是否存在提前向特定对象单独披露、透露或泄露的情形；

（二）公告事项披露前，公司股票交易是否因信息泄露而出现异常波动；

（三）公告事项披露前，指定媒体之外的其他公共媒体是否出现相关报道或传闻；

（四）公司是否在投资者关系活动结束后及时通过本所“互动易”网站披露《投资者关系活动记录表》和相关附件。

第十三条 本所对上市公司信息披露的有效性进行考核，重点关注以下方面：

（一）披露的信息是否有针对性地反映公司情况，充分、及时提示可能出现的不确定性和风险，文字通俗易懂；

（二）披露的信息是否以投资者需求为导向，有利于投资者做出价值判断和投资决策；

（三）除符合本所相关行业信息披露指引要求以外，是否在定期报告与临时报告中主动披露公司行业及经营的其他信息；

（四）公司是否在定期报告中主动结合公司所在行业政策和市场动态，深入比较分析公司的行业发展趋势、经营模式、核心竞争力、经营计划等行业及经营性信息。

第十四条 本所对上市公司自愿性披露情况进行考核，重点关注以下方面：

（一）自愿披露的信息是否遵守公平披露原则，是否保持信息披露的完整性、持续性和一致性，是否与依法披露的信息相冲突，是否不存在选择性信息披露、误导投资者的情形；

（二）自愿披露预测性信息时，是否以明确的警示文字，具体列明相关的风险因素，提示可能出现的不确定性和风险。

第十五条 本所对上市公司投资者关系管理情况进行考核，重点关注以下方面：

（一）是否主动召开投资者说明会向投资者介绍公司业绩或者说明重大事项；

（二）是否通过热线电话、“互动易”等及时有效回答投资者问题，是否以公告形式及时回应投资者的重要关注；

（三）是否积极通过现金分红、股份回购等多种途径，提高投资者回报水平。

第十六条 本所对上市公司履行社会责任的披露情况进行考核，重点关注以下方面：

（一）是否主动披露社会责任报告，报告内容是否充实、完整；

（二）是否主动披露环境、社会责任和公司治理（ESG）履行情况，报告内容是否充实、完整；

（三）是否主动披露公司积极参与符合国家重大战略方针等事项的信息。

第十七条 对于信息披露事务管理情况，本所主要关注以下内容：

（一）是否按照有关规定制定信息披露事务管理制度；

（二）信息披露事务管理制度在实际工作中是否得到严格执行；

（三）是否配置足够熟悉相关业务规则的工作人员从事信息披露工作，董事会秘书、证券事务代表是否具备相关规则规定的任职资格。

第十八条 对于上市公司被处罚、处分及采取监管措施情况，本所主要关注以下情形：

（一）中国证监会及其派出机构行政处罚或采取的行政监管措施情况；

（二）本所公开谴责的情况；

（三）本所通报批评的情况；

（四）本所发出监管函的情况；

（五）本所采取的其他监管措施情况。

第十九条 对上市公司与本所工作配合情况的考核主要关注以下内容：

（一）是否在规定期限内如实回复本所问询；

（二）是否按照本所要求进行整改；

（三）公司相关人员是否按照要求接受本所的约见谈话；

（四）是否及时关注媒体报道，主动求证真实情况并及时回复本所问询；

（五）公司发生异常情况时是否及时、主动向本所报告；

（六）公司董事会秘书、证券事务代表是否与本所保持畅通的联络渠道，联系电话、传真号码发生变化时是否及时通知本所；

（七）是否积极配合本所监管工作以及本所组织的信息统计及调研等工作；

（八）是否积极参与本所信息披露相关规则的制定及修订工作，积极提出政策建议和意见；

（九）是否在规定期限内完成本所要求的其他事项。

第二十条 对上市公司信息披露工作考核时，本所关注的其他内容包括：

（一）上市公司及其控股股东、实际控制人规范运作情况；

（二）上市公司董事、监事和高级管理人员履行职责情况；

（三）控股股东、实际控制人重大信息披露情况及配合上市公司信息披露情况；

（四）上市公司配合股东等相关信息披露义务人履行信息披露义务情况；

（五）上市公司董事、监事、高级管理人员、控股股东、实际控制人买卖本公司股份合法合规及信息披露情况；

（六）公司是否充分、及时揭示风险，包括重大投资损失、重组标的业绩承诺未达标、控股股东质押股份被平仓等风险；

（七）如存在重大投资损失、重组标的业绩承诺未达标等情形，公司是否积极采取诉讼等方式保障公司权益；

（八）本所关注的其他情况。

第三章 考核标准

第二十一条 上市公司考核基准分为 100 分。本所按照本指引规定的考核标准，对上市公司信息披露工作开展考核，对照本指引第二十四条、第二十五条、第二十六条负面清单指标，在基准分基础上予以加分或者减分，确定考核期内上市公司评级，从高到低划分为 A、B、C、D 四个等级。公司信息披露评级为 A 的家数占考核总家数比例不超过 25%。

第二十二条 考核期间内，上市公司在信息披露工作方面表现突出的，本所按照规定的标准予以加分，具体加分标准请详见附表上市公司信息披露工作考核计分表。

上市公司信息披露工作仅符合合规性要求的，本所不予加分；同类加分类型下存在不符合合规性要求信息披露事项的，本所对符合该类加分类型的其他事项不予考虑；同一工作涉及前款规定的多个事项的，按最高分值的事项加分，不重复加分。

第二十三条 上市公司及相关责任人在考核期间内因信息披露工作违反合规性要求被本所采取监管措施或者予以纪律处分的，或者触及重大负面事项的，本所按照规定的标准予以扣分。具体减分标准请详见附表上市公司信息披露工作考核计分表。

上市公司信息披露工作因同一事项被扣分的，按最高分值扣分，不重复扣分；本所就同一事项对上市公司及相关责任人先后采取多项监管措施或纪律处分的，按照最高分值扣分，不重复扣分，但因限期整改不到位再次被采取监管措施或纪律处分的除外。

第二十四条 上市公司在考核期内存在下列情形之一的，其信息披露工作考核结果不得评为A：

（一）年度财务报告或半年度财务报告被注册会计师出具非标准审计报告；

（二）最近一个会计年度首次公开发行股票上市的公司，上市当年营业利润比上年下滑50%以上或上市当年即亏损（上市时尚未盈利的创业板公司，不受本项“上市当年即亏损”的限制）；

（三）最近一个会计年度公司实现的盈利低于盈利预测数（如有）的80%；

（四）公司因违规行为被本所出具监管函或约见谈话；

（五）因涉嫌违反相关证券法规，公司被有权机关立案调查；

（六）董事会秘书空缺（包括指定董事或高级管理人员代行董事会秘书职责以及由董事长代行董事会秘书职责等情形）累计时间超过3个月；

（七）公司董事、监事、高级管理人员、控股股东、实际控制人受到中国证监会及其派出机构行政处罚、本所公开谴责或通报批评处分，或被本所出具监管函累计2次以上；

（八）因涉嫌违反相关证券法规，公司董事、监事、高级管理人员、控股股东、实际控制人被有权机关立案调查；

（九）未按照规定及时披露年度内部控制自我评价报告、审计报告或鉴证报告，或者会计师事务所对上市公司内部控制出具非标准无保留意见审计报告；

（十）本所认定的其他情形。

考核期间不满12个月的上市公司原则上不得为A。

第二十五条 上市公司在考核期内存在下列情形之一的，其信息披露工作考核结果评为C：

（一）年度财务报告或半年度财务报告被注册会计师出具保留意见审计报告，或仅因公司持续经营能力存在重大不确定性而被出具无法表示意见审计报告；

（二）公司披露的年度内部控制自我评价报告或会计师事务所出具的内部控制审计报告显示，最近一个会计年度内部控制存在重大缺陷；

（三）董事会秘书空缺（包括指定董事或高级管理人员代行董事会秘书职责以及由董事长代行董事会秘书职责等情形）累计时间超过6个月；

（四）本所认定的其他情形。

第二十六条 上市公司在考核期内存在下列情形之一的，其信息披露工作考核结果评为D：

（一）年度财务报告或半年度财务报告被注册会计师出具无法表示意见（仅因公司持续经营能力存在重大不确定性而被出具无法表示意见的情况除外）或否定意见的审计报告；

（二）公司受到中国证监会及其派出机构行政处罚；

（三）公司出现股票及其衍生品种应当被实施退市风险警示、其他风险警示或被终止上市的情形，但未按照《股票上市规则》等规定的期限和要求向本所报告、办理相关操作并对外披露；

（四）本所认定的其他情形。

第四章 考核实施

第二十七条 上市公司应当在考核期结束后5个交易日内，对公司信息披露工作进行自评，并通过公司业务系统向本所提交信息披露工作自评表。其中，涉及减分事项的，公司应如实填报；涉及加分事项的，由公司在自评表中提出申请，并须说明具体事由。公司未申请加分、申请加分未说明具体事由或申请事由不符合加分标准的，本所不予加分。

第二十八条 本所对公司信息披露工作自评表进行核实，经考核工作小组合议，按照本指引规定予以加分或者减分并形成上市公司考核评级结果。

第二十九条 本所将公司考核结果及时通报上市公司，并加强与公司信息披露年度考核情况的沟通交流。公司对其考核结果有异议的，可以在考核结果通报之日起5个交易日内向本所提交书面异议，本所在收到异议后5个交易日内予以答复。

第三十条 本所将上市公司信息披露工作考核结果通报中国证监会相关监管部门和上市公司所在地证监局。

第三十一条 本所在职责范围内对上市公司再融资、并购重组等事项出具持续监管意见时，将上市公司最近1年的考核结果一并报送中国证监会。

对于最近1年考核结果为A的公司，本所给予以下支持和便利：

（一）应上市公司要求提供定向培训；

（二）在承担的审核职责范围内，依法依规对其进行股权、债券融资等业务提供便捷服务；

（三）邀请公司董事长、董事会秘书等担任培训讲师，向市场推广规范运作经验；

（四）优先推荐公司董事会秘书等高级管理人员为本所上市委员会、纪律处分委员会委员或其他专业委员会委员人选。

第五章 附 则

第三十二条 本指引所称“以上”含本数，“超过”“低于”不含本数。

第三十三条 本指引由本所负责解释。

第三十四条 本指引自发布之日起施行。

深圳证券交易所上市公司自律监管指引第12号——纪律处分实施标准

【发布机关】深圳证券交易所
【发文字号】深证上〔2022〕24号
【发布日期】2022年1月7日

各市场参与人：

为优化上市公司自律监管规则体系，结合监管实践，本所对《深圳证券交易所上市公司纪律处分实施标准（试行）》进行了修订，并更名为《深圳证券交易所上市公司自律监管指引第12号——纪律处分实施标准》，现予以发布，自发布之日起施行。

《深圳证券交易所上市公司纪律处分实施标准（试行）》（深证上〔2020〕557号）同时废止。

特此通知

深圳证券交易所
2022年1月7日

第一章 总 则

第一条 为提高上市公司监管透明度，明确深圳证券交易所（以下简称本所）在上市公司持续监管领域的纪律处分实施标准，维护证券市场秩序，根据《中华人民共和国证券法》（以下简称《证券法》）、《中华人民共和国公司法》《证券交易所管理办法》等法律、行政法规、部门规章、规范性文件，以及《深圳证券交易所股票上市规则》《深圳证券交易所创业板股票上市规则》（以下统称《股票上市规则》）、《深圳证券交易所自律监管措施和纪律处分实施办法》等本所业务规则，制定本指引。

第二条 本所对上市公司及其董事、监事、高级管理人员、股东或者存托凭证持有人、实际控制人，收购人及其他权益变动主体，重大资产重组、再融资、重大交易、破产事项等有关各方，为前述主体提供证券服务的中介机构及其从业人员，以及本所业务规则规定的其他机构和人员等（以下统称相关当事人）予以纪律处分的，适用本指引。

本所另有规定的，从其规定。

第三条 本所对上市公司及相关当事人实施的纪律处分包括：

（一）通报批评；

（二）公开谴责；

（三）公开认定不适合担任相关职务；
（四）建议法院更换上市公司破产管理人或者管理人成员；
（五）暂不接受发行人提交的发行上市申请文件；
（六）暂不接受控股股东、实际控制人及其控制的其他发行人提交的发行上市申请文件；
（七）暂不受理中介机构或者其从业人员出具的相关业务文件；
（八）收取惩罚性违约金；
（九）本所规定的其他纪律处分。

上市公司及相关当事人违规行为未触及纪律处分实施标准的，本所可以对其采取口头警告、书面警示等自律监管措施。

第四条　纪律处分决定作出前，本所发现上市公司及相关当事人存在多个达到纪律处分标准违规行为的，综合考虑违规事实发生时间、类型、关联性及严重程度等，原则上合并处理。

本所合并处理时，存在情节严重情形的，可以在单个违规行为受到的最重处分以上予以纪律处分。

第五条　本所作出纪律处分时，综合考量以下主观、客观因素：
（一）当事人的违规行为是否存在主观故意；
（二）违规行为发生后，当事人是否掩饰、隐瞒，是否采取适当的补救、纠正措施；
（三）违规行为发生后，当事人是否及时向本所报告，是否积极配合调查，是否干扰、阻碍调查进行；
（四）当事人为单位的，在单位内部是否存在违规共谋，或是否仅因个人行为导致违规；
（五）违规行为涉及的金额及占相关财务数据的比重；
（六）违规行为给上市公司、投资者等造成的损失，违规当事人从中获取的利益；
（七）违规行为发生的次数、频率及持续时间；
（八）违规行为对证券发行上市、停复牌、终止上市、重大资产重组、收购及股份权益变动、股权激励计划等事项或条件、证券及其衍生品种的交易价格或交易量的影响；
（九）违规行为被相关行政机关、司法机关查处的情况；
（十）违规行为对证券市场和自律监管造成的影响程度；
（十一）其他需要考量的因素。

第六条　区分当事人的责任大小，主要从以下方面综合考量：
（一）当事人在违规事项中所起的作用。即对于违规事项发生是起主要作用还是次要作用，是主动参加还是被动参加，是直接参与还是间接参与；
（二）当事人的职务、职责、权限及履职情况。即认定的违规事项是否在当事人职权、职责范围内，是否与当事人的职务存在直接关系，当事人是否忠实、勤勉履行职责，有无懈怠、放弃履行职责，是否履行职责预防、发现和阻止违规行为发生；
（三）当事人的专业背景、技能及履职情况。即是否存在当事人对于与其专业背景或者技能有关的违规事项应当发现而未予指出的情况；
（四）当事人的知情程度。即对于违规事项及其内容是否知情或者应当知情，是否及时反映、报告，是否采取措施有效避免或者减少损害后果，是否放任违规行为发生；

（五）其他需要考量的情节。

第七条 具有下列情形之一，属于情节严重情形：

（一）违规行为导致证券及其衍生品种交易发生异常波动、非正常停牌或交易状态变更等；

（二）违规行为对市场造成恶劣影响；

（三）影响上市公司再融资、股权激励等的实施条件，或影响公司证券及其衍生品种的上市条件；

（四）违规金额巨大，远超相应纪律处分的数量标准；

（五）违规行为长期持续；

（六）最近12个月内曾被本所实施纪律处分；

（七）干扰、阻碍调查或者拒不配合本所采取的相关措施；

（八）本所认定的其他情节严重情形。

违规行为虽未达到相应纪律处分标准，但存在上述情节严重情形，本所可以视情形从重、加重实施纪律处分。

第八条 具有下列情形之一，可以从轻、减轻或者免除实施纪律处分：

（一）在违规行为被发现前，积极主动采取或要求公司采取纠正措施，并向本所或者证券监管机构报告；

（二）违规行为未对市场造成实际影响，或已采取相关补救、纠正措施消除影响或风险；

（三）违规行为是由于自然灾害等不可抗力、意外事件、失去人身自由等造成；

（四）本所认定的其他情形。

第九条 上市公司董事、监事、高级管理人员、控股股东、实际控制人严重违反本所业务规则，存在下列情形之一且情节严重的，本所可以公开认定其在3年、5年或10年内不适合担任上市公司董事、监事、高级管理人员或者信息披露境内代表等职务：

（一）对上市公司两项以上达到公开谴责标准的违规行为均负有主要责任；

（二）被中国证监会采取证券市场禁入措施；

（三）最近24个月内曾被本所予以公开谴责或被3次通报批评；

（四）严重侵害上市公司利益，造成上市公司信息披露或者规范运作的重大违规；

（五）本所规定的其他情形。

上市公司董事、监事、高级管理人员、控股股东、实际控制人等存在前款所述情形之一，且严重扰乱市场秩序并造成严重社会影响，或者致使投资者利益遭受特别严重损害的，本所可以公开认定其终身不适合担任上市公司董事、监事、高级管理人员或者信息披露境内代表等职务。

第十条 控股股东、实际控制人主导、组织、指使违规，非法挪用、侵占上市公司利益，由控股股东、实际控制人及相关当事人承担主要责任。上市公司董事、监事、高级管理人员直接参与相关违规行为，或者对相关违规事项负有主要职责的，应当承担相应责任。

上市公司及董事、监事、高级管理人员对控股股东、实际控制人相关违规行为虽未直接参与或者不知情，但未能建立健全内部控制制度，导致违规行为长期、多次发生，或者事后未能积极采取措施维护公司权益的，上市公司及相关董事、监事、高级管理人员应当承担相应责任。

上市公司对违规事实确不知情，没有明显过错，且及时、真实披露违规事实，限期消除违规影响，未造成严重后果的，本所可以对上市公司从轻、减轻或者免除处分。

上市公司董事、监事、高级管理人员已勤勉尽责，仍对相关违规确不知情，事后能够在上市公司及时真实披露、减轻违规后果等方面积极履职尽责的，本所可以对其从轻、减轻或者免除处分。

第十一条 上市公司董事、监事、高级管理人员应当按照相关规则及公司章程规定，忠实勤勉地履行职责，对其职责范围内或者直接实施、参与的违规事项承担主要责任。

第十二条 上市公司违规行为由公司原控股股东、实际控制人或者原董事、监事、高级管理人员主导实施，且在本所发现违规行为前，上市公司已经更换实际控制人及主要责任人员，同时存在下列情形的，本所对上市公司从轻、减轻或者免除纪律处分：

（一）上市公司已全面纠正违规行为，全面消除市场不良影响，挽回公司实际损失；

（二）保荐人、财务顾问、律师事务所、会计师事务所等中介机构对公司上述整改情况进行核查并出具专项核查意见。

第十三条 上市公司违反本所上市协议、业务规则或者向本所作出的承诺的，存在下列情形之一，本所可以对其收取 30 万元以上 500 万元以下的惩罚性违约金：

（一）最近 12 个月内曾被本所予以两次公开谴责；

（二）涉及财务造假、资金占用、国家安全、公共安全、生态安全、生产安全和公众健康等领域的违法违规行为，情形严重，情节恶劣，严重损害投资者合法权益、国家利益、社会公共利益；

（三）其他情节严重、违规性质恶劣的情形。

上市公司董事、监事、高级管理人员、控股股东、实际控制人出现前款所述情形之一，或对前述违规行为负有主要责任的，本所可以对其收取 10 万元以上 300 万元以下的惩罚性违约金。

第二章 上市公司、董监高、股东、实际控制人及相关人员违规

第一节 信息披露违规

第十四条 上市公司未在规定期限内披露年度报告、半年度报告的，本所对上市公司及相关责任人予以公开谴责。

上市公司未在规定期限内披露季度报告的，本所对上市公司及相关责任人予以通报批评。

第十五条 上市公司财务会计报告存在虚假记载，虚假记载的净利润、扣除非经常性损益后的净利润、利润总额、净资产、总资产、营业收入等涉及金额巨大且情节严重的，本所对上市公司及相关责任人予以公开谴责。

虚假记载的净利润、扣除非经常性损益后的净利润、利润总额、净资产、总资产、营业收入等涉及金额较大的，本所可以视情形对上市公司及相关责任人予以通报批评。

第十六条 上市公司财务会计报告存在重大会计差错，更正后导致净利润、扣除非经常性损益后的净利润、利润总额、净资产、总资产、营业收入等发生重大变化且情节严重的，

本所对上市公司及相关责任人予以公开谴责。

前款违规行为导致净利润、扣除非经常性损益后的净利润、利润总额、净资产、总资产、营业收入等发生较大变化的，本所可以视情形对上市公司及相关责任人予以通报批评。

第十七条 上市公司未在规定期限内披露业绩预告，或者披露的业绩预告、业绩快报及其修正公告与定期报告披露的财务数据存在重大差异，情节严重的，本所对上市公司及相关责任人予以公开谴责；不存在情节严重情形的，本所可以视情形对上市公司及相关责任人予以通报批评。

第十八条 上市公司关联交易事项未履行审议程序或未及时披露，涉及交易金额累计超过1亿元且占上市公司最近一期经审计净资产的20%以上，情节严重的，本所对上市公司及相关责任人予以公开谴责。

上市公司未按规定审议及披露关联交易事项，未达到公开谴责标准的，本所可以视情形对上市公司及相关责任人予以通报批评。

上市公司日常关联交易违规的，可以从轻或减轻处分。

第十九条 上市公司未按规定披露重大事项，或者存在其他信息披露违规情形，符合下列条件之一且情节严重的，本所对上市公司及相关当事人予以公开谴责：

（一）上市公司违规行为涉及的资产总额超过1亿元且占最近一个会计年度经审计总资产的30%以上；

（二）上市公司违规行为涉及的营业收入超过1亿元且占最近一个会计年度经审计营业收入的50%以上；

（三）上市公司违规行为涉及的损益金额超过5000万元且占最近一个会计年度经审计净利润的50%以上；

（四）上市公司违规行为涉及金额超过1亿元且占最近一个会计年度经审计净资产的50%以上；

（五）致使公司发行的股票、公司债券、存托凭证等证券被终止上市交易；

（六）违反信息披露程序，以其他方式代替正式公告，或未按规定渠道披露对投资者决策具有重大影响的信息，或向股东、实际控制人等报送、传递重大未公开信息；

（七）可能对投资者决策产生重大误导，或者对公司股票交易价格或数量产生重大影响的其他信息披露违规情形。

上市公司未按规定披露重大事项，或者存在其他信息披露违规情形，未达到公开谴责标准的，本所可以视情形对上市公司及相关当事人予以通报批评。

第二十条 上市公司收购人及相关股份权益变动的信息披露义务人，未按照《证券法》《上市公司收购管理办法》等相关规定及时履行报告、公告等信息披露义务，或者在报告、公告等文件中存在虚假记载、误导性陈述或重大遗漏，情节严重的，本所对相关信息披露义务人予以公开谴责，未达到公开谴责标准的，本所可以视情形予以通报批评。

第二十一条 上市公司股东所持公司5%以上的股份被质押、冻结、司法标记、司法拍卖、托管、设定信托或者被依法限制表决权等，未及时披露且情节严重的，本所对该股东予以通报批评。

前款违规行为涉及的股份受限情况，可能影响上市公司控制权稳定的，本所可以从重、加重实施纪律处分。

第二十二条 上市公司董事、监事、高级管理人员、股东或者存托凭证持有人、实际控制人、收购人及其他权益变动主体、重大资产重组、再融资、重大交易、破产事项等有关各方，对上市公司达到公开谴责标准的信息披露违规行为负有主要责任，或者存在下列信息披露违规情形之一且情节严重的，本所对该当事人予以公开谴责：

（一）持股5%以上的股东或者实际控制人的持股情况或者控制公司的情况发生或者拟发生较大变化，未及时告知上市公司；

（二）发生涉及上市公司的重大事项时未及时告知上市公司；

（三）未及时履行自身的信息披露义务或申报义务；

（四）违反公平信息披露原则泄漏上市公司重大信息；

（五）其他严重违反本所业务规则的情形。

上述人员存在前述信息披露违规情形之一，未达到公开谴责标准的，本所可以视情形对其予以通报批评。

第二节 规范运作违规

第二十三条 上市公司控股股东、实际控制人及其关联人非经营性占用上市公司资金，存在下列情形之一且情节严重的，本所对上市公司及相关责任人、实际占用上市公司资金的实际控制人关联人、实际控制人予以公开谴责：

（一）被占用资金日最高余额为1000万元以上；

（二）被占用资金日最高余额占以该日为基准的上市公司最近一期经审计净资产绝对值的5%以上。

上市公司控股股东、实际控制人及其关联人非经营性占用上市公司资金，未达到公开谴责标准的，本所可以视情形对上市公司及相关当事人予以通报批评。

上市公司无控股股东或者实际控制人的，其第一大股东及其最终控制人比照适用本条规定。

第二十四条 上市公司违规向其董事、监事、高级管理人员、控股股东、实际控制人等关联人提供财务资助，本所参照适用第二十三条规定，对上市公司及相关责任人予以公开谴责或通报批评。

第二十五条 上市公司未履行审议程序或者信息披露义务对外提供财务资助（第二十四条情形除外），资助金额超过5000万元且超过上市公司最近一期经审计净资产10%，情节严重的，本所对上市公司及相关责任人予以公开谴责。

上市公司存在前款违规行为，未达到公开谴责标准的，本所可以视情形对上市公司及相关当事人予以通报批评。

第二十六条 上市公司违规对外提供担保，担保余额超过5000万元或者占最近一期经审计净资产超过10%，情节严重的，本所对上市公司及相关当事人予以公开谴责。

上市公司存在前款违规行为，未达到公开谴责标准的，本所可以视情形对上市公司及相关当事人予以通报批评。

第二十七条 上市公司董事、监事、高级管理人员、股东、实际控制人等滥用权利，违反其对上市公司的忠实义务和诚信义务，通过以上市公司（含合并报表范围内子公司）名义对外签订担保、借款合同等方式损害上市公司利益的，涉及金额超过5000万元或者占最近一期经审计净资产超过10%，本所对相关当事人予以公开谴责。未达到公开谴责标准的，本所可以视情形对相关当事人予以通报批评。

上市公司对前款违规行为负有过错的，本所可以视情形对上市公司予以纪律处分。

第二十八条 上市公司募集资金管理存在下列情形之一且情节严重的，本所对上市公司及相关当事人予以公开谴责：

（一）上市公司将募集资金违规用于证券投资、衍生品投资等高风险投资或者财务性投资，或者直接、间接投资于以买卖有价证券为主要业务的公司（金融类企业除外），涉及金额超过 3000 万元；

（二）募集资金用途发生变更，未按规定履行审批程序或者信息披露义务，涉及金额超过 1 亿元或超过当次募集资金净额 30%；

（三）其他募集资金管理违规的严重情形。

上市公司募集资金管理违规，未达到公开谴责标准的，本所可以视情形对上市公司及相关当事人予以通报批评。

第二十九条 上市公司涉及股东大会的相关事项存在下列情形之一，情节严重的，本所对上市公司及相关责任人予以公开谴责：

（一）需提交股东大会审议的事项在未履行审议程序前已实施，所涉事项达到第十九条第一款规定的公开谴责数量标准，或者其他公开谴责数量标准；

（二）股东大会的召集、召开和相关信息披露不符合法律、行政法规、中国证监会或者本所相关规定；

（三）未执行股东大会决议；

（四）其他涉及股东大会的严重违规情形。

上市公司涉及股东大会的违规事项未达到公开谴责标准的，或者涉及董事会相关违规事项的，本所可以视情形对上市公司及相关当事人予以通报批评。

第三十条 上市公司未履行承诺，该承诺事项涉及的金额较大且情节严重的，本所对上市公司及相关责任人予以公开谴责。

未达到公开谴责标准的，本所可以视情形对上市公司及相关责任人予以通报批评。

第三十一条 上市公司董事、监事和高级管理人员、股东或者存托凭证持有人、实际控制人、收购人及其他权益变动主体、重大资产重组、再融资、重大交易、破产事项等有关各方，存在下列涉及承诺事项之一且情节严重的，本所对该当事人予以公开谴责：

（一）未在规定期限内签署声明及承诺书，经本所多次提醒后仍未签署；

（二）前述的声明事项存在虚假记载、误导性陈述或重大遗漏；

（三）违反其作出的公开承诺，数额较大。

相关当事人存在涉及承诺的违规行为，未达到公开谴责标准的，本所可以视情形对其予以通报批评。

第三十二条 上市公司股东、董事、监事、高级管理人员等未按披露的股份增持计划实施增持，涉及违规金额较大且情节严重的，本所对相关责任人予以公开谴责。

未达到公开谴责标准的，本所可以视情形对相关责任人予以通报批评。

第三十三条 上市公司不履行配合义务，存在下列情形之一，且造成不良后果的，本所可以视情形对上市公司及相关责任人予以纪律处分：

（一）不配合其他信息披露义务人履行信息披露义务；

（二）不配合中介机构履行核查或验证工作；

（三）不配合本所的监管工作；

（四）未按要求在规定期限内回答本所问询，或问询答复中存在虚假陈述或者重大遗漏；

（五）未按照本所要求在规定的时限内作出公告或履行有关程序；

（六）其他不履行配合义务的违规情形。

第三十四条　上市公司存在下列规范运作违规情形之一，本所可以视情形对上市公司及相关责任人予以纪律处分：

（一）未能按本所《股票上市规则》等业务规则、公司章程等相关规定履行必要的审议程序；

（二）未能按规定申报重大信息、提交资料，或所申报信息、提交资料不真实、不准确、不完整；

（三）未及时补选缺位董事、监事和高级管理人员，影响公司正常运作；

（四）在规范运作、公司治理、内部控制等方面存在重大缺陷或者未能得到有效执行的其他违规行为。

第三十五条　上市公司董事、监事和高级管理人员、股东或者存托凭证持有人、实际控制人、收购人及其他权益变动主体、重大资产重组、再融资、重大交易、破产事项等有关各方，存在下列规范运作违规情形之一，本所可以视情形对该当事人予以纪律处分：

（一）未能履行法律、行政法规、部门规章、规范性文件、公司章程、本所业务规则规定的忠实义务和勤勉义务；

（二）利用非公允的关联交易、利润分配、资产重组、对外投资等方式损害上市公司利益；

（三）作为关联董事或关联股东，在应回避表决时未回避，严重损害上市公司或投资者利益；

（四）未能积极配合上市公司工作或本所的监管工作；

（五）连续 12 个月内 3 次以上无故未出席董事会或监事会；

（六）独立董事未履行职责，对公司重大事项拒不发表意见；

（七）其他违反本所业务规则、公司章程的情形。

第三节　证券交易违规

第三十六条　上市公司董事、监事、高级管理人员，在定期报告、业绩预告或业绩快报、重大信息公开披露的敏感期（窗口期）内买卖公司股票及其衍生品种，涉及成交金额超过 1000 万元且情节严重的，本所对相关当事人予以公开谴责；涉及成交金额在 500 万以上且未达到公开谴责标准的，本所对相关当事人予以通报批评。

第三十七条　上市公司控股股东、持有 5% 以上股份的股东、董事、监事、高级管理人员违反本所《上市公司股东及董事、监事、高级管理人员减持股份实施细则》的，本所综合考虑当事人违规减持金额、比例，以及造成的市场影响等，对相关当事人予以纪律处分。

第三十八条　上市公司董事、监事、高级管理人员、持股 5% 以上的股东违反《证券法》相关规定，将其所持本公司股票或者其他具有股权性质的证券在买入后 6 个月内卖出，或者在卖出后 6 个月内又买入，发生短线交易的，违规金额巨大且情形严重的，本所对相关责任人予以公开谴责。未达到公开谴责标准的，本所可以视情形对相关责任人予以通报批评。

前款所称董事、监事、高级管理人员、持股5%以上股东持有的股票或者其他具有股权性质的证券，包括其配偶、父母、子女持有的及利用他人账户持有的股票或者其他具有股权性质的证券。

第三十九条 通过本所的证券交易等方式，上市公司股东及其一致行动人，持有上市公司已发行的有表决权股份达到《证券法》《上市公司收购管理办法》等法律法规规定的比例要求，但未按规定停止买卖或者履行报告、公告义务，违规股份比例达到或者超过3%且情节严重的，本所对相关当事人予以公开谴责。

前款违规事项涉及违规比例达到或者超过1%，未达到公开谴责标准的，本所可以视情形对相关当事人予以通报批评。

第四十条 上市公司股东、董事、监事、高级管理人员等违反承诺，或者违反《证券法》《上市公司收购管理办法》等法律法规及本所业务规则买卖股票或者其他具有股权性质的证券，本所综合考虑其违规金额、比例，以及造成的市场影响等，对相关当事人予以公开谴责或者通报批评。

第四十一条 因强制平仓、司法强制执行等被动性因素，导致上市公司股东、董事、监事、高级管理人员等违规进行证券交易，除存在恶意规避的情形外，本所比照主动违规的处分标准，视情形减轻或者免除纪律处分。

第三章 中介机构违规

第四十二条 保荐人、保荐代表人存在下列情形之一且情节严重的，本所对其予以公开谴责：

（一）对上市公司达到公开谴责标准的违规事实负有主要责任；

（二）上市公司在持续督导期间受到本所公开谴责处分，保荐人未按规定履行持续督导义务；

（三）出具的文件存在虚假记载、误导性陈述或者重大遗漏的，或者不履行其他法定职责；

（四）本所认定的其他严重违规情形。

第四十三条 保荐人、保荐代表人存在下列情形之一的，本所对其予以通报批评：

（一）对上市公司达到通报批评标准的违规事实负有主要责任，或对上市公司达到公开谴责标准的违规事实负有次要责任；

（二）上市公司在持续督导期间受到本所通报批评处分，保荐人未按规定履行持续督导义务；

（三）在持续督导期间未按本所规定勤勉尽责地履行持续督导义务，情节严重或拒不改正；

（四）出具的文件存在虚假记载、误导性陈述或者重大遗漏的，或者不履行其他法定职责；

（五）拒不配合本所监管；

（六）本所认定的其他违规情形。

第四十四条 证券服务机构及其从业人员存在下列情形之一且情节严重的，本所对其予以公开谴责：

（一）对上市公司达到公开谴责标准的违规事实负有主要责任；

（二）上市公司经审计的定期报告存在重大会计差错或财务报告存在虚假，会计师事务所及其注册会计师未勤勉尽责，对重大会计差错或财务报告虚假负有责任；

（三）出具的文件存在虚假记载、误导性陈述或者重大遗漏的，或者不履行其他法定职责；

（四）本所认定的其他严重违规情形。

第四十五条 证券服务机构及其从业人员存在下列情形之一的，本所对其予以通报批评：

（一）对上市公司达到通报批评标准的违规事实负有主要责任，或对上市公司达到公开谴责标准的违规事实负有次要责任；

（二）上市公司经审计的定期报告存在重大会计差错或财务报告存在虚假，会计师事务所及其注册会计师未勤勉尽责，对重大会计差错或财务报告虚假负有责任；

（三）为上市公司及相关信息披露义务人的证券业务活动制作、出具审计报告、资产评估报告、财务顾问报告、资信评级报告或者法律意见书等文件时，对明显不符合相关法律法规及本所业务规则规定的事项仍发表无异议的结论性意见，且情节严重；

（四）出具的文件存在虚假记载、误导性陈述或者重大遗漏的，或者不履行其他法定职责；

（五）拒不配合本所监管；

（六）未及时在定期报告或其他信息披露文件上签字确认或盖章，影响上市公司信息披露；

（七）本所认定的其他违规情形。

第四十六条 中介机构及其从业人员存在第四十二条、第四十四条规定的违规行为，且情节特别严重的，本所可以视情形在 3 个月、6 个月、12 个月或者 36 个月不受理上述机构或者从业人员出具的相关业务文件。

第四十七条 破产管理人及其管理人成员存在下列情形之一的，本所视情形对其予以通报批评、公开谴责或者建议法院更换管理人或者管理人成员的纪律处分：

（一）未按本所《股票上市规则》及其他相关规定的要求及时履行报告和公告义务；

（二）未按本所《股票上市规则》及其他相关规定的要求及时告知上市公司应披露重大事项；

（三）未及时在定期报告上签字确认或盖章，影响上市公司披露定期报告；

（四）本所认定的其他严重违规情形。

第四章 附 则

第四十八条 本指引对上市公司或相关当事人的违规行为未予规定的，适用本所其他业务规则。

第四十九条 本指引所称“达到”“以上”“以下”含本数，“超过”不含本数。

本指引涉及计算的数据如为负值，取其绝对值计算。

第五十条 本指引所称“营业收入”，是指上市公司利润表列报的营业收入；上市公司编制合并财务报表的，为合并利润表列报的营业总收入。

本指引所称“净利润”，是指上市公司利润表列报的净利润；上市公司编制合并财务报表的，为合并利润表列报的归属于母公司所有者的净利润，不包括少数股东损益。

本指引所称“净资产”，是指上市公司资产负债表列报的所有者权益；上市公司编制合并报表的为合并资产负债表列报的归属于母公司所有者权益，不包括少数股东权益。

第五十一条 本指引所称“元”如无特指，均指人民币元。

第五十二条 本指引由本所负责解释。

第五十三条 本指引自发布之日起施行。

深圳证券交易所上市公司自律监管指引第13号——保荐业务

【发布机关】深圳证券交易所
【发文字号】深证上〔2022〕25号
【发布日期】2022年1月7日

各市场参与人：

为优化上市公司自律监管规则体系，结合监管实践，本所对《深圳证券交易所上市公司信息披露指引第6号——保荐业务》进行了修订，并更名为《深圳证券交易所上市公司自律监管指引第13号——保荐业务》，现予以发布，自发布之日起施行。

《深圳证券交易所上市公司信息披露指引第6号——保荐业务》（深证上〔2021〕334号）同时废止。

特此通知

深圳证券交易所
2022年1月7日

第一章　总　　则

第一条　为加强保荐人和保荐代表人的作用，提高上市公司规范运作水平，促进上市公司健康发展，根据《证券发行上市保荐业务管理办法》（以下简称《保荐办法》）、《深圳证券交易所股票上市规则》《深圳证券交易所创业板股票上市规则》（以下统称《股票上市规则》）等有关法律、行政法规、部门规章、规范性文件（以下统称法律法规）和本所相关业务规则，制定本指引。

第二条　本指引适用于保荐人和保荐代表人对深圳证券交易所（以下简称本所）上市公司（以下简称公司或者上市公司）的上市推荐和持续督导工作。

第三条　保荐人和保荐代表人应当遵守《中华人民共和国证券法》（以下简称《证券法》）、《保荐办法》等法律法规以及本所发布的业务规则等相关规定，诚实守信，公正独立，勤勉尽责，尽职推荐公司证券上市，持续督导上市公司履行规范运作、信守承诺、信息披露等义务。

保荐人和保荐代表人不得通过保荐业务谋取任何不正当利益。

第四条　保荐人和保荐代表人应当保证向本所出具的文件真实、准确、完整，不存在任何虚假记载、误导性陈述或者重大遗漏。

第五条 保荐人和保荐代表人在履行保荐职责过程中，上市公司不予以配合的或者拒绝按照保荐人的要求予以整改的，应当及时向本所报告。

第二章 保荐工作的基本要求

第六条 保荐人和保荐代表人在推荐公司证券上市过程中，应当履行尽职调查和审慎核查的义务，并有充分理由确信公司向本所提交的上市公告书等相关文件不存在虚假记载、误导性陈述或者重大遗漏。

第七条 保荐人和保荐代表人应当关注在推荐公司证券上市期间发生的可能对投资者作出价值判断和投资决策所必需的信息，并及时向本所报告。

第八条 保荐人在推荐公司证券上市之前，应当与公司签订保荐协议，明确双方在推荐公司证券上市期间以及持续督导期间的权利和义务。

公司证券上市后，保荐人与公司对保荐协议内容作出修改的，应当于修改后5个交易日内报本所备案。

终止保荐协议的，保荐人和公司应当自终止之日起5个交易日内向本所报告，并说明原因。

第九条 保荐人与公司应当在保荐协议中约定以下内容：

（一）保荐人及其保荐代表人有权列席公司的股东大会、董事会和监事会；

（二）保荐人及其保荐代表人有权随时查询公司募集资金专用账户资料；

（三）公司应当及时提供保荐人发表专项意见事项所必需的资料，确保保荐人及时发表意见；

（四）公司应当积极配合保荐人和保荐代表人的现场检查工作以及参加保荐人组织的培训等，不得无故阻挠保荐人正常的持续督导工作；

（五）公司有下列情形之一的，应当及时通知保荐人并按约定方式及时提交相关文件：

1. 变更募集资金及投资项目等承诺事项；

2. 发生关联交易、为他人提供担保等事项；

3. 履行信息披露义务或者应向中国证监会、本所报告的有关事项；

4. 公司或者其董事、监事、高级管理人员、控股股东、实际控制人等发生违法违规行为；

5.《证券法》第八十条、八十一条规定的重大事件或者其他对公司规范运作、持续经营、履行承诺和义务具有影响的重大事项；

6. 中国证监会、本所规定或者保荐协议约定的其他事项。

（六）合理确定保荐费用的金额和支付时间，本所鼓励保荐人按照保荐工作进度分期收取保荐费用。

第十条 在保荐工作期间内，保荐人发生变更的，原保荐人应当配合做好交接工作，并在发生变更的5个交易日内向新保荐人提交以下文件，已公开披露的文件除外：

（一）现场检查报告、专项检查报告和保荐工作报告；

（二）向证券监管机构报送的与上市公司相关的其他报告；

（三）其他需要移交的文件。

第十一条 在持续督导期间，上市公司出现以下情形之一的，本所可以视情况要求保荐人延长持续督导时间：

（一）上市公司在规范运作、公司治理、内部控制等方面存在重大缺陷或者较大风险的；

（二）上市公司受到中国证监会行政处罚或者本所公开谴责的；

（三）上市公司连续2年信息披露考核结果为D的；

（四）本所认定的其他情形。

持续督导时间应延长至相关违规行为已经得到纠正、重大风险已经消除时，且不少于上述情形发生当年剩余时间及其后一个完整的会计年度。

第十二条 保荐人应当指定1名保荐业务负责人担任保荐业务代表，组织协调与本所相关的保荐业务；保荐人可以指定1～3名保荐业务联络人，协助保荐业务代表履行职责。

第十三条 保荐业务代表和保荐业务联络人应当履行以下职责：

（一）管理、保存保荐业务专区数字证书，及时更新保荐业务专区相关资料及其他信息，保证本所与各保荐人联系畅通；

（二）及时浏览本所保荐业务专区，接收本所发送的业务文件，予以协调落实；

（三）与本所进行日常沟通，配合本所的日常监管，参加本所组织的相关约见等；

（四）指导、督促保荐代表人及其他承担保荐业务的人员按照相关规定履行现场检查、专项核查、上市公司培训等义务；

（五）组织与保荐业务相关的内部培训；

（六）本所要求履行的其他职责。

第十四条 在保荐工作期间内，保荐代表人发生变更的，保荐人应当合理安排过渡期间的保荐工作，原保荐代表人应当做好保荐工作的交接工作，及时移交工作底稿等相关资料，提供关于上市公司存在的问题、风险以及需重点关注事项的书面说明文件，协助新保荐代表人履行保荐工作职责。

第十五条 保荐人、保荐代表人应当配合本所做好以下工作：

（一）在规定期限内回复本所问询；

（二）按时出席本所约见；

（三）对公司特定事项进行核查；

（四）按规定通过本所保荐业务专区报送相关文件资料；

（五）按本所要求提供保荐工作档案；

（六）参加本所组织的会议等；

（七）本所要求的其他工作。

第十六条 保荐人出具专项意见、现场检查报告、年度保荐工作报告、跟踪报告、保荐工作总结报告书等持续督导文件后，应当在2个交易日内告知上市公司，由上市公司及时通过本所业务专区提交本所网站和符合中国证监会规定条件的媒体（以下统称符合条件媒体）披露，同时上市公司还应当在其公司网站及时披露上述文件，但披露时间不得先于符合条件媒体。

第三章 督导内部制度建立和执行

第十七条 保荐人和保荐代表人应当督导上市公司及其董事、监事和高级管理人员遵守法律法规和本所发布的业务规则，并履行向本所做出的承诺。

第十八条 保荐人和保荐代表人应当督导上市公司建立健全并有效执行公司治理制度，包括但不限于股东大会、董事会、监事会议事规则以及董事、监事和高级管理人员的行为规范等。

第十九条 保荐人和保荐代表人应当督导上市公司建立健全并有效执行内控制度，包括但不限于财务管理制度、会计核算制度和内部审计制度，以及募集资金使用、关联交易、对外担保、对外投资等重大经营决策的程序与规则等。

第二十条 保荐人和保荐代表人应当督导上市公司建立健全并有效执行信息披露制度，及时审阅信息披露文件及其他相关文件，并有充分理由确信上市公司向本所提交的文件不存在虚假记载、误导性陈述或者重大遗漏。

保荐人和保荐代表人可以对上市公司的信息披露文件事前审阅，未进行事前审阅的，应当在上市公司履行信息披露义务后5个交易日内，完成对有关文件的审阅工作，发现问题的应当及时督促上市公司更正或者补充，并向本所报告。

保荐人和保荐代表人应当对上市公司向中国证监会、本所提交的其他文件进行事前审阅，发现问题的及时督促上市公司更正或者补充。

第四章 关注事项

第二十一条 保荐人和保荐代表人应当主动、持续关注上市公司及相关信息披露义务人是否存在《股票上市规则》规定的应披露而未披露的事项，对上市公司及相关信息披露义务人未履行信息披露义务的，应当督促其及时履行信息披露义务。

第二十二条 保荐人和保荐代表人应当主动、持续关注并了解上市公司以下事项：

（一）经营环境和业务变化情况，包括行业发展前景、国家产业政策或者法规的变化、经营模式的转型、主营业务的变更、产品或者服务品种结构的变化等；

（二）股权变动情况，包括控股股东及实际控制人变更、有限售条件股份的变动等；

（三）管理层重大变化情况，包括重要管理人员的变化、管理结构的变化等；

（四）采购和销售变化情况，包括市场开发情况、采购和销售渠道、采购和销售模式的变化、市场占有率的变化、主要原材料或者主导产品价格的变化、重大客户和重要资产的变化等；

（五）核心技术变化情况，包括技术的先进性和成熟性的变化、新产品开发和试制等；

（六）财务状况，包括会计政策的稳健性、债务结构的合理性、经营业绩的稳定性等；

（七）保荐人和保荐代表人认为需要关注的其他事项。

上述事项发生重大变化时，如达到信息披露标准，保荐人和保荐代表人应当督促上市公司及时履行信息披露义务。

第二十三条 保荐人和保荐代表人应当持续关注并督促上市公司及控股股东、实际控制人等切实履行承诺，对上市公司及控股股东、实际控制人等未履行承诺事项的，保荐人和保荐代表人应当督促相关当事人制定整改计划并及时履行信息披露义务。

第二十四条 保荐人和保荐代表人应当关注公共传媒关于上市公司的报道，及时针对市场传闻进行核查。如果经核查发现上市公司存在应披露未披露的事项或者与披露不符的事实，保荐人和保荐代表人应当及时督促上市公司如实披露或者澄清。

第二十五条　上市公司或者其控股股东、实际控制人、董事、监事、高级管理人员受到中国证监会行政处罚或者本所纪律处分的，保荐人和保荐代表人应当重点关注违规事项相关的内部控制制度、违规事项持续状况及解决措施。

第二十六条　在持续督导期间出现以下情形之一的，保荐人和保荐代表人应当督促上市公司做出说明并限期纠正：

（一）上市公司可能存在违反《股票上市规则》等本所相关业务规则的行为；

（二）证券服务机构及其签名人员出具的专业意见可能存在虚假记载、误导性陈述或者重大遗漏等违法违规情形或者其他不当情形；

（三）持续督导期间上市公司发生《保荐办法》第七十二条规定的情形；

（四）对上市公司信息披露文件审阅中，保荐人和保荐代表人发现上市公司存在违法违规行为或者上市公司存在重大风险；

（五）保荐人认为必要的其他情形。

第五章　发表专项意见

第二十七条　保荐人应当对上市公司应披露的下列事项发表专项意见：

（一）募集资金使用情况；

（二）限售股份上市流通；

（三）关联交易；

（四）对外担保（对合并范围内的子公司提供担保除外）；

（五）委托理财；

（六）提供财务资助（对合并范围内的子公司提供财务资助除外）；

（七）风险投资、套期保值等业务；

（八）控股股东或第一大股东及其一致行动人存在平仓风险或被强制过户风险；

（九）本所或者保荐人认为需要发表专项意见的其他事项。

第二十八条　保荐人发表专项意见应当至少包括以下内容：

（一）上市公司应披露事项的基本情况；

（二）保荐人发表意见的具体依据，包括但不限于所采取的核查方法和措施、核查的文件和资料等；

（三）相关事项的决策程序和信息披露的合规性、可能存在的风险以及上市公司采取的措施是否有效；

（四）保荐人发表的结论性意见及其理由，结论性意见的类型包括同意、保留意见、反对意见、无法发表意见。

保荐人发表专项意见时，应当对相关事项进行审慎核查，获取充分、恰当的核查依据，做出独立、客观的判断。

保荐人应当将上述专项意见及时告知上市公司，并与上市公司相关公告同时披露。

第六章　现场检查

第二十九条　保荐人和保荐代表人应当每年对上市公司至少进行一次定期现场检查，持续督导时间不满3个月的除外。

在持续督导期间，如果所保荐的上市公司上一年度信息披露工作考核结果为C或者D的，保荐人和保荐代表人应当至少每半年对上市公司进行一次定期现场检查。

上市公司出现以下情形之一的，保荐人和保荐代表人在知悉或者应当知悉之日起15日内或者本所规定的期限内就相关事项进行专项现场检查：

（一）控股股东、实际控制人或者其他关联方非经营性占用上市公司资金；

（二）违规为他人提供担保；

（三）违规使用募集资金；

（四）违规进行风险投资、套期保值业务等；

（五）关联交易显失公允或者未履行审批程序和信息披露义务；

（六）应本所要求的其他情形。

保荐人应当明确现场检查工作要求，确保现场检查工作质量。

第三十条 保荐人和保荐代表人定期现场检查内容至少包括：

（一）公司治理和内部控制情况、三会运作情况；

（二）控股股东、实际控制人持股变化情况；

（三）独立性以及与控股股东、实际控制人及其他关联方资金往来情况；

（四）信息披露情况；

（五）募集资金使用情况；

（六）大额资金往来情况；

（七）关联交易、对外担保、重大对外投资情况；

（八）业绩大幅波动的合理性；

（九）公司及股东承诺履行情况；

（十）现金分红制度的执行情况；

（十一）保荐人认为应予以现场检查的其他事项。

保荐人应当在现场检查报告中充分说明上述事项及其进展是否发生重大变更，是否存在重大风险等。

第三十一条 现场检查工作应至少有1名保荐代表人参加，保荐人和保荐代表人在实施现场检查前应当制定现场检查工作计划，现场检查工作计划至少应包括现场检查的工作进度、时间安排、人员安排和具体事项的现场检查方案。

第三十二条 现场检查开始后，保荐人和保荐代表人应当根据计划确定的现场检查事项、重点和方法，实施现场检查方案，获取现场检查资料和证据，并形成现场检查工作底稿和初步现场检查意见。

第三十三条 保荐人和保荐代表人可以采取以下现场检查手段，以获取充分和恰当的现场检查资料和证据：

（一）对上市公司董事、监事、高级管理人员及有关人员进行访谈；

（二）察看上市公司的主要生产、经营、管理场所；

（三）对有关文件、原始凭证及其他资料或者客观状况进行查阅、复制、记录、录音、录像、照相；

（四）检查或者走访对上市公司损益影响重大的控股或参股公司；

（五）走访或者函证上市公司的控股股东、实际控制人及其关联方；

（六）走访或者函证上市公司重要的供应商或者客户；

（七）聘请会计师事务所、律师事务所、资产评估机构以及其他证券服务机构提供专业意见；

（八）保荐人、保荐代表人认为的其他必要手段。

第三十四条　在现场检查过程中，保荐代表人应当及时记录和整理现场检查资料和证据，对资料是否详实和可靠、证据是否充分和恰当进行评估，并对照现场检查工作计划，检查现场检查方案是否已全面实施。

第三十五条　保荐人应当及时完成对保荐代表人现场检查工作底稿的复核工作，复核人员应当重点关注保荐代表人现场检查程序、内容是否符合规定以及基于现场检查资料和证据形成的判断是否恰当。

第三十六条　保荐人应当在现场检查结束后的10个交易日内以书面方式告知上市公司现场检查结果及提请公司注意的事项，并对存在的问题提出整改建议。

第三十七条　保荐人应当在现场检查结束后的10个交易日内完成现场检查报告，并报送本所备案。

《定期现场检查报告》应当按照本指引规定的内容与格式编制。

《专项现场检查报告》应当至少包括以下内容：

（一）本次现场检查的基本情况；

（二）所采取的检查方法和措施、获取的现场检查资料和证据等；

（三）本次现场检查发现的问题及下一步工作计划。

第七章　保荐人其他义务

第三十八条　保荐人和保荐代表人应当按照与公司及公司存放募集资金的商业银行签订的募集资金三方监管协议的要求，做好公司募集资金使用的督导和检查工作。

第三十九条　保荐人每年应当至少对上市公司董事、监事、高级管理人员、中层以上管理人员及上市公司控股股东和实际控制人等相关人员进行一次培训，培训内容包括但不限于《股票上市规则》、本所发布的其他业务规则等相关规定以及上市公司违规案例等。保荐人应当在每次培训结束后10个交易日内完成培训情况报告，并报送本所备案。

第四十条　上市公司出现以下情形之一的，保荐人应当在10个交易日内对上市公司董事、监事、高级管理人员、中层以上管理人员及上市公司控股股东和实际控制人等相关人员进行专门培训：

（一）实际控制人发生变更的；

（二）受到中国证监会行政处罚或者本所通报批评、公开谴责处分的；

（三）信息披露工作考核结果为D的；

（四）本所要求的其他情形。

第四十一条　保荐人按照有关规定对上市公司违法违规事项公开发表声明的，应当于披露前向本所报告，经本所审查后在符合条件媒体上公告。本所对上述公告进行形式审查，对其实质内容不承担责任。

第四十二条　保荐人应当在主板上市公司披露年度报告之日起的10个交易日内按照本指引规定的内容与格式向本所报送年度保荐工作报告，持续督导期开始之日至该年度结束不满 3 个月的除外。

创业板上市公司的保荐人应当在公司披露年度报告、半年度报告后 15 个交易日内按照本指引规定的内容与格式向本所报送并在符合条件媒体披露跟踪报告。

第八章　保荐工作内部管理

第四十三条　保荐人应当建立并有效执行保荐工作的内控制度，包括持续督导的业务流程、监督和复核机制等。

第四十四条　承担持续督导职责的保荐人和保荐代表人应当针对上市公司的具体情况，制定持续督导工作计划和实施方案，就持续督导工作的主要内容、重点、实施方式、步骤等做出完整、有效的安排。

保荐人和保荐代表人应当根据上市公司具体情况、结合上市公司重要风险点以及影响上市公司规范运作、信守承诺、履行信息披露义务的关键因素，明确持续督导工作重点。

第四十五条　保荐人应当指定专人进行持续督导的复核工作，复核人员应当重点关注保荐代表人发表专项意见、现场检查以及培训工作等履责情况。

第四十六条　保荐人应当建立健全上市推荐和持续督导业务工作底稿制度，为每一项目建立独立的工作底稿。保荐工作底稿应当内容完整、记录清晰、结论明确，真实、准确、完整地反映整个保荐工作的全过程，包括与上市推荐、持续关注及报告、现场检查、发表专项意见等保荐工作相关的所有重要事项。

工作底稿应当载明下列事项：

（一）工作底稿编制的时间；

（二）保荐工作履行的程序、核查的文件以及现场检查的资料等；

（三）发表的结论性意见；

（四）执行人员姓名和执行日期；

（五）复核人员姓名、复核日期和复核意见；

（六）其他需要记载的事项等。

第四十七条　保荐工作底稿的保存期应当不少于 20 年。

第四十八条　保荐人应当建立保荐工作底稿的复核制度，明确规定复核的要求和责任。复核人员应当做出必要的复核记录，明确表示复核意见并签名。

如果发现保荐工作底稿存在问题，复核人员应当在复核意见中加以说明，并要求相关人员补充或者重编工作底稿。

第四十九条　保荐人应当建立健全保荐代表人及从事保荐业务其他相关人员的保荐业务持续培训制度。

保荐人应至少每年组织 1 次对保荐代表人及其他保荐业务相关人员上市推荐和持续督导业务培训，强化保荐代表人对保荐相关业务规则的学习，并将培训情况在 5 个交易日内报送本所备案。

第五十条　保荐人应当建立执业质量考核机制，每年对保荐代表人上一年度的保荐工作进行考核。

第五十一条　保荐人应当建立持续督导工作与自营、资产管理、研究等部门业务之间的信息隔离制度，不得向其透露上市公司未公开的重大信息，保荐人及其相关工作人员不得进行内幕交易。

第九章 保荐工作的监管

第五十二条 本所对保荐人、保荐代表人的上市推荐和持续督导实施日常监管，具体措施包括：

（一）约见保荐业务代表、保荐代表人；

（二）要求保荐人组织相关培训；

（三）向保荐人、保荐代表人发出各项通知和函件；

（四）调阅保荐工作底稿等资料；

（五）要求保荐人、保荐代表人对有关事项做出解释和说明；

（六）向中国证监会报告；

（七）其他监管措施。

第五十三条 保荐人、保荐代表人违反有关规定，本所视情节轻重给予以下纪律处分：

（一）通报批评；

（二）公开谴责；

（三）本所规定的其他纪律处分。

情节严重的，本所依法报中国证监会查处。

第十章 附 则

第五十四条 本指引由本所负责解释。

第五十五条 本指引自发布之日起施行。

相关附件

附件1：定期现场检查报告（略）

附件2：年度保荐工作报告（主板适用）或者年度或者半年度跟踪报告（创业板适用）（略）

深圳证券交易所上市公司股东及董事、监事、高级管理人员减持股份实施细则（2017 年修订）

【发布机关】深圳证券交易所
【发文字号】深证上〔2017〕820 号
【发布日期】2017 年 05 月 27 日

各市场参与人：

近日，中国证监会修订发布了《上市公司股东、董监高减持股份的若干规定》（证监会公告〔2017〕9 号）。根据该规定和相关法律规范，深圳证券交易所（以下简称本所）制定了《深圳证券交易所上市公司股东及董事、监事、高级管理人员减持股份实施细则》（以下简称《实施细则》），经中国证监会批准予以发布，自发布之日起施行。现就相关事项通知如下：

一、请各上市公司加强《实施细则》的宣传教育，提醒相关股东及董事、监事、高级管理人员严格遵守《实施细则》的规定。特别应当提醒，《实施细则》发布后，上市公司控股股东、持股 5% 以上的股东及董事、监事、高级管理人员拟通过集中竞价交易减持股份的，应当在首次卖出股份的 15 个交易日前向本所报告减持计划，并予以公告。

二、在本所完成与证券公司技术系统联合调试前，本所将根据相关临时安排，为股东办理其按照《实施细则》通过大宗交易方式减持股份的业务。

三、请各会员单位加强《实施细则》宣传和投资者教育，并按照本细则及本所相关要求，做好各项技术、业务准备和落实工作。

四、本所对相关减持股份的行为进行监管，发现违规的，将按业务规则采取监管措施或者予以纪律处分，情节严重的，将上报中国证监会处理。

五、《实施细则》执行过程中有疑问，可以通过下列途径咨询本所：电话：400 - 808 - 9999；邮箱：cis@ szse. cn。

特此通知

深圳证券交易所
2017 年 5 月 27 日

第一条 为了规范深圳证券交易所（以下简称本所）上市公司股东及董事、监事、高级管理人员（以下简称董监高）减持股份的行为，维护市场秩序，保护投资者合法权益，根据《公司法》《证券法》和中国证监会《上市公司股东、董监高减持股份的若干规定》以及本所《股票上市规则》《创业板股票上市规则》《交易规则》等有关规定，制定本细则。

第二条 本细则适用于下列减持行为：

（一）大股东减持，即上市公司控股股东、持股5%以上的股东（以下统称大股东）减持其持有的股份，但其减持通过集中竞价交易取得的股份除外；

（二）特定股东减持，即大股东以外持有公司首次公开发行前股份、上市公司非公开发行股份（以下统称特定股份）的股东（以下简称特定股东），减持其持有的该等股份；

（三）董监高减持其持有的股份。

因司法强制执行、执行股权质押协议、赠与、可交换债换股、股票权益互换等减持股份的，适用本细则。

特定股份在解除限售前发生非交易过户，受让方后续对该部分股份的减持，适用本细则。

第三条 股东及董监高减持股份，应当遵守法律、行政法规、部门规章、规范性文件、本细则以及本所其他业务规则；对持股比例、持股期限、减持方式、减持价格等作出承诺的，应当严格履行所作出的承诺。

第四条 大股东减持或者特定股东减持，采取集中竞价交易方式的，在任意连续90个自然日内，减持股份的总数不得超过公司股份总数的1%。

股东通过集中竞价交易减持上市公司非公开发行股份的，除遵守前款规定外，在股份限制转让期间届满后12个月内，减持数量还不得超过其持有的该次非公开发行股份的50%。

第五条 大股东减持或者特定股东减持，采取大宗交易方式的，在任意连续90个自然日内，减持股份的总数不得超过公司股份总数的2%。

前款交易的受让方在受让后6个月内，不得转让其受让的股份。

大宗交易买卖双方应当在交易时明确其所买卖股份的性质、数量、种类、价格，并遵守本细则相关规定。

第六条 大股东减持或者特定股东减持，采取协议转让方式的，单个受让方的受让比例不得低于公司股份总数的5%，转让价格下限比照大宗交易的规定执行，法律、行政法规、部门规章、规范性文件及本所业务规则等另有规定的除外。

大股东减持采取协议转让方式，减持后不再具有大股东身份的，出让方、受让方在6个月内应当继续遵守本细则第四条第一款减持比例的规定，还应当继续遵守本细则第十三条、第十四条信息披露的规定。

特定股东减持采取协议转让方式，出让方、受让方在6个月内应当继续遵守本细则第四条第一款减持比例的规定。

第七条 同一股东开立多个证券账户（含信用证券账户）的，计算本细则第四条、第五条规定的减持比例时，对多个证券账户持股合并计算，可减持数量按照其在各账户和托管单元上所持有关股份数量的比例分配确定。

第八条 计算本细则第四条、第五条规定的减持比例时，大股东与其一致行动人的持股应当合并计算。一致行动人的认定适用中国证监会《上市公司收购管理办法》的规定。

第九条 具有下列情形之一的，上市公司大股东不得减持股份：

（一）上市公司或者大股东因涉嫌证券期货违法犯罪，在被中国证监会立案调查或者被司法机关立案侦查期间，以及在行政处罚决定、刑事判决作出之后未满6个月的；

（二）大股东因违反证券交易所业务规则，被证券交易所公开谴责未满3个月的；

（三）法律、行政法规、部门规章、规范性文件以及本所业务规则规定的其他情形。

第十条 上市公司存在下列情形之一的，自相关决定作出之日起至公司股票终止上市或者恢复上市前，其控股股东、实际控制人、董监高不得减持其持有的公司股份：

（一）上市公司因欺诈发行或者因重大信息披露违法受到中国证监会行政处罚；

（二）上市公司因涉嫌欺诈发行罪或者因涉嫌违规披露、不披露重要信息罪被依法移送公安机关。

前款规定的控股股东、实际控制人、董监高的一致行动人应当遵守前款规定。

上市公司披露为无控股股东、实际控制人的，其第一大股东及第一大股东的实际控制人应当遵守前两款对控股股东、实际控制人的相关规定。

第十一条 具有下列情形之一的，上市公司董监高不得减持股份：

（一）董监高因涉嫌证券期货违法犯罪，在被中国证监会立案调查或者被司法机关立案侦查期间，以及在行政处罚决定、刑事判决作出之后未满6个月的；

（二）董监高因违反证券交易所业务规则，被证券交易所公开谴责未满3个月的；

（三）法律、行政法规、部门规章、规范性文件以及本所业务规则规定的其他情形。

第十二条 董监高在任期届满前离职的，应当在其就任时确定的任期内和任期届满后6个月内，继续遵守下列限制性规定：

（一）每年转让的股份不得超过其所持有本公司股份总数的25%；

（二）离职后半年内，不得转让其所持本公司股份；

（三）《公司法》对董监高股份转让的其他规定。

第十三条 上市公司大股东、董监高通过本所集中竞价交易减持股份的，应当在首次卖出的15个交易日前向本所报告减持计划，在本所备案并予以公告。

前款规定的减持计划的内容包括但不限于拟减持股份的数量、来源、原因、方式、减持时间区间、价格区间等信息。每次披露的减持时间区间不得超过6个月。在减持时间区间内，大股东、董监高在减持数量过半或减持时间过半时，应当披露减持进展情况。公司控股股东、实际控制人及其一致行动人减持达到公司股份总数1%的，还应当在该事实发生之日起2个交易日内就该事项作出公告。

在前款规定的减持时间区间内，上市公司发生高送转、并购重组等重大事项的，前款规定的股东应当同步披露减持进展情况，并说明本次减持与前述重大事项的关联性。

第十四条 上市公司大股东、董监高减持股份，应当在股份减持计划实施完毕后的2个交易日内予以公告。上述主体在预先披露的股份减持时间区间内，未实施股份减持或者股份减持计划未实施完毕的，应当在股份减持时间区间届满后的2个交易日内予以公告。

第十五条 上市公司股东、董监高减持股份违反本细则规定，或者通过交易、转让或者其他安排规避本细则规定，或者违反本所其他业务规则规定的，本所可以采取限制交易等监管措施或者实施纪律处分。严重影响市场交易秩序或者损害投资者利益的，本所从重处分。

前款规定的减持行为涉嫌违反法律、法规、部门规章、规范性文件的，本所报中国证监会查处。

第十六条 本细则下列术语是指：

（一）股份总数，是指上市公司人民币普通股票（A 股）、人民币特种股票（B 股）、香港交易所上市股票（H 股）的股份数量之和；

（二）减持股份，是指上市公司股东减持公司 A 股的行为；

（三）以上，是指本数以上（含本数）。

第十七条 本细则经本所理事会审议通过并报中国证监会批准后生效，修改时亦同。

第十八条 本细则由本所负责解释。

第十九条 本细则自发布之日起施行。本所 2016 年 1 月 9 日发布的《关于落实〈上市公司大股东、董监高减持股份的若干规定〉相关事项的通知》（深证上〔2016〕11 号）同时废止。

本细则施行之前本所发布的其他业务规则与本细则规定不一致的，以本细则为准。

深圳证券交易所上市公司创业投资基金股东减持股份实施细则（2020年修订）

【发布机关】深圳证券交易所
【发文字号】深证上〔2020〕143号
【发布日期】2020年03月06日

各市场参与人：

近日，中国证监会发布修订后的《上市公司创业投资基金股东减持股份的特别规定》（证监会公告〔2020〕17号）。为进一步加大对创业投资基金支持力度，根据该规定和相关法律规范，本所对《深圳证券交易所上市公司创业投资基金股东减持股份实施细则》进行了修订，报经中国证监会批准，现予以发布，自2020年3月31日起施行。本所于2018年3月2日发布的《深圳证券交易所上市公司创业投资基金股东减持股份实施细则》（深证上〔2018〕94号）同时自2020年3月31日起废止。

特此通知

深圳证券交易所
2020年3月6日

第一条 为鼓励创业投资基金长期健康发展，规范深圳证券交易所（以下简称本所）上市公司创业投资基金股东减持股份的行为，根据《公司法》《证券法》、中国证监会《上市公司股东、董监高减持股份的若干规定》（以下简称《减持若干规定》）以及《上市公司创业投资基金股东减持股份的特别规定》（以下简称《减持特别规定》）等有关规定，制定本细则。

第二条 符合《减持特别规定》的创业投资基金，减持其持有的上市公司首次公开发行前股份的，适用本细则。

第三条 符合条件的创业投资基金，在其投资的早期企业、中小企业或高新技术企业上市后，通过集中竞价交易方式减持其持有的首次公开发行前股份的，适用下列比例限制：

（一）截至首次公开发行上市日，投资期限不满36个月的，创业投资基金在任意连续90个自然日内，减持股份的总数不得超过公司股份总数的1%。

（二）截至首次公开发行上市日，投资期限已满36个月不满48个月的，创业投资基金在任意连续60个自然日内，减持股份的总数不得超过公司股份总数的1%。

（三）截至首次公开发行上市日，投资期限已满48个月不满60个月的，创业投资基金在任意连续30个自然日内，减持股份的总数不得超过公司股份总数的1%。

（四）截至首次公开发行上市日，投资期限已满60个月的，创业投资基金减持股份总数不受比例限制。

第四条　符合条件的创业投资基金，在其投资的早期企业、中小企业或高新技术企业上市后，通过大宗交易方式减持其持有的首次公开发行前股份的，适用下列比例限制：

（一）截至首次公开发行上市日，投资期限不满36个月的，创业投资基金在任意连续90个自然日内，减持股份的总数不得超过公司股份总数的2%。

（二）截至首次公开发行上市日，投资期限已满36个月不满48个月的，创业投资基金在任意连续60个自然日内，减持股份的总数不得超过公司股份总数的2%。

（三）截至首次公开发行上市日，投资期限已满48个月不满60个月的，创业投资基金在任意连续30个自然日内，减持股份的总数不得超过公司股份总数的2%。

（四）截至首次公开发行上市日，投资期限已满60个月的，创业投资基金减持股份总数不受比例限制。

前款交易的股份受让方在受让后不受“6个月内不得转让其受让股份”的限制。

第五条　创业投资基金减持其持有的上市公司首次公开发行前股份，本细则未作规定的，适用中国证监会《减持若干规定》以及《深圳证券交易所上市公司股东及董事、监事、高级管理人员减持股份实施细则》等有关规定。

第六条　创业投资基金股东减持股份违反本细则规定的，或者通过交易、转让或其他方式规避本细则规定，或者违反本所其他业务规则规定的，本所可以采取限制交易等监管措施或者实施纪律处分。严重影响市场秩序或者损害投资者权益的，本所从重处分。

前款规定的减持行为涉嫌违反法律、法规、部门规章、规范性文件的，本所报中国证监会查处。

第七条　符合中国证监会相关规定且在中国证券投资基金业协会备案的私募股权投资基金，参照本细则执行。

第八条　本细则经本所理事会审议通过并报中国证监会批准后生效，修改时亦同。

第九条　本细则由本所负责解释。

第十条　本细则自2020年3月31日起施行。本所于2018年3月2日发布的《深圳证券交易所上市公司创业投资基金股东减持股份实施细则》（深证上〔2018〕94号）同时废止。

深圳证券交易所上市公司自律监管指南第1号——业务办理

【发布机关】深圳证券交易所
【发文字号】深证上〔2022〕26 号
【发布日期】2022 年 1 月 7 日

各市场参与人：

为优化上市公司自律监管规则体系，结合监管实践，本所对上市公司业务办理相关规则进行了整合、修订，形成《深圳证券交易所上市公司自律监管指南第 1 号——业务办理》，现予以发布，自发布之日起施行。

《深圳证券交易所上市公司业务办理指南第 1 号——信息披露业务办理》（深证上〔2020〕543 号）等 38 件制度文件同时废止。

特此通知

深圳证券交易所
2022 年 1 月 7 日

第一部分

1.1 信息披露事务

为规范本所主板上市公司及相关信息披露义务人的信息披露业务办理行为，明晰业务办理程序，提高本所工作透明度，做好上市公司服务工作，根据《证券法》《上市公司信息披露管理办法》（以下简称《信披管理办法》）以及本所《股票上市规则》《上市公司自律监管指引第 5 号——信息披露事务管理》等有关规定，制定本指南。

一、信息披露业务办理

（一）信息披露平台

上市公司应当使用本所信息披露业务技术平台（以下简称本所技术平台）的上市公司业务专区（以下简称业务专区）提交信息披露申请，业务专区的登录方式（见附件 1）。为确保上市公司在网上业务中能正确标识实体身份，保障网上业务的安全性，本所向公司发放“身份认证系统数字证书”（以下简称数字证书）。数字证书用于本所面向上市公司开放的各项网上业务，如网上信息披露申请、网络投票等。上市公司应当妥善保管数字证书及其密码，使用数字证书办理业务的行为视同上市公司的行为，上市公司应当承担由此产生的法律责任。

上市公司办理与数字证书相关的业务，如申领、挂失、冻结等，可以向本所数字证书认证中心提出申请，相关的办理要求及联系方式详见网站：http：//ca. szse. cn 。

（二）信息披露方式

上市公司信息披露分为直通披露和非直通披露两种方式。公司应当通过本所技术平台和本所认可的其他方式将公告文件及相关材料报送本所，并通过本所网站和符合中国证监会规定条件的媒体（以下统称符合条件媒体）对外披露。

其中，直通披露是指上市公司按照本所相关规定，将应当对外披露的信息通过本所技术平台直接提交至符合条件媒体进行披露，本所事后进行形式审查的信息披露方式。非直通披露是指上市公司提交的公告经本所形式审查后提交给符合条件媒体的信息披露方式。

本所上市公司信息披露原则上采用直通披露方式，最近一期信息披露考核结果为 D 的上市公司除外。如上市公司出现公司治理不健全、内部控制薄弱、涉嫌多项违法违规行为、公司信息披露受到市场广泛质疑、拒不配合监管等严重影响上市公司信息披露质量情形的，本所可将其调出直通披露主体范围。同时，部分公告因涉及业务参数录入等原因，仅能以非直通披露的方式披露，上市公司可通过查询公告类别判断相关公告能否直通披露。

（三）信息披露申请的提交时间

1. 直通披露的提交时间

交易日 6:00 - 8:00：上市公司仅能提交拟披露日期为当日的信息披露申请。上市公司在交易日 6:00 - 7:30 完成公告提交，本所技术平台于当日 7:30 后自动发送相关公告至符合条件媒体披露；上市公司在交易日 7:30 - 8:00 完成公告提交，本所技术平台实时发送相关公告至符合条件媒体披露。

交易日 8:00 - 11:30：上市公司仅能提交拟披露日期为当日的信息披露申请。上市公司在前述时段完成公告提交，本所技术平台于当日 11:30 后自动发送相关公告至符合条件媒体披露。

交易日 11:30 - 20:30：上市公司可提交拟披露日期为次一日（节假日除外）或次一交易日的信息披露申请。上市公司在 11:30 - 15:30 完成公告提交的，本所技术平台于当日 15:30 后自动发送相关公告至符合条件媒体披露；上市公司在 15:30 - 20:30 完成公告提交的，本所技术平台实时发送相关公告至符合条件媒体披露。

单一非交易日或连续非交易日的最后一日 12:00 - 16:00：上市公司仅能提交拟披露日期为次一交易日的信息披露申请，本所技术平台于当日 16:00 后自动发送相关公告至符合条件媒体披露。

2. 非直通披露的提交时间

对于非直通披露的公告，上市公司可在交易日 15:00 - 17:00 提交，处于停牌状态的公司可在交易日 17:00 前提交。如因特殊原因，上市公司需在 17:00 后提交非直通披露公告的，应提前与本所监管人员联系。

3. 定期报告提交时间的特别要求

对于所有含有定期报告的信息披露申请，上市公司仅能在披露日的前一交易日提交。

4. 多地上市的披露时间要求

在本所上市的公司同时有股票及其衍生品种在境外证券交易所上市的，公司及相关信息披露义务人应当保证境外证券交易所要求其披露的信息，同时在符合条件媒体上按照本指南和本所其他有关规定的要求对外披露。

公司及相关信息披露义务人在境外市场进行信息披露时，不属于本所市场信息披露时段的，应当在本所市场最近一个信息披露时段内予以披露。

（四）信息披露流程

1. 准备公告文件及报备材料

上市公司及相关信息披露义务人应按照本所《股票上市规则》及相关自律监管指引、公告格式等的要求准备公告文件和报备材料。

2. 提交公告

（1）登录业务专区

上市公司使用数字证书确认身份，登录业务专区，进入“信息披露业务”菜单，选择“信息披露申请”栏目。

（2）创建信息披露申请

上市公司进入“信息披露申请”栏目后，选择“新建披露申请”，进入“信息披露申请”页面进行操作。

该页面中“公司代码”和“公司简称”由系统自动填写，上市公司应填写公告份数、附件份数、拟披露日期、是否申请停复牌、拟披露报刊等信息。如果系统自动显示的经办人不是实际办理人，上市公司应修改相关内容。上市公司需注意准确填写手机号码，该手机号码将用于接收本所发出的短信通知，告知上市公司信息披露申请的办理进展及本所对公司信息披露文件的反馈意见。

（3）添加公告类别

上市公司点击“新增公告类别”，将展示备选的公告类别页面。上市公司可通过以下方法查询所需的公告类别：

①按照“公告类别”树状结构体系查询；

②使用搜索功能，输入需要查询的公告类别名称的关键字。例如输入“股东大会”，再点击右侧的“搜索”按钮，页面将展示所有名称中含有“股东大会”字样的公告类别，公司可在较少范围内查询。

上市公司应注意选取公告小类，即名称前数字编号为6位的公告类别。查询到所需的公告类别后，上市公司可通过以下方式添加到右侧的“已选公告类别”列表中：

①双击该公告类别；

②选中所需公告类别，然后点击“　　　　　”。

此时，如果本所为这些公告类别提供了相应的备查规则，对应的规则将会全部显示在“已选公告类别”下方的“规则备查列表”中。

当上市公司添加了所有所需的“公告类别”后，点击“确认”按钮，将返回“信息披露申请”页面。该页面将显示已经添加的“公告类别”和选择这些公告类别可能需要参考的规则列表，并提供上市公司上传文件的区域。

如果上市公司发现选取的公告类别有误，可以点击公告类别右侧的“删除”按钮予以删除，如需添加其他公告类别，继续点击“添加公告类别”即可。

上市公司应当特别关注公告类别选择，所选公告类别应当完整、准确，包含披露文件涉及的所有公告子类，不得错选、漏选公告类别，不得以直通公告类别代替非直通公告类别。

（4）检查文件材料和填报数据

公告类别添加完成后，上市公司应对已选取公告类别对应的“披露要点”及“需提交的材料”进行逐项检查，根据实际情况点击右侧的“是”“否”“不适用”选项；并应特别关注披露申请中涉及的数据填报，确保准确、完整地录入业务参数（如适用）。

如对照后发现准备的文件不符合要求，上市公司应对原文件进行修改；如文件已上传，应进行替换。如页面中提示需进行数据填报，公司还应准确、完整地录入相关数据。前述自查工作须在提交公告前完成。

（5）上传文件

完成上述自查工作后，上市公司可通过“上传文件”按钮将公告文件及报备材料上传。部分公告类别配置了文件列表模板，此时公司只需点击右边的“上传”按钮即可。对于附有盖章或签名的报备材料（如相关决议、中介机构报告、合同文件、协议或批文等），公司也可通过传真方式向本所提交。上市公司应当保证电子文档与原件一致。

上市公司在上传信息披露文件时，不同的公告文件或报备材料应当拆分成独立的电子文档，且电子文档名应与相关公告或报备材料的标题一致。

上市公司上传公告文件及报备材料后，应当准确选择上传文件的披露渠道（登报、上网、报备），文件类型指引（见附件2）。

如果未完成信息披露申请的填写、自查，上市公司可选择“保存”，待完成后提交。

（6）申请停复牌

涉及停复牌的相关公告不能直通披露。如系统判断上市公司提交的信息披露申请符合直通披露条件，但上市公司同时申请了股票停复牌，系统将会给予提示。

上市公司提交信息披露申请时，如需同时申请股票及其衍生品种停复牌，应在信息披露申请界面勾选“申请停复牌”，并设置停复牌时间，同时添加与停复牌业务相关的公告类别。

（7）提交公告

上市公司对所有的文件和数据完成检查后，点击“信息披露申请”页面的“下一步”按钮，将显示“提交”页面。该页面增加了已添加公告类别的自查结果，供上市公司确认。上市公司如不予确认，可以返回进行修改。

上市公司确认后点击“提交”按钮，此时系统将全面检查该信息披露申请是否满足直通披露要求。如果上市公司股票及其衍生品种处于停牌状态，上市公司还需关注是否需要申请复牌，同时系统也将提示。

如果上市公司的信息披露申请包含需在交易日收市后才能提交的公告（如定期报告），则在交易时段该披露申请只能保存，不能提交，提交后系统也会给予相应提示。如果该类公告拟披露日期晚于下一交易日，系统也会给予相应提示。

3. 反馈意见

上市公司公告提交完成后，可在“反馈”中查询本所监管人员的反馈意见（如有）。反馈意见分为两种情形：一类是文字信息，另一类是对原信息披露文件的修改信息（即以附件的形式，在文件中以“修订”方式标识本所反馈意见）。上市公司若需使用附件中的反馈文件，可将相关文件先保存至本地文件夹，再进行修改。

上市公司应当积极配合本所的监管工作，及时回答（或者回复）本所的反馈意见，提交补充材料（如需）。对于直通披露公告，上市公司应结合本所反馈意见及时对已披露文件进行补充或更正（如需）。对于非直通披露公告，上市公司应根据本所监管人员的反馈意见，对原信息披露文件进行相应修改（如更换、补充信息披露文件），修改完成后重新提交。

4. 查看信息披露结果

上市公司完成公告提交后，可在“信息披露申请”页面查询申请披露的业务记录以及相关申请的历史处理情况，并通过“信息披露结果”栏目查询处理结果。

对于非直通披露公告，在本所监管人员形式审查完成后，上市公司应在“信息披露结果—信息披露审查结果详细信息”中通过“确认并提交媒体”操作提交给符合条件媒体。

本所只提供上市公司将信息披露公告提交至符合条件媒体的技术平台，上市公司完成以上操作后，还需检查信息披露文件是否已经在符合条件媒体及时披露，如发现异常，应当立即向本所报告。信息披露文件经符合条件媒体确认发布后，上市公司不得修改或者撤销。因不可抗力、意外事件及技术故障等原因，导致直通披露业务不能正常办理的，上市公司应当按照本所规定的其他方式办理信息披露事项。

5. 公告送达媒体专区的时点

属于直通披露的，本所技术平台在规定时间将已通过上市公司内部复核的相关公告自动发送到媒体专区，具体见本指南“直通披露的提交时间”相关内容；上市公司应当及时与符合条件媒体确认接收。属于非直通披露的，相关公告送达媒体专区的时点为上市公司确认并提交媒体的时间。

对于拟披露日期为非当日的信息披露申请，符合条件网站将在收到披露信息后于披露日的前一日予以刊载，符合条件报刊将在收到披露信息后于披露日的当日予以刊载。

相关公告尚未送达媒体业务专区，上市公司拟申请撤回或替换当日已确认公告文件的，按以下两种情形处理：

（1）属于直通披露的，上市公司可自行撤回信息披露申请；

（2）属于非直通披露的，上市公司应及时与本所监管人员联系。

二、监管信息交流

（一）一般规定

1. 为提高工作效率，方便上市公司查询和回复问询函、关注函等函件，本所公司管理部门通过上市公司业务专区的“信息披露业务—监管信息”栏目向上市公司发送相关函件；同时，上市公司应通过该栏目上传各类回函的电子文件。

2. 本所公司管理部门通过“监管信息”栏目发送的各类函件不加盖公章，如上市公司因上报公司股东、主管单位需要本所加盖公章的，可与本所监管人员联系。

3. 本所公司管理部门通过系统发出函件后，系统会自动通过短信方式提醒上市公司的信息披露办理人员。

4. 上市公司的回函一经提交不能修改、删除，公司应当慎重操作，如确实需要修改，应及时与监管人员联系。

（二）使用指南

1. 登录

上市公司登录业务专区后，进入“信息披露业务”下的“监管信息”栏目，可查询到本所公司管理部门发出的相关函件列表。

2. 查询

上市公司直接点击“发函标题”列，可以打开函件内容，点击相应记录的“进入”链接，可查看相关函件的详细信息。

3. 回函

上市公司准备好回函文件后，在相应函件处点击“回函”按钮，进入“添加回函”界面，可上传回函文件。

三、内幕信息知情人登记

（一）释义

1. 内幕信息：根据《证券法》相关规定，涉及上市公司的经营、财务或者对公司股票及其衍生品种交易价格有重大影响的尚未公开的信息。

2. 内幕信息知情人：可以接触、获取内幕信息的上市公司内部和外部相关人员，具体范围为《证券法》第五十一条规定的有关人员。

（二）报送时间和填报的具体内容

上市公司在内幕信息依法公开披露前，应当填写公司内幕信息知情人档案，并在内幕信息首次依法披露后5个交易日内通过业务专区向本所报送。

内幕信息知情人档案应当包括：姓名或名称、国籍、证件类型、证件号码或统一社会信用代码、股东代码、联系手机、通讯地址、所属单位、与上市公司关系、职务、关系人、关系类型、知情日期、知情地点、知情方式、知情阶段、知情内容、登记人信息、登记时间等信息。

（三）操作说明

1. 登录

上市公司登录业务专区后，进入“资料填报”下的“内幕信息知情人”栏目，可查询到公司历次填报的内幕信息知情人信息。

2. 填报内幕信息知情人数据

上市公司直接点击“新建”按钮，进入“内幕信息知情人”填报页面，首先应填写“业务类别”“填报人”和“业务描述”等内幕事件基本信息，上传重大事项进程备忘录文件（如需）和内幕信息知情人登记工作承诺书。上传完毕后，上市公司应将全部的内幕信息知情人添加至内幕信息知情人名单列表，可通过“添加知情人信息”按钮逐个添加，或者通过“加入高管”和“导入知情人信息”按钮批量增加。上市公司确认内幕信息知情人添加完毕后，点击“提交”，系统将数据报送本所。内幕信息知情人数据一经提交，业务专区不允许修改或删除，只能补充或重新报送。

四、上市公司高层人员及关联人信息申报

（一）释义

1. 上市公司高层人员：上市公司的董事、监事、高级管理人员。

2. 为方便业务管理，本所将上市公司高层人员的任职类型划分为六类：董事、独立董事、监事、高管、董秘和证券事务代表。

其中“高管”是指本所《股票上市规则》所规定的高级管理人员，但董事会秘书列入“董秘”类进行单独管理。

3. 任职状态与上市公司高层人员某一特定的任职类型相对应，包括拟任、现任、历任、落选。

（二）申报要求

1. 上市公司在报送高层人员变动的信息披露文件时，应当同时对高层人员的信息进行网上申报；如上市公司无法在当日完成信息申报，需提供董事会出具的 2 个交易日内完成信息申报的承诺函。

2. 上市公司高层人员任职申报或离职申报的时点要求如表 1 所示。

表 1　上市公司高层人员任职和离职申报时点

任职类别	任职申报时点	离职申报时点
董事、独立董事、监事	有权机构作出聘任决议时，如股东大会、职工代表大会决议公告日	（1）被免职的，为有权机构作出免职决议时，如股东大会、职工代表大会决议公告日； （2）主动离职的，为辞职报告送达董事会或者监事会之日，离职导致低于法定人数等《股票上市规则》规定情形的除外； （3）任职到期的，为新当选人士任职生效时。
高管、董秘、证券事务代表	董事会作出聘任决议时，即董事会决议公告日	（1）被免职的，董事会作出免职决议时，即董事会决议公告日； （2）主动离职的，为辞职报告送达董事会之日； （3）任职到期的，为新当选人士任职生效时。

3. 上市公司高层人员已申报的信息发生变化，如身份证号码变更、地址变更、家庭成员人员变更或相关信息变更等，应及时告知上市公司并委托其修改相关信息。

4. 上市公司应确保申报信息的真实、准确、及时、完整。

（三）操作说明

1. 上市公司通过数字证书登录到业务专区，点击“资料填报—董监高信息填报—高层人员资料”菜单项，进入高层人员信息网上填报主页面。该主页面为查询统计页面，可查询公司高层人员的主要信息、证件填报情况。

2. 上市公司通过点击“增加高层人员”按钮可以新增高层人员信息。

3. 当上市公司高层人员的基本信息、任职情况发生变化时，上市公司应及时进入高层人员信息界面进行更新维护。

4. 上市公司在网上填报或信息维护完成后，应点击“提交”按钮，将填报或修改的内容提交至本所。相关信息在提交前可以修改，但提交后关键信息不能自行修改。关键信息包括国籍、姓名、身份证号码、护照或其他证件号码、任职类型以及离任人员的离任日期等。上市公司如需修改上述关键信息，可通过高层人员信息列表中的“网上申请”链接提交变更申请。

（四）申报注意事项

1. 当国家或地区为“中国”时应填写身份证号码。

2. 上市公司应在公司高层人员正式任职及离职生效当日内维护高层人员的任职状态。对于需要履行选举程序尚未正式任职的高层人员，可将任职状态设为“拟任”，待选举后再根据选举结果变更为“现任”或“落选”。

3. 同一人有多个任职类型时，只需在该人员的任职信息处添加多条任职记录，无需重复新增人员记录。

五、《董事（监事、高级管理人员）声明及承诺书》报备

（一）报备程序

1. 上市公司董事会秘书负责组织公司董事、监事和高级管理人员及时完成《董事（监事、高级管理人员）声明及承诺书》（以下简称《声明及承诺书》）的签署工作。

2.《声明及承诺书》签署完成后，上市公司应将书面文件通过专人报送或邮寄方式送达本所，并根据《声明及承诺书》的书面文件及时在业务专区填报和提交电子文件。

3.《声明及承诺书》送达本所后，上市公司应登录业务专区查询本所登记数据，确认书面文件已送达，并已完成登记。确认方式如下：

上市公司进入业务专区“资料填报—董监高信息填报—董监高申明与承诺填报”菜单项，如该界面“书面文件是否已报送”一栏显示为“是”，表示已完成登记；显示为“否”，则表示未完成登记，上市公司应与本所监管人员联系，核实相关文件的报送与登记情况。

（二）电子数据填报操作说明

1. 上市公司通过数字证书登录到业务专区，点击“资料填报—董监高信息填报—董监高声明与承诺填报”菜单，进入网上填报主页面。该主页面为查询统计页面，上市公司可查询公司董事、监事和高级管理人员的声明与承诺文件报送情况。

2. 上市公司如需增加董事、监事和高级管理人员或修改现任董事、监事和高级管理人员的个人基本信息应按照“四、上市公司高层人员及关联人信息申报”的相关要求申报。

3. 前述填报主页面的“电子数据”一列显示相关人员的电子数据报送情况。如已填报，则显示为“已提交，点击进入”，否则显示为“未填报，点击填报”。

4. 对于已填报的记录，通过“点击进入”，可查询以前填报过的数据；如有必要，也可在此页面进行修改。

5. 相关人员的亲属信息通过点击填报页面“增加亲属成员”按钮进行填报。如需删除已填报的人员信息，通过“删除”按钮操作。

6. 对于亲属信息之后的其他信息，需根据相关人员的实际情况选择“是”或“否”。

7. 上市公司全部声明内容填报完成后，录入声明日期、声明地点和声明见证律师，并在第二部分的承诺部分录入承诺日期、承诺地点、承诺见证律师，然后通过“提交”按钮完成报送。

（三）电子文件填报注意事项

1. 当国家或地区为“中国”时须填写身份证号码。

2. 声明与承诺书面文件报送情况是本所公司管理部门接收登记的情况，仅能查看，不能修改；如上市公司发现异常，可联系本所监管人员。

（四）邮寄地址

上市公司可通过以下地址将《声明及承诺书》寄送至本所：

地址：深圳市福田区深南大道2012号

邮编：518038

六、投资者关系管理及其信息披露

（一）披露内容和要求

1. 上市公司应当制定投资者关系管理相关制度（包括投资者关系管理档案制度、接待和推广制度、信息披露备查登记制度等）。

2. 投资者关系活动中的调研机构及个人在与上市公司直接沟通时，上市公司应要求其签署承诺书（见附件 3）并交由公司妥善保管。

3. 上市公司在投资者说明会、业绩说明会、分析师会议、路演等投资者关系活动结束后应当及时编制投资者关系活动记录表（见附件 4），并及时在互动易和公司网站（如有）刊载。

4. 投资者关系管理相关文件披露后，原则上不得撤回、替换或删除。上市公司如发现已披露的文件存在错误或遗漏，应及时披露更正后的文件，并申请在文件名上添加标注，对更正前后的文件进行区分。如确需修改已提交的文件，上市公司可联系本所监管人员，并联系相关人员处理（0755 - 83991101）。

（二）操作方式

上市公司通过业务专区“资料填报—投资者关系管理信息填报”栏目，将投资者关系管理相关文件提交至本所互动易网站（http://irm.cninfo.com.cn）披露，同时在公司网站（如有）予以披露。

七、联系方式

上市公司办理信息披露业务时，如在业务专区使用中遇到问题，可联系 0755 - 88820030；如涉及其他业务问题、意见或建议，可与本所监管人员联系。

本所自动传真号码为：0755 - 82083194、0755 - 82083111。上市公司如需传真相关文件或资料至本所，可拨打前述传真号码并按提示操作。

相关附件

附件 1：上市公司业务专区登录方式（略）

附件 2：上传文件类型指引（略）

附件 3：特定对象与上市公司直接沟通签署的承诺书格式（略）

附件 4：投资者关系活动记录表格式（略）

1.2 董事会秘书和证券事务代表管理

为规范本所主板上市公司董事会秘书及证券事务代表任职、考试培训及后续管理工作，根据《公司法》《证券法》《信披管理办法》等法律法规及本所《股票上市规则》《上市公司自律监管指引第 1 号——主板上市公司规范运作》（以下简称《主板规范运作指引》）等法律法规、业务规则，制定本指南。

一、任职

（一）董事会秘书及证券事务代表应当具备《股票上市规则》《主板规范运作指引》要求的任职条件。

（二）董事会秘书及证券事务代表应当在受聘前通过本所认可的董事会秘书资格考试，并取得本所认可的董事会秘书资格证书。拟参加董事会秘书资格考试的相关人员应当由上市公司董事会进行推荐。

（三）上市公司董事会正式聘任董事会秘书、证券事务代表后应当及时公告，公告内容包含办公电话、传真、电子邮箱等，并按《股票上市规则》的要求向本所提交聘任书或者相关董事会决议、聘任说明文件；董事会秘书、证券事务代表个人简历、学历证明（复印件）；董事会秘书、证券事务代表的通讯方式。上述有关通讯方式的资料发生变更时，公司应当及时向本所提交变更后的资料并公告。

二、考试及培训

（一）本所具体负责组织董事会秘书资格考试。

（二）董事会秘书资格考试的基本范围包括：

1. 《公司法》《证券法》《中华人民共和国刑法》等法律和行政法规；

2. 《上市公司治理准则》《信披管理办法》《上市公司股东大会规则》（以下简称《股东大会规则》）、《上市公司章程指引》（以下简称《章程指引》）、《上市公司收购管理办法》（以下简称《收购管理办法》）、《上市公司重大资产重组管理办法》（以下简称《重组办法》）等部门规章和规范性文件；

3. 《股票上市规则》《交易规则》《主板规范运作指引》等本所发布的业务规则和其他规定；

4. 与证券登记结算业务有关的业务规则和其他规定；

5. 本所要求的其他法律法规及业务规则。

（三）本所建立董事会秘书资格信息库，记录通过考试的参考人员情况及其接受后续培训情况等相关信息。

（四）本所举办上市公司董事会秘书后续培训，董事会秘书每年应当至少参加 1 次，证券事务代表每两年应当至少参加 1 次。

三、后续管理

（一）董事会秘书在董事会通过其任命后 1 个月内，应当按照本所有关规定在律师见证下签署《高级管理人员声明及承诺书》，并报送本所和公司董事会。声明与承诺事项发生重大变化（持有本公司的股票情况除外）的，董事会秘书应当在 5 个交易日内更新并报送本所和公司董事会。

（二）董事会秘书及证券事务代表有以下情形之一的，本所可以取消其董事会秘书资格，并在本所网站公布：

1. 不符合《股票上市规则》《主板规范运作指引》要求的任职条件；

2. 未按规定参加本所董事会秘书培训；

3. 本所认定的其他情形。

第二部分

2.1 向不特定对象募集股份

为规范本所主板上市公司向不特定对象募集股份（以下简称增发）的信息披露和相关业务办理流程，根据《公司法》《证券法》《信披管理办法》《证券发行与承销管理办法》等有关规定，制定本指南。

一、发行前的准备工作

（一）沟通发行方案

根据《证券发行与承销管理办法》的相关规定，发行人发行证券，存在利润分配方案、公积金转增股本方案尚未提交股东大会表决或者虽经股东大会表决通过但未实施的，应当在方案实施后发行。相关方案实施前，主承销商不得承销发行人发行的证券。

发行工作正式开始前，发行人及保荐人应当在发行方案基本确定时做出基本判断，如果拟定的发行方案与深圳市场上已实施过的发行方式有所不同，发行人及保荐人应当至少在披露发行公告3个交易日前与本所公司管理部门联系，尽早与本所就发行方案的要点进行充分沟通，以确保发行方案顺利实施。公司管理部门负责创新方案实施的内部协调，并与中国证券登记结算有限责任公司深圳分公司（以下简称结算公司）进行沟通。根据方案的不同，在经过充分的内部协调后，告知发行人及保荐人该方案是否可行，如可行，本所完成系统准备的最后时间。

（二）网上增发业务有关要点

1. 发行人增发业务流程及时间安排请参见《增发新股发行上市业务参考流程》（附件1）。

2. 增发新股申购代码为“07××××”，其中后四位为上市公司股票代码后四位。

3. 增发新股申购简称为“××增发”，其中前四个字节取自上市公司股票简称。

4. 网上申购过程中，每一证券账户只能申购一次，新股申购一经确认，不得撤销。同一证券账户的多次申购委托，除第一次有效申购外，均视为无效申购。

5. 如本次发行安排对原股东优先配售，则无限售条件股东需通过网上申购行使优先认购权，原有限售条件股东应当与结算公司发行人业务部确认相关股份性质判断能否在网上行使优先认购权，并在发行公告中予以明确。

原股东在股权登记日持有的有优先认购权的股票托管在2个或2个以上的证券营业部的，只能在其中1家证券营业部申购，优先认购权按其拥有的有优先认购权的全部股票合并计算。

6. 增发新股不向投资者收取手续费。

7. 机构投资者可以同时选择网上网下两种申购方式参与本次发行，发行公告对此应当予以明确。

（三）与结算公司联系办理增发前的相关手续

发行人及保荐人应当与结算公司发行人业务部、结算业务部等有关部门联系，了解增发的相关工作。

二、增发期间的工作

（一）披露《增发核准公告》

发行人应当在取得中国证监会增发核准文件后2个交易日内披露《增发核准公告》，并向本所报送以下文件：

1. 中国证监会增发核准文件复印件；

2. 增发核准公告。

《增发核准公告》经本所审查后于次一交易日披露。

（二）披露《增发招股意向书》、网上网下发行公告及路演公告

发行人取得中国证监会增发核准通知后，应当在增发核准通知有效期内披露《增发招股意向书》，以保证增发新股顺利实施。

发行人及保荐人应当在披露《增发招股意向书》前一个交易日16:00前通过本所公司管

理部门业务专区报送以下申请文件：

1. 中国证监会核准文件（复印件）；

2. 经中国证监会审核的全套发行申报文件（封卷稿，复印件）；

3. 增发新股发行申请书（附件2，发行人和主承销商盖章）；

4. 发行预计时间安排（发行人盖章）；

5. 发行方案要点（附件3）和发行公告（原件）；

6. 主承销商经办人员的身份证复印件、主承销商授权委托书（需主承销商法定代表人签字）及主承销商法定代表人身份证明书（主承销商盖章，需附法定代表人身份证复印件）；

7. 发行人经办人员的身份证复印件、发行人授权委托书（需发行人法定代表人签字）及发行人法定代表人身份证明书（发行人盖章，需附法定代表人身份证复印件）；

8. 增发招股意向书全文、摘要、路演公告、网上发行公告、网下发行公告、发行保荐书、法律意见书等。

经本所审查后，上述第8项文件于次一交易日披露。其中招股意向书摘要、路演公告、网上和网下发行公告在报纸、本所网站和符合证监会规定条件的媒体（以下简称符合条件媒体）上披露。其余文件在符合条件媒体披露。

（三）披露《增发提示性公告》

发行人应当在增发申购日披露《增发提示性公告》，在增发申购日前一交易日向本所提交以下文件：

1. 增发提示性公告；

2. 上市公司股票及其衍生品种停牌的申请（申请自发行申购日起停牌）。但因特殊原因衍生品种需单独停复牌的除外。

《增发提示性公告》经本所审查后披露，上市公司股票及其衍生品种自增发申购日起停牌，《增发提示性公告》至少应当包括以下内容：

1. 增发意向书及网上网下发行公告的披露日；

2. 股权登记日（如有）、申购日（T日）、上市公司股票及其衍生品种停复牌时间；

3. 发行数量、发行价格；

4. 申购代码、申购简称（××增发）；

5. 申购方式；

6. 本所要求的其他内容。

（四）网上申购资金验资

发行人及保荐人按结算公司结算业务部的要求选定验资机构，并到结算公司结算业务部对网上申购资金进行验资，并将新股发行划款通知（附件4）交结算公司结算业务部。

（五）披露《增发结果公告》

增发网上申购结束后第2个交易日，发行人应当向本所提交《增发结果公告》（报备《网下发行验资报告》《律师关于网下发行的见证意见》），《增发结果公告》至少应当包括以下内容：

1. 发行数量、网上网下配售比例；

2. 网上网下有效申购户数；

3. 发行与配售结果；

4. 募集资金总额。

《增发结果公告》应当于披露前一交易日 15:00 前通过本所公司管理部门业务专区上传。发行人披露增发结果公告当日，上市公司股票及其衍生品种自开市起复牌。

三、股份登记及上市的相关工作

（一）股份登记

发行结束后，发行人及保荐人应当在 2 个交易日内按结算公司发行人业务部的要求办理增发股份的股份登记托管手续。

（二）申请增发股份上市

增发股份的登记业务完成后 2 个交易日内，发行人及保荐人申请增发新股上市，并向本所提交以下申请文件：

1. 发行人上市报告书（申请书）；

2. 保荐协议（原件）和保荐人出具的上市保荐书（原件）；

3. 发行完成后经符合《证券法》规定的会计师事务所（以下简称会计师事务所）出具的验资报告（原件）；

4. 结算公司对新增股份已登记托管的书面确认文件（复印件，包括附件）；

5. 董事、监事和高级管理人员持股情况变动的报告；

6. 股份变动及增发上市公告；

7. 保荐人法定代表人签署的授权保荐代表人保荐工作的专项授权委托书（原件）；

8. 招股说明书及其摘要（发行人盖章）；

9. 律师专项核查意见（原件）；（涉及根据《收购管理办法》相关规定可以免于发出要约的，律师还应当就收购人有关行为是否符合规定发表专项核查意见）；

10. 在 1 个月内报备募集资金专户存储三方监管协议的函。

（三）披露《股份变动及增发上市公告》

发行人应当在增发股份上市流通前 5 个交易日内披露《股份变动及增发上市公告》，该公告至少应当包括以下内容：

1. 重要声明与提示；

2. 股票上市情况；应当披露新增股份的数量和上市时间，按新的总股本对上年每股收益进行调整，上市首日股票设涨跌幅限制的特别提示；

3. 发行人、股东和实际控制人情况；

4. 本次股票发行情况；本次发行方案的主要内容及发行基本情况，包括本次发行履行的相关程序，本次发行方案，本次发行相关保荐人、律师、验资机构等；本次发行前后公司前十名股东情况，本次发行前后公司股份结构变动情况，董事、监事和高级管理人员持股变动情况，本次发行对公司的影响；

5. 其他重要事项；

6. 上市保荐人及其意见；

7. 本次增发完成后公司股权分布符合上市条件；

8. 中国证监会及本所要求披露的其他事项。

（四）增发股份上市

上市公司新增股份上市首日，上市公司总股本按《股份变动及增发上市公告》中的相关指标进行调整。因增发导致部分股东持股比例触及《收购管理办法》所规范的收购及股份权益变动披露标准的，应当按《收购管理办法》及相关法律法规要求，履行权益变动披露义务。相关股东应当在披露增发发行结果之日起3日内披露《简式权益变动报告书》《详式权益变动报告书》等文件。

相关附件

附件1：增发新股发行上市业务参考流程（略）

附件3：增发发行方案要点（略）

附件4：增发网上发行认购资金划款申请表（略）

附件2：增发新股发行申请书（略）

2.2 向特定对象发行股票

为规范本所主板上市公司向特定对象发行股票的信息披露和相关业务的办理流程，根据《公司法》《证券法》《上市公司证券发行管理办法》《重组办法》《上市公司非公开发行股票实施细则》《公开发行证券的公司信息披露内容与格式准则第25号——上市公司非公开发行股票预案和发行情况报告书》及本所《股票上市规则》等有关规定，制定本指南。

一、公司召开董事会会议审议发行事宜

（一）董事会会议审议内容

公司拟向特定对象发行股票，董事会应当对下列事项作出决议，并提请股东大会批准：

1. 关于公司符合向特定对象发行股票条件的议案；

2. 本次向特定对象发行股票方案；

3. 本次募集资金使用的可行性报告；

4. 前次募集资金使用的报告；

5. 本次股票发行申请的有效期（股东大会审议通过之日起算）；

6. 关于公司引入战略投资者的议案（如适用）；

7. 关于公司与具体发行对象签订附生效条件的股票认购合同的议案（如适用）；

8. 关于提请股东大会授权董事会办理本次发行股票具体事宜的议案；

9. 其他需明确的事项。

在召开董事会会议时，公司董事与特定对象存在关联关系的，应当回避表决，且不得代理其他董事行使表决权。公司董事会对引入战略投资者进行决议的，应当就每名战略投资者单独表决，独立董事、监事会应当对议案是否有利于保护上市公司利益和中小股东合法权益发表明确意见。

（二）向特定对象发行股票方案的内容

向特定对象发行股票方案应当逐一列出以下事项：

1. 本次发行股票的种类和数量。发行数量不确定的，应当披露明确的发行数量区间（含上限和下限）。公司应当说明在本次发行前因公司送股、转增及其他原因引起公司股份变动的，发行数量是否相应调整。

2. 发行对象及配售安排。发行对象应当不超过35名。董事会决议确定具体发行对象的，公司应当披露发行对象的基本情况及附生效条件的股份认购合同的内容摘要；董事会决议未确定具体发行对象的，应当披露发行对象的范围和资格，定价原则、限售期。公司可以对最低认购数量作出规定。

发行对象的基本情况应当包括以下内容：（1）发行对象为法人的，应当披露名称、注册地、注册资本、法定代表人、股权控制关系结构图、主营业务情况、最近3年主要业务发展情况和经营成果，最近1年简要财务会计报表，注明是否已经审计；（2）发行对象为自然人的，应当披露姓名、住所、职务、每份职业的起止日期及所任职单位、是否与所任职单位存在产权关系，以及所控制的核心企业和核心业务、关联企业的主营业务情况；（3）发行对象及其相关人员最近5年受处罚等情况；（4）本次发行完成后，发行对象及其控股股东、实际控制人与公司的同业竞争、关联交易情况；（5）本次发行预案披露前24个月内发行对象及其控股股东、实际控制人与公司之间的重大交易情况；（6）认购资金来源情况。

附生效条件的股份认购合同的内容摘要应当包括以下内容：（1）合同主体、签订时间；（2）认购方式、支付方式；（3）合同的生效条件和生效时间；（4）合同附带的任何保留条款、前置条件；（5）违约责任条款。

如发行对象包括战略投资者的，还应当披露引入战略投资者的目的、商业合理性，募集资金使用安排，战略投资者的基本情况，穿透披露股权或投资者结构，战略合作协议的主要内容等，并披露保荐人及律师就投资者是否符合战略投资者要求，上市公司是否存在借战略投资者入股名义损害中小投资者合法权益，上市公司及其控股股东、实际控制人、主要股东是否存在向发行对象作出保底保收益或变相保底保收益承诺及向发行对象提供财务资助或补偿等情形的核查意见。其中，战略合作协议的主要内容，除前述股份认购合同的要求外，还应当包括：战略投资者具备的优势及其与上市公司的协同效应，双方的合作方式、合作领域、合作目标、合作期限、定价依据、参与上市公司经营管理的安排、持股期限及未来退出安排、未履行相关义务的违约责任等。

3. 定价原则及发行价格。公司应当说明本次发行股票的定价基准日、定价原则、发行价格或价格区间，在本次发行前因公司送股、转增及其他原因引起公司股份变动时发行价格或价格区间是否相应调整。

董事会决议未确定所有具体发行对象的，最终发行价格通常应当在公司取得发行核准批文后，由公司与保荐人根据发行对象申购报价的情况，在不低于发行底价的基础上按照价格优先的原则合理确定。

根据《公司法》相关规定，同次发行的同种类股票，每股的发行条件和价格应当相同。

4. 发行股份限售期。公司应当说明各发行对象认购股份的上市流通时间安排。

5. 本次募集资金金额及用途。公司应当说明本次募集资金数量的上限、本次募集资金的使用计划、投资项目基本情况、项目发展前景，以及本次发行对公司经营管理、财务状况等的影响。募集资金用于补充流动资金或者偿还银行贷款的，应当说明补充流动资金或者偿还贷款的具体数额、必要性和对公司财务状况的影响。募集资金投资项目涉及立项、土地、环保等有关报批事项的，应当说明已经取得有关主管部门批准的情况以及尚需呈报批准的程序。

6. 募集资金用于收购资产的披露要求。本次募集资金用于收购资产的，应当披露以下内容：

（1）目标资产的基本情况。

（2）附生效条件的资产转让合同的内容摘要。资产转让合同的内容摘要除应当包括股份认购合同的披露要求外，还应当说明目标资产价格或定价依据，资产交付或过户时间安排，资产自评估截止日至资产交付日所产生收益的归属，以及与资产相关的人员安排。

（3）董事会关于资产定价合理性的讨论与分析。其中：

目标资产为非股权资产的，基本情况应当包括：①相关的资产名称、类别以及所有者和经营管理者的基本情况；②资产权属是否清晰、是否存在权利受限、权属争议或者妨碍权属转移的其他情况；③相关资产独立运营和核算的情况，包括最近一年又一期主营业务发展情况和经审计的财务信息摘要，并分析其财务状况、经营成果、现金流量及其发展趋势；④资产的交易价格及定价依据，包括相关资产经审计的账面值，交易价格以资产评估结果作为依据的，应当披露资产评估方法和评估结果，相关资产在最近 3 年曾进行评估或者交易的，还应当说明评估价值和交易价格、交易对方。

目标资产为股权的，除前述内容外，还应当说明相关股权的下列情况，包括：①股权所在公司的名称、企业性质、注册地、主要办公地点、法定代表人、注册资本；股权及控制关系，包括公司的主要股东及其持股比例、股东出资协议及公司章程中可能对本次交易产生影响的主要内容、原高管人员的安排；②股权所在公司主要资产的权属状况及对外担保和主要负债情况；③股权所在公司最近一年又一期主营业务发展情况和经审计的财务信息摘要，分析其主要财务指标状况及发展趋势。

7. 董事会关于本次发行对公司影响的讨论与分析，应当包括以下内容：（1）本次发行后上市公司业务及资产是否存在整合计划，公司章程等是否进行调整；预计股东结构、高管人员结构、业务结构的变动情况；（2）本次发行后上市公司财务状况、盈利能力及现金流量的变动情况；（3）上市公司与控股股东及其关联人之间的业务关系、关联关系、关联交易及同业竞争变化情况；（4）本次发行完成后，公司是否存在资金、资产被控股股东及其关联人占用的情形，或公司为控股股东及其关联人提供担保的情形；（5）上市公司负债结构是否合理，是否存在通过本次发行大量增加负债（包括或有负债）的情况，是否存在负债比例过低、财务成本不合理的情况；（6）本次发行相关的风险说明。

8. 其他事项。

（三）应当向本所提交的文件

公司董事会审议通过向特定对象发行股票议案后，应当在 2 个交易日内提交有关资料并履行信息披露义务：

1. 董事会决议公告；
2. 股东大会通知；
3. 本次募集资金使用的可行性分析报告；
4. 会计师事务所关于前次募集资金使用的鉴证报告；
5. 向特定对象发行股票预案；
6. 审计报告、资产评估报告等中介机构报告（如适用）；
7. 董事会决议、附生效条件的股票认购合同（如适用）、战略合作协议（如适用）、附生效条件的资产认购合同（如适用）、内幕信息知情人登记表等；
8. 其他需提交的公告或备查文件。

（四）其他注意事项

1. 公司向特定对象发行股票认购其拥有的资产，适用《重组办法》的规定，还应当注意履行重大资产重组的相关审批程序和信息披露义务。

向特定对象发行股票募投项目达到重大资产重组标准时，根据《重组办法》的规定，如果预案披露的募投项目，在证监会核准之后实施，或者该项目的实施与发行方案获得证监会核准互为前提，可以不再适用《重组办法》的相关规定。如果募投项目不以发行方案获得证监会核准为前提，且在证监会核准之前即单独实施，则应当视为单独的购买资产行为。如达到重大资产重组标准，应当按照《公开发行证券的公司信息披露内容与格式准则第26号——上市公司重大资产重组》以及本所《上市公司自律监管指引第8号——重大资产重组》的规定编制、披露相关文件。

2. 公司通过向特定对象发行股票筹集资金用于收购资产或股权的，应当披露收购资产或股权相关信息后，方可发出股东大会通知。

3. 上市公司使用募集资金收购资产或者股权的，如拟收购资产在首次董事会前尚未进行审计、评估或相关盈利预测数据尚未经会计师事务所审核的，应当在首次董事会决议公告中注明相关资产的主要历史财务数据未经审计，并就“目标资产经审计的历史财务数据、资产评估结果以及经审核的盈利预测数据将在发行方案补充公告中予以披露”进行特别提示。上市公司应当在审计、评估或者盈利预测审核完成后再次召开董事会，对相关事项作出补充决议，并编制向特定对象发行股票方案的补充公告。

发行涉及资产审计、评估或者上市公司盈利预测的，资产审计结果、评估结果和经审核的盈利预测报告最迟应当随召开股东大会的通知同时公告。

4. 公司董事、监事、高级管理人员应当对证券发行文件签署书面确认意见，监事会应当对董事会编制的证券发行文件进行审核并提出书面审核意见。公司董事、监事和高级管理人员应当保证及时、公平地披露信息，所披露的信息真实、准确、完整。董事、监事和高级管理人员无法保证证券发行文件内容的真实性、准确性、完整性或者有异议的，应当在书面确认意见中发表意见并陈述理由，公司应当披露，公司不予披露的，董事、监事和高级管理人员可以直接申请披露。

5. 特定对象拟通过认购本次发行股票，属于《收购管理办法》所规范的收购及股份权益变动的，应当按《收购管理办法》及相关法律法规的要求，履行权益变动的审议、审批及披露程序。

二、公司召开股东大会审议股票发行事宜

公司召开股东大会审议向特定对象发行股票事项，应当提供网络投票方式。股东大会形成决议需经出席会议的股东所持表决权的2/3以上通过。公司向关联方发行股票的，股东大会就发行方案进行表决时，关联股东应当回避表决。

股东大会结束当日，公司应当披露股东大会决议公告和法律意见书。股东大会决议公告应当对中小投资者表决情况单独计票并予以披露。

向特定对象发行股票已经公司股东大会审议通过的，若公司董事会拟对方案内容进行重大修改的，或者取消本次发行计划的，或者延长发行申请有效期的，均须再次提交公司股东大会进行审议。公司股东大会对董事会办理上述具体事宜有明确授权的除外。

三、公司向中国证监会提交股票发行申请

公司应当向中国证监会递交《发行人申请报告》《本次向特定对象发行股票预案》《证券发行保荐书》《法律意见书》等发行股票申请文件。

（一）公司向中国证监会提交股票发行申请后，应当关注该行政许可申请审核的进展情况，及时披露该行政许可申请被中国证监会作出受理、不予受理、恢复受理程序、中止审核、恢复审核或者终止审核等决定的情况，并提示相关风险。

（二）公司向中国证监会提交股票发行申请后，公司董事会决定撤回股票发行申请或终止本次发行事项的，公司应当及时披露撤回或终止的理由、下一步的工作计划以及对公司的影响。

（三）中国证监会审核公司股票发行申请期间，公司收到中国证监会反馈意见的，公司应当在收到中国证监会相关通知书的次一交易日前公告进展情况并提示相关风险。公司回复中国证监会反馈意见的，公司应当在公告反馈意见后向中国证监会提交回复内容。

（四）中国证监会发行审核委员会（以下简称发审委）召开工作会议审核公司向特定对象发行股票申请的，公司应当及时披露发审委审核结果，并在公告中声明“公司收到中国证监会作出的予以核准或不予核准的决定后，将另行公告”。在发审委召开工作会议审核公司发行股票申请期间，公司股票及其衍生品种不停牌。

（五）公司取得中国证监会关于公司股票发行申请的正式核准批文后，应当及时向本所报备中国证监会的核准文件，并披露《发行核准公告》，说明取得核准批文的日期和核准发行的股份数量。公司根据中国证监会的审核意见对《向特定对象发行股票预案》进行修改的，还应当披露修改后的《向特定对象发行股票方案》。

四、组织实施发行方案并披露发行情况公告

（一）发行人取得核准批文后，应当在批文有效期内按照《证券发行与承销管理办法》和《上市公司非公开发行股票实施细则》的有关规定组织发行。

（二）发行人向特定投资者发行股票。特定投资者履行股票认购协议，支付股票认购款。

（三）发行人聘请会计师事务所验资并出具验资报告，验资报告中应当列出每位发行对象的付款额、发行费用的明细构成，如涉及以资产认购股份还应当说明资产过户、负债转移完成情况及其证明文件。

（四）发行人应当聘请律师出具法律意见书，法律意见书中应当对发行过程、发行结果的合法性和公正性进行鉴证，如涉及以资产认购股份还应当说明资产过户、负债转移手续完成情况及其证明文件。

（五）上市公司应当在向特定对象发行股票承销总结报告经证监会备案通过后的 2 个交易日内提交以下资料，并按照《公开发行证券的公司信息披露内容与格式准则第 25 号——上市公司非公开发行股票预案和发行情况报告书》披露发行情况：

1. 发行情况报告书（上网）；
2. 保荐人关于公司本次发行过程和认购对象合规性的报告（上网）；
3. 律师关于公司本次发行过程和认购对象合规性的报告（上网）；
4. 会计师事务所出具的《验资报告》（上网）。

五、办理股份登记和托管手续

（一）发行人应当联系结算公司，咨询登记托管事宜，向结算公司提供必要的资料，办理新增股份预登记。

（二）在验资完成后的次一交易日，发行人和保荐人应当向中国证监会提交《发行情况报告书》《保荐人关于本次发行过程和认购对象合规性的报告》《律师关于本次发行过程和认购对象合规性的报告》《验资报告》等备案材料。本所只有在接到中国证监会的无异议通知后，才会开始办理发行人本次发行的新增股份上市手续。

（三）发行人原则上应当聘请会计师事务所对标的资产自评估基准日至资产交割日期间的过渡期损益进行专项审计。对于无法及时出具专项审计报告的，发行人应当披露标的资产自评估基准日至资产交割日期间的损益数据（未审数），并承诺专项审计工作和审计报告披露完成期限。若损益数据显示交易对手方应当就过渡期损益对上市公司进行补偿的，应当先按照发行方案约定的补偿原则进行补足之后才能提出办理股份登记及上市申请（如适用）。

（四）发行人向结算公司办理股份登记和托管手续，参照《中国证券登记结算有限责任公司深圳分公司上市公司非公开发行证券登记业务指南》的规定执行。发行人办理完毕登记托管手续后，领取《股份登记申请受理确认书》等文件。

六、新增股份上市的相关工作

对于向特定对象发行股票涉及现金认购的，发行人在完成验资、证监会备案后，可申请办理新增股份上市；对于重大资产重组、向特定对象发行股票涉及资产认购的，发行人在完成全部资产过户、负债转移手续（或做出相关安排）后，可申请办理新增股份上市。

（一）办理新增股份上市，发行人应当向本所提交的文件

1. 向特定对象发行股票新增股份《上市申请书》；

2. 《股票上市公告书》；

3. 经中国证监会审核的全部发行申报材料；

4. 保荐人出具的《承销保荐协议》《上市保荐书》，保荐代表人分别签署的《保荐代表人声明与承诺书》（现金认购适用）；

5. 财务顾问出具的《财务顾问报告》（如适用）；

6. 资产转移手续完成的证明文件（如适用）；

7. 会计师事务所出具的过渡期损益专项审计报告（如适用）；

8. 会计师事务所出具的上市公司最近1年备考合并财务报表审计报告（如适用）；

9. 结算公司出具的《股份登记申请受理确认书》；

10. 特定投资者分别出具的关于在一定期间内不转让所认购股份的承诺函及股份锁定申请（注：限售期从新增股份上市首日起算）；

11. 发行人董事、监事和高级管理人员持股情况变动的报告；

12. 本所要求的其他文件。

保荐协议中应当包含本所《上市公司自律监管指引第13号——保荐业务》中的有关内容，如保荐人每年至少对公司现场调查一次，监督公司募集资金专户存储制度的实施，保荐代表人有权列席公司的董事会和股东大会等。

（二）披露《股票上市公告书》等文件

发行人应当在本次发行新增股份上市前5个交易日内，在符合条件媒体披露《股票上市公告书》《上市保荐书》或《财务顾问报告》《法律意见书》等文件。其中，《股票上市公告书》应当按照《上市公司新增股份变动报告及上市公告书公告格式》要求编制，至少应当包括以下内容：

1. 本次发行的基本情况。（1）本次发行履行的相关程序；（2）本次发行证券的类型、

发行数量、证券面值、发行价格、募集资金量、发行费用等；（3）各发行对象的名称、企业性质、注册地、注册资本、主要办公地点、法定代表人、主要经营范围及其认购数量与限售期，应当明示限售期的截止日；与发行人的关联关系，该发行对象及其关联方与发行人最近1年重大交易情况（按照偶发性和经常性分别列示）以及未来交易的安排。发行对象是自然人的，应当披露其姓名、住所；（4）本次发行相关机构名称、法定代表人、经办人员、办公地址、联系电话、传真。包括：保荐人和承销团成员、发行人律师事务所、审计机构、资产评估机构等。

2. 发行前后相关情况对比。（1）本次发行前后前十名股东持股数量、持股比例、股份性质及其股份限售比较情况；（2）本次发行对公司的影响，包括股本结构、资产结构、业务结构、公司治理、高管人员结构、关联交易和同业竞争等的变动情况。

3. 保荐人关于本次发行过程和发行对象合规性的结论意见。（1）关于本次发行定价过程合规性的说明；（2）关于发行对象的选择是否公平、公正，是否符合上市公司及其全体股东的利益的说明。

4. 律师关于本次发行股票过程和发行对象合规性报告的结论意见。（1）关于发行对象资格的合规性的说明；（2）关于本次发行相关合同等法律文件的合规性的说明；（3）本次发行涉及资产转让或者其他后续事项的，应当陈述办理资产过户或者其他后续事项的程序、期限，并进行法律风险评估。

5. 发行人全体董事的公开声明。

6. 备查文件。

自公司披露本次发行的董事会决议公告起，公司、控股股东、发行对象等在发行审核过程中，以书面方式做出过相关承诺的，包括但不限于：资产过户、业绩承诺、解决同业竞争、规范关联交易、增持股份、设定最低减持股份价格、本次资产注入或负债转移未尽事宜后续措施等，公司应当同时披露《承诺公告》。《承诺公告》应当按照承诺主体、承诺事项，逐项披露承诺事项，如已部分履行的，应当同时披露履行的进展情况。

《股票上市公告书》中，发行人应当提示本次发行新增股份上市首日公司股价不除权，以及限售期从新增股份上市首日起算。发行人原股东由于认购本次发行的股份触发免于发出要约等原因需对原所持股份延长限售期的，还应当在《股票上市公告书》中说明该股东原所持股份新的限售期。

2.3 向原股东配售股份

为规范本所主板上市公司向原股东配售股份（以下简称配股）业务的信息披露和相关业务办理流程，根据《公司法》《证券法》《信披管理办法》《证券发行与承销管理办法》等有关规定，制定本指南。

一、配股发行前的准备工作

（一）沟通发行方案

根据《证券发行与承销管理办法》的相关规定，发行人发行证券，存在利润分配方案、公积金转增股本方案尚未提交股东大会表决或者虽经股东大会表决通过但未实施的，应当在方案实施后发行。相关方案实施前，主承销商不得承销发行人发行的证券。

配股发行工作正式开始前（披露发行公告之前），发行人及保荐人应当在发行方案基本确定时做出基本判断，如果拟定的发行方案与深圳市场上已实施过的发行方式有所不同，发行人及保荐人应当至少在披露发行公告3个交易日前与本所业务负责人联系，尽早与本所就发行方案的要点进行充分沟通，以确保发行方案顺利实施。公司管理部门负责创新方案实施的内部协调，并与结算公司进行沟通。根据方案的不同，在经过充分的内部协调后，告知发行人及保荐人该方案是否可行，如可行，本所完成系统准备的最后时间。

（二）网上配股发行业务有关要点

1. 发行人配股发行上市业务流程及时间安排请参见《发行人配股发行上市参考流程》（附件1）。

2. 发行人配股代码为“08××××”，其中“××××”为上市公司股票代码后四位；简称为“××A1配”，其中“××”取自上市公司股票简称。

3. 配股缴款时，如投资者在多个证券营业部开户并持有该公司股票的，应当到各个相应的营业部进行配股认购。

4. 投资者在配股缴款时可以多次申报，在申报当日可以撤单。

5. 有限售条件的流通股股东可通过网上或网下方式认购配股，认购方式须在《配股说明书》中予以明确。

6. 配股发行不向投资者收取手续费。

7. 如配股发行成功，按实际配股认购比例除权。

（三）与结算公司联系办理发行前的相关手续

发行人及保荐人应当提前与结算公司发行人业务部、结算业务部等有关部门联系，了解配股发行的相关工作。

（四）与香港证监会联系办理发行前的相关手续（深港通标的，如适用）

二、配股发行期间的工作

（一）披露《配股申请获得证监会核准公告》

发行人应当在取得证监会配股发行核准批文后2个交易日内披露《配股申请获得证监会核准公告》，并通过公司管理部门业务专区报送以下材料：

1. 证监会配股核准批文复印件；

2. 配股核准公告。

（二）披露《配股说明书》及发行公告、路演公告

1. 发行人取得中国证监会配股发行核准批文后，应当在配股发行核准通知有效期内披露《配股说明书》等相关公告，以保证配股发行顺利实施。

2. 发行人及保荐人在披露《配股说明书》前一个交易日（R－3日）16:00前通过公司管理部门业务专区报送以下发行申请文件：

（1）中国证监会核准文件（复印件）；

（2）经中国证监会审核的全套发行申报文件（封卷稿，复印件）；

（3）配股申请书（附件2，发行人和主承销商盖章）；

（4）发行方案要点（附件3）和发行上市一般时间安排（发行人和主承销商盖章）；

（5）配股发行失败应退利息支付承诺函（附件4，主承销商盖章）；

（6）发行人是否有利润分配方案，及是否已实施的说明，如未实施，应当说明相关的处理措施（发行人盖章）；

（7）披露配股说明书前，发行人及保荐人根据相关规定，提供所做相关承诺或会后事

项已经证监会核准的说明文件（发行人盖章）；

（8）关于主承销商自营席位号和自营资金结算备付金账户的说明（附件5，主承销商盖章）；

（9）配股说明书全文、摘要，路演公告，发行公告等。

经本所审查，上述第（9）项文件于次一交易日披露。其中：配股说明书摘要、路演公告、发行公告在符合条件报刊披露，其余文件在符合条件网站披露。

3. 如发行人股票属于深港通标的，在《配股说明书》《发行公告》等披露前一个交易日，发行人及保荐人应当联系香港证监会及香港公司注册处，咨询业务办理及信息披露事宜，并向香港证监会及香港公司注册处报送必要的材料，确保《配股说明书》《发行公告》等文件在本所的披露时间与在香港交易所的披露时间保持一致。具体流程按照香港证监会及香港公司注册处的要求办理。

（三）披露《配股提示性公告》

1. 关于首次提示性公告，发行人应当在R日通过公司管理部门业务专区上传《代销方式配股首次提示性公告》及停牌申请，公司股票及衍生品种在R+1至R+6日期间停牌。发行人应当注意选择公告类别“代销方式配股首次提示性公告（特停）”。经本所审查后，相关公告于次一交易日（R+1日）披露。但因特殊原因衍生品种需单独停复牌的除外。

2. 发行人应当在配股认购缴款首日（R+1日）披露配股提示性公告，《配股提示性公告》至少应当包括以下内容：配股说明书披露日，股权登记日（R）、配股认购期（R+1至R+5）、配股认购代码（08××××）及配股认购简称（“××A1配”），配股认购办法、股票停牌期限等。

3. 缴款期内（R+1至R+5日内）发行人需就配股事项需至少再披露2次提示性公告，发行人应当在公告前一交易日通过公司管理部门业务专区上传《配股提示性公告》（发行人和主承销商盖章）。发行人R日登记在册的股东在股权登记日之后的5个交易日内（即R+1日到R+5日）通过交易系统报盘认购本次获配股份并缴纳认购款。有网下认购配股的（含余股），发行人须在R+6日上午10:00前将认购情况送交结算公司办理登记。关于深港通标的股配股的缴款期安排若碰上国内与香港假期安排不一致（如圣诞节国内不放假，香港放假），发行人和保荐人需与香港证监会和香港中央结算有限公司提前沟通，确保香港配股缴款期满足要求，募集资金能顺利划付至结算公司。

（四）披露《配股结果公告》

R+6日，发行人需上午11:30前通过公司管理部门业务专区上传《配股结果公告》，发行人应当注意选择公告类别“代销方式配股结果公告（取消特停）”，经本所审查后披露，配股发行结束，公司股票及衍生品种于R+7日复牌。

如果控股股东不履行认配股份的承诺，或者代销期限届满，原股东认购股票的数量未达到拟配股数量的70%，本次配股失败。在配股缴款结束后（R+6日），结算公司向发行人或保荐人出具配股网上申购情况统计表，发行人或保荐人向本所提供网上和网下（如有）配股数据，并根据网上和网下（如有）的合并数据来确定配股是否成功。发行人据此向本所提交配股结果公告，同时申请次一交易日（R+7）公司股票及衍生品种复牌。结算公司将配股认购本金及利息退还到结算参与人结算备付金账户，认购资金利息由保荐人垫付。若保荐人结算备付金账户没有足额资金用于垫付利息，则不进行退款指令维护，并推迟退款日。

（五）配股缴款结束后发行人和保荐人应当安排办理验资、上市等有关事宜

具体内容请参见《中国证券结算公司业务指南》中相关章节，相关提示如下：

R+5日：配股认购截止日。

R+6日：发行人业务部将配股认购情况统计表交保荐人。

R+7日：如配股发行成功，交易所在恢复交易的首日（R+7日）按实际配股认购比例进行除权。结算业务部根据配股发行结果办理资金划拨。保荐人根据协议约定，将向发行人的募集资金账户划付配股募集资金。

R+10日前：保荐人向发行人业务部申请办理网下认购配股登记，并提交以下材料：

1. 具有会计师事务所出具的全部资金到位的验资报告（原件）。

2. 配股认购磁盘（配股认购总户数在2户以上才提供，2户以下不需提供）。

3. 配股认购情况报告。

配股登记工作完成后，结算业务部出具前十大股东持股明细表交发行人。

三、股份登记及上市的相关工作

（一）股份登记

发行结束后，发行人及保荐人向结算公司发行人业务部提供配股数据，办理登记托管手续。

（二）申请配股上市

1. 在《股份变动及配股上市公告》预计披露日的至少3个交易日之前，发行人及保荐人应当申请配股上市，并通过公司管理部门业务专区提交以下申请文件：

（1）上市申请书（发行人和主承销商盖章）；

（2）保荐协议和保荐人出具的上市保荐书（原件）；

（3）配股完成后会计师事务所出具的验资报告（原件）；

（4）结算公司对新增股份已登记托管的书面确认文件（复印件，包括附件）；

（5）董事、监事和高级管理人员持股情况变动的报告（发行人盖章）；

（6）股份变动及配股上市公告（发行人和主承销商盖章）；

（7）结算公司出具的前十大股东名册；

（8）律师专项核查意见（原件），涉及根据《收购管理办法》第六十二条规定可以免于以要约方式增持股份和第六十三条规定可以免于发出要约的（包括30%以上股东通过本次再融资增持不超过2%、50%以上股东通过本次再融资增持等），律师还应当就收购人有关行为是否符合规定发表专项核查意见；

（9）本所要求的其他文件。

发行人应当按照《主板规范运作指引》的要求，在募集资金到位后1个月内与保荐人、存放募集资金的商业银行签订三方监管协议，协议签订后及时报本所备案并公告协议主要内容。

2. 发行人及保荐人将《股份变动及配股上市公告》报送香港证监会备案（深港通标的，如有涉及）。

（三）披露《股份变动及配股上市公告》

发行人应当在配股上市流通前5个交易日内披露《股份变动及配股上市公告》，该公告至少应当包括以下内容：

1. 重要声明与提示。

2. 股票上市情况。应当披露新增股份的数量和上市时间，发行前总股本和发行完成后总股本。

3. 发行人、控股股东和实际控制人情况。

4. 本次股票发行情况。本次发行方案的主要内容及发行基本情况，包括发行数量、发行价格、发行方式等；发行后每股净资产、每股收益情况；以及控股股东认购股份承诺履行情况。

5. 上市保荐人及其意见。

6. 中国证监会及本所要求披露的其他事项。

（四）配股股份上市

上市公司新增股份上市首日，上市公司总股本按《股份变动及配股上市公告》中的相关指标进行调整。因配股导致部分股东持股比例触及《收购管理办法》所规范的收购及股份权益变动披露标准的，应当按《收购管理办法》及相关法律法规、规范性文件要求，履行权益变动披露程序。相关股东应当在披露配股发行结果之日起3日内披露《简式权益变动报告书》《详式权益变动报告书》等文件。

相关附件

附件1：配股发行上市参考流程（略）

附件2：配股发行申请书（略）

附件3：配股发行方案要点（略）

附件4：配股发行失败应退利息支付承诺函（略）

附件5：主承销商关于自营席位号和自营资金结算备付金账号的说明（略）

2.4 向不特定对象发行可转换公司债券

为规范本所主板上市公司向不特定对象发行可转换公司债券（以下简称可转债）业务的信息披露和相关业务办理流程，根据《公司法》《证券法》《信披管理办法》《证券发行与承销管理办法》及本所《可转换公司债券业务实施细则》等有关规定，制定本指南。

一、可转债发行前的准备工作

（一）沟通发行方案

根据《证券发行与承销管理办法》的相关规定，发行人发行证券，存在利润分配方案、公积金转增股本方案尚未提交股东大会表决或者虽经股东大会表决通过但未实施的，应当在方案实施后发行。相关方案实施前，主承销商不得承销发行人发行的证券。

可转债发行工作正式开始前（披露发行公告之前），发行人及保荐人应在发行方案基本确定时做出基本判断，如果拟定的发行方案与深圳市场上已实施过的发行方式有所不同，发行人及保荐人应当至少在披露发行公告3个交易日前与本所业务负责人联系，尽早与本所就发行方案的要点进行充分沟通，以确保发行方案顺利实施。公司管理部门负责创新方案实施的内部协调，并与结算公司进行沟通。根据方案的不同，在经过充分的内部协调后，告知发行人及保荐人该方案是否可行，如可行，本所完成系统准备的最后时间。

（二）网上可转债发行业务有关要点

1. 发行人可转债发行上市业务流程及时间安排请参见《发行人可转债发行上市参考流

程》（附件 1）。

2. 发行人可转债申购代码为“07 × × × ×”，其中“ × × × ×”为上市公司股票代码后四位；申购简称为“ × ×发债”，其中“ × ×”取自上市公司股票简称。

3. 发行人可转债老股东优先配售代码为“08 × × × ×”，其中“ × × × ×”为上市公司股票代码后四位；配售简称为“ × ×配债”，其中“ × ×”取自上市公司股票简称。

4. 投资者参与可转债网上申购只能使用一个证券账户。同一投资者使用多个证券账户参与同一只可转债申购的，或投资者使用同一证券账户多次参与同一只可转债申购的，以该投资者的第一笔申购为有效申购，其余申购均为无效申购。申购一经确认，不得撤销。

确认多个证券账户为同一投资者持有的原则为证券账户注册资料中的“账户持有人名称”“有效身份证明文件号码”均相同。证券账户注册资料以 T－1 日日终为准。

5. 如本次发行安排对原股东优先配售，原股东均可通过网上申购行使优先认购权。原股东因发行可交换公司债券将股份划转至质押专户等原因导致无法通过网上行使优先认购权的，可联系发行人和承销商通过网下行使优先认购权，并由发行人向结算公司上市公司业务部申请办理网下优先认购获得的可转债的登记事宜。

原股东在股权登记日持有的有优先认购权的股票托管在 2 个或 2 个以上的证券营业部的，优先认购权按其托管的证券营业部分别申购“ × ×配债”。

6. 可转债发行不向投资者收取手续费。

7. 主承销商根据发行规模合理设置单个账户网上申购上限。

8. 机构投资者可以同时选择网上、网下两种申购方式参与本次发行，发行公告对此应当予以明确。

9. 投资者网上申购可转债中签后，应当依据中签结果履行资金交收义务，确保其资金账户在 T＋2 日日终有足额的认购资金。投资者认购资金不足的，不足部分视为放弃认购，由此产生的后果及相关法律责任，由投资者自行承担。

对于因投资者资金不足而全部或部分放弃认购的情况，结算参与人（包括证券公司及托管人等，下同）应当认真核验，并在 T＋3 日 15:00 前如实向结算公司申报。放弃认购的张数以实际不足资金为准，最小单位为 1 张，可不为 10 张的整数倍。投资者放弃认购的可转债由主承销商负责包销或根据发行人和主承销商事先确定并披露的其他方式处理。

10. 投资者连续 12 个月内累计出现 3 次中签但未足额缴款的情形时，自结算参与人最近一次申报其放弃认购的次日起 6 个月（按 180 个自然日计算，含次日）内不得参与网上新股、存托凭证、可转债及可交换公司债券申购。

放弃认购情形以投资者为单位进行判断。放弃认购的次数按照投资者实际放弃认购的新股、存托凭证、可转债、可交换公司债券累计计算；投资者持有多个证券账户的，其任何一个证券账户发生放弃认购情形的，放弃认购次数累计计算。不合格、注销证券账户所发生过的放弃认购情形也纳入统计次数。

证券公司客户定向资产管理专用账户以及企业年金账户，证券账户注册资料中“账户持有人名称”相同且“有效身份证明文件号码”相同的，按不同投资者进行统计。

11. 当出现网下和网上投资者缴款认购的可转债数量合计不足本次发行数量的 70% 情形，发行人或主承销商可在 T＋3 日 17:00 前向本所提出中止发行的申请，发行人与主承销商应当对可能发生此情形时向本所提出中止发行申请的法律主体进行约定，募集说明书与发行公告应当载明相关安排。

（三）与结算公司联系办理发行前的相关手续

发行人及保荐人应当提前与结算公司发行人业务部、结算业务部等有关部门联系，了解可转债发行的相关工作。

二、可转债发行期间的工作

（一）披露《可转债发行核准公告》

发行人应当在取得中国证监会可转债核准文件后2个交易日内披露《可转债发行核准公告》，披露《可转债发行核准公告》应当向本所报送以下文件：

1. 中国证监会可转债核准文件复印件；

2. 可转债发行核准公告。

（二）披露《可转债募集说明书》及网上（网下）发行公告、路演公告

发行人取得中国证监会可转债发行核准通知后，应当在可转债发行核准通知有效期内披露《可转债募集说明书》，以保证可转债发行顺利实施。

发行人及保荐人在披露《可转债募集说明书》前一个交易日16:00前通过本所公司管理部门业务专区报送以下发行申请文件：

1. 中国证监会核准文件（复印件）；

2. 经中国证监会审核的全套发行申报文件（封卷稿，复印件）；

3. 可转债发行申请书（附件2，发行人和主承销商盖章）；

4. 拟上市公司证券简称及证券代码申请书（附件3）；

5. 可转债发行上市一般时间安排表（附件4，发行人和主承销商盖章）；

6. 可转债定价发行方案要点（附件5，主承销商盖章）；

7. 主承销商经办人员的身份证复印件、主承销商授权委托书（需主承销商法定代表人签字）及主承销商法定代表人身份证明书（主承销商盖章，需附法定代表人身份证复印件）；

8. 发行人经办人员的身份证复印件、发行人授权委托书（需发行人法定代表人签字）及发行人法定代表人身份证明书（发行人盖章，需附法定代表人身份证复印件）；

9. 可转债募集说明书全文、摘要、路演公告、网上发行公告、网下发行公告、发行保荐书、法律意见书、资信评级报告、担保合同（如有）等。

经本所审查后，上述第9项文件于次一交易日披露。其中：可转债募集说明书摘要、路演公告、网上和网下发行公告在报纸、符合条件网站上披露，其余文件在符合条件网站披露。

（三）披露《可转债发行提示性公告》

发行人应当在可转债发行申购日披露《可转债发行提示性公告》。

《网上及网下发行公告》及《可转债发行提示性公告》至少应当包括以下内容：

1. 可转债募集说明书及网上网下发行公告的披露日；

2. 股权登记日（如有）、网上申购日（T日）；

3. 网下发行日程安排（不得晚于T日）；

4. 发行数量、发行价格；

5. 申购代码（07××××、37××××）、申购简称（××发债）；

6. 申购方式；

7. 配售代码（08××××、38××××）、配售简称（××配债）（如有）；

8. 配售方式（如有）；

9. 转股来源；

10. 中止发行安排；

11. 本所要求的其他内容。

以回购股份与新增股份结合作为转股来源的，需披露转股的优先来源，优先以回购股份转股，不足部分以新增股份转股，拟用于转股的回购股份数量或者资金总额的上下限。以回购股份作为单一转股来源的，需披露用于转股的预计上限，转股期开始前的回购安排，转股过程中出现回购股份不足时公司拟采取的解决措施及可能存在的无法转股、转股失败及暂停转股的风险。

（四）网下发行

网下发行相关事宜由主承销商及发行人自行组织实施，主承销商可向网下单一申购账户收取不超过50万元的申购保证金。

（五）披露《网上发行中签率及网下发行配售结果公告》

可转债网上申购结束后的当日，保荐人在收到公司管理部门的发行结果数据后确定网上、网下最终发行数量、配售比例，并应当将回拨情况于17:30前告知公司管理部门。

发行人及保荐人将可转债发行认购资金划款申请表（附件6）交结算公司结算业务部。

发行人应当于可转债网上申购结束当日18:00前通过业务专区向本所提交《网上发行中签率及网下发行配售结果公告》（主承销商盖章），同时报备《律师关于网下发行的见证意见》。《网上发行中签率及网下发行配售结果公告》至少应当包括以下内容：

1. 发行数量、网上网下配售比例；

2. 网上网下有效申购数量；

3. 发行与配售结果；

4. 募集资金总额。

若发行失败，发行人及其保荐人、主承销商应当于17:00前提交《可转债中止发行公告》，于次日披露。

（六）摇号并披露《可转换公司债券中签号码公告》

可转债网上申购结束后的第一个交易日（T+1），保荐人联系信息公司组织摇号，并于当日10:30前将经公证的摇号结果送达公司管理部门。发行人于当日15:00前将《可转换公司债券中签号码公告》通过业务专区上传并披露。

（七）披露《可转换公司债券发行结果公告》

可转债网上申购结束后的第3个交易日（T+3），发行人于当日17:00前通过业务专区上传《可转换公司债券发行结果公告》，披露网上、网下以及老股东比例配售的最终发行认购结果。

如因发生网下和网上投资者缴款认购的可转债数量合计不足本次发行数量的70%的情形，主承销商或发行人申请中止本次发行的，应当在T+3当日14:00前向本所提出申请，并安排发布《可转债中止发行公告》。

三、可转债登记及上市的相关工作

（一）可转债登记

发行结束后，发行人及保荐人应当在2个交易日内向结算公司上市公司业务部提交登记材料申请办理可转债登记。如有网下发行、网下配售或余债包销的，应当及时提供网下申购、网下配售或余债包销登记数据，以便办理网下申购、网下配售或余债包销的登记托管手续。

结算公司上市公司业务部在完成债券登记托管手续及确认发行登记费足额缴纳后，向发行人出具登记结果确认文件。

（二）申请可转债上市

登记业务完成后2个交易日内，发行人及保荐人申请可转债上市，并向本所提交以下申请文件：

1. 可转债上市申请书；

2. 申请可转债上市的董事会决议；

3. 保荐协议（原件）和保荐人出具的上市保荐书（原件。以季度为单位，结合上市公司最近一期业绩情况、未来一期业绩预告，对于上市公司盈利能力是否符合债券发行条件发表明确意见）；

4. 法律意见书；

5. 发行完成后经具有符合《证券法》规定的会计师事务所出具的验资报告（原件）；

6. 结算公司对可转债已登记托管的书面确认文件（复印件，包括附件）；

7. 可转债募集办法（募集说明书）（如发行时已报送，上市无需重复报送）；

8. 发行人关于可转债的实际发行数额的说明；

9. 可转债上市公告书（注：以季度为单位，在上市公告书中需披露最近一期业绩情况、预告未来一期业绩，及时揭示业绩下降风险）；

10. 发行人仍符合法定的可转债发行条件的说明。说明截至上市申请日，发行人仍符合法定的可转债发行条件（主承销商、发行人盖章）；

11. 受托管理协议或者受托管理事项；

12. 本所要求的其他文件。

（三）披露《可转债上市公告书》

发行人应当在可转债上市流通前5个交易日内披露《可转债上市公告书》，该公告至少应当包括以下内容：

1. 重要声明与提示；

2. 可转债上市情况。应当披露可转债发行的数量、上市时间、债券期限、转股安排、付息日等；

3. 上市公司、股东和实际控制人情况；

4. 本次可转债发行情况。本次发行方案的主要内容及发行基本情况，包括本次发行履行的相关程序，本次发行方案，本次发行相关保荐人、律师、验资机构等；本次发行后公司可转债前十名持有人情况，募集资金情况；

5. 发行人资信和担保情况；

6. 偿债措施；

7. 上市保荐人及其意见；

8. 本次可转债转股后对公司股权的影响；

9. 业绩情况（披露最近一期业绩情况、预告未来一期业绩，及时揭示业绩下降风险。对业绩出现重大变化的，应当逐条说明是否符合可转债发行条件）；

10. 本次可转债是否参与质押式回购交易业务；

11. 中国证监会及本所要求披露的其他事项。

四、可转债开始转股

（一）可转债转股期由上市公司根据债券的存续期限及公司财务状况确定，但转股起始日不得早于发行结束日起满6个月后的第一个交易日。

（二）为切实保护债券投资者的转股权利，上市公司应当在《可转换公司债券募集说明书》中约定的开始转股日前3个交易日内披露《可转债开始转股的公告》。

《可转债开始转股的公告》至少应当包括债券的基本情况、转股的起止时间、转股申报事项、转股价格的历次调整和修正情况等。

（三）可转债转换为股票的数额达到可转债开始转股前公司已发行股份总额的10%时，公司应当及时披露，公告内容至少应当包括债券的基本情况、转股的起止时间、已转股数量及占比等。

（四）拟进行转股价格向下修正的，公司应当在转股价格向下修正议案经过股东大会审议后，及时发布转股价格修正公告。公告内容至少应当包括修正前的转股价格、修正后的转股价格、修正后的转股价格履行的审议程序、转股价格修正的起始日期等。

以回购股份与新增股份结合作为转股来源的，需披露拟用于转股的回购股份数量或者资金总额的上下限，目前已回购的用于转股的股份数量及后续的回购安排。以回购股份作为单一转股来源的，需披露已回购股份数量，转股过程中出现回购股份不足的情况时公司拟采取的解决措施及可能存在的无法转股、转股失败及暂停转股的风险。

五、可转债停止转股

（一）停止转股情形

可转债进入转股期后，根据可转债募集说明书规定情形需要停止转股的，公司应当及时与公司管理部门沟通，并在停止转股日前3个交易日内披露《可转债停止转股的公告》。触碰情形包括但不限于：

1. 满足赎回条件。

2. 实施权益分派期间：（1）公司拟实施利润分配总额不变的权益分派方法；（2）公司拟实施利润分配总额不变或分配比例不变的权益分派方法，且公司回购账户存在股份的。

3. 转股价格向下修正（如需）。

（二）披露《可转债停止转股的公告》

公告至少应当包括以下内容：

1. 债券的基本情况、停止转股的原因、停止转股的日期、预计恢复转股的日期（如有）等，并上传《可转债停止转股申请书》作为报备文件；

2. 因满足赎回条件而停止转股的情形下，应当充分提示未能在规定日期前完成转股导致债券被强制赎回的风险；

3. 因实施权益分派而停止转股的，应当提示停止转股期间可转债正常交易。

（三）注意事项

1. 公司应当保护债券持有人合法的转股权利，不得随意停止转股。

2. 停止转股日期和预计恢复转股日期不能为非交易日。

六、可转债恢复转股

（一）公司应当在恢复转股日前一个交易日内披露《可转债恢复转股的公告》。

（二）《可转债恢复转股的公告》至少应当包括债券的基本情况、暂停转股事项及起始日期、恢复转股起始日期等。披露公告时需同时提交《可转债恢复转股申请书》作为报备文件。

七、可转债停止交易

（一）可转债停止交易情形

1. 流通面值低于人民币3000万元时，自发布相关公告3个交易日后停止交易。

2. 转股期结束前10个交易日。

3. 赎回期间。

4. 中国证监会和本所认定的其他情况。

（二）可转债停止交易期间的工作

1. 可转债流通面值低于3000万元的情形

（1）在可转债流通面值低于3000万元的当日，上市公司应当提交《可转债停止交易的公告》，公告内容至少应当包括债券基本情况、停止交易的原因、停止交易日期等。

（2）停止交易日应当设置在公告披露日后的第4个交易日。例如，公告提交日为T-1日，公告披露日为T日，停止交易日为T+4日。如同时存在可转债已触发赎回条件和面值低于3000万元情形的，停止交易日按照孰早的原则确定。具体设置如表22所示。

表2　停止交易日确定原则

情形			公司应填报的停止交易日
面值低于3000万元确定的停止交易日（T1）	早于	赎回确定的停止交易日（T2）	T1
	晚于		T2

因可转债面值低于3000万元停止交易的，若不存在其他停止转股的情形，可转债可以继续转股，公司应当在公告中作出提示。

2. 转股期结束前10个交易日的情形

（1）在可转债转股期结束的20个交易日前，上市公司应当至少发布3次提示公告，提醒投资者有关在可转债转股期结束前10个交易日停止交易的事项。停止交易期间内可继续转股。

第一次提示公告为《可转债停止交易的公告》，公告内容至少应当包括债券基本情况、停止交易的原因、停止交易日期等。

第二、三次提示公告为《可转债事项提示性公告》，提示投资者可转债将在转股期结束前的10个交易日停止交易，以及可转债在停止交易期间可以继续转股。

（2）停止交易日应当设置在转股期结束前的第10个交易日。

（三）注意事项

1. 由于公司正股停牌处理导致的可转债停牌不属于本指南规定的范畴。

2. 赎回期间停止交易的办理步骤参见本指南“十一、可转债赎回”。

八、可转债调整转股价

（一）公司因发行新股、送股、分立及其他原因引起股份变动，需要调整转股价格，或者依据募集说明书约定的转股价格向下修正条款修正的，上市公司应当及时披露《可转债调整转股价格的公告》。

（二）上市公司的《可转债调整转股价格的公告》应当包括：可转债代码、可转债简称、原转股价格、调整后转股价格、新转股价施行日期及调整转股价格的依据。

（三）注意事项

1. 除募集说明书约定的情形外，如上市公司按照相关规定需要调整转股价的，应当提前与公司管理部门联系。

2. 可转债调整转股价的公告应当与导致调整转股价的事项（如利润分派和资本公积金转股方案实施公告等）同日披露。

九、可转债付息及利率调整

（一）上市公司应当提前向结算公司提交可转债付息相关申请文件，根据《债券募集说明书》中的约定日期按时完成债券派息工作。

（二）上市公司应当于付息日（R日）前3～5个交易日内披露《债券付息公告》，公告内容包括付息方案、付息年度、付息债权登记日、除权除息日、付息对象、付息方法、下一年度利率等。

（三）上市公司应当在付息登记日当日16:00前通过本所业务专区“除权除息参考价填报栏目”填报证券除权除息参考价及当日收盘价、本付息期每张应付利息等相关参数。

（四）上市公司应当在可转债期满前3～5个交易日披露本息兑付公告，并在可转债期满后5个交易日内办理完毕偿还债券余额本息的事项。本息兑付公告内容参照付息公告。

（五）上市公司在《债券募集说明书》中约定的债券利率为浮动利率的，需在中国人民银行上调存款利率的消息公布后次一交易日提交《可转债利率调整公告》。公告内容包括可转债代码、新的本年度利率起息日、新的本年度利率揭示日期、调整后票面利率等。

若上市公司在中国人民银行上调存款利率的消息公布后没有及时提交“可转债利率调整公告”，应当在发现后及时通知本所并补登“可转债利率调整公告”。

（六）注意事项

1. 上市公司应当在《债券募集说明书》中规定的付息日进行付息。如规定的债券付息日为非交易日，则付息日顺延至债券付息日最近的下一个交易日。

2. 债券利息应当与《债券募集说明书》中披露的一致，如有算法的，应当确保最终计算结果的正确性。

3. 上市公司在披露债券付息公告后，如发生以下异常情况，应当及时向本所及结算公司报告：上市公司不能如期向结算公司划拨足额派息金额，将调整原确定的付息登记日及除权日时；影响债券派息正常实施的其他情形。

十、可转债回售

（一）因改变公告募集资金用途或触发债券募集说明书中其他回售约定条款的，上市公司应当严格按照募集说明书的约定及时启动回售。

（二）上市公司办理可转债回售的流程

1. 首次披露可转债回售公告

因改变公告募集资金用途的，上市公司应当在股东大会审议相关事项的决议公告后5个交易日内披露《可转债回售公告》；如出现触发债券募集说明书中约定的其他回售条款的，在可以行使回售权的年份内，上市公司应当在满足约定回售条件后披露《可转换公司债券回售公告》。

回售公告应当载明回售的程序、价格、付款方法、时间等内容。在首次披露《可转换公司债券回售公告》前一个交易日的16:00之前，向公司管理部门报送以下文件：

（1）《可转换公司债券回售申请》（公司盖章）；

（2）《可转换公司债券回售公告》；

（3）回售事项法律意见书；

（4）保荐人意见（如有）。

2. 后续可转债回售提示性公告

在首次披露《可转换公司债券回售公告》后，公司还需要披露《可转债事项提示性公告》提示相关回售事项。

其中，改变公告募集资金用途的，上市公司应当在回售实施期间至少发布一次回售提示性公告；因出现触发可转债募集说明书中其他约定回售条款的，上市公司应当在满足回售条件后的每5个交易日内至少发布一次回售提示性公告。

3. 可转债回售结果公告

回售申报结束后，上市公司应当根据要求支付回售款及手续费。在向结算公司支付相关款项后，上市公司应当在当日16:00之前，向公司管理部门报送《可转换公司债券回售结果公告》相关披露申请，公告内容至少应当包括有效回售申报数量、回售金额等回售结果数据。

十一、可转债赎回

（一）上市公司可按照《可转债募集说明书》或有关法规规定的条件行使赎回权，部分赎回或全部赎回尚未转股的可转债。

（二）可转债存续期内满足赎回条件时（即可转债转股价格满足约定的赎回条款时），上市公司可按约定的价格赎回全部或部分未转股的可转债。

（三）可转债在赎回日当日开始停止交易。

（四）上市公司办理可转债赎回公告的流程

1. 上市公司应当在满足赎回条件后提交《可转债赎回公告》。

2. 上市公司提交首次《可转债赎回公告》应当至少包括赎回的条件、程序、价格、付款方法、起止时间等内容，并充分提示债券持有人该转债即将停止交易、停止转股并被强制赎回，不及时申请转股可能遭受损失的风险。在首次披露《可转债赎回公告》前一个交易日的16:00之前，向公司管理部门报送以下文件：

（1）公司赎回可转债的申请。

（2）法律意见书。

（3）董事会决议。

（4）保荐人意见（如适用）。

3. 上市公司应当在满足赎回条件后的每5个交易日内至少披露一次《可转债赎回提示性公告》。

（五）上市公司根据停止交易后登记在册的债券数量，于赎回期结束后的5个交易日内将资金划入投资者开设的保证金账户。

（六）在赎回期间，由于转股原因导致未转股可转债面值低于3000万元时，上市公司应当按照可转债停止交易指南及时办理可转债停止交易业务。

（七）上市公司应当于赎回日后的7个交易日内披露《可转债赎回结果公告》，如全部赎回，需要同时按照可转债摘牌指南披露《可转债摘牌公告》。

十二、可转债摘牌

（一）当上市公司可转债满足以下情形之一时，公司应当提交可转债摘牌申请：

1. 可转债已经到期；

2. 存续期内可转债全部赎回；

3. 存续期内可转债全部回售。

（二）上市公司办理可转债摘牌的流程

上市公司应当在可转债到期日前的3～5个工作日内提交《可转债到期摘牌公告》。

存续期内可转债全部赎回，上市公司应当于赎回日后的7个交易日内披露《可转债赎回结果公告》，同时披露《可转债摘牌公告》。

存续期内可转债全部回售，上市公司应当于回售日后的7个交易日内披露《可转债回售结果公告》，同时披露《可转债摘牌公告》。

可转债摘牌公告应当载明可转债的到期日、转股价格、后续转股和还本付息等事宜，如转股价格大幅低于股票市价，还应当充分提示投资者及时转股以避免不必要的损失。

十三、可转债临时信息披露

当上市公司及相关信息披露义务人发生可能对可转债的交易价格产生较大影响的重大事件，投资者尚未得知时，上市公司应当立即将有关该重大事件的情况向公司管理部门报送临时报告，并予以公告，说明事件的起因、目前的状态和可能产生的法律后果。

前款所称重大事件包括：

（一）《证券法》第八十条第二款、第八十一条第二款规定的重大事项。

（二）因配股、增发、送股、派息、分立、减资及其他原因引起发行人股份变动，需要调整转股价格，或者依据募集说明书或者重组报告书约定的转股价格修正条款修正转股价格。

（三）向不特定对象发行的可转换公司债券未转换的面值总额少于3000万元。

（四）公司信用状况发生重大变化，可能影响如期偿还债券本息。

（五）可转换公司债券担保人发生重大资产变动、重大诉讼、合并、分立等情况。

（六）资信评级机构对可转换公司债券的信用或者公司的信用进行评级并已出具信用评级结果。

（七）可能对可转换公司债券交易或者转让价格产生较大影响的其他重大事项。

（八）中国证监会和本所规定的其他情形。

相关附件

附件1：发行人可转债发行上市参考流程（略）

附件2：可转债发行申请书（略）

附件3：拟上市公司证券简称及证券代码申请书（略）

附件4：可转债发行上市一般时间安排表（略）

附件5：可转债定价发行方案要点（略）

附件6：中国证券登记结算有限责任公司深圳分公司可转债网上配售、发行认购资金划款申请表（略）

附件7：上市公司可转债回售业务参考流程（略）

附件8：上市公司可转债赎回参考流程（赎回日与停止交易日为同一天）（略）

附件9：上市公司可转债赎回参考流程（赎回日前10个交易日停止交易）（略）

附件10：上市公司可转债停止交易参考流程（略）

深圳证券交易所上市公司自律监管指南第1号——业务办理第二部分：2.5 非公开发行优先股挂牌业务

【发布机关】深圳证券交易所
【发文字号】深证上〔2022〕26号
【发布日期】2022年1月7日

为规范深圳证券交易所（以下简称本所）主板上市公司各项业务办理行为，建立简明清晰、高效易行的指南体系，明确业务办理要求，根据《中华人民共和国公司法》（以下简称《公司法》）、《中华人民共和国证券法》（以下简称《证券法》）等法律、行政法规、部门规章、规范性文件（以下统称法律法规）以及《深圳证券交易所股票上市规则》（以下简称《股票上市规则》）和本所上市公司自律监管指引等有关规定，制定本指南。

为规范本所主板上市公司办理非公开发行优先股挂牌转让相关业务，根据《证券法》《国务院关于开展优先股试点的指导意见》（以下简称《优先股指导意见》）、《上市公司证券发行管理办法》《优先股试点管理办法》（以下简称《优先股管理办法》）和《深圳证券交易所优先股试点业务实施细则》等有关规定，制定本指南。

一、非公开发行优先股挂牌转让业务有关要点

（一）上市公司非公开发行优先股挂牌转让业务流程及时间安排请参见《上市公司非公开发行优先股挂牌转让参考流程》（附件1）。

（二）优先股的代码范围为“140000～140999”，证券简称为“××优NN”，如××股份第一期优先股为“××优01”，第二期为“××优02”，以此类推。上市公司每一期发行的优先股代码应当按顺序编制，由上市公司向所在的公司管理部门提交优先股证券代码和证券简称申请（附件2）。优先股证券简称中的“××”汉字应当取自于该优先股对应的基础证券简称。

二、优先股发行期间的工作

（一）披露《发行优先股获证监会核准公告》

上市公司应当在取得中国证监会核准文件后2个交易日内披露《发行优先股获证监会核准公告》，并向本所报送以下文件：

1. 中国证监会核准文件（报备）；
2. 发行优先股获证监会核准公告（上网）。

（二）组织实施发行方案

1. 公司取得证监会核准文件后，应当及时按照《证券发行与承销管理办法》和《深圳证券交易所优先股试点业务实施细则》的有关规定组织发行。

2. 公司向特定投资者发行优先股的，特定投资者应当履行优先股认购协议，支付优先股认购款。

3. 公司应当聘请会计师事务所验资并出具验资报告，验资报告中应当说明发行认购资金到账情况，资产、负债转移完成情况并提供证明文件（如适用）。

4. 公司应当聘请律师出具法律意见书，法律意见书中应当对发行过程和发行结果的合法合规性发表明确意见，说明资产、负债转移完成情况及其证明文件（如适用）。

5. 在验资完成后，公司和保荐人应当向本所提交《发行情况报告书》《保荐人关于本次发行过程和认购对象合规性的报告》。

（三）申请证券代码和证券简称

优先股非公开发行结束后，上市公司应当向公司管理部门提交优先股认购人名单（附件3），并提交优先股证券代码和证券简称申请及以下材料：

1. 中国证监会核准优先股发行的文件；

2. 根据《优先股指导意见》和《优先股管理办法》，明确规定优先股相关事项的公司章程；

3. 保荐人出具的《承销保荐协议》《转让保荐书》，保荐代表人分别签署的《保荐代表人声明和承诺书》（如适用）；

4. 财务顾问出具的《财务顾问报告》（如适用）；

5. 会计师事务所出具的《验资报告》；

6. 资产、负债转移手续完成情况及其证明文件（如适用）；

7. 律师事务所出具的《法律意见书》；

8. 董事、监事和高级管理人员持股情况变动的报告（如适用）；

9. 发行对象、上市公司等在本次优先股发行中所有承诺及其履行情况的《承诺公告》；

10. 本所要求的其他文件。

公司管理部门对申请材料进行完备性核对，符合相关规定的，联系上市公司确定该期优先股代码和简称，向发行人业务部发送《非公开发行优先股发行结果通知表》并在业务系统中维护优先股基本信息。

三、办理股份预登记及转让前的相关工作

（一）办理股份登记手续

上市公司向结算公司提交优先股相关登记材料，申请办理优先股登记手续，由结算公司向上市公司出具优先股登记证明文件、优先股前十大股东名册。

（二）披露转让公告书

上市公司在结算公司办理完毕相关手续后，应当及时披露以下文件：

1. 非公开发行优先股发行情况报告书；

2. 非公开发行优先股募集说明书及摘要；

3. 会计师事务所出具的《验资报告》；

4. 律师事务所出具的关于本次发行过程和认购对象合规性的《法律意见书》；

5. 保荐人出具的《保荐人关于本次发行过程和认购对象合规性的报告》。

（三）提交优先股转让申请

本所为非公开发行的优先股提供协议转让服务。上市公司可向公司管理部门提交优先股转让申请书，并提交转让公告、保荐人出具的《转让保荐书》等材料。

本所上市委员会根据《深圳证券交易所上市委员会工作细则》的相关规定，以特别程序对上市公司的优先股转让申请进行审核，并形成审核意见。本所根据上市委员会意见作出是否同意为优先股提供转让服务的决定，并书面通知上市公司。

（四）缴纳优先股转让服务费、签订转让服务协议

上市公司从公司管理部门领取《优先股转让服务费收款通知》，及时缴纳转让服务费，并与本所签订优先股转让服务协议（附件4）。

四、披露《优先股挂牌转让公告书》

上市公司应当在优先股转让服务启动前一个交易日内披露《优先股挂牌转让公告书》，该公告至少应当包括以下内容：

1. 重要内容提示；

2. 本次发行方案的主要内容及发行基本情况，包括本次发行履行的相关程序，本次发行方案，本次发行结果，募集资金情况，发行的数量、挂牌转让时间、期限、转股或恢复表决权安排、付息日等；

3. 验资及优先股登记情况；

4. 优先股挂牌转让安排；

5. 保荐人出具的《转让保荐书》；

6. 法律意见书。

相关附件

附件1：上市公司非公开发行优先股挂牌转让参考流程（略）

附件2：关于××公司优先股证券简称及证券代码的申请（略）

附件3：××公司非公开发行优先股认购人名单（略）

附件4：深圳证券交易所优先股转让服务协议（略）

2.5 非公开发行优先股挂牌业务

为规范本所主板上市公司办理非公开发行优先股挂牌转让相关业务，根据《证券法》《国务院关于开展优先股试点的指导意见》（以下简称《优先股指导意见》）、《上市公司证券发行管理办法》《优先股试点管理办法》（以下简称《优先股管理办法》）和《深圳证券交易所优先股试点业务实施细则》等有关规定，制定本指南。

一、非公开发行优先股挂牌转让业务有关要点

（一）上市公司非公开发行优先股挂牌转让业务流程及时间安排请参见《上市公司非公开发行优先股挂牌转让参考流程》（附件1）。

（二）优先股的代码范围为“140000～140999”，证券简称为“××优NN”，如××股份第一期优先股为“××优01”，第二期为“××优02”，以此类推。上市公司每一期发行的优先股代码应当按顺序编制，由上市公司向所在的公司管理部门提交优先股证券代码和证券简称申请（附件2）。优先股证券简称中的“××”汉字应当取自于该优先股对应的基础证券简称。

二、优先股发行期间的工作

（一）披露《发行优先股获证监会核准公告》

上市公司应当在取得中国证监会核准文件后2个交易日内披露《发行优先股获证监会核准公告》，并向本所报送以下文件：

1. 中国证监会核准文件（报备）；

2. 发行优先股获证监会核准公告（上网）。

（二）组织实施发行方案

1. 公司取得证监会核准文件后，应当及时按照《证券发行与承销管理办法》和《深圳证券交易所优先股试点业务实施细则》的有关规定组织发行。

2. 公司向特定投资者发行优先股的，特定投资者应当履行优先股认购协议，支付优先股认购款。

3. 公司应当聘请会计师事务所验资并出具验资报告，验资报告中应当说明发行认购资金到账情况，资产、负债转移完成情况并提供证明文件（如适用）。

4. 公司应当聘请律师出具法律意见书，法律意见书中应当对发行过程和发行结果的合法合规性发表明确意见，说明资产、负债转移完成情况及其证明文件（如适用）。

5. 在验资完成后，公司和保荐人应当向本所提交《发行情况报告书》《保荐人关于本次发行过程和认购对象合规性的报告》。

（三）申请证券代码和证券简称

优先股非公开发行结束后，上市公司应当向公司管理部门提交优先股认购人名单（附件3），并提交优先股证券代码和证券简称申请及以下材料：

1. 中国证监会核准优先股发行的文件；

2. 根据《优先股指导意见》和《优先股管理办法》，明确规定优先股相关事项的公司章程；

3. 保荐人出具的《承销保荐协议》《转让保荐书》，保荐代表人分别签署的《保荐代表人声明和承诺书》（如适用）；

4. 财务顾问出具的《财务顾问报告》（如适用）；

5. 会计师事务所出具的《验资报告》；

6. 资产、负债转移手续完成情况及其证明文件（如适用）；

7. 律师事务所出具的《法律意见书》；

8. 董事、监事和高级管理人员持股情况变动的报告（如适用）；

9. 发行对象、上市公司等在本次优先股发行中所有承诺及其履行情况的《承诺公告》；

10. 本所要求的其他文件。

公司管理部门对申请材料进行完备性核对，符合相关规定的，联系上市公司确定该期优先股代码和简称，向发行人业务部发送《非公开发行优先股发行结果通知表》并在业务系统中维护优先股基本信息。

三、办理股份预登记及转让前的相关工作

（一）办理股份登记手续

上市公司向结算公司提交优先股相关登记材料，申请办理优先股登记手续，由结算公司向上市公司出具优先股登记证明文件、优先股前十大股东名册。

（二）披露转让公告书

上市公司在结算公司办理完毕相关手续后，应当及时披露以下文件：

1. 非公开发行优先股发行情况报告书；

2. 非公开发行优先股募集说明书及摘要；

3. 会计师事务所出具的《验资报告》；

4. 律师事务所出具的关于本次发行过程和认购对象合规性的《法律意见书》；

5. 保荐人出具的《保荐人关于本次发行过程和认购对象合规性的报告》。

（三）提交优先股转让申请

本所为非公开发行的优先股提供协议转让服务。上市公司可向公司管理部门提交优先股转让申请书，并提交转让公告、保荐人出具的《转让保荐书》等材料。

本所上市委员会根据《深圳证券交易所上市委员会工作细则》的相关规定，以特别程序对上市公司的优先股转让申请进行审核，并形成审核意见。本所根据上市委员会意见作出是否同意为优先股提供转让服务的决定，并书面通知上市公司。

（四）缴纳优先股转让服务费、签订转让服务协议

上市公司从公司管理部门领取《优先股转让服务费收款通知》，及时缴纳转让服务费，并与本所签订优先股转让服务协议（附件4）。

四、披露《优先股挂牌转让公告书》

上市公司应当在优先股转让服务启动前一个交易日内披露《优先股挂牌转让公告书》，该公告至少应当包括以下内容：

1. 重要内容提示；

2. 本次发行方案的主要内容及发行基本情况，包括本次发行履行的相关程序，本次发行方案，本次发行结果，募集资金情况，发行的数量、挂牌转让时间、期限、转股或恢复表决权安排、付息日等；

3. 验资及优先股登记情况；

4. 优先股挂牌转让安排；

5. 保荐人出具的《转让保荐书》；

6. 法律意见书。

相关附件

附件1：上市公司非公开发行优先股挂牌转让参考流程（略）

附件2：关于××公司优先股证券简称及证券代码的申请（略）

附件3：××公司非公开发行优先股认购人名单（略）

附件4：深圳证券交易所优先股转让服务协议（略）

2.6 限售股份解除限售

为提高上市公司信息披露质量，规范本所主板上市公司股东申请办理限售股份解除限售业务，根据本所《股票上市规则》《主板规范运作指引》《上市公司自律监管指引第13号——保荐业务》等有关规定，制定本指南。

一、申请对限售股份解除限售应当满足的条件

（一）基本条件

1. 申请解除限售的股份限售期满。

2. 股东所持股份解除限售，不影响该股东所作出的全部承诺。未履行相关承诺的股东转让其限售股份的，受让方应当遵守原股东作出的相关承诺。

3. 申请解除限售的股东不存在对上市公司的非经营性资金占用或上市公司对该股东的违规担保等损害上市公司利益的行为。

4. 申请解除限售的股份不存在因相关法律法规或者本所业务规则等要求不得转让的情形。

股东按照业绩补偿协议受让的其他股东赠与股份不适用上述关于股份解除限售条件的要求。

（二）申请对股权分置改革限售股份解除限售（如适用）

除满足基本条件外，还应当同时满足下列条件：

1. 对于在股权分置改革中由其他股东代为垫付对价的，申请解除其所持股份限售的股东（被垫付股东）已偿还被垫付的股份或者已取得垫付股东的书面同意；其中，国有股东为其他股东垫付对价的，在被垫付对价方要求解除限售时，需提交国有资产监管机构出具的备案表。

2. 申请解除股份限售的股东为外资股股东的，不存在利用其账户买入 A 股的情形。

3. 申请解除股份限售的股东不存在违反相关规定违规减持的情形。

4. 申请解除股份限售的股东所持有的限售条件股份在限售期内因司法强制执行等原因发生过户的，在满足解除限售条件时，该股东和新股东（受让人）应当按各自持股比例分摊过户前该股东可以申请的解除限售股份数量，且该股东和新股东可以申请解除限售的股份数之和应当不超过过户前该股东可以申请解除限售的股份数。

5. 申请解除股份限售的股东在股权分置改革方案中作出最低减持价格承诺的，在提交解除限售申请前 5 个交易日内公司股票至少有 1 个交易日的收盘价格不低于承诺的最低减持价格。

二、申请对限售股份解除限售的流程

（一）上市公司董事会向结算公司申请查询并打印上市公司股权结构表、有限售条件的股东名册。

（二）上市公司董事会按照本指南的规定向本所提交申请材料，本所经审查无异议后，确定股份解除限售的日期，并将业务表单传递至结算公司。

（三）结算公司对相关材料审查无异议后，将业务表单回传至本所。

（四）本所收悉结算公司对材料审查无异议的回复后，安排上市公司董事会及时进行信息披露。

上市公司董事会应当积极配合满足解除限售条件的股东办理解除股份限售手续。

三、申请对限售股份解除限售时应当提交的材料

限售股份持有人、上市公司、保荐人或独立财务顾问应当关注限售股份的限售期限。相关股东可在满足解除限售相关条件时，委托上市公司董事会在拟申请解除限售日 5 个交易日前向本所申请办理对其所持股份解除限售的有关手续。上市公司董事会为股东办理解除股份限售时，应当向本所提交下述材料：

1. 结算公司出具的上市公司股权结构表、有限售条件的股东名册。

2. 上市公司董事会出具的《上市公司限售股份解除限售申请表》（见附件 1）或《上市

公司股权分置改革限售股份解除限售申请表》（见附件 2）。

3. 保荐人或独立财务顾问关于解除股份限售的核查意见。

4. 上市公司董事会就申请解除限售的股东所作出的所有承诺及履行进展、与本次解限股份对应承诺的完成情况、是否存在该股东对上市公司的非经营性资金占用、上市公司对该股东的违规担保等损害上市公司利益行为的情况说明；垫付对价及偿还（或垫付方同意解除限售）情况的说明（如适用）。

5. 上市公司董事会出具的解除股份限售的提示性公告。

持有股权分置改革限售股份超过公司股份总数 1% 的股东委托公司董事会向本所提出解除对其所持股份限售的申请时，应当同时提交知悉并严格遵守本所有关业务规则的承诺文件。

四、限售股份解除限售的信息披露

上市公司董事会应当在限售股份解除限售日前 3 个交易日内披露股份解除限售的提示性公告，公告日期至迟不得晚于限售股份解除限售日前一交易日，公告应当包括以下内容：

1. 本次解除限售的股份取得的基本情况。

2. 本次解除限售的股东及其持股数量、本次解除限售的数量，本次解除限售股份占上市公司无限售条件股份的比例、占总股本的比例，股份上市流通的时间。

3. 本次解除限售后上市公司的股本结构。

4. 申请解除限售的股东所作出的所有承诺及履行进展、与本次解限股份对应承诺的完成情况；是否存在该股东对上市公司的非经营性资金占用、上市公司对该股东的违规担保等损害上市公司利益行为的情况说明；垫付对价及偿还（或垫付方同意解除限售）情况的说明（如适用）。

5. 本所要求的其他内容。

相关附件

附件 1：上市公司限售股份解除限售申请表（略）

附件 2：上市公司股权分置改革限售股份解除限售申请表（略）

2.7 要约收购

为规范以要约方式收购本所主板上市公司股份的相关业务办理，根据《证券法》《收购管理办法》等法律法规，以及本所《股票上市规则》等业务规则，制定本指南。

一、披露要约收购报告书摘要阶段

（一）收购人以要约方式收购上市公司股份的，应当在事实发生之日起的 3 个交易日内按照《公开发行证券的公司信息披露内容与格式准则第 17 号——要约收购报告书》（以下简称《17 号格式准则》）的要求编制要约收购报告书，聘请财务顾问，通知被收购公司，并披露要约收购报告书摘要及财务顾问专业意见。

收购人应当在要约收购报告书摘要中对本次收购是否以终止被收购公司股票上市为目的，是否已提出维持被收购公司上市地位的具体措施，是否尚需取得相关部门批准等情况作出特别提示。

（二）收购人应当在披露要约收购报告书摘要的同时，向本所提交以下文件：

1. 收购人及其董事、监事和高级管理人员买卖被收购公司股份自查表（见附件 1 和附件 2）；

2. 与本次要约收购有关的合同、协议和其他安排的文件；

3. 要约收购报告书；

4. 收购人（包括股份持有人、股份控制人和一致行动人）及其关联人名单、证券账户、证券余额及在要约收购提示性公告日前6个月买卖被收购公司股票及其他具有股权性质的证券的情况；

5.《17号格式准则》要求的其他备查文件；

6. 本所要求提交的其他文件。

（三）收购人应当在披露要约收购报告书摘要后的2个交易日内，向结算公司申请办理现金、证券、现金与证券相结合等合法方式支付收购上市公司价款的履约保证手续。

（四）自披露要约收购报告书摘要起60日内，未公告要约收购报告书的，收购人应当在期满后的次一个交易日通知被收购公司，并予公告。其后每30日应当公告一次，直至公告要约收购报告书。

（五）收购人披露要约收购报告书摘要后、公告要约收购报告书前，拟自行取消收购计划或者要约收购报告书摘要披露后未能取得有关部门批准的，应当在作出取消收购计划的决定或收到不获准的相关通知后，及时通知被收购公司，并公告收购计划取消及其原因。

二、披露要约收购报告书阶段

（一）收购人应当在公告要约收购报告书前的3～5个交易日向本所提交要约收购报告书及以下文件：

1. 结算公司出具的相关履约保证文件；

2. 有关部门对本次要约收购的批准文件（如适用）；

3. 收购人根据本所要求报备的内幕信息知情人档案；

4.《17号格式准则》要求的其他文件；

5. 本所要求提交的其他文件。

（二）收购人在按照《收购管理办法》及《17号格式准则》的要求公告要约收购报告书时，应当同时披露以下内容：

1. 可能导致要约收购期限内要约收购条件变更的情形；

2. 要约收购报告书摘要中已披露的事项是否发生重大变化（如有）；

3. 本所要求披露的其他内容。

（三）被收购公司董事会应当在收购人披露要约收购报告书后20日内公告被收购公司董事会报告书和独立财务顾问的专业意见。

三、要约阶段

（一）收购人应当安排在要约收购报告书公告后的次一交易日开始预受要约的申报。

要约收购约定的收购期限不得少于30日，并不得超过60日，但出现竞争要约的除外。

（二）要约收购期限内，收购人应当至少发布3次预受要约的提示性公告，公告内容包括要约收购的股份种类、预定收购股份数量及比例、收购方式、收购价格、收购期限等情况。

（三）收购人在要约收购的期限内需要变更收购要约的，应当及时公告，载明具体变更事项，并通知被收购公司。公告内容包括：

1. 要约收购方案及进展情况简述；

2. 本次变更收购要约的具体情况及原因；

3. 应当履行的相应审议程序（如适用）；

4. 财务顾问关于本次收购要约变更的合规性、合理性的专门意见；

5. 本所要求的其他内容。

要约收购期限届满前15日内，收购人不得变更收购要约。若因收购要约变更导致收购资金数额发生变化的，收购人还应当重新办理履约保证金等相关手续。

（四）收购人在要约收购期限内对收购要约条件作出重大变更的，被收购公司董事会应当在3个交易日内，公告董事会及独立财务顾问就要约条件的变更情况出具的补充意见。

（五）要约收购报告书所披露的基本事实发生重大变化的，收购人应当及时发布公告，并通知被收购公司。

（六）拟发出竞争要约的收购人最迟不得晚于初始要约收购期限届满前15日发出要约收购的提示性公告，并根据《收购管理办法》以及本指南的规定履行公告义务、办理相关手续。

（七）同意接受收购要约的股东（以下简称预受股东）申报预受要约或撤回预受要约，应当通过其股份托管的证券公司办理。

在要约收购期限届满前，预受股东可申报预受要约；在要约收购期限届满3个交易日前，预受股东可撤回已申报的预受要约，在要约收购期限届满前3个交易日内，预受股东可撤回当日申报的预受要约，但不得撤回已被结算公司临时保管的预受要约。

（八）要约收购期限内，收购人变更收购要约的，原预受要约申报不再有效。被收购公司股东如接受变更后的收购要约，应当重新申报。

（九）出现竞争要约时，接受初始要约的预受股东，拟将全部或部分预受股份售予竞争要约人的，在预受竞争要约前应当先撤回相应股份的预受初始要约。

（十）上市公司股东用于申报预受要约的股份应当为无限售条件，但本次要约收购以终止被收购公司股票上市为目的以及中国证监会、本所认可的其他情形除外。

（十一）在临时保管期内，除司法强制扣划以外，该部分股份不再进行任何形式的转让。

要约收购期限内预受要约的股份被司法冻结的，证券公司应当在协助执行股份冻结前通过本所交易系统撤回相应股份的预受要约申报。

（十二）收购人应当在要约收购期限内的每个交易日开市前，在本所网站上公告上一交易日的预受要约以及撤回预受的有关情况（见附件3）。

四、要约收购结果

（一）收购人应当在要约收购期届满后的2个交易日内向本所申请办理对预受股份的转让手续（见附件4）。

（二）收购人应当在股份过户手续完成后，及时披露上市公司要约收购情况报告及结果公告，包括：

1. 本次要约收购情况概述，说明收购目的、收购股份种类、收购股份数量及比例、收购价格、收购的支付方式、收购期限等；

2. 本次要约收购的实施情况，说明要约收购期限内收购人、被收购公司董事会等相关方的履行情况；

3. 本次要约收购的结果，说明预受要约股份数量，是否触发要约收购报告书约定的生效条件及生效结果等情况；

4. 本所要求的其他内容。

（三）要约收购期届满至公告上市公司要约收购结果期间，被收购公司股票及其衍生品种停牌。根据收购完成后被收购公司股权分布是否具备上市条件等收购结果情况，被收购公司股票及其衍生品种将于要约收购结果公告日开市起复牌或者继续停牌。

相关附件

附件1：收购人自查表（略）

附件2：收购人董事、监事和高级管理人员自查表（略）

附件3：上市公司预受要约股份情况公告表（含授权书）（略）

附件4：上市公司要约收购股份转让申请表（略）

2.8 股权分置改革相关事项

为规范本所主板上市公司股权分置改革过程中非流通股东为其他股东垫付对价偿还、解除限售后转让等相关业务，根据《上市公司股权分置改革管理办法》等规定，制定本指南。

一、垫付对价偿还

（一）非流通股股东在上市公司股权分置改革中为其他股东垫付对价的，可通过双方股东协商一致的方式解决垫付对价的偿还问题，如以股份、现金方式偿还或其他双方认同的方式。

（二）对于偿还股东的主体资格、所持股份不存在瑕疵的，可采用以股份偿还的方式。垫付对价股份的偿还视同执行对价安排的后续处理，可在相关股东协商一致后办理有关偿还手续，不受一年锁定期的限制，无须缴纳相关税费。

（三）上市公司董事会向本所申请办理垫付对价股份偿还业务时，应当提交以下材料：

1. 上市公司董事会关于垫付对价偿还业务的申请表（见附件1）；

2. 垫付方与偿还方的偿还协议；自然人股东还需提供偿还协议的公证书；

3. 股东持股证明文件，确认用于偿还对价的股份不存在质押或司法冻结等瑕疵；

4. 相关股东的身份证明文件（法人股东提供营业执照复印件并签章，自然人股东提供身份证复印件并签名；原件由上市公司董事会查验核对）；

提供的相关股东身份证明文件应当满足以下要求：

（1）身份证明文件上的名称需与结算公司提供的股东名册上的股东名称以及股东签章的名称一致；

（2）身份证明文件上的证件号（注册号或身份证号）需与结算公司提供的股东名册上的注册号一致；

（3）营业执照需通过最近年度的年检；

5. 相关股东的授权委托书（见附件2）。自然人股东还需提供授权委托书的公证书；

6. 垫付对价偿还公告（如需要）；

7. 本所要求的其他材料。

（四）上市公司股东在垫付对价偿还时，出现以下情况时应当及时告知上市公司并公告：

1. 持股5%以上股东因垫付对价的偿还导致持股比例变动累计达到公司总股本1%；

2. 垫付偿还涉及股东众多（50 个股东以上）、偿还方式特别（如法院裁决）、偿还股份比例或方式与原《股改说明书》披露的不一致等情况；

3. 上市公司或股东主动要求履行披露义务。

（五）在垫付对价偿还时属于无须公告情形的，上市公司股东应当在其后解除限售的公告中说明垫付偿还的情况。

（六）国有股东为其他股东垫付对价的，在被垫付对价方要求解除限售时，还需提交国有资产监管机构出具的备案表。

（七）上市公司股东由于获得偿还股份触发要约收购义务的，可免于履行要约收购义务。

（八）如偿还方偿还股份时与原垫付方垫付情形不一致时（如原垫付方垫付股份，偿还方偿还现金），或者不需偿还方偿还等情况的，应当说明原因。其中，偿还现金的应当明确定价依据和偿还总额的计算过程。

二、股改股东出售股份

（一）垫付方股东出售其所获得的偿还股份时，应当遵守其在股权分置改革方案中所作的承诺。

（二）控股股东、实际控制人在下列情形下不得出售解除限售的股改股份：

1. 上市公司年度报告和半年度报告披露前 30 日内，季度报告披露前 15 日内；

2. 上市公司业绩预告或业绩快报披露前 10 日内；

3. 上市公司披露对公司股票及其衍生品种交易价格可能产生较大影响的信息前 5 日内。

（三）持有、控制公司股份 5% 以上的原非流通股股东，通过本所集中竞价交易出售的股份数量，每达到该公司股份总数 1% 时，应当在该事实发生之日起 2 个交易日内进行公告。

相关附件

附件 1：上市公司股权分置改革垫付对价偿还业务申请表（略）

附件 2：授权委托书（略）

第三部分

3.1 股东大会

为规范本所主板上市公司股东大会相关业务办理，根据《公司法》《证券法》《上市公司治理准则》《章程指引》《股东大会规则》等法律法规及本所《股票上市规则》、上市公司自律监管指引等有关规定，制定本指南。

一、股东大会的召集

（一）上市公司董事会、监事会在收到召开股东大会的提案时，应当充分保障相关主体提议或请求召开股东大会的权利，履行相应的职责。

1. 上市公司董事会在收到独立董事关于召开股东大会的提议时，应当及时公告，并在收到提议后 10 日内提出同意或不同意召开临时股东大会的书面反馈意见。

董事会同意召开临时股东大会的，应当在作出董事会决议后的 5 日内发出召开股东大会的通知；董事会不同意召开股东大会的，应当说明理由并及时公告，聘请律师事务所对相关理由及其合法合规性出具法律意见并公告。

2. 上市公司董事会在收到监事会以书面形式提出的召开股东大会的提议时，应当及时公告，并在收到提议后10日内提出同意或不同意召开临时股东大会的书面反馈意见。

董事会同意召开临时股东大会的，应当在作出董事会决议后的5日内发出召开股东大会的通知。通知中对原提议进行变更的，应当征得监事会的书面同意。

董事会不同意召开股东大会的，或未在期限内反馈的，视为董事会不能履行或者不履行召集股东大会会议职责，监事会可以自行召集和主持。董事会不同意召开的，董事会应当说明理由并及时公告，聘请律师事务所对相关理由及其合法合规性出具法律意见并公告。同时，董事会应当配合监事会自行召集股东大会，不得无故拖延或拒绝履行配合披露等义务。

3. 上市公司董事会、监事会在收到股东以书面形式提出的召开股东大会的请求时，应当及时公告，并在收到提议后10日内提出同意或不同意召开临时股东大会的书面反馈意见。

董事会同意召开临时股东大会的，应当在作出董事会决议后的5日内发出召开股东大会的通知。如通知中对原提议进行变更，应当征得相关股东的书面同意。

监事会同意召开临时股东大会的，应当在收到请求5日内发出召开股东大会的通知。如通知中对原提议进行变更，应当征得相关股东的书面同意。

董事会、监事会不同意召开股东大会的，应当及时公告并说明理由，聘请律师事务所对相关理由及其合法合规性出具法律意见并公告。同时，董事会、监事会应当配合股东自行召集股东大会，不得无故拖延或拒绝履行配合披露等义务。

股东自行召集股东大会的，应当按照本所相关规定办理，在发出股东大会通知前书面通知上市公司董事会并将有关文件报送本所。上市公司董事会和董事会秘书应当配合股东行使合法权利，提供必要的支持，并及时履行信息披露义务。

（二）股东大会召集人在发布股东大会通知公告时，应当向本所提供该次股东大会的召集符合法律法规、本所业务规则和公司章程等规定的证明文件，包括但不限于：

1. 董事会召集股东大会的，应当提供董事会决议并公告；

2. 监事会召集股东大会的，应当提供曾向董事会提议召开股东大会但董事会不同意召开或者不履行召集股东大会职责的证明文件，以及召集该次股东大会的监事会决议并公告；

3. 股东召集股东大会的，应当提供本所要求的相关证明文件。

二、股东大会的提案

（一）股东提出临时提案的，应当向召集人提供持有公司3%以上股份的证明文件。股东通过委托方式联合提出提案的，委托股东应当向被委托股东出具书面授权文件。

提出临时提案的股东或其授权代理人应当将提案函、授权委托书、表明股东身份的有效证件等相关文件在规定期限内送达召集人。

临时提案的提案函内容应当包括：提案名称、提案具体内容、提案人关于提案符合《股东大会规则》有关规定的声明，以及提案人保证所提供持股证明文件和授权委托书真实性的声明。

（二）上市公司董事会、独立董事、持有1%以上股份的股东、依照法律法规设立的投资者保护机构作为征集人公开请求上市公司股东委托其代为行使提案权的，征集人应当通过上市公司披露征集公告等文件，上市公司应当予以配合。征集公告中应当明确披露股东作出授权委托所必需的信息，包括拟提案内容以及股东对拟提案作出合理判断所需要的资料等。

股东接受公开征集并将提案权委托征集人代为行使的，应当将其所持全部股份对应的提案权委托同一征集人代为行使。

征集人应当在截至最近一期股东大会召开前10日向召集人报送征集结果并公告，公告内容应当包括征集获得的股东人数、合计持股数量及持股比例、征集结果是否满足行使提案权的持股比例要求。

征集结果满足法定行使提案权持股比例要求的，征集人应当及时披露征集结果公告，并在最近一期股东大会召开10日前将临时提案书面提交召集人。

征集人在征集期间新增提案应当视为一次新的提案权征集。删除部分前期已公告征集提案的，其他提案征集仍视为有效。

提案权征集结束前股东大会延期或取消的，征集人可发布补充公告延长征集时限。提案权征集结束后发生股东大会延期或取消的，征集人应当在最近一期股东大会召开10日前将临时提案书面提交召集人。

（三）召集人认定临时提案不符合《股东大会规则》有关规定，进而认定股东大会不得对该临时提案进行表决并作出决议的，应当在收到提案后2日内公告相关股东临时提案的内容，以及作出前述决定的详细依据及合法合规性，同时聘请律师事务所对相关理由及其合法合规性出具法律意见并公告。

（四）召集人应当充分、完整披露所有提案的具体内容，以及为使股东对有关提案作出合理判断所需的全部资料或解释。

公司应当在不晚于发出股东大会通知时披露对股东就拟讨论的事项作出合理决策所需的全部资料。如需对股东大会会议资料进行补充，应当不晚于股东大会召开日予以披露。

（五）提案内容篇幅较长的，应当单独公告并在股东大会通知和补充通知中进行索引。

提案内容涉及其他临时公告的，公告应当符合本所《股票上市规则》、上市公司自律监管指引和《上市公司自律监管指南第2号——公告格式》等规定的内容和格式要求。

提案内容在股东大会通知发布前已经公告的，应当在股东大会通知和补充通知中索引披露时间、披露媒体和公告名称。

（六）股东大会选举董事、监事的，相关提案中应当充分披露董事、监事候选人的详细资料，至少包括以下内容：

1. 是否存在不得提名为董事、监事的情形，是否符合法律法规、本所业务规则和公司章程等要求的任职条件；

2. 教育背景、工作经历、兼职等情况，在公司5%以上股东、实际控制人等单位的工作情况以及最近5年在其他机构担任董事、监事、高级管理人员的情况；

3. 与公司或其控股股东及实际控制人是否存在关联关系，与持有公司5%以上股份的股东及其实际控制人是否存在关联关系，与公司其他董事、监事和高级管理人员是否存在关联关系；

4. 持有上市公司股份数量；

5. 是否受过中国证监会及其他有关部门的行政处罚和证券交易所纪律处分，是否因涉嫌犯罪被司法机关立案侦查或者涉嫌违法违规被中国证监会立案调查，尚未有明确结论。如是，召集人应当披露该候选人前述情况的具体情形，推举该候选人的原因，是否对上市公司规范运作和公司治理等产生影响及公司的应对措施；

6. 候选人是否存在失信行为。存在失信行为的，召集人应当披露该候选人失信的具体情形，推举该候选人的原因，是否对上市公司规范运作和公司治理产生影响及公司的应对措施。

股东提名董事、监事候选人的，候选人应当自查是否符合任职条件，并作出书面承诺，同意接受提名，承诺提供的资料真实、准确、完整及符合任职条件，保证当选后切实履行职责。提名股东应当对候选人任职条件及详细资料予以核查。

公司董事会、监事会不得以需要审查候选人是否符合任职条件为由拒绝股东的相关提案。

（七）董事、监事的选举，应当充分反映中小股东意见。

股东大会在董事、监事选举中应当积极推行累积投票制。

除只有1名董事或者监事候选人的情形外，单一股东及其一致行动人拥有权益的股份比例在30%及以上的公司选举董事、监事应当采用累积投票制。

采取累积投票方式选举董事的，选举独立董事、非独立董事应当作为不同的提案提出。

不采取累积投票方式选举董事、监事的，每位董事、监事候选人应当以单项提案提出。

（八）召集人应当合理设置股东大会提案，保证同一事项的提案表决结果是明确的。股东大会提案存在歧义、遗漏或提案内容可能造成上市公司董事会、监事会构成不符合法律法规规定的，原则上不应当提交股东大会进行表决。

临时提案的内容应当属于股东大会职权范围，有明确议题和具体决议事项，符合法律、行政法规和公司章程的有关规定。在一次股东大会上表决的提案中，一项提案生效是其他提案生效的前提的，召集人应当在股东大会通知中明确披露相关前提条件，并就作为前提的提案表决通过是后续提案表决结果生效的前提进行特别提示。

股东大会对同一事项提出不同提案的（即互斥提案，例如董事会先就年度利润分配提出方案——提案A，单独或者合计持有公司3%以上股份的股东又提出另外的年度利润分配方案——提案B），提案A与提案B应当按照提出的时间顺序排列表决顺序；股东或其代理人不得对提案A与提案B同时投同意票；股东大会通知中应当特别提示：提案A与提案B互斥，股东或其代理人对提案A与提案B同时投同意票的，对提案A与提案B的投票均不视为有效投票。

提案不能在一次股东大会上进行表决的，应当分次提交股东大会表决。

提案人应当在提案函等载有提案内容的文件中明确说明提案间的关系，并明确相关提案是否提交同一次股东大会表决，并就表决方式的选取原因及合法合规性进行说明。

（九）除单独或者合计持有公司3%以上股份普通股股东提出临时提案情形外，发出股东大会通知后不得修改股东大会通知中已列明的提案或增加新的提案。

召集人根据规定需对提案披露内容进行补充或更正的，不得实质性修改提案，且相关补充或更正公告应当在股东大会网络投票开始前发布，与股东大会决议同时披露的法律意见书中应当包含律师对提案披露内容的补充、更正是否构成提案实质性修改出具的明确意见。

对提案进行实质性修改的，有关变更应当视为一个新的提案，不得在本次股东大会上进行表决。

（十）发出股东大会通知后，无正当理由，股东大会通知中列明的提案不得取消。

提案确需取消的，召集人应当在现场会议召开日前至少2个交易日公告并说明原因。

三、股东大会通知

（一）上市公司以公告方式发出股东大会通知时，股东大会通知公告应当单独发布，不得夹带在其他公告中发布，也不得作为其他公告的附件进行披露。

股东大会通知公告应当符合《上市公司自律监管指南第 2 号——公告格式》等规定的内容和格式要求。

（拟）发行优先股的公司，股东大会通知公告应当包括《章程指引》《股东大会规则》等规定的优先股及优先股股东的相关内容。

（二）上市公司通过业务专区发布股东大会通知公告时，应当选取“股东大会通知”公告类别，公告的电子文档名应当包含“股东大会通知”字样，公告标题应当包含“股东大会通知”字样，公告内容应当与标题相符。

（三）股东大会的现场会议日期和股权登记日都应当为交易日。股权登记日和会议召开日之间的间隔应当不少于 2 个工作日且不多于 7 个工作日。股权登记日一旦确定，不得变更。

发出股东大会通知后，股东大会因故需要延期的，召集人应当在原定现场会议召开日前至少 2 个交易日公告并说明原因。股东大会延期的，股权登记日仍为原股东大会通知中确定的日期且不得变更，且延期后的现场会议日期仍需遵守与股权登记日之间的间隔不多于 7 个工作日的规定。

在计算股东大会通知公告日期与现场会议召开日之间的间隔时，股东大会现场会议召开当日不计算在间隔期内。股东大会通知于早间或午间发布的，从公告发布当日计算间隔期；股东大会通知于晚间发布的，从次日开始计算间隔期。

（四）上市公司应当在股东大会通知中明确披露股东大会现场会议的具体地点。

发出股东大会通知后，股东大会现场会议召开地点无正当理由不得变更。确需变更的，召集人应当在现场会议召开日前至少 2 个交易日公告并说明原因，变更后的召开地点应当仍为公司住所地或公司章程规定的地点。

（五）发出股东大会通知后，股东大会因故需要取消的，召集人应当在现场会议召开日前至少 2 个交易日公告并说明原因。召集人为董事会或监事会的，董事会或监事会应当召开会议审议取消股东大会事项。

提案名称、内容未发生变化，召集人拟重新发出股东大会通知将其提交新一次股东大会审议的，相关提案无须董事会或监事会再次审议，但董事会或监事会需就提议召开新一次股东大会、相关提案提交该次股东大会等事项作出相应决议。

（六）股东大会拟审议的提案中存在以下情形之一的，应当在股东大会通知公告中予以特别指明：

1. 提案需逐项表决的；
2. 提案需分类表决的，需同时指明类别股东情况；
3. 提案需优先股股东参与表决的；
4. 提案须经出席会议的股东所持表决权的 2/3 以上通过的；
5. 提案属于影响中小投资者利益的重大事项；
6. 提案属于关联交易事项；
7. 提案为采取累积投票方式选举董事或股东代表监事；

8. 本所要求的其他情形。

（七）以下事项必须经出席股东大会的股东所持表决权的 2/3 以上通过：

1. 修改公司章程及其附件（包括股东大会议事规则、董事会议事规则及监事会议事规则等）；

2. 增加或者减少注册资本；

3. 公司合并、分立、解散或者变更公司形式；

4. 分拆所属子公司上市；

5. 连续 12 个月内购买、出售重大资产或者担保金额超过公司资产总额 30%；

6. 发行股票、可转债、优先股以及中国证监会认可的其他证券品种；

7. 以减少注册资本为目的回购股份；

8. 重大资产重组；

9. 股权激励计划；

10. 上市公司股东大会决议主动撤回其股票在本所上市交易、并决定不再在交易所交易或者转而申请在其他交易场所交易或转让；

11. 股东大会以普通决议认定会对公司产生重大影响、需要以特别决议通过的其他事项；

12. 法律法规、本所业务规则、公司章程或股东大会议事规则规定的其他需要以特别决议通过的事项。

前款第 4、10 项所述提案，除应当经出席股东大会的股东所持表决权的 2/3 以上通过外，还应当经出席会议的除上市公司董事、监事、高级管理人员和单独或者合计持有上市公司 5% 以上股份的股东以外的其他股东所持表决权的 2/3 以上通过。

上市公司章程的相应条款应当符合前两款的规定。

（八）存在股东需在股东大会上回避表决或者承诺放弃表决权情形的，召集人应当在股东大会通知中明确披露相关情况，援引股东需回避表决或者承诺放弃表决权理由的相关公告，同时应当就该等股东可否接受其他股东委托进行投票作出说明，并进行特别提示。

（九）上市公司在员工持股计划方案等公告中明确员工持股计划所持股份在股东大会审议相关提案时需回避表决的，应当在审议该等提案的股东大会的通知公告中进行特别提示。股东大会通知中未明确的，应当在股东大会决议和与股东大会决议同时披露的法律意见书中披露员工持股计划是否需回避表决及其理由。

如上市公司股东为与公司股东及董监高存在关联关系或利益安排的信托计划或者资产管理计划，应当按照前款规定披露相关情况。

（十）股东大会采取累积投票方式选举董事、监事的，召集人应当在股东大会通知中明确披露应选董事、监事的具体人数，同时披露股东所拥有的选举票数为其所持有表决权的股份数量乘以应选人数，并进行特别提示。

（十一）董事会、独立董事、持有 1% 以上有表决权股份的股东、依照法律法规设立的投资者保护机构对股东大会提案公开征集投票权的，应当向被征集人充分披露具体投票意向等信息，不得接受与其投票意见不一致的委托，但中国证监会另有规定的除外。征集人仅对股东大会部分提案提出投票意见的，应当同时征求股东对于其他提案的投票意见，并按其意见代为表决。

召集人应当在股东大会通知及召开股东大会的提示性公告（如有）中援引征集投票权的相关公告。

征集人不得以有偿或者变相有偿的方式征集股东投票权。征集人持有公司股票的，应当在审议征集议案的股东大会决议公告前不转让所持股份。

股东大会取消的，征集人应当发布表决权征集取消公告，本次表决权征集结束。股东大会延期的，征集人可以调整表决权征集时间并发布表决权征集延期公告。

股东大会召集人在征集期间对征集提案进行实质性修改或者删除的，该提案的表决权征集自动撤销，征集人应当发布该提案表决权征集结束公告。

（十二）发出股东大会通知后，召集人需要发布召开股东大会的提示性公告的，应当在股权登记日后3个交易日内、股东大会网络投票开始前发布。

股东大会需审议存在前提关系的多个事项相关提案或者互斥提案的，召集人应当在前款规定时限内发布召开股东大会的提示性公告。

提示性公告除索引股东大会通知披露情况等外，内容应当与此前公告的股东大会通知一致，包括会议召开日期、股权登记日、会议地点、投票方式、审议议案等关键内容。召集人不得以提示性公告代替股东大会通知的补充或更正公告。

四、股东大会的召开

（一）股东应当持股票账户卡、身份证或其他能够表明其身份的有效证件或证明出席股东大会现场会议。代理人还应当提交股东授权委托书和个人有效身份证件。

授权委托书应当至少包括以下信息：

1. 委托人名称、持有上市公司股份的性质和数量；

2. 受托人姓名、身份证号码；

3. 对该次股东大会提案的明确投票意见指示，没有明确投票指示的，授权委托书应当注明是否授权由受托人按自己的意思决定；

4. 授权委托书签发日期和有效期限；

5. 委托人签名（或盖章）。委托人为法人的，应当加盖单位印章。

（二）上市公司召开股东大会，除现场会议投票外，应当向股东提供股东大会网络投票服务，为股东参加股东大会提供便利，并鼓励股东积极参加股东大会行使表决权。

上市公司股东大会现场会议应当在交易日召开，且现场会议结束时间不得早于网络投票结束时间。

（三）持有融资融券客户信用交易担保证券账户的证券公司、持有约定购回式交易专用证券账户的证券公司、持有转融通担保证券账户的中国证券金融股份有限公司、合格境外机构投资者（QFII）、B股境外代理人、持有深股通股票的香港中央结算有限公司、中国证监会或本所认定的其他集合类账户持有人或名义持有人，在参加股东大会网络投票时，应当按照网络投票相关细则规定通过互联网投票系统投票，不得通过交易系统投票。

前述集合类账户持有人或名义持有人作为受托人，应当在行使股东权利前征求委托人（实际持有人）意见，并根据委托人的委托情况汇总填报受托股份数量，同时对每一提案汇总填报委托人对各类表决意见对应的股份数量。

实际持有人应当及时联系前述集合类账户持有人或名义持有人表达投票意向，由集合类账户持有人或名义持有人代为行使投票权。如果实际持有人与提案存在关联关系，相应股份应当回避表决。

（四）股东投票应当对除采取累积投票方式选举董事、监事以外的提案发表同意、反对或弃权意见之一，同一股东所持上市公司股份不得进行拆分投票，集合类账户持有人或名义持有人按照实际持有人意思表示进行申报的除外。

采取累积投票方式选举董事、监事的，股东可以将所拥有的选举票数以应选人数为限在候选人中任意分配（不同意相关候选人的，可以投出零票），但总数不得超过其拥有的选举票数。

（五）股东大会采取累积投票方式选举董事、监事的，独立董事和非独立董事的表决应当分别进行，根据应选董事、监事人数，按照获得的选举票数由多到少的顺序确定本次当选董事、监事。

（六）股东大会对同一事项有不同提案的，应按照提案提出的时间顺序进行表决，股东或者其代理人不得对同一事项的不同提案同时投同意票。

（七）股东大会存在征集提案权、征集表决权事项的，征集人聘请的律师还应当就以下事项出具法律意见书：

1. 征集人自征集日至行权日期间是否符合征集条件；

2. 征集程序及行权结果是否合法合规；

3. 涉及征集提案权的，征集结果是否满足临时提案的持股比例要求；

4. 其他应征集人或深交所要求说明的事项。

（八）存托凭证的存托人应当合理安排存托凭证持有人权利行使的时间和方式，保障其有足够时间和便利条件行使相应权利，并根据存托协议的约定及时披露存托凭证持有人权利行使的时间、方式、具体要求和权利行使结果。

公司、存托人通过本所或者本所子公司提供的网络系统征集存托凭证持有人投票意愿的，具体业务流程按照本所相关规定或者业务协议的约定办理，并由公司或者存托人向市场公告。

五、股东大会决议的披露

（一）上市公司应当在股东大会结束当日向本所申请办理股东大会决议公告相关事宜。股东大会决议公告应当符合《上市公司自律监管指南第 2 号——公告格式》等规定的内容和格式要求。

（拟）发行优先股的公司，股东大会决议公告应当包括《章程指引》《股东大会规则》等规定的优先股及优先股股东的相关内容。

（二）上市公司披露股东大会决议公告时，应当就以下情形进行特别提示：

1. 提案需逐项表决的，应当披露逐项表决的结果；

2. 提案需分类表决的，应当披露各类别股东的出席、表决情况和表决结果；

3. 提案需优先股股东参与表决的，应当披露优先股股东的出席、表决情况和表决结果；

4. 提案须经出席会议的股东所持表决权的 2/3 以上通过的，应当披露是否获得有效表决权股份总数的 2/3 以上通过；

5. 提案属于影响中小投资者利益的重大事项，应当单独披露中小投资者对该提案的表决情况和表决结果；

6. 提案属于关联交易事项，应当披露关联股东名称、存在的关联关系、所持表决权股份数量及其回避表决情况，该提案的表决情况和表决结果；

7. 提案为采取累积投票方式选举董事或股东代表监事的，应当披露每名候选人所获得的选举票数以及是否当选；

8. 股东大会存在征集表决权事项的，应当在股东大会决议中披露征集到的股东人数、合计持股数量与持股比例；

9. 本所要求的其他情形。

（三）上市公司股东大会出现异常情况无法形成决议的，公司应当及时披露相关信息，披露内容应当至少包括发生异常的具体情形、无法形成决议的具体原因、争议各方的主张（如适用）、公司治理现状等有助于投资者了解公司实际情况的信息。

（四）股东大会出现提案未获通过情形的，应当在股东大会决议公告中进行特别提示，披露未获通过的提案名称。

拟将未获通过的提案提交新一次股东大会审议的，召集人应当单独披露公告，在公告中说明该提案被前次股东大会否决的情况，提案内容是否符合《股东大会规则》的规定及其理由，再次提交股东大会审议的必要性及履行的审议程序，是否需就该提案披露内容进行补充、更正或对提案进行调整及其理由。

（五）股东大会审议事项需分多个提案进行表决而其中部分提案未获通过或者提案需进行逐项表决而部分子议案未获通过的，召集人应当在股东大会决议公告中明确披露该事项整体上是否认定为表决通过及其理由，与股东大会决议同时披露的法律意见书中，应当包括对相关理由及其合法合规性出具的明确意见。

（六）本次股东大会变更以往股东大会已表决通过提案的，应当在股东大会决议公告中进行特别提示，披露两次股东大会涉及提案的名称，并索引前次股东大会决议的披露时间、披露媒体和公告名称。

（七）与股东大会决议同时披露的法律意见书，应当至少包括以下内容：

1. 该次股东大会的召集、召开程序是否符合法律、行政法规、部门规章、规范性文件、本所规则和公司章程的规定；

2. 召集人资格是否合法有效；

3. 出席该次股东大会的股东及股东授权委托代表人数及代表股份数量，出席会议人员资格是否合法有效；

4. 该次股东大会表决程序是否合法有效；

5. 相关股东回避表决的情况，如该次股东大会存在股东大会通知后其他股东被认定需回避表决等情形的，法律意见书应当详细披露相关理由并就其合法合规性出具明确意见；

6. 除采取累积投票方式选举董事、监事的提案外，每项提案获得的同意、反对、弃权的股份数及其占出席会议有效表决权股份总数的比例以及提案是否获得通过；采取累积投票方式选举董事、监事的提案，每名候选人所获得的选举票数、是否当选；该次股东大会表决结果是否合法有效；

7. 见证该次股东大会的律师事务所名称、2 名律师姓名；

8. 应公司要求对其他有关问题出具的法律意见。

（八）股东大会召集人非上市公司董事会的，该召集人应当聘请律师事务所对股东大会有关问题出具法律意见书并公告。

（九）股东大会相关法律意见的结论应当明确，不得使用“基本符合”“未发现”“如果……则……”等含糊措辞。

（十）股东大会通过的提案，上市公司应当在股东大会授权期限内实施。因故终止的，应当及时披露公告，说明不实施相关提案的具体原因，是否需要履行相应的审议程序，对公司的影响及应对措施。股东大会授权到期前相关提案仍未实施的，应当及时披露公告，说明是延期实施还是终止实施，并披露具体原因、后续安排和应当履行的审议程序。

（十一）股东大会选举、更换董事或监事后，相关各方应当保障新选聘的董事、监事正常履职，不得以任何方式干扰公司正常运转。

（十二）上市公司及有关人员对股东表决权有效性或股东大会决议效力存在争议的，可以通过司法途径予以解决。

在司法机关判定股东大会决议无效或者应予以撤销前，任何人不得单方认定股东大会决议无效，公司董事会应当按照股东大会决议切实履行职责，确保公司正常运作。

司法机关对股东表决权、股东大会决议有效性等作出判决的，公司应当及时披露并配合执行。司法机关宣告股东大会决议无效或予以撤销的，公司应当及时披露并更正有关事项。

股东大会决议效力处于争议期间，公司应当充分披露争议事项情况、进展及有关风险。

六、附则

对发行外资股或者股票作为深股通标的的上市公司的股东大会，法律法规或本所规则另有规定的，从其规定。

3.2　股权激励

为规范本所主板上市公司股权激励相关业务办理，根据《公司法》《上市公司股权激励管理办法》（以下简称《股权激励管理办法》）等法律法规，以及本所《股票上市规则》等业务规则，制定本指南。

一、股权激励方案的制定

（一）上市公司筹划股权激励，应当做好内幕信息管理工作。股权激励有关各方对所知悉的股权激励相关信息，在依法依规披露前负有保密义务。

（二）上市公司在董事会审议股权激励计划前发布提示性公告的，应当至少包括以下内容：

1. 股权激励的形式（限制性股票、股票期权或法律、行政法规允许的其他方式）；

2. 股权激励计划所涉及的标的股票数量（上限）及占公司股本总额的比例（上限）；

3. 激励对象是否包括公司董事、高级管理人员；

4. 股权激励尚需履行的程序、存在的不确定性及相关风险提示；

5. 预计披露激励草案的时间（自披露提示性公告之日起不得超过3个月）；

6. 本所要求的其他内容。

（三）上市公司应当及时披露董事会审议通过的股权激励计划草案及其摘要，同时披露董事会决议、股权激励计划考核管理办法、独立董事意见、监事会意见、股权激励自查表（见附件1）。

（四）上市公司董事会审议股权激励计划草案及相关事项时，拟作为激励对象的董事或与其有关联关系的董事应当回避表决。董事会就股权激励计划草案作出决议，应当经全体非关联董事过半数通过。出席董事会的非关联董事人数不足3人的，董事会应当将该事项直接提交上市公司股东大会审议。

（五）上市公司制定股权激励计划草案应当确保激励计划要素的完备性、激励方案的可实施性，草案应当至少包括以下内容：

1. 对照《股权激励管理办法》的相关规定，逐条说明是否存在上市公司不得实行股权激励、激励对象不得参与股权激励的情形；

2. 股权激励计划的实施是否将导致或可能导致上市公司股权分布不符合上市条件，如是，还应当披露解决措施；

3. 股权激励计划的目的、激励对象的确定依据和范围；

4. 拟授出的权益数量，涉及的标的股票种类、来源、数量及占上市公司股本总额的比例；分次实施的，每次拟授出的权益数量，涉及的标的股票数量及占上市公司股本总额的比例；设置预留权益的，拟预留的权益数量及占股权激励计划权益总额的比例；所有在有效期内的股权激励计划所涉及的标的股票总数累计是否超过公司股本总额的10%及其计算过程的说明；

5. 除预留部分外，激励对象为公司董事、高级管理人员的，应当披露其姓名、职务、各自可获授的权益数量、占股权激励计划拟授予权益总量的比例；其他激励对象（各自或者按适当分类）可获授的权益数量及占股权激励计划拟授出权益总量的比例；单个激励对象通过全部在有效期内的股权激励计划获授的公司股票累计是否超过公司股本总额的1%；预留股份的激励对象情况应当在股权激励计划经上市公司股东大会审议通过后12个月内经董事会确认，并参照上述要求披露；

6. 股权激励计划的有效期；股票期权的授权日或授权日的确定方式、可行权日、行权有效期和行权安排；限制性股票的授予日、限售期和解除限售安排等；

7. 限制性股票的授予价格、股票期权的行权价格及其确定方法。采用《股权激励管理办法》第二十三条、第二十九条规定的方法以外的其他方法确定授予价格、行权价格的，应当对定价依据及定价方式作出说明，聘请独立财务顾问核查并对股权激励计划的可行性、是否有利于上市公司的持续发展、相关定价依据和定价方法的合理性、是否损害上市公司利益以及对股东利益的影响发表明确意见并披露；

8. 激励对象获授权益、行使权益的条件。拟分次授出或者行使权益的，应当披露激励对象每次获授或者行使权益的条件；对设立条件所涉及的指标定义、计算标准等的说明；约定授予权益、行使权益条件未成就时，相关权益不得递延至下期；如激励对象包括董事、高级管理人员，应当披露激励对象行使权益的绩效考核指标；公司同时实行多期股权激励计划的，后期激励计划的公司业绩指标如低于前期激励计划的相应公司业绩指标，应当充分说明原因及合理性。

披露激励对象行使权益的绩效考核指标的，应充分披露所设定指标的科学性和合理性，有利于促进公司竞争力的提升。公司当年第三季度报告披露后推出股权激励方案的，不得以当年作为考核期。

9. 公司授予权益及激励对象行使权益的程序，应当明确上市公司不得授出限制性股票以及激励对象不得行使权益的期间；

10. 股权激励计划所涉及的权益数量、行权价格或者行权价格的调整方法和程序（例如实施利润分配、配股等方案时的调整方法）；

11. 股权激励会计处理方法，公允价值的确定方法，估值模型重要参数取值及其合理性，实施股权激励对上市公司经营业绩的影响；

12. 股权激励计划的变更、终止；

13. 公司出现控制权变更、合并、分立或激励对象出现职务变更、离职、死亡等情形时股权激励计划的实施方式；

14. 公司与激励对象各自的权利义务，相关纠纷或争端解决机制；

15. 上市公司有关股权激励计划相关信息披露文件不存在虚假记载、误导性陈述或者重大遗漏等承诺；激励对象有关披露文件存在虚假记载、误导性陈述或者重大遗漏导致不符合授予权益或行使权益情况下全部利益返还公司等承诺；

16. 上市公司权益回购注销和收益收回程序的触发标准和时点、回购价格和收益的计算原则、操作程序、完成期限等；派生股份应当与原生股份一并实施限售及回购注销的说明；

17. 本所要求的其他内容。

（六）独立董事及监事会应当就股权激励计划草案是否有利于上市公司的持续发展，是否存在明显损害上市公司及全体股东利益的情形发表意见。独立董事或监事会认为有必要的，可以建议上市公司聘请独立财务顾问，对股权激励计划的可行性、是否有利于上市公司的持续发展、是否损害上市公司利益以及对股东利益的影响发表专业意见。上市公司未按照建议聘请独立财务顾问的，应当就此事项披露特别说明。

（七）上市公司应当在召开股东大会前，通过公司网站或者其他途径，在公司内部公示激励对象情况，公示期不少于 10 日，股东大会召开日期不得早于公示期的结束日。监事会应当对股权激励名单进行审核，并充分听取公示意见。上市公司应当在股东大会召开的 5 日前披露监事会对激励名单的审核意见及对公示情况的说明，包括激励对象情况的公示途径、公示期、公司内部人员提出异议等情况。存在异议情形的，监事会应当督促公司董事会就异议意见涉及的对象是否能够作为激励对象作出解释说明，并与监事会意见同时披露，监事会、律师事务所应当分别对董事会解释说明的合理性、合规性进行核查并发表意见。

（八）股权激励计划草案披露后，公司在发出股东大会通知时，应当同时披露法律意见书（法律意见书至少应包括《股权激励管理办法》第三十九条规定的内容）；聘请独立财务顾问的，还需披露独立财务顾问报告。

（九）独立董事应当就股权激励计划向所有股东征集委托投票权。上市公司召开股东大会审议股权激励计划时，关联股东应当回避表决。股权激励计划方案应当经出席会议的非关联股东所持表决权的 2/3 以上通过。中小股东应当单独计票并披露。

（十）上市公司应当至迟在股东大会决议披露的同时披露激励对象、其他内幕信息知情人在本次股权激励计划披露前 6 个月内买卖本公司股票及衍生品种情况的自查报告。

（十一）上市公司实行股权激励计划依照规定需要取得有关部门批准的，应当在取得有关批复文件后的 2 个交易日内公告批复情况。

二、限制性股票和股票期权的授予、登记

（一）上市公司在向激励对象授出权益前，董事会应当就股权激励计划设定的激励对象获授权益的条件是否成就进行审议，独立董事及监事会应当发表明确意见。律师事务所应当对激励对象获授权益的条件是否成就出具法律意见书。

上市公司向激励对象授出权益与股权激励计划的安排存在差异时，独立董事、监事会、律师事务所、独立财务顾问（如有）应当同时发表明确意见。

（二）上市公司应当在股权激励计划获得股东大会审议通过之日起（有获授权益条件的，从条件成就后起算）60日内，按相关规定召开董事会对激励对象授出权益，并完成登记、公告等相关程序。

上市公司所确定的授予日期不得早于审议授予事项的董事会的召开日期。授予方式为分次授予的，须在每次授予前召开董事会进行审议，授予价格遵循首次授予定价原则。

授予的限制性股票上市日不得在相关法律法规、本所规则规定的禁止上市公司董事、高级管理人员买卖本公司股票期间内。上市公司不得授出权益的期间不计入前述规定的60日期限内。

（三）董事会审议授予事项后，应当及时披露相关公告，公告应当至少包括以下内容：

1. 股权激励计划简述及已履行的程序；

2. 董事会对授予条件的审议结论，如授予条件是否成就；是否存在《股权激励管理办法》及公司股权激励方案中规定的不能授予股份或不得成为激励对象情形的说明；本次授予计划与已披露计划是否存在差异，如是，应当披露差异情况以及重新履行审批程序的情况；独立董事、监事会（当激励对象发生变化时）、律师事务所、独立财务顾问（如有）应当同时发表明确意见；

3. 实施股权激励的方式及股票来源（如发行新股或回购股份等），公司历次权益分派对股权激励计划授予相关参数的调整情况；

4. 授予日、授予对象、授予数量、授予或行权价格；激励对象为董事、高级管理人员的，应当披露其各自可获授的权益数量、占股权激励计划拟授予权益总量的比例、占公司总股本的比例；其他激励对象（各自或按适当分类）获授的权益数量、占股权激励计划拟授予权益总量的比例、占公司总股本的比例；

5. 根据确定的授予日，说明本次股权激励计划股票期权或限制性股票的授予对公司相关年度财务状况和经营成果的影响，包括会计处理方法、公允价值确定方法、估值模型重要参数取值的合理性、实施股权激励应当计提的费用及对上市公司业绩的影响；

6. 授予限制性股票的，需披露授予股份的性质，验资情况（同时提交会计师事务所验资报告），相关股份限售期安排的说明，不符合解限条件的限制性股票的处理方式，筹集资金的使用计划（如有）等；

7. 授予股票期权的，需披露相关期权的行权条件、行权期安排、不符合行权条件的股票期权的处理方式等；

8. 激励对象为董事、高级管理人员的，在限制性股票授予前6个月买卖公司股票的情况；

9. 独立董事、监事会就激励对象获授权益的条件是否成就发表的明确意见，以及监事会对授予日激励对象名单核实的情况；

10. 法律意见书结论性意见；

11. 独立财务顾问的专业意见（如有）；

12. 本所要求的其他内容。

（四）上市公司披露审议股权激励计划授予登记的董事会决议公告后，可办理授予登记的相关手续。上市公司应当在《股权激励管理办法》第四十四条规定的最后期限的7个交易日前向本所递交相关材料，应当提交的材料至少包括：

1. 授予完成公告文稿；

2. 上市公司董事会填报的《上市公司股权激励计划授予登记申请书》（见附件 2、附件 3）；

3. 上市公司董事会关于授出权益的决议；

4. 激励对象名单及其个人证券账户情况说明；

5. 有权部门的批复文件（如需）；

6. 会计师事务所的验资报告（如有）；

7. 独立董事、监事会对股票期权授予条件是否成就的意见；

8. 监事会对授予日激励对象名单的核实意见；

9. 法律意见书；

10. 独立财务顾问意见（如有）；

11. 本所要求的其他内容。

上市公司应当及时向结算公司提交有关材料，办理限制性股票或者股票期权的授予登记手续。

（五）上市公司应当在《上市公司股权激励计划授予登记申请表（股票期权）》中确定股票期权的简称。股票期权的证券简称参照本所《证券代码、证券简称编制管理办法（2021 年 9 月修订）》中有关认购权证的编制规则，首两个汉字取自公司股票简称，后面为“JLC?”，其中“JL”代表股权激励计划，“C”代表“认购期权”，“?”处填股权激励计划的批次，从 1 开始依次编码。股权激励计划股票期权的证券代码区间为【037501，037999】，由本所按实施先后顺序编码。同一公司先后实施不同的多期股权激励计划，应当分别编码。

上市公司在股权激励方案中设置了预留期权的，在首次授予时无需对该部分预留期权进行登记。该部分预留期权在明确授予对象后应当提交董事会审议并披露。对预留期权进行授予登记时，应当启用新的期权简称和期权代码。

（六）上市公司应当及时联系结算公司办理完成授予登记手续，并及时披露授予完成公告，公告应当至少包括以下内容：

1. 限制性股票或股票期权授予的具体情况，包括但不限于授予日、授予对象、授予数量和行权价格等；授予限制性股票的限售期安排，确定的期权代码、期权简称情况；

2. 激励对象获授限制性股票或股票期权与公司网站公示情况一致性的说明；

3. 授予限制性股票的，应当说明股权激励计划的实施是否导致上市公司股权分布不具备上市条件、是否导致公司控制权发生变化、参与激励的董事、高级管理人员在限制性股票授予登记日前 6 个月买卖本公司股票及其他具有股权性质的证券的情况及是否构成短线交易、授予股份认购资金的验资情况（如有）、本次授予股份的上市日期，上市公司股份变动、按新股本计算的每股收益调整情况等（如有）、募集资金使用计划（如有）等情况；

4. 授予日确定后在资金缴纳、股份登记过程中，激励对象因离职、资金筹集不足等原因放弃认购的，应当说明激励对象发生变化的情况及所放弃认购股份的处理方式；

5. 本所要求的其他内容。

三、限制性股票解除限售

（一）股份解除限售的条件成就后，上市公司应当召开董事会审议股权激励获得股份解除限售的有关事宜并公告。上市公司须在每次解除限售前召开董事会审议并公告。限制性股票授予日和首次解除限售日之间的间隔不得少于12个月。公告应当至少包括以下内容：

1. 股权激励计划简述及已履行的程序；

2. 董事会对本期股权激励计划获得股份解除限售条件是否成就、是否存在不能解除限售或不得成为激励对象情形的说明；

3. 本次实施的股权激励计划与已披露的股权激励计划是否存在差异，如是，董事会关于差异情况以及重新履行审议程序的情况说明；

4. 股权激励获得股份解除限售的具体情况，包括本次解除限售股份的总数、占总股本的比例等；

5. 激励对象为董事、高级管理人员的，其各自获得的股权激励股份数量、已解除限售的数量、本次可解除限售的股份数量、继续锁定的数量；

6. 独立董事、监事会对解限条件是否成就的核实意见；

7. 法律意见书结论性意见；

8. 独立财务顾问报告结论性意见（如有）；

9. 本所要求的其他内容。

（二）上市公司按前述规定履行信息披露义务后，可向本所申请办理股权激励计划获得股份解除限售手续，应当提交的材料至少包括：

1. 解除限售公告文稿；

2. 上市公司董事会填报的《上市公司股权激励获得股份解除限售申请表》（见附件4）；

3. 董事会关于股权激励获得股份解除限售的决议；

4. 独立董事、监事会对激励对象是否满足解锁条件的意见；

5. 法律意见书；

6. 本所要求的其他内容。

（三）上市公司应当及时向结算公司提交有关材料，办理激励股份解除限售的相关手续，并及时披露股权激励获得股票解除限售公告，公告应当至少包括以下内容：

1. 股权激励获得股份解除限售的具体情况，包括本次解除限售股份总数、占总股本的比例、解除限售日期等；

2. 激励对象为董事、高级管理人员的，其各自获授的限制性股份数量、已解除限售的数量、本次解限完成的数量、继续锁定的数量；

3. 股份解除限售后的股本结构变动表；

4. 本所要求的其他内容。

四、股票期权行权

（一）股票期权行权条件成就后，公司应当召开董事会审议股权激励计划期权行权有关事宜，并披露董事会决议公告。独立董事、监事会应当同时发表明确意见，律师事务所应当对激励对象行权条件是否成就出具法律意见书。相关公告应当至少包括以下内容：

1. 股权激励计划简述及已履行的程序；

2. 董事会关于本期股权激励计划设定的行权条件是否成就，以及是否存在《股权激励管理办法》及公司股权激励方案中规定的不得成为激励对象或禁止行权情形的说明，公司出现上述情形的，董事会还应当对已经授予股票期权的处理措施和相关后续安排作出说明；

3. 股票期权授权日与首次可行权日之间的间隔，且不得少于12个月；

4. 本次实施的激励计划与已披露的激励计划存在差异的，董事会关于差异以及重新履行的审批程序的情况说明；

5. 本期股票期权行权股票的来源和预计数量、激励对象持有的本期可行权的股票期权数量、尚未符合行权条件的股票期权数量；激励对象为董事、高级管理人员的，应当披露其各自已获授的期权数量、已行权的数量，本次可行权数量、可行权数量占已获授期权的比例、占公司总股本的比例，在行权前6个月是否买卖公司股票的情形说明，同时披露全部激励对象可行权的情况；

6. 董事会对期权行权数量、行权价格历次调整的说明；

7. 本次股票期权行权的实施对公司相关财务状况和经营成果的影响；

8. 不符合条件的股票期权的处理方式；

9. 本次股票期权的行权方式（集中行权或自主行权）；拟选择自主行权的，还应当在公告中披露选择自主行权模式对期权估值方法及对公司财务状况和经营成果可能产生的影响等；

10. 筹集资金的使用计划（如有）；

11. 独立董事、监事会对行使权益的条件是否成就发表核实意见；

12. 法律意见书；

13. 独立财务顾问意见（如有）；

14. 本所要求的其他内容。

（二）上市公司股权激励计划设定的当期行权条件未成就的（如未达到业绩考核指标、个别激励对象存在违规行为等），股票期权不得行权或递延至下期行权，上市公司应当注销未满足行权条件的股票期权。

（三）上市公司拟选择自主行权的，须符合以下条件：

1. 聘请一家证券公司，作为其自主行权方案实施的承办券商，并签订股权激励期权自主行权服务协议；

2. 承办券商应当确保其技术系统功能符合上市公司自主行权的业务操作及合规性需求，并已完成所有业务准备工作，符合结算公司对自主行权业务系统接口要求；

3. 上市公司及其承办券商应当出具自主行权业务承诺书，明确自主行权过程中各环节操作合法、合规性以及相关参数、数据维护及审核的责任。

（四）公司披露审议股权激励计划期权行权的董事会决议公告后，可向本所申请办理股权激励计划期权行权手续，应当提交的材料至少包括：

1. 期权行权公告文稿；

2. 上市公司董事会填报的《上市公司股权激励计划股票期权行权申请表（集中行权适用）》（见附件5）或《上市公司股票股权激励计划股票期权行权申请表（自主行权适用）》（见附件6）；

3. 董事会关于实施股权激励计划的决议；

4. 有权部门的批复文件（如需）；

5. 独立董事、监事会意见；

6. 法律意见书；

7. 独立财务顾问意见（如有）；

8. 中国证监会和本所规定的其他内容。

上市公司选择集中统一行权的，还需提交以下材料：

1. 会计师事务所出具的验资报告；

2. 董事会盖章确认的激励对象名单、行权数量及证券账户；

3. 行权专户资金的管理和使用计划。

上市公司选择自主行权的，还需提交以下材料：

1. 激励对象不得在相关法律法规、本所规则规定的禁止上市公司董事、高级管理人员买卖本公司股票期间内行权的合规性承诺书；

2. 选择自主行权模式对激励股票期权定价及会计核算影响及变化的说明；

3. 上市公司股权激励期权自主行权合规承诺书；

4. 股权激励期权自主行权承办券商业务承诺书；

5. 激励对象为董事、高级管理人员的，关于行权后6个月内不转让所持股份的承诺；

6. 上市公司与激励对象及承办券商签署的自主行权服务协议。

（五）上市公司选择集中统一行权的，在每一行权期内，所有激励对象原则上应当一次性同时行权。行权股份的上市日不得在相关法律法规、本所规则规定的禁止上市公司董事、高级管理人员买卖本公司股票期间内。行权完成后，应当及时披露期权行权完成公告，相关公告应当至少包含以下内容：

1. 本期股票期权行权的具体情况，包括行权条件、行权期间、行权数量、行权价格等；

2. 激励对象行权数量与方案和在公司内部网站公示情况一致性的说明；

3. 行权资金的验资情况；

4. 行权对象为董事、高级管理人员的，应当披露其各自已获授的股票期权数量、已行权的数量、本次行权的数量、占股权激励计划拟授予权益总量的比例；

5. 本次行权股份的性质、后续安排以及股份的上市时间，董事及高级管理人员所持股份变动锁定的情况说明；

6. 本次行权后的公司股本结构变动情况，是否导致上市公司股权分布不具备上市条件、是否导致公司控制权发生变化；

7. 参与激励的董事、高级管理人员前6个月买卖本公司股票及其衍生品种的情况；

8. 本所要求的其他内容。

（六）上市公司选择自主行权的，激励对象不得在相关法律法规、本所规则规定的禁止上市公司董事、高级管理人员买卖本公司股票期间内行权。股权激励计划进入行权期后，上市公司应当在定期报告中或以临时报告形式披露每季度股权激励对象变化（如有）、股票期权重要参数调整情况、激励对象自主行权情况以及公司股份变动情况等信息。

五、股权激励方案的变更和调整

（一）上市公司在股东大会审议通过股权激励方案之前对其进行变更的，需经董事会审议通过。

上市公司对已通过股东大会审议的股权激励方案进行变更的，应提交股东大会审议，且不得包括下列情形：

1. 导致加速行权或提前解除限售的情形；

2. 降低行权价格或授予价格的情形。

公司拟在当年第三季度报告披露后变更股票激励方案的，不得降低当年行使权益的条件。

上市公司应当及时披露变更前后方案的修订情况对比说明，独立董事、监事会应当就变更后的方案是否有利于上市公司的持续发展，是否存在明显损害上市公司及全体股东利益的情形发表独立意见。律师事务所应当就变更后的方案是否符合《股权激励管理办法》及相关法律法规的规定、是否存在明显损害上市公司及全体股东利益的情形发表专业意见。

（二）股权激励计划存续期内，因上市公司标的股票发生除权（息）等，需按照股权激励计划的约定调整获授权益的行权比例、行权价格的，应当经上市公司董事会做出决议，并按照股权激励计划约定的原则、方式和程序进行调整。律师事务所发表意见并披露。

六、股权激励方案的终止

（一）上市公司发生《股权激励管理办法》第七条规定的情形之一的，应当终止实施股权激励计划，不得向激励对象继续授予新的权益，激励对象根据股权激励计划已获授但尚未行使的权益应当终止行使。

在股权激励计划实施过程中，出现《股权激励管理办法》第八条规定的不得成为激励对象情形的，上市公司不得继续授予其权益，其已获授但尚未行使的权益应当终止行使。

（二）上市公司在股东大会审议前拟终止股权激励计划的，应当提交董事会审议并披露。上市公司在股东大会审议通过股权激励计划之后拟终止股权激励计划的，应当提交股东大会审议并披露。

律师事务所应当就上市公司终止实施激励是否符合《股权激励管理办法》及相关法律法规的规定、是否存在明显损害上市公司及全体股东利益的情形发表专业意见。

（三）上市公司股东大会或董事会审议通过终止实施股权激励计划决议的，或者股东大会审议未通过股权激励计划的，公司应当同时承诺自决议公告之日起 3 个月内，不再审议和披露股权激励计划。

上市公司未能在股东大会审议通过股权激励计划或获授权益条件成就后 60 日内完成权益授予和公告、登记工作的，应当及时披露未完成的原因，并终止实施股权激励。自公告之日起 3 个月内，上市公司不再审议和披露股权激励计划。

（四）上市公司终止实施股权激励的，终止实施议案经股东大会或董事会审议通过后，上市公司应当及时披露股东大会决议公告或董事会决议公告，并对终止实施股权激励的原因、股权激励已筹划及实施进展、激励对象已获授股票或股票期权的情况及后续处理措施、终止实施股权激励对上市公司的可能影响等作出说明，并披露律师事务所意见。

（五）上市公司股权激励计划出现除《股权激励管理办法》、股权激励方案规定的情形外需主动终止的，公告内容应当至少包括：

1. 主动终止股权激励计划的背景和目的；

2. 已无法达到激励效果的分析说明；

3. 终止股权激励计划导致的加速行权、回购费用（如适用）等的具体金额及对应的具体会计处理；如无法确定回购费用等会计处理的，最迟于实际完成注销时进行充分披露；

4. 对上市公司当期业绩影响的具体金额及风险提示。

七、股票期权、限制性股票的注销

（一）根据上市公司已实施的股权激励计划，在出现下述情形之一时应当对已授予的限制性股票或股票期权进行注销：

1. 上市公司出现《股权激励管理办法》规定的不得实施股权激励计划的情形；
2. 相关人员发生《股权激励管理办法》规定的不得成为激励对象的情形；
3. 行权条件或解除限售条件未成就；
4. 股票期权各行权期结束后尚未行权的；
5. 终止股权激励计划；
6. 股权激励计划规定的其他应予以注销情形；
7. 根据相关规定应予以注销的其他情形。

（二）上市公司在发生上所述情形时，应当自知悉或接到相关通知后，或董事会对注销条件是否成就进行审议后，及时披露拟对已授予限制性股票或股票期权进行注销的公告。公告内容应当至少包括：

1. 公司不得实施股权激励计划或相关人员不得成为激励对象的情况说明；
2. 公司激励对象或相关人员在股权激励计划中所获授股份或期权情况；
3. 本次回购/注销对股权激励计划的影响、对相关激励对象已获授股份或股票期权的处理措施，对应的具体会计处理及对公司业绩的影响；
4. 对限制性股票，回购股份的种类、价格及定价依据，拟用于回购资金总额及来源，回购后对公司股本结构的影响；
5. 法律意见书；
6. 本所要求的其他内容。

（三）如需对已授予的限制性股票进行回购并注销，上市公司应当及时召开董事会审议回购股份方案，并依法将回购股份方案提交股东大会批准，回购方案应当说明回购股份的价格及定价依据、回购后公司股本结构的变动情况及对公司业绩的影响及相关会计处理等。同时，上市公司应当根据《公司法》的规定，在回购注销股份的股东大会决议作出之日起10日内通知债权人，并于30日内在符合条件媒体上披露公告。

（四）上市公司披露拟注销限制性股票公告并履行完成上述程序后，可申请办理注销限制性股票的相关手续，应当提交的材料至少包括：

1. 注销公告文稿；
2. 上市公司董事会填报的《上市公司股权激励授予限制性股票注销申请表》（附件7）；
3. 监事关于是否符合注销条件的意见（公司监事应当对拟注销股份/期权的数量及涉及激励对象名单进行核实并出具审核意见）；
4. 独立董事关于是否符合注销条件的意见；
5. 股东大会决议（如适用）；
6. 律师事务所关于本次注销事项及程序是否符合公司股权激励计划，公司法及股权激励相关法规规定的法律意见书；独立财务顾问意见（如适用）；
7. 会计师事务所出具的验资报告（如适用）；
8. 本所要求的其他内容。

（五）上市公司应当及时向结算公司申请确认办理完毕注销手续，并披露上市公司股权激励授予限制性股票/期权回购注销完成公告。注销完成公告的内容应当至少包括：

1. 本次注销限制性股票/期权的总数，回购注销股份的价格及其确定依据、数量、占总股本的比例（如适用）等；

2. 限制性股票注销后股本结构变动表（如适用）；

3. 验资情况（如适用）；

4. 本所要求的其他内容。

八、其他事项

（一）上市公司应当将实施股权激励过程中相关方所做的各项承诺进行准确、完整地披露，并及时将承诺录入本所承诺管理数据库，督促相关方切实履行承诺。

（二）上市公司应当在定期报告中披露报告期内股权激励的实施情况，内容应当包括：

1. 报告期内激励对象的范围、变更情况；

2. 报告期内授出、行使和失效的权益总额；

3. 至报告期末累计已授出但尚未行使的权益总额；

4. 报告期内权益价格、权益数量历次调整的情况以及经调整后的最新权益价格与权益数量；至报告期末全部有效计划持有的股票总额及其占公司总股本的比例；

5. 董事、高级管理人员各自的姓名、职务以及在报告期内历次获授、行使权益的情况和失效的权益数量；

6. 因激励对象行使权益所引起的股本变动情况；

7. 股权激励的会计处理方法及股权激励事项对公司业绩的影响；

8. 报告期内激励对象获授权益、行使权益的条件是否成就的说明；

9. 报告期内预留权益失效情况及原因，终止实施股权激励的情况及原因、会计处理及对公司业绩的影响；

10. 其他应当予以披露的事项。

（三）上市公司采用回购本公司股票的方式实施股权激励的，应当按照本所《上市公司自律监管指引第9号——回购股份》等相关规定，及时履行审议程序和信息披露义务。

相关附件

附件1：上市公司股权激励计划自查表（略）

附件2：上市公司股权激励计划授予登记申请表（股票期权）（略）

附件3：上市公司股权激励计划授予登记申请表（限制性股票）（略）

附件4：上市公司股权激励获得股份解除限售申请表（略）

附件5：上市公司股权激励计划股票期权行权申请说（集中行权适用）（略）

附件6：上市公司股权激励计划股票期权行权申请书（自主行权适用）（略）

附件7：上市公司股权激励授予限制性股票注销申请表（略）

3.3　上市公司股东业务

为规范本所主板上市公司股东业务办理，明确业务办理要求，提升上市公司股东信息披露效率，保障股东行使合法权利，根据《公司法》《证券法》《信披管理办法》等法律法规、部门规章、规范性文件，以及本所《股票上市规则》等业务规则，制定本指南。

一、股东申请条件及应当提供的证明材料

为确保股东信息披露业务办理的合规性，上市公司股东申请办理相关业务的，应当满足申请条件，并提供相关证明材料。

（一）申请条件

股东申请办理相关业务前，应当同时满足以下条件：

1. 已触及法律法规、部门规章、规范性文件、本所相关业务规则所规定的应当履行信息披露义务的情形；

2. 上市公司公告或相关证明文件显示，公司董事会（或监事会）已拒绝配合股东履行信息披露义务。

（二）应当提供的证明材料

股东满足上述申请条件的，应当向本所提供以下文件：

1. 股东有效身份证明以及结算公司出具的持股证明文件；

2. 股东存在信息披露义务的合规性说明及相关证明材料；

3. 股东向上市公司提交的相关文件、信息披露申请及上市公司拒绝配合的证明材料；

4. 律师专项意见（如适用）；

5. 本所要求的其他文件。

股东拟自行召集股东大会的，还需提供以下文件：

1. 连续90日以上单独或合计持有公司10%以上股份的证明文件，自提议召开股东大会至该次股东大会决议公告日持股情况均符合召集资格的承诺函，以及所持股份权属清晰且不存在影响召集资格的未完结诉讼或者仲裁事项的证明文件或承诺函；

2. 公司董事会、监事会不同意召开股东大会或未在规定期限内反馈该股东请求的证明材料；

3. 拟披露的股东大会通知文稿，该股东大会通知中披露的提案数量、内容与前期向公司董事会、监事会书面请求文件完全一致的承诺函；

4. 拟提名董事、监事候选人的，候选人资料真实、准确、完整、符合任职条件且与前期提议召开股东大会书面请求内容完全一致的承诺函（如适用）；

5. 律师专项意见（如适用）；

6. 本所要求的其他文件。

符合条件的股东申请办理相关业务的，本所自收到上述完备的证明材料后，为其办理用户注册和相关业务。

二、股东用户注册流程

上市公司股东应当在办理相关业务前完成用户注册流程。

（一）注册方式

上市公司股东可以选择以下两种方式之一进行股东用户注册：

1. 上市公司协助上市公司股东注册

上市公司进入“上市公司业务专区”，选择“系统管理—股东专区注册管理—代理注册账号”，根据股东类型进入相应页面完成信息填报和文件上传。上市公司在信息填报和文件上传前应当审查相关文件是否真实、准确、完整，并做好相关文件备案存档工作。

2. 上市公司股东自行远程预注册

上市公司股东登录本所官网进入“股东业务专区”，点击“用户注册”链接，根据股东类型进入相应页面填报信息和上传文件，完成股东用户预注册。

（二）股东身份文件上传

1. 境内法人股东

（1）营业执照；

（2）法定代表人证明书（见附件1）；

（3）法定代表人身份证明文件；

（4）法定代表人授权委托书（委托他人代办适用，见附件2）；

（5）经办人有效身份证明文件（委托他人代办适用）；

（6）证券账户卡（须与填写的股东代码对应）；

（7）结算公司出具的股份查询信息（开具日期为申请注册时5个工作日以内）扫描文件（股份涉及多个证券账户卡的，应当上传每个账户卡的查询信息）；

（8）一致行动协议（如适用）；

（9）其他本所要求的文件。

2. 境外法人股东

（1）所在国（地区）有权机关核发的证明境外法人主体资格的证明文件（如该证明文件未包含该法人合法存续内容，应当提供该法人合法存续证明）；

（2）法定代表人身份证明文件；

（3）法定代表人签署的授权委托书（关于业务办理的授权）；

（4）经办人有效身份证明文件；

（5）证券账户卡（须与填写的股东代码对应）；

（6）结算公司出具的股份查询信息（开具日期为申请注册时5个工作日以内）扫描文件（股份涉及多个证券账户卡的，应当上传每个账户卡的查询信息）；

（7）一致行动协议（如适用）；

（8）其他本所要求的文件。

注1：第（1）项至第（4）项文件需经我国驻该国（地区）使、领馆认证，或者履行我国与该所在国订立的有关条约中规定的身份证明手续。

注2：境外法人的法定代表人是指，经境外法人机构董事会授权或者按公司章程规定或者符合其所在国家或者地区法律规定，可以代表该境外法人机构的自然人，如董事会主席、执行董事或首席执行官等。

境内外非法人机构注册文件参照境内外法人机构执行。

3. 境内自然人股东

（1）身份证明文件；

（2）经公证的委托代办书（委托他人代办适用，见附件2）；

（3）代办人有效身份证明文件（委托他人代办适用）；

（4）证券账户卡（须与填写的股东代码对应）；

（5）结算公司出具的股份查询信息（开具日期为申请注册时5个工作日以内）扫描文件（股份涉及多个证券账户卡的，应当上传每个账户卡的查询信息都需要）；

（6）一致行动协议（如适用）；

（7）其他本所要求的文件。

4. 境外自然人股东

（1）下列任意一种或以上身份证明文件：外国（地区）公民身份证或者护照、有外国（地区）永久居留权的中国公民的永久居留证明及中国护照、台湾居民往来大陆通行证、港澳居民往来内地通行证、香港、澳门永久性居民身份证或前往港澳通行证；

（2）授权委托书（委托他人代办适用）；

（3）经办人有效身份证明文件（委托他人代办适用）；

（4）证券账户卡（须与填写的股东代码对应）；

（5）结算公司出具的股份查询信息（开具日期为申请注册时5个工作日以内）扫描文件（股份涉及多个证券账户卡的，每一个账户卡的查询信息都需要上传）；

（6）一致行动协议（如适用）；

（7）其他本所要求的文件。

（三）申请注册审查

申请注册人完成信息填报和文件上传后系统将生成回执，申请注册人可通过注册进度查询本所对注册申请处理的进展及确认信息。提交注册申请后可撤回申请，但不可自行修改，本所要求补正材料的，申请注册人应当修改相关信息后重新提交。

上市公司协助注册的用户在本所完成申请材料审查后，股东用户即可激活，申请注册人可登录“股东业务专区”办理股东信息披露业务；上市公司股东自行注册的用户在本所完成申请材料审查后，应当持相关材料前来本所现场办理相关用户正式激活手续。办理激活手续时应当提交前述注册相关材料的原件和复印件，复印件应当加盖法人公章和法定代表人签名（如适用）。

上市公司股东用户注册完成后即开通对应上市公司的业务办理权限，自激活日起30日内有效。有效期未届满的用户可视情况申请延期，每次可申请延期30日。超过有效期的用户仍可登录并查询用户历史注册信息，也可以再次激活用户。

（四）已有股东账户增加业务权限

本所股东业务专区通过权限管理规范股东业务办理范围，上市公司股东仅可办理与已开通权限所对应的特定事项的信息披露业务。股东申请办理该公司其他事项的信息披露业务或以其持有其他上市公司股份为由申请办理其他上市公司信息披露业务的，需重新履行本指南规定的核实申请条件、提供完备材料以及用户注册程序。

三、股东业务专区办理信息披露业务

上市公司股东通过“股东业务专区”办理信息披露业务，涉及的公告类别为股权变动及相关业务、股东大会和本所认可的其他公告类别。股东的信息披露申请均属于非直通披露的信息披露申请，须经本所形式审查通过后才能披露。

股东信息披露业务办理流程与上市公司办理相应信息披露业务的流程相同。完成股东用户注册的股东可以向本所提供一致行动关系证明材料和授权书，经本所同意后，该股东可以为其一致行动人在股东业务专区披露股权变动相关公告。

股东提交信息披露申请的时间为交易日收市后至当日下午5点（15:00－17:00）。经本所形式审查后，股东可通过“信息披露结果”栏目，完成“确认并提交媒体”的操作，将信息披露文件通过本所技术平台传送给符合条件媒体。股东完成该操作后应当及时与符合条件媒体确认文件是否收悉，并联络披露事宜。

股东在提交媒体前务必认真检查信息披露内容的真实、准确、完整，提交后不得随意更改信息披露文件。股东在确认并提交媒体后，如发现披露内容存在错误或遗漏的，应及时向本所报告，并披露更正或者补充公告。股东办理信息披露业务的相关具体程序参照本指南第一部分“1.1 信息披露事务”执行。

相关附件

附件 1：法定代表人证明书（略）

附件 2：法定代表人授权委托书（略）

第四部分

4.1 定期报告披露相关事宜

为促进本所主板上市公司提高信息披露质量，规范其业绩预告、业绩快报及定期报告披露行为，根据《证券法》《信披管理办法》《公开发行证券的公司信息披露内容与格式准则第 2 号——年度报告的内容与格式》《公开发行证券的公司信息披露内容与格式准则第 3 号——半年度报告的内容与格式》（以下统称《定期报告准则》）及本所《股票上市规则》《主板规范运作指引》等相关规定，制定本指南。

一、业绩预告、业绩快报、盈利预测及其修正

（一）业绩预告披露情形

上市公司董事会应当密切关注已发生的或可能发生的对公司经营业绩和财务状况有重大影响的事项，及时对公司半年度和年度经营业绩和财务状况进行预计。

1. 如预计公司年度经营业绩和财务状况出现以下情形之一的，应当在会计年度结束之日起 1 个月内进行预告（以下简称业绩预告）：

（1）净利润为负值；

（2）净利润实现扭亏为盈；

（3）实现盈利，且净利润与上年同期相比上升或者下降 50% 以上；

（4）扣除非经常性损益前后的净利润孰低者为负值，且扣除与主营业务无关的业务收入和不具备商业实质的收入后的营业收入低于 1 亿元；

（5）期末净资产为负值；

（6）公司股票交易因触及本所《股票上市规则》第 9.3.1 条第一款规定的情形被实施退市风险警示后的首个会计年度；

（7）本所认定的其他情形。

2. 上市公司预计半年度经营业绩将出现前述第 1 项第（1）至（3）种情形之一的，应当在半年度结束之日起 15 日内进行预告。

3. 公司触及前述第 1 项第（4）种情形的，应当预告全年净利润、扣除非经常性损益后的净利润、营业收入、扣除与主营业务无关的业务收入和不具备商业实质的收入后的营业收入。

公司触及前述第 1 项第（6）种情形的，应当预告全年净利润、扣除非经常性损益后的净利润、营业收入、扣除与主营业务无关的业务收入和不具备商业实质的收入后的营业收入和期末净资产。

鼓励触及其他业绩预告情形的公司披露营业收入、扣除与主营业务无关的业务收入和不具备商业实质的收入后的营业收入。

4. 公司自愿披露第一季度、前三季度业绩预告的，公告内容应当参照《上市公司自律监管指南第2号——公告格式》的规定，且前三季度业绩预告应当包括公司年初至本报告期末（1月1日至9月30日）以及第三季度（7月1日至9月30日）的业绩情况；如当年前三季度业绩与当年半年度业绩发生盈亏变化的，还需要特别注明。

（二）业绩预告免于披露情形

上市公司预计报告期实现盈利且净利润与上年同期相比上升或者下降50%以上，但存在下列情形之一的，可以免于披露相应业绩预告：

1. 上一年年度每股收益绝对值低于或者等于0.05元，可免于披露年度业绩预告；

2. 上一年半年度每股收益绝对值低于或者等于0.03元，可免于披露半年度业绩预告。

（三）业绩预告披露规范

上市公司应当合理、谨慎、客观、准确地披露业绩预告，明确业绩的变动范围、盈亏金额区间等，不得采用措辞模糊的表述，如“一定幅度”“较大幅度”“较高”等词语来代替。

上市公司披露业绩预告时，应当充分披露包括业绩变动范围、盈亏金额区间、经营业绩或财务状况发生重大变动的主要原因，如存在不确定因素可能影响业绩预告准确性的，应当在业绩预告中披露不确定因素的具体情况及其影响程度。

公司可以通过区间或确数两种方式进行业绩预计，对于以区间方式进行业绩预计的，业绩变动范围上下限区间最大不得超过50%，即［（上限金额－下限金额）/下限金额］的绝对值应不超过50%，鼓励不超过30%。

（四）业绩预告修正公告披露情形

1. 上市公司披露业绩预告后，最新预计经营业绩或者财务状况与已披露的业绩预告相比，存在下列情形之一的，应当及时披露业绩预告修正公告，说明具体差异及造成差异的原因。

（1）已披露的业绩预告涉及净利润、扣除非经常性损益后的净利润指标的，最新预计的指标方向与已披露的业绩预告不一致（原预计为正值，但最新预计为负值；或原预计为负值，但最新预计为正值），或者最新预计的净利润较原预计金额或区间范围差异幅度较大；

（2）已披露的业绩预告涉及扣除后营业收入指标的，最新预计的指标性质发生变化（原预计扣除后营业收入低于1亿元，但最新预计高于1亿元）；

（3）已披露的业绩预告涉及期末净资产指标的，最新预计的净资产方向与已披露的业绩预告不一致（原预计为负值，但最新预计为正值）；

（4）公司股票交易因触及本所《股票上市规则》第9.3.1条第一款规定的情形被实施退市风险警示后的首个会计年度，公司最新预计的全年营业收入、扣除与主营业务无关的业务收入和不具备商业实质的收入后的营业收入、净利润、扣除非经常性损益后的净利润和期末净资产，与原预计方向或性质不一致，或者较原预计金额或区间范围差异幅度较大。

上述差异幅度较大是指，通过区间方式进行预计的，最新预计业绩高于原预告区间金额上限20%或低于原预告区间金额下限20%；通过确数方式进行预计的，最新预计金额较原预计金额偏离幅度达到50%。

2. 上市公司已发布的业绩预告中遗漏业绩预告情形的（例如，业绩预告显示触及净利润指标而未就营业收入及其扣除情况进行业绩预告，实际扣除后营业收入低于1亿元，或者业绩预告显示触及净利润指标而未就期末净资产进行业绩预告，实际期末净资产为负值），应当在以下期限内披露业绩预告补充公告，就遗漏情形进行补充预告：

（1）年度业绩预告补充公告应不晚于报告期次年的1月31日；

（2）半年度业绩预告补充公告应不晚于报告期当年的7月15日。

（五）业绩预告及其修正公告披露要求

上市公司披露业绩预告或业绩预告修正公告时，公告内容应当符合本所《上市公司自律监管指南第2号——公告格式》的规定，并向本所提交以下文件：

1. 公告文稿；

2. 董事会的有关说明；

3. 会计师事务所对公司作出业绩预告或者修正其业绩预告的依据及过程是否适当和审慎的意见（如适用）；

4. 本所要求的其他文件。

（六）业绩快报及其修正公告披露情形

1. 上市公司出现下述情形之一的，应当及时披露业绩快报：

（1）在定期报告披露前向有关机关报送未公开的定期财务数据，预计无法保密；

（2）在定期报告披露前出现业绩泄露，或者因业绩传闻导致公司股票及其衍生品种交易异常波动；

（3）拟披露第一季度业绩但上年度年度报告尚未披露。

出现上述第（3）种情形的，公司应当在不晚于第一季度业绩相关公告发布时披露上一年度的业绩快报。

除出现上述情形外，公司可以在定期报告披露前发布业绩快报。

2. 上市公司披露业绩快报的，业绩快报应当披露公司本期及上年同期营业收入、营业利润、利润总额、净利润、扣除非经常性损益后的净利润、总资产、净资产、每股收益、每股净资产和净资产收益率等数据和指标。

3. 公司披露业绩快报后，如预计本期经营业绩或者财务状况与已披露的业绩快报的财务数据和指标差异幅度达到20%以上，或者最新预计的报告期净利润、扣除非经常性损益后的净利润或期末净资产方向与已披露的业绩快报不一致的，公司应当及时披露业绩快报修正公告，说明具体差异及造成差异的原因。

（七）业绩快报及其修正公告披露要求

公司披露业绩快报或业绩快报修正公告时，应当向本所提交下列文件并根据本所关于业绩快报及修正公告格式的要求进行披露：

1. 公告文稿；

2. 经公司现任法定代表人、主管会计工作的负责人、总会计师（如适用）、会计机构负责人（会计主管人员）签字并盖章的比较式资产负债表和利润表；

3. 公司董事会对差异内容及其原因的说明；

4. 本所要求的其他文件。

（八）盈利预测的修正公告披露要求

1. 上市公司预计本期业绩与已披露的盈利预测有重大差异的，应当及时披露盈利预测修正公告，并披露会计师事务所关于实际情况与盈利预测存在差异的专项说明，同时向本所提交下列文件：

（1）公告文稿；

（2）董事会的有关说明；

（3）董事会关于确认修正盈利预测的依据及过程是否适当和审慎的函件；

（4）会计师事务所关于实际情况与盈利预测存在差异的专项说明；

（5）本所要求的其他文件。

2. 上市公司披露的盈利预测修正公告应当包括以下内容：

（1）预计的本期业绩；

（2）预计的本期业绩与已披露的盈利预测存在的差异及造成差异的原因；

（3）关于公司股票交易可能被实行或者撤销风险警示，或者股票可能被终止上市的说明（如适用）。

（九）其他

本所或上市公司认为有必要披露业绩预告及修正公告、业绩快报及修正公告或盈利预测修正公告的，参照上述规定执行。

二、定期报告报送、披露及相关要求

（一）定期报告披露时间

上市公司应当披露的定期报告包括年度报告、半年度报告和季度报告。公司应当在每个会计年度结束之日起 4 个月内披露年度报告，在每个会计年度的上半年结束之日起 2 个月内披露半年度报告，在每个会计年度前 3 个月、前 9 个月结束之日起 1 个月内披露季度报告。上市公司第一季度报告的披露时间不得早于其上一年度的年度报告披露时间。

上市公司应当根据本所《股票上市规则》的要求及时披露定期报告。新上市公司未在招股说明书或上市公告书中披露最近一期财务会计数据（年度财务数据应当经审计）的，应当按照上述规定及时披露最近一期定期报告。

上市公司预计不能在前述规定期限内披露定期报告的，应当及时向本所报告，并公告不能按期披露的原因、解决方案及延期披露的最后期限。

（二）定期报告披露时间变更

上市公司应当向本所预约定期报告的披露时间，本所根据均衡披露原则统筹安排。公司应当按照预约日期办理定期报告披露事宜，因故需变更披露时间的，应当较原预约日期至少提前 5 个交易日向本所提出申请，说明变更理由，并明确变更后的披露时间，本所视情况决定是否予以调整。本所原则上只接受一次变更申请。

公司未在前述规定期限内提出定期报告披露预约时间变更申请的，还应当及时公告定期报告披露时间变更，说明变更理由，并明确变更后的披露时间。

（三）定期报告的报送要求

1. 公告和报备文件要求

上市公司应当在董事会审议通过定期报告后及时履行公告义务。公司向本所提交的公告文件、备查文件参见附件 2 至附件 5。

2. 报送注意事项

（1）上市公司应当使用本所提供的上市公司定期报告制作系统下载定期报告（包括财务报告）模板，填制定期报告，该软件可在主板业务专区“业务指南报送软件下载”下载安装。

公司在填制、披露定期报告前，应当及时登录系统下载定期报告最新模板，提前熟知定期报告披露内容和填报注意事项。

（2）上市公司定期报告制作完毕后需保证数据校验通过。数据校验不通过的，公司应当根据定期报告制作系统提示的错误信息进行补充或更正，直至数据校验通过。如数据校验始终无法通过，应当及时咨询本所相关人员。

（3）上市公司通过业务专区上传定期报告相关文件时，应当同时上传在定期报告制作系统中生成的定期报告摘要数据文件。

（4）上市公司需补充、更正定期报告的，应当在披露定期报告全文后，同时上传更新后的数据文件。

（四）董事、监事、高级管理人员签署书面确认意见

上市公司董事、高级管理人员应当对定期报告签署书面确认意见（见附件5），说明董事会的编制和审议程序是否符合法律法规、本所有关规定的要求，报告的内容是否能够真实、准确、完整地反映上市公司的实际情况。

公司监事会应当对董事会编制的定期报告进行审核并提出书面审核意见。监事应当签署书面确认意见（见附件5）。监事会对定期报告出具的书面审核意见，应当说明董事会的编制和审议程序是否符合法律法规、本所有关规定的要求，报告的内容是否能够真实、准确、完整地反映上市公司的实际情况。

公司董事、监事无法保证定期报告内容的真实性、准确性、完整性或者有异议的，应当在董事会或者监事会审议、审核定期报告时投反对票或者弃权票。

公司董事、监事和高级管理人员无法保证定期报告内容的真实性、准确性、完整性或者有异议的，应当在书面确认意见中发表意见并陈述理由，公司应当披露。上市公司不予披露的，董事、监事和高级管理人员可以直接申请披露。

董事、监事和高级管理人员按照前款规定发表意见，应当遵循审慎原则，其保证定期报告内容的真实性、准确性、完整性的责任不仅因发表意见而当然免除。

董事、监事、高级管理人员不得以任何理由拒绝对定期报告签署书面意见。

因故无法现场签字的公司董事、监事、高级管理人员，应当通过传真或其他方式对定期报告签署书面确认意见，并及时将原件寄达公司。公司董事、监事、高级管理人员因特殊原因（如暂时失去联系）无法在定期报告披露前对定期报告签署书面确认意见的，公司应当在定期报告中做出提示，并在披露后要求相关董事、监事、高级管理人员补充签署意见，再根据补充签署的意见对定期报告相关内容进行更正。

（五）内幕信息知情人管理

1. 在定期报告编制、审议和披露期间，上市公司应当加强内幕信息管理，严格控制内幕信息知情人范围，及时登记知悉公司内幕信息的人员名单及其个人信息，在向本所报送定期报告的同时报备公司内幕信息知情人员档案。公司在报送内幕信息知情人档案的同时应当出具书面承诺，保证所填报内幕信息知情人信息内容的真实、准确、完整，并向全部内幕信息知情人通报了法律法规对内幕信息知情人的相关规定。公司董事长及董事会秘书应当在书面承诺上签字确认。

2. 上市公司在定期报告披露前，如按照相关法律法规和政策要求需经常性向相关行政管理部门报送信息的，在报送部门、内容等未发生重大变化的情况下，可将其视为同一内幕

信息事项，在内幕信息知情人档案的同一张表格中登记行政管理部门的名称，并持续登记报送信息的时间。除上述情况外，定期报告内幕信息流转涉及行政管理部门时，按照一事一记的方式在知情人档案中登记行政管理部门的名称、接触内幕信息的原因以及知悉内幕信息的时间，必要时应当在对外报送前披露公司定期报告相关财务数据。

三、定期报告披露内容要求

上市公司应当按照中国证监会《定期报告准则》，本所《股票上市规则》《主板规范运作指引》《上市公司自律监管指引第3号——行业信息披露》等规定编制披露定期报告，并遵守以下要求。

（一）国家秘密、商业秘密免于披露原则

因国家秘密、商业秘密等特殊原因导致《定期报告准则》规定的某些信息不便披露的，上市公司可以不予披露，但应当在相关章节详细说明未按准则要求进行披露的原因。其中，如属于国家秘密，按照《中华人民共和国保守国家秘密法》的相关规定，说明豁免披露内容属于国家秘密的依据；如属于商业秘密，按照《中华人民共和国反不正当竞争法》对商业秘密的定义进行解释说明。

（二）非经常性损益的披露

上市公司应当根据《公开发行证券的公司信息披露解释性公告第1号——非经常性损益》的规定，结合公司实际情况和具体经营业务的特点，合理判断非经常性损益项目，按要求在定期报告中进行披露，并对重大非经常性损益项目进行必要说明。

如公司定期报告中的财务会计报告经会计师事务所审计，公司应当要求会计师事务所对非经常性损益项目及其说明的真实性、准确性、完整性和合理性进行核实。对营业收入低于1亿元但净利润为正值的公司，会计师事务所应当对其非经常性损益披露的真实性、准确性、完整性出具专项核查意见。

公司出现在以前年度作为非经常性损益项目列报但报告期因经营业务等变化导致不再作为非经常性损益项目情形的，应当在附注中作出说明。

公司在定期报告中披露比较期间扣除非经常性损益的净利润时，应当按照最新规定的非经常性损益统一口径计算。

（三）管理层讨论与分析的披露

上市公司在根据《定期报告准则》的相关规定编制年度报告全文“管理层讨论与分析”时，关注如下事项：

1. 主要经营模式的变化情况。报告期内公司主要经营模式（包括采购模式、生产模式和销售模式）发生重大变化的，披露调整经营模式的原因、对公司生产经营的影响、存在的主要风险及应对措施。

2. 毛利率变动情况。结合产品结构、产销率、产能利用率、主要客户、人工成本、原材料价格等因素分析变动情况，如同比变动达到30%以上的，量化分析导致毛利率变动的主要原因。

3. 主要供应商、客户情况。说明前五名客户、供应商是否与公司存在关联关系，公司董事、监事、高级管理人员、核心技术人员、持股5%以上股东、实际控制人和其他关联方在主要客户、供应商中是否直接或者间接拥有权益等。若报告期内公司与单个客户或供应商的销售或采购比例超过总额的50%、前五名客户或供应商存在新增对象的，或严重依赖于少数客户或供应商的，公司应当披露相应客户或供应商的名称及销售或采购金额。

4. 主要境外资产情况。公司境外资产占比较高的，披露主要境外资产的具体内容、形成原因、资产规模、所在地、运营模式、保障资产安全的控制措施、收益状况、境外资产占公司净资产的比重、是否存在重大减值风险等。

5. 证券投资与衍生品投资情况。(1) 就证券投资，披露报告期末证券投资的组合情况，说明证券品种、投资金额以及占总投资金额的比例；披露报告期末按市值占总投资金额比例大小排列的前十只证券的名称、代码、持有数量、初始投资金额、期末市值以及占总投资金额的比例；披露报告期内证券投资的损益情况。(2) 就衍生品交易情况，披露报告期末衍生品交易的持仓情况，分类披露期末尚未到期的衍生品持仓数量、合约金额、到期期限及占公司报告期末净资产的比例等，并说明所采用的分类方式和标准；披露已交易的衍生品与其风险对冲资产的组合浮动盈亏变化情况，及对公司当期损益的影响；披露已交易衍生品报告期内市场价格或者公允价值变动的情况，以及公允价值分析时具体使用的方法及相关假设与参数的设定；披露公司衍生品的会计政策及会计核算具体原则与上一报告期相比是否发生重大变化。

6. 年度经营计划、经营目标。上市公司根据《定期报告准则》等要求，对未来发展进行展望，讨论和分析公司未来发展战略、下一年度的经营计划、经营目标时，应当充分考虑相关信息涉及公司对未来经营状况及财务业绩的预计，可能对公司股票及其衍生品种交易价格产生较大影响的，公司披露时应当恪守审慎客观的原则，立足实际，充分揭示风险，避免误导投资者。

公司在披露下一年度经营计划、经营目标时，应当对比披露上一年度的计划数据、上一年度的实际数据和增减变动比例，充分提示计划、目标等可能无法实现的风险。公司制定的下一年度业绩目标与上年实际业绩相比增减变动幅度超过30%，或者大幅偏离以前年度实际业绩变动趋势的，还应当披露确定未来年度业绩目标所考虑的主要因素、所依据的主要假设或前提条件等。

公司在披露前述展望信息时，需结合自最近一个会计年度以来生产、销售、库存、订单状态、成本和售价的最新趋势，披露已知的可能对未来销售、经营活动现金流、收益等产生重大影响的信息及其影响，并提示不确定性。

（四）重要事项的披露

1. 承诺事项

上市公司应当在定期报告中详细披露公司实际控制人、股东、关联方、收购人以及公司等承诺相关方作出的承诺及其履行情况。对于资产负债表日存在的对外重要承诺事项，公司应当在财务报表附注中披露其性质及涉及金额。相关承诺在前一次定期报告披露前已履行完毕且公司已在前期定期报告中充分披露的，公司可不再进行说明。

公司股东、交易对手方对公司或相关资产在报告年度经营业绩作出承诺的，公司董事会应当关注业绩承诺的实现情况。公司或相关资产年度业绩未达到承诺的，董事会应当对公司或相关资产的实际盈利数与承诺数据的差异情况进行单独审议，详细说明差异情况及公司已或拟采取的措施，督促公司相关股东、交易对手方履行承诺。公司应当在年度报告中披露上述事项，要求会计师事务所、保荐人或财务顾问（如适用）对此出具专项审核意见，并与年报同时披露。

2. 与控股股东及其他关联方资金往来

上市公司披露年报、半年报时，应当按照附件 6《上市公司 20××年度非经营性资金占用及其他关联资金往来情况汇总表》的格式编制年度和半年度非经营性资金占用及其他关联资金往来情况汇总表。存在控股股东及其他关联方非经营性占用公司资金情况的，还应当按照附件 7《控股股东及其他关联方非经营性资金占用及清偿情况表》的要求，披露相关方非经营性占用资金及清偿情况。独立董事应当对相关资金占用情况发表独立意见。公司应当在披露年度报告和半年度报告的同时披露独立董事的独立意见。

上市公司披露年度报告时，应当要求会计师事务所对公司与控股股东及其他关联方的资金往来情况出具专项审核意见，并与年度报告同时披露。若公司年度报告披露的控股股东及其他关联方非经营性占用资金情况与专项审核意见不一致，应当说明原因。

3. 重大担保

上市公司在年度报告、半年度报告中填报“重大担保”表格时，关注如下事项：

（1）表格中“公司及其子公司对外担保情况（不包括对子公司的担保）”栏目的“报告期内对外担保实际发生额”和“报告期末实际对外担保余额”，填写上市公司及其子公司对外（上市公司合并报表范围外）提供的担保金额。子公司对外提供的担保金额根据该子公司对外担保金额与上市公司占其股份比例的乘积填写。

（2）表格中“公司对子公司的担保情况”栏目，填写上市公司母公司为其子公司提供的担保金额。

（3）表格中“子公司对子公司的担保情况”栏目，根据子公司对被担保对象的担保金额与上市公司占其股份比例的乘积填写。

（4）表格中“担保实际发生额”栏目，填写报告期内发生的累计对外提供的担保金额，包括报告期内提供担保后又解除担保的相关金额，但不包括报告期之前发生而在报告期解除的担保金额。

（5）表格中“担保额度”栏目，填写审批担保事项中拟定的最高担保金额。

（6）表格中“实际担保余额”栏目，填写实际发生的仍在担保期内的担保金额。

（7）表格中“上述三项担保金额合计”栏目，填写“为股东、实际控制人及其关联方提供担保的金额”“直接或间接为资产负债率超过 70% 的被担保对象提供的债务担保金额”和“担保总额超过净资产 50% 部分的金额”三项的加总。若一个担保事项同时出现上述两项或三项情形，只需计算一次。

上市公司及其子公司违反规定程序对外提供担保的，披露被担保对象名称、与上市公司的关系、违规担保金额及其占公司最近一期经审计净资产的比例、担保类型、担保期、违规原因、截至报告期末违规担保余额及其占公司最近一期经审计净资产的比例、已采取的解决措施及进展、后续解决措施、预计解除金额及预计解决时间（具体到月份）。

（8）独立董事对担保事项出具专项说明的注意事项

上市公司披露年度报告、半年度报告时，独立董事应当对公司累计和当期对外担保情况、执行有关规定情况出具专项说明，并发表独立意见。公司不存在对外担保的，独立董事也应当出具专项说明和独立意见。

4. 非标准审计意见

上市公司的财务会计报告被会计师事务所出具非标准审计意见的，应当按照《定期报告准则》《公开发行证券的公司信息披露编报规则第14号——非标准审计意见及其涉及事项的处理》（以下简称《14号编报规则》）以及本所《股票上市规则》的相关规定履行信息披露及文件报送义务。

公司如存在已披露最近一期财务会计报告被会计师事务所出具非标准审计意见，且相关审计意见所涉事项在前次定期报告披露时尚未解决的，应当在当期定期报告中说明对相关事项的解决情况。

会计师事务所对上市公司出具非标准审计意见涉及收入确认的，应当充分核查并在审计报告中说明非标准审计意见涉及的收入具体金额，出具无法表示意见的除外。非标准审计意见，是指注册会计师对财务报表发表的非无保留意见或带有解释性说明的无保留意见。其中，非无保留意见，是指注册会计师对财务报表发表的保留意见、否定意见或无法表示意见；带有解释性说明的无保留意见，是指对财务报表发表的带有强调事项段、持续经营重大不确定性段落的无保留意见或者其他信息段落中包含其他信息未更正重大错报说明的无保留意见。

5. 退市风险揭示

（1）年度报告披露后触及财务类终止上市情形的公司，因重大违法或规范类原因触及终止上市情形的公司，已披露主动终止上市方案的公司，应当单独披露退市情况专项报告，并提醒投资者予以关注。相关专项报告应当与年度报告同时披露。

（2）根据《股票上市规则》的规定，最近一个会计年度经审计归属于母公司所有者的净利润（以扣除非经常性损益前后孰低者为准）为负值的公司，应当在年度报告中披露营业收入扣除情况及扣除后的营业收入金额；负责审计的会计师事务所应当就公司营业收入扣除事项是否合规及扣除后的营业收入金额出具专项核查意见。具体参见“4.2营业收入扣除相关事项”部分。

6. 募集资金存放与使用

（1）上市公司董事会应当每半年全面核查募集资金投资项目的进展情况，出具半年度及年度募集资金存放与使用情况专项报告，并聘请会计师事务所对年度募集资金存放与使用情况出具鉴证报告。公司应当将会计师事务所出具的鉴证报告与定期报告同时披露。

公司应当在半年度报告、年度报告中披露项目的进展情况、出现异常的原因；需要调整募集资金投资计划的，应当在募集资金存放与使用情况的专项报告和半年度报告、年度报告中披露最近一次募集资金年度投资计划、目前实际投资进度、调整后预计分年度投资计划以及投资计划变化的原因等。当期使用闲置募集资金进行现金管理的，公司应当披露本报告期的收益情况以及期末的投资份额、签约方、产品名称、期限等情况。

会计师事务所应当对董事会的专项报告是否已经按照本所相关规定编制，以及是否如实反映了年度募集资金实际存放、使用情况进行合理鉴证，并提出鉴证结论。

会计师事务所出具的鉴证结论为“保留结论”“否定结论”或者“无法提出结论”的，公司董事会应当就鉴证报告中会计师事务所提出该结论的理由进行分析，提出整改措施并在年度报告中披露。

（2）单个或者全部募集资金投资项目完成后，结余资金（包括利息收入）低于500万元或者低于项目募集资金净额1%的，公司应当在年度报告中披露其使用情况。

7. 社会责任

纳入“深证100指数”的上市公司，应当按照本所《主板规范运作指引》等的相关规定，参照附件1《上市公司社会责任报告披露要求》，在年度报告披露的同时单独披露社会责任报告，并鼓励其他有条件的公司在年度报告披露的同时披露社会责任报告。

社会责任报告应当经公司董事会审议通过，可以与年度报告同时对外披露。本所鼓励上市公司聘请独立第三方对社会责任报告出具鉴证意见。

社会责任报告期间应当与年度报告期间一致。披露社会责任报告的公司，应当结合所处行业特点，重点就社会责任履行情况、存在问题、改进计划等作出详细披露，避免“报喜不报忧”等选择性披露。

鼓励公司编制的社会责任报告图文并茂，采用照片、图表等形式辅助说明，提高报告的可读性。

8. 接受或者邀请调研、沟通及采访

上市公司应当在定期报告中以列表形式披露接受或者邀请特定对象调研、沟通、采访等活动情况，内容应当至少包括活动时间、地点、方式（书面或者口头）、双方当事人姓名、活动中谈论的有关公司的内容、提供的有关资料及调研的基本情况索引等。

9. 其他重要事项

上市公司应当关注报告年度是否存在如下重要事项：

（1）公司发生董事、监事、高级管理人员、持股5%以上的股东违反相关规定买卖公司股票，或者发生其他违规买卖公司股票且公司已披露将收回违规所得收益的，披露违规买卖公司股票的具体情况、违规所得收益的追缴情况以及董事会对相关人员采取的问责措施；

（2）相关增持主体的增持计划尚未实施完毕，或其实施期限尚未届满的，披露相关增持主体增持计划截至报告期末的实施进展；

（3）公司存在与专业投资机构合作投资的，披露投资及合作事项的进展情况；

（4）按照有关规定应当在定期报告中披露的其他重要事项。

（五）股份变动及股东情况的披露

上市公司在年度报告中按照《公开发行证券的公司信息披露内容与格式准则第5号——公司股份变动报告的内容与格式》（以下简称《5号格式准则》）填报股份变动情况表时，关注如下事项：

1. 限售股份变动情况：公司在填列《限售股份变动情况表》时，如股东存在因增发等原因新增限售股份的，在“限售原因”栏内分别说明限售原因及相应的股份数量；股东所持股份在报告期内存在多次解除限售的，在“解除限售日期”栏内分别说明解除限售的时间及相应的股份数量；股东所持限售股份均未解除限售的，根据承诺情况在“解除限售日期”栏内分别说明拟解除限售的时间及股份数量；限售股股东数量较多的，可详细披露前十大限售股股东限售股份的变动情况，其他限售股股东限售股份变动情况可合并填列。

2. 股东情况：《股东数量和持股情况》（即《5号格式准则》的表6）中“前十名无限售条件股东持股情况”所指的无限售条件股东，包含同时持有公司有限售条件和无限售条件股份的股东。

公司应当按照报告期末股东实际持股比例的排列顺序披露公司前十名股东的名称、报告期内股份增减变动情况、期末持股数量、所持股份类别及所持股份质押、标记、冻结以及参与融资融券业务的情况。前十大股东所持股数为其普通证券账户和信用证券账户的合计股数，并在“参与融资融券业务股东情况说明”中予以注释，说明公司股东××除通过普通证券账户持有××股外，还通过××证券公司客户信用交易担保证券账户持有××股，实际合计持有××股。前述股东如在报告期内进行约定购回交易的，以文字说明方式分别披露股东名称、报告期内约定购回初始交易或购回交易的所涉股份数量及比例，以及报告期末的持股数量及比例。

证券公司因参与约定购回式证券交易而成为公司前十大股东的，相关股东名称披露为“××证券公司约定购回式证券交易专用证券账户”。

如前十名股东中存在回购专户，应当予以特别说明，但不纳入前十名股东列示。如前十名股东存在委托表决权、受托表决权、放弃表决权，应当予以说明。

公司控股股东或第一大股东及其一致行动人累计质押股份数量占其所持公司股份数量比例达到80%以上的，应当披露股票质押融资总额、具体用途、偿还期限、还款资金来源、是否存在偿债或平仓风险，以及是否会存在影响公司控制权稳定的情况。

（六）涉及特殊业务和行业的信息披露

本所发布的《上市公司自律监管指引第3号——行业信息披露》对特定行业公司的定期报告披露内容另有规定的，应当遵守其规定。

商业银行、证券公司、从事房地产开发业务的公司，还应当执行证监会制定的特殊行业（业务）信息披露特别规定。

（七）涉及可转债的信息披露

发行可转债的公司应当按照本所《股票上市规则》的要求，在定期报告中披露相关内容。

（八）公司治理信息的披露

1. 内部控制情况

上市公司董事会应当在审议年度报告的同时，对内部控制自我评价报告形成决议。监事会和独立董事应当对内部控制自我评价报告发表意见，保荐人或独立财务顾问（如有）应当对内部控制自我评价报告进行核查，并出具核查意见。

如会计师事务所对公司内部控制有效性出具非标准审计报告、保留结论或者否定结论的鉴证报告（如有），或者指出公司非财务报告内部控制存在重大缺陷的，公司董事会、监事会应当针对所涉及事项作出专项说明。专项说明至少应当包括以下内容：所涉及事项的基本情况；该事项对公司内部控制有效性的影响程度；公司董事会、监事会对该事项的意见；消除该事项及其影响的具体措施。

公司应当在年度报告披露的同时，披露内部控制自我评价报告和内部控制审计报告或者内部控制鉴证报告（如有）。

2. 独立董事年度述职报告和监事会年度报告

（1）上市公司每位独立董事应当向公司年度股东大会提交年度述职报告，并与公司年度报告同时披露。述职报告内容应当至少包括：全年出席董事会方式、次数及投票情况；出席股东大会次数；向公司提出建议和发表独立意见的情况；对公司生产经营状况、管理（包括公司信息披露事务管理）和内部控制等制度的建设及执行情况、董事会决议执行情况等进行现场检查的天数和检查结果情况；提议召开董事会、提议聘用或者解聘会计师事务所、独立聘请外部审计机构和咨询机构等情况；保护中小股东合法权益方面所做的其他工作。

独立董事述职应当作为公司年度股东大会的一个议程，但无须作为议案进行审议。公司在年度股东大会通知中应当写明“公司独立董事将在本次年度股东大会上进行述职”。不出席年度股东大会的独立董事，可以委托其他独立董事在年度股东大会上宣读述职报告。

（2）监事会应当在监事会年度报告中披露对公司信息披露事务管理制度进行检查的情况。

四、与定期报告相关的其他事项要求

（一）利润分配和资本公积金转增股本

1. 上市公司应当按照《公司法》《企业会计准则》《上市公司监管指引第 3 号—上市公司现金分红》《股票上市规则》《主板规范运作指引》及公司章程等规定，制定并披露利润分配预案和资本公积金转增股本方案，相关方案应当符合公司确定的利润分配政策、利润分配计划、股东长期回报规划以及作出的相关承诺。

2. 上市公司利润分配应当以母公司报表中可供分配利润为依据。同时，为避免出现超分配的情况，公司应当以合并报表、母公司报表中可供分配利润孰低的原则来确定具体的利润分配比例。

公司拟以半年度财务报告为基础进行现金分红，且不送红股或者不进行资本公积转增股本的，半年度财务报告可以不经审计。

3. 上市公司计划用资本公积转增股本的，应当在向本所报送定期报告及董事会关于转增预案决议的同时，向本所提交董事会关于本次转增的说明。说明内容包括但不限于：公司期末资本公积金及其余额、资本公积金明细会计科目（如股本溢价、其他资本公积金）及其余额、公司用于转增股本的资本公积金所属明细会计科目及其金额，以及该次转增是否符合《企业会计准则》及相关政策的规定。如本所或公司董事会认为有必要的，可以要求会计师事务所就公司资本公积金转增股本是否符合《企业会计准则》及相关政策的规定出具专门意见。

4. 上市公司董事会审议通过高比例送转股份预案的，应当按照本所《主板规范运作指引》《上市公司自律监管指南第 2 号——公告格式》等规定进行披露，并向本所报送内幕信息知情人员的信息资料。

5. 上市公司在报告期结束后，至利润分配、资本公积金转增股本方案公布前发生股本总额变动的，应当以最新股本总额作为分配或者转增的股本基数，并遵守《主板规范运作指引》第 6.5.9 条的规定。

6. 上市公司在披露利润分配方案时，公告应当包含以下内容：

（1）按照《公司法》和公司章程的规定弥补亏损（如有）、提取法定公积金、任意公积金的情况以及股本基数、分配比例、分配总额及其来源；

（2）本期利润分配尤其是现金分红的基本情况；现金分红同时发放股票股利的，应当结合公司发展阶段、成长性、每股净资产的摊薄和重大资金支出安排等因素，说明现金分红在本次利润分配中所占比例及其合理性。公司章程规定以现金方式要约回购股份的资金视同为现金分红的，还应当单独披露该种方式计入现金分红的金额和比例；

（3）利润分配方案是否符合公司章程规定的利润分配政策和公司已披露的股东回报规划等；

（4）公司的现金分红水平是否与所处行业上市公司平均水平存在重大差异；如是，应当进一步说明原因；

（5）依据《主板规范运作指引》第6.5.6条所做的披露（如适用）；

（6）依据《主板规范运作指引》第6.5.8条所做的披露（如适用）。

（二）会计政策、会计估计变更及财务信息更正

1. 上市公司会计政策、会计估计变更事项，应当遵守《股票上市规则》第7.6.1条至第7.6.5条等规定，并按照《上市公司自律监管指南第2号——公告格式》的规定披露公告。

2. 上市公司如需对前期已披露的定期报告中财务信息进行更正，应当遵照《公开发行证券的公司信息披露编报规则第19号——财务信息的更正及相关披露》（以下简称《19号编报规则》）等的规定，单独以临时报告的形式及时披露更正后的财务信息及《19号编报规则》所要求披露的其他信息。

公司如对已公布的年度财务报表进行更正，还需要聘请会计师事务所对更正后的财务报表进行全面审计或对相关更正事项进行专项鉴证。

公司在临时报告中应当披露的内容包括：

（1）公司董事会对更正事项的性质及原因的说明；

（2）更正事项对公司财务状况、经营成果和现金流量的影响及更正后的财务指标；

如果更正事项涉及公司资产重组相关业绩承诺的，还应当说明更正事项对业绩承诺完成情况的影响；

（3）更正后经审计的年度财务报表和涉及更正事项的相关财务报表附注，以及会计师事务所出具的审计报告或专项鉴证报告；

如果公司对年度财务报表进行更正，但不能及时披露更正后经审计的财务报表及审计报告或专项鉴证报告，公司应当就此更正事项及时披露“提示性公告”，并应当在该临时公告公布之日起2个月内完成披露；

（4）更正后的中期财务报表及涉及更正事项的相关财务报表附注；

（5）公司独立董事和监事会对更正事项的相关意见。

3. 上市公司在本次定期报告中对以前报告期披露的财务报表数据进行追溯调整的，应当在报送本次定期报告的同时向本所提交董事会、监事会、独立董事和会计师事务所出具的（如适用）有关书面说明并公告。

（三）计提资产减值准备或者核销资产

1. 上市公司计提资产减值准备或者核销资产，对公司当期损益的影响占上市公司最近一个会计年度经审计净利润绝对值的比例达到10%以上且绝对金额超过100万元的，应当及时披露。

公司应当按照《会计监管风险提示第8号——商誉减值》的相关要求，结合可获取的内部与外部信息，合理判断并识别商誉减值迹象。当商誉所在资产组或资产组组合出现特定减值迹象时，公司应当及时进行商誉减值测试，并恰当考虑该减值迹象的影响。对因企业合并所形成的商誉，不论其是否存在减值迹象，都应当至少在每年年度终了进行减值测试。公司应当合理区别并分别处理商誉减值事项和并购重组相关方的业绩补偿事项，不得以业绩补偿为由，不进行商誉减值测试。

公司应当按照《企业会计准则》和证监会相关规定，在财务报告中详细披露与商誉减值相关的、对财务报表使用者作出决策有用的所有重要信息。

2. 上市公司披露计提资产减值准备公告至少应当包含以下内容：

（1）本次计提资产减值准备情况概述，至少包括本次计提资产减值准备的原因、资产范围、总金额、拟计入的报告期间、公司的审批程序等；

（2）本次计提资产减值准备合理性的说明以及对公司的影响，包括对本报告期所有者权益、净利润的影响等；

（3）年初至报告期末对单项资产计提的减值准备占公司最近一个会计年度经审计的净利润绝对值的比例在30%以上且绝对金额超过1000万元的，还应当列表说明计提减值准备的资产名称、账面价值、资产可收回金额、资产可收回金额的计算过程、本次计提资产减值准备的依据、数额和原因等；

（4）董事会或者其专门委员会关于公司计提资产减值准备是否符合《企业会计准则》的说明（如有）；

（5）监事会关于计提资产减值准备是否符合《企业会计准则》的说明（如有）；

（6）本所认为需要说明的其他事项。

（四）定期报告审计相关事项

1. 上市公司应当根据《股票上市规则》的要求，聘请会计师事务所对公司财务会计报告进行审计。

公司应当关注签字注册会计师定期轮换的相关规定，提醒连续审计年限超期的签字注册会计师进行轮换，并在定期报告中披露有关轮换签字注册会计师的事项。

公司原聘请的会计师事务所发生合并的，若原聘会计师事务所吸收合并其他事务所且其资格存续的，公司应当及时披露会计师事务所合并相关公告，说明是否构成会计师事务所变更。若原聘会计师事务所被合并后不再存续的，公司需在年度报告披露前履行变更会计师事务所的审议程序，提交董事会和股东大会审议。

公司披露拟聘任会计师事务所公告时，应当严格按照本所《上市公司自律监管指南第2号——公告格式》的要求披露。

2. 上市公司财务会计报告被出具非标准审计意见的，应当按照中国证监会《14号编报规则》的规定办理。

出现上述情形时，公司在报送定期报告的同时应当向本所提交下列文件：

（1）董事会针对审计意见涉及事项出具的符合《14号编报规则》要求的专项说明，审议此专项说明的董事会决议以及决议所依据的材料；

（2）独立董事对审计意见涉及事项的意见；

（3）监事会对董事会有关说明的意见和相关决议；

（4）负责审计的会计师事务所及注册会计师出具的符合《14号编报规则》要求的专项说明；

（5）中国证监会和本所要求的其他文件。

五、定期报告发布后注意事项

（一）内幕信息知情人交易情况自查

上市公司应当按照中国证监会、本所的规定和要求，在年度报告、半年度报告公告后5

个交易日内对内幕信息知情人买卖本公司证券及其衍生品种的情况进行自查，发现内幕信息知情人进行内幕交易、泄露内幕信息或者建议他人利用内幕信息进行交易的，应当进行核实并依据公司内幕信息知情人登记管理制度对相关人员进行责任追究，并在2个交易日内将有关情况及处理结果报送本所并对外披露。

（二）年度报告业绩说明会

本所鼓励上市公司在年度报告披露后15个交易日内举行年度报告业绩说明会，由公司董事长（或者总经理）、财务负责人、独立董事、董事会秘书出席，对公司所处行业状况、发展战略、生产经营、财务状况、分红情况、风险与困难等投资者关心的内容进行说明。公司处于持续督导期内的，鼓励保荐代表人或独立财务顾问主办人参加。

公司拟召开年度报告业绩说明会的，应当在年度报告业绩说明会召开前发布公告，说明召开时间、召开方式（现场/网络）、召开地点、网址、公司出席人员名单等。年度报告业绩说明会原则上应当安排在非交易时段召开。

相关附件

附件1：上市公司社会责任报告披露要求（略）

附件2：年度报告报送文件（略）

附件3：半年度报告报送文件（略）

附件4：季度报告报送文件（略）

附件5：董事、监事、高级管理人员对年度（半年度、季度）报告的书面确认意见（略）

附件6：上市公司20××年度非经营性资金占用及其他关联资金往来情况汇总表（略）

附件7：控股股东及其他关联方非经营性资金占用及清偿情况表（略）

4.2　营业收入扣除相关事项

为规范本所主板上市公司营业收入扣除及信息披露等相关工作，根据本所《股票上市规则》等相关业务规则，制定本指南。

一、总体要求

（一）根据《股票上市规则》的规定，最近一个会计年度经审计归属于母公司所有者的净利润（以扣除非经常性损益前后孰低者为准，以下简称净利润）为负值的公司，应当在年度报告中披露营业收入扣除情况及扣除后的营业收入金额；负责审计的会计师事务所应当就公司营业收入扣除事项是否合规及扣除后的营业收入金额出具专项核查意见。

（二）上市公司应当确保营业收入确认的合规性、真实性、准确性、完整性以及非经常性损益披露的真实性、准确性、完整性；会计师事务所应当重点关注上市公司收入和非经常性损益的合规性、真实性、准确性、完整性，避免公司通过调节收入或非经常性损益规避执行《股票上市规则》的规定。

（三）根据规定应当扣除相关营业收入的上市公司，需结合行业特点、自身经营模式等因素，基于业务与主营业务的关联程度和对交易商业实质的判断，对本指南第二部分所述具体项目予以扣除；会计师事务所应当勤勉尽责、审慎执业，重点核查上市公司收入的真实性，在合理保证上市公司未确认不具备商业实质收入的基础上，核查营业收入扣除的合规性、准确性、完整性。

（四）上市公司应当根据本指南附件格式，按项目逐一列示营业收入扣除的具体情况及扣除后的营业收入金额；会计师事务所应当对上市公司披露内容的合规性、真实性、准确性、完整性进行核实。

二、营业收入具体扣除项

营业收入扣除项包括与主营业务无关的业务收入和不具备商业实质的收入。

（一）与主营业务无关的业务收入是指与上市公司正常经营业务无直接关系，或者虽与正常经营业务相关，但由于其性质特殊、具有偶发性和临时性，影响报表使用者对公司持续经营能力做出正常判断的各项收入。包括但不限于以下项目：

1. 正常经营之外的其他业务收入。如出租固定资产、无形资产、包装物，销售材料，用材料进行非货币性资产交换，经营受托管理业务等实现的收入，以及虽计入主营业务收入，但属于上市公司正常经营之外的收入。

2. 不具备资质的类金融业务收入，如拆出资金利息收入；本会计年度以及上一会计年度新增的类金融业务所产生的收入，如担保、商业保理、小额贷款、融资租赁、典当等业务形成的收入，为销售主营产品而开展的融资租赁业务除外。

3. 本会计年度以及上一会计年度新增贸易业务所产生的收入。

4. 与上市公司现有正常经营业务无关的关联交易产生的收入。

5. 同一控制下企业合并的子公司期初至合并日的收入。

6. 未形成或难以形成稳定业务模式的业务所产生的收入。

（二）不具备商业实质的收入是指未导致未来现金流发生显著变化等不具有商业合理性的各项交易和事项产生的收入。包括但不限于以下项目：

1. 未显著改变企业未来现金流量的风险、时间分布或金额的交易或事项产生的收入。

2. 不具有真实业务的交易产生的收入。如以自我交易的方式实现的虚假收入，利用互联网技术手段或其他方法构造交易产生的虚假收入等。

3. 交易价格显失公允的业务产生的收入。

4. 本会计年度以显失公允的对价或非交易方式取得的企业合并的子公司或业务产生的收入。

5. 审计意见中非标准审计意见涉及的收入。

6. 其他不具有商业合理性的交易或事项产生的收入。

（三）与主营业务无关或不具备商业实质的其他收入。

三、中介机构核查要求

（一）会计师事务所应当充分关注公司收入确认的合规性，特别是上市公司是否存在以总额法代替净额法核算等情形。对于收入确认方法存疑的，本所可提请会计师事务所核查收入确认的合规性、合理性并出具专项意见。

（二）会计师事务所在出具审计报告时，应当对非经常性损益项目、金额和附注予以充分关注。对营业收入低于1亿元但净利润为正值的公司，会计师事务所应当对其非经常性损益披露的真实性、准确性、完整性出具专项核查意见。对于非经常性损益披露存疑的，本所可提请会计师事务所核查非经常性损益披露的合规性、合理性并出具专项意见。

（三）会计师事务所对上市公司出具非标准审计意见涉及收入确认的，应当充分核查并在审计报告中说明非标准审计意见涉及的收入具体金额，出具无法表示意见的除外。营业收入扣除项目中出现不具备商业实质的收入，但会计师事务所出具标准无保留审计意见的，会计师事务所应当结合相关收入确认是否存在明显错报等情况充分说明审计意见出具的合规性、合理性，以及与收入扣除专项核查意见是否存在冲突及理由。

（四）会计师事务所在判断是否形成稳定业务模式时，至少应当关注以下内容：该项业务是否具有完整的投入、加工处理过程和产出能力，是否能够独立计算其成本费用以及所产生的收入；该项业务模式下公司能否对产品或服务提供加工或转换活动，从而实现产品或服务的价值提升；该项业务是否对客户、供应商存在重大依赖，是否具有可持续性；公司对该项业务是否已有一定规模的投入，公司是否具备相关业务经验。

相关附件

附件：××公司20××年度营业收入扣除情况表（略）

4.3 变更公司名称

为规范本所主板上市公司根据经营及业务发展需要自主变更公司名称或证券简称的信息披露，根据《公司法》《证券法》《信披管理办法》等法律法规及本所《股票上市规则》、上市公司自律监管指引等相关规定，制定本指南。

一、变更公司名称

（一）上市公司应当根据实际经营业务情况审慎对公司名称进行变更，不得随意变更。变更后的公司名称应当与公司主营业务相匹配，不得利用变更名称影响公司股票及其衍生品价格、误导投资者，不得违反有关法律法规、《股票上市规则》及本所其他规定。

（二）上市公司因主营业务变更拟变更公司名称的，原则上应当在主营业务变更完成后进行公司名称变更。

公司因主营业务变更拟变更公司名称的，原则上应当符合以下标准之一：

1. 新业务最近12个月已实现的营业收入占公司营业收入的比例达到30%以上；

2. 新业务最近12个月已实现的营业利润占公司营业利润的比例达到30%以上。

在计算新业务实现的营业收入、营业利润占比时，原则上应当选取公司最近一个会计年度经审计的营业收入、营业利润作为比较基数，如公司因实施完成股权收购、资产注入、重大资产重组等原因主营业务发生变化的，为增强可比性，应当选取公司依据交易完成后的资产、业务架构编制的最近一个会计年度经审计或经审阅的备考财务报表中的营业收入、营业利润作为比较基数。

（三）上市公司拟变更公司全称的，应当经董事会和股东大会审议通过。公司应当在董事会审议通过后2个交易日内披露董事会决议、拟变更公司名称的公告等文件。

公司拟变更公司全称同时变更证券简称的，应当提前5个交易日向本所提交《变更公司全称报备、变更证券简称申请表》（见附件），本所自收到有关材料之日起5个交易日内未提出异议的，公司可以发出召开董事会审议变更公司名称（含证券简称）的会议通知，经董事会审议通过后披露。

（四）上市公司对公司中文全称进行变更的，应当在工商变更登记手续完成后2个交易日内披露变更公司名称的公告，中文全称应当以《企业法人营业执照》所载名称为准。

二、变更证券简称

（一）上市公司的证券简称应当来源于公司全称，中文证券简称长度原则上不得超过四个汉字（八个字节），英文证券简称长度原则上不得超过20个英文字符。拟变更的证券简称不得与其他上市公司的证券简称相同或相似，不得出现仅以行业通用名称作为证券简称等情形，不得含有可能误导投资者的内容和文字，不得违反有关法律法规、《股票上市规则》及本所其他规定。

拟变更的证券简称不符合前述规定的，本所可以要求公司纠正，在公司未按要求纠正前，本所不予办理公司证券简称变更事宜。

（二）上市公司办理变更证券简称的，应当提前5个交易日向本所提交《变更公司全称报备、变更证券简称申请表》（见附件），确定新证券简称的启用日期。本所自收到有关材料之日起5个交易日内未提出异议的，公司可以发出召开董事会审议变更证券简称的会议通知，经董事会审议通过后及时披露变更证券简称公告。

三、披露要求

（一）上市公司披露拟变更公司名称或证券简称的公告，应当遵守本所《上市公司自律监管指南第2号——公告格式》的相关要求。

（二）拟变更公司名称（含证券简称）的公告至少应当包含以下内容：

1. 拟变更前后的公司名称（含证券简称）；

2. 拟变更公司名称（含证券简称）的原因；

3. 结合公司主营业务构成及经营情况、未来发展战略等，说明变更后的公司名称或证券简称与公司主营业务是否相匹配；

4. 独立董事对公司名称变更的合理性、拟变更后的公司名称是否与主营业务相匹配的独立意见；

5. 公司拟变更公司名称（含证券简称）已履行和尚需履行的审批流程，如变更公司全称的股东大会届次、工商管理部门登记的情况（如适用）；

6. 本所认为需要说明的其他事项。

四、其他事项

（一）上市公司因股票交易被实施或撤销退市风险警示、其他风险警示等变更证券简称的，不适用本指南。

（二）新上市公司确定证券简称时，应当参照本指南执行。

相关附件

附件：变更公司全称报备、变更证券简称申请表（略）

4.4 现金选择权

为规范本所主板上市公司实施现金选择权业务行为，根据《公司法》《证券法》《收购管理办法》《重组办法》和本所《股票上市规则》等有关规定，制定本指南。

一、现金选择权方案的披露

（一）上市公司披露现金选择权方案的，应当至少包括：

1. 现金选择权的定价及合理合规性；

2. 现金选择权价格调整机制及合理合规性（如有）；

3. 现金选择权的行使主体，如审议资产重组、合并、分立、主动退市等重大事项的异议股东情况；

4. 行使现金选择权的风险提示；

5. 现金选择权提供方名称及其履约能力分析；

6. 本所要求的其他内容。

（二）现金选择权方案披露至现金选择权派发的期间，出现现金选择权行权比例或者行权价格需调整情形的，上市公司应当及时披露调整公告。

二、实施现金选择权

（一）上市公司应当在股东大会决议、获得证监会相关实施批复（如适用）后申请办理现金选择权的实施。

（二）因上市公司实施合并、分立等重大事项或者被收购等提供现金选择权的，上市公司或者第三方应当在合并、分立或者被收购等重大事项实施完成前，实施完毕现金选择权业务。

（三）上市公司、第三方、保荐人或者财务顾问在办理现金选择权业务前，应当与本所、结算公司沟通、密切配合，保荐人或者财务顾问应当勤勉尽责，及时督促上市公司和第三方推进现金选择权实施工作并履行信息披露义务。

（四）综合考虑标的股票参考股价与现金选择权约定价格的溢价比和现金选择权所含权利的 Delta 值情况，上市公司或者第三方可以申请通过以下方式之一向股东提供现金选择权申报服务：

1. 通过手工方式提供现金选择权申报服务；

2. 通过本所交易系统提供现金选择权申报服务。

上市公司或者第三方应当选择合适的申报方式，每一次现金选择权业务应当仅选择其中一种方式，并应当在相关公告中说明，提示投资者关注现金选择权申报方式及具体申报要求等。

（五）保荐人或者财务顾问应当协助上市公司或者第三方计算标的股票参考股价与现金选择权约定价格的溢价比和现金选择权所含权利的价值及其 Delta 值，作为选择现金选择权申报方式的说明，并由上市公司在首次披露实施现金选择权提示性公告前报本所同意。标的股票参考股价取首次披露实施现金选择权提示性公告前一交易日收盘价。

标的股票参考股价与现金选择权约定价格溢价比 =（标的股票参考股价 - 现金选择权约定价格）/现金选择权约定价格 ×100%

现金选择权所含权利的价值及其 Delta 值的计算办法应当符合 Black&Scholes 定价模型的要求，并遵照如下规定：

1. 无风险收益率按照当前的一年期人民币银行存款基准利率（税前）与一年期人民币银行贷款基准利率（税前）的平均值计算；

2. 标的股票波动率以首次披露实施现金选择权提示性公告前一交易日为起点倒推一年的标的股票历史波动率计算；

3. 本所规定的其他要求。

计算办法如需调整，上市公司和第三方应当提供充足理由并报本所同意。

（六）出现以下情形之一的，上市公司或者第三方可以申请通过手工方式向股东提供现金选择权申报服务：

1. 标的股票参考股价与现金选择权约定价格溢价比达到或者超过 50% 的；

2. 现金选择权所含权利的 Delta 值的绝对值低于 5% 的；

3. 本所认定的其他情形。

不符合前述规定可以申请手工申报方式条件的，上市公司或者第三方应当申请通过本所交易系统向股东提供现金选择权申报服务。

（七）上市公司通过手工方式提供现金选择权申报服务的，应当设定现金选择权的股权登记日（B 股为最后交易日），在该股权登记日持有上市公司股份且符合公司现金选择权方案要求的投资者可以申报现金选择权。上市公司通过本所交易系统提供现金选择权申报服务且不设股权登记日的，在现金选择权申报期间持有该上市公司股份且符合公司现金选择权方案要求的投资者可以在申报期内申报预受现金选择权。

（八）上市公司应当在现金选择权的股权登记日（B 股为最后交易日）前 5 个交易日内，不设股权登记日的现金选择权业务则为申报期首日前 5 个交易日内，连续发布实施现金选择权的提示性公告，公告至少应当包括：

1. 现金选择权的股权登记日（B 股为最后交易日）（如有）；

2. 股权登记日次一交易日起股票将停牌的提示（如适用）；

3. 行使现金选择权的风险提示；

4. 现金选择权的行使主体；

5. 现金选择权提供方名称及其履约能力分析；

6. 仅向部分股东派发现金选择权的，通过融资融券信用证券账户标的股票且需要进行现金选择权申报的投资者，应当不晚于现金选择权股权登记日将相应股票从信用证券账户划转至其对应的普通证券账户（划转后方能获得现金选择权派发），在现金选择权派发日，该部分股票对应的现金选择权将被派发至该投资者的普通证券账户，投资者在申报日仅能通过普通证券账户进行现金选择权行权申报。

向全体股东派发现金选择权的，通过融资融券信用证券账户标的股票可以不从信用证券账户划转至其对应的普通证券账户；

7. 已开展约定购回式证券交易且需要进行现金选择权申报的投资者，应当不晚于现金选择权股权登记日的前一交易日办理提前购回手续；

8. 参与股票质押式回购交易且需要进行现金选择权申报的投资者，应当不晚于现金选择权股权登记日办理提前购回手续；

9. 本所要求的其他内容。

（九）上市公司可以因实施现金选择权业务向本所申请其股票停牌，最早自现金选择权股权登记日（B 股为最后交易日）的次一交易日开市起停牌，不设股权登记日的现金选择权业务可以最早自申报期首日开市起停牌，并在披露现金选择权行使结果公告后复牌。

上市公司应当审慎确定停牌时间，合理安排现金选择权各环节的实施进度，尽可能缩短停牌时长。

现金选择权行使结果出具后，上市公司因实施换股、合并、分立、退市等事项需继续停牌的，按照本所有关规定执行。

（十）上市公司应当在披露“现金选择权派发公告”的 5 个交易日前，在上市公司业务专区选择该公告类别并向本所提交以下材料：

1. 《上市公司现金选择权派发登记申请表》（见附件 1）；

2. 中国证监会的批复文件（如适用）；

3. 第三方授权上市公司办理现金选择权业务的授权委托书及第三方的营业执照复印件（如适用）；

4. 现金选择权派发公告文稿；

5. 关于现金选择权方案的公告及股东大会决议；

6. 本所要求的其他材料。

（十一）上述材料经本所审查无异议后，按照本所《证券代码、证券简称编制管理办法》确定现金选择权简称与代码，主板A股股票认沽权证代码区间为038001至039999，主板B股股票现金选择权的证券代码区间为238001至238999，权证简称前四位字符取自其标的证券简称，第五至六位字符为发行人编码，第七位字符为权证类别（P—认沽权证），最后一位字符为同一发行人对同一标的证券发行权证的发行批次，取值为［0，9］，［A，Z］，［a，z］。

（十二）上市公司应当至迟在披露“现金选择权行权公告”的同时披露“现金选择权派发公告”，现金选择权派发公告内容至少包括：

1. 行使现金选择权的A股股权登记日（B股最后交易日）（如有）；

2. 现金选择权提供方名称及履约能力；

3. 行使现金选择权需满足的条件；

4. 现金选择权简称和代码；

5. 现金选择权的派发方式；

6. 现金选择权的上市安排、行权比例、行权价格；

7. 本所要求的其他内容。

（十三）上市公司应当及时向结算公司提交派发申请材料，并向本所及时提交结算公司出具的《现金选择权登记确认书》。

（十四）现金选择权派发登记完毕至现金选择权实施完成的期间，如遇上市公司权益分派等导致现金选择权行权比例或者行权价格需要调整的，上市公司应当向本所申请办理相关事宜。为保证上市公司现金选择权的顺利实施，上市公司应当尽量避免在前述期间实施权益分派等事项。

（十五）上市公司向股东提供的现金选择权申报期限不得少于5个交易日，并不得超过10个交易日。

（十六）在进入现金选择权申报期前，应当在披露“现金选择权行权公告”前5个交易日办理现金选择权行权准备事宜，并向本所提交以下材料：

1. 上市公司现金选择权行权申请表（见附件2）；

2. 现金选择权行权公告文稿；

3. 本所要求的其他材料。

上市公司采用交易系统申报方式的，还应当提供结算公司出具的现金选择权登记证明文件，并在披露公告前向结算公司申请办理初始行权履约保证金等行权准备事宜。

（十七）前述材料经本所审查无异议后，上市公司应当在现金选择权申报首日的2个交易日前披露现金选择权行权公告。上市公司采用手工申报方式的，选择“现金选择权行权公告（通过手工方式申报）”公告类别并披露；上市公司采用交易系统申报方式的，选择“现金选择权行权公告（通过交易系统申报）”公告类别并披露。

上市公司现金选择权行权公告应当至少包括以下内容：

1. 现金选择权相关方案简介，包括有权行使现金选择权的股东要求、现金选择权约定价格、提供现金选择权的第三方等情况说明；

2. 现金选择权申报期间；

3. 现金选择权申报方式及具体申报要求；

4. 到期后未行权权利的处置；

5. 本所要求的其他内容。

（十八）手工方式申报期间相关事项

1. 现金选择权手工申报期间，有权行使现金选择权的股东可以通过传真、邮寄等方式向上市公司提交行使现金选择权的申请及相关资料。

现金选择权行权申请应当包括证券账户号码、证券代码、托管单元编码、行使现金选择权份数等内容。

现金选择权行权申请在现金选择权手工申报期间均可以撤销。

2. 上市公司应当在现金选择权申报首日和截止日披露手工方式行使现金选择权行权的提示性公告，申报期限超过5个交易日的，上市公司还应当在每周的首个交易日披露提示性公告。提示性公告应当包括以下内容：

（1）经保荐人或者财务顾问确认的按照前一交易日标的股票收盘价计算的现金选择权参考价值；

（2）现金选择权申报期限；

（3）现金选择权申报方式及具体申报要求；

（4）本所要求的其他内容。

（十九）交易系统方式申报期间相关事项

1. 自现金选择权交易系统方式申报首日至截止日，上市公司应当向本所申请通过即时行情揭示按照前一交易日标的股票收盘价计算的现金选择权参考价值，并披露现金选择权行权提示性公告，提示性公告应当至少包括以下内容：

（1）经保荐人或者财务顾问确认的按照前一交易日标的股票收盘价计算的现金选择权参考价值及其估值情况；

（2）现金选择权申报期限；

（3）现金选择权申报方式及具体申报要求；

（4）本所要求的其他内容。

2. 按照前一交易日标的股票收盘价计算的现金选择权参考价值低于0.001元的，即时行情统一按照0.001元揭示。

3. 在现金选择权交易系统申报期间，有权行使现金选择权的股东应当通过其股份托管的会员单位提交行权申报指令。

行权申报指令在当日竞价交易时间内可以撤销。

行权申报指令应当包括证券账户号码、现金选择权代码、交易单元代码、营业部识别码、行使现金选择权份数等内容，对于业务类别、现金选择权编码错误的现金选择权指令，本所将不予确认。主要交易要素申报要求如下：

预受现金选择权时（见表1）

表 1 预受现金选择权

证券代码	提供现金选择权的证券代码
业务类别	预受要约
委托数量	预受现金选择权的股份数量
委托价格	现金选择权编码

解除预受现金选择权时（见表 2）

表 2 解除预受现金选择权时

证券代码	提供现金选择权的证券代码
业务类别	解除预受要约
委托数量	解除预受现金选择权的股份数量
委托价格	现金选择权编码

其中委托价格存放现金选择权编码时，格式为 0××××.××0，填‘×’的位置即为 6 位现金选择权编码。

4. 现金选择权行权指令申报后，行权股份当日可以申报卖出；行权申报一经清算确认，行权股份不得卖出。

5. 根据本所交易系统 T 日接收的现金选择权行权申报，结算公司在 T 日日终进行清算，并在 T+1 日交收时点按照逐笔全额非担保的原则进行交收。

（二十）存在权利限制的股份，如已设定了质押、其他第三方权利或被司法冻结等法律法规限制转让的股份，在解除前述权利限制前不得申报现金选择权。

（二十一）在现金选择权申报至行权股份划转期间，投资者股份进行转托管、转让、质押、设定其他第三方权利、被司法冻结或划扣，导致在实际申报股份划转时点行权股份数量不足的，不足部分对应的现金选择权将行使失败。

三、有效申报股份划转及结果公告

（一）上市公司现金选择权采用手工申报方式的，原则上在现金选择权申报期限截止后立即向本所提交申请办理股份划拨手续。上市公司需选择“现金选择权股份转让公告（手工申报）”公告类别并提交以下材料：

1. 现金选择权股份转让申请表（见附件 3）；
2. 手工申报行使现金选择权明细表；
3. 办理股份转让确认申请，包括本次股份转让确认的说明；
4. 相关法律意见书；
5. 本所要求的其他材料。

（二）本所对上述材料审查无异议后，上市公司应当及时向结算公司申请办理股份过户登记等手续，并及时披露公告。

（三）现金选择权提供方应当关注受让股份后，是否触发要约义务，上市公司应当关注是否涉及股权分布不具备上市条件等，并按有关规定办理。

（四）上市公司应当在现金选择权申报期限截止后，根据结算公司的有关规定办理现金选择权行权股份划拨申请手续，原则上在申报期限截止后 5 个交易日内披露行使现金选择权结果公告。

（五）上市公司采用交易系统申报方式的，可以在现金选择权申报期限截止次两个交易日起，可向结算公司办理履约保证金返还等手续。

现金选择权行权股份划拨相关清算交收业务，按照结算公司的有关规定办理。

（六）上市公司应当在现金选择权申报期限截止后的 10 个交易日内向结算公司办理未申报现金选择权的注销事宜。

相关附件

附件 1：上市公司现金选择权派发登记申请表（略）

附件 2：上市公司现金选择权行权申请表（略）

附件 3：上市公司现金选择权股份转让申请表（略）

深圳证券交易所上市公司自律监管指南第 1 号——业务办理第四部分：4.5 退市公司重新上市

【发布机关】深圳证券交易所
【发文字号】深证上〔2022〕26 号
【发布日期】2022 年 1 月 7 日

为规范深圳证券交易所（以下简称本所）主板上市公司各项业务办理行为，建立简明清晰、高效易行的指南体系，明确业务办理要求，根据《中华人民共和国公司法》（以下简称《公司法》）、《中华人民共和国证券法》（以下简称《证券法》）等法律、行政法规、部门规章、规范性文件（以下统称法律法规）以及《深圳证券交易所股票上市规则》（以下简称《股票上市规则》）和本所上市公司自律监管指引等有关规定，制定本指南。

为规范本所主板终止上市公司（以下简称公司）申请重新上市行为，保护投资者的合法权益，根据本所《股票上市规则》等有关规定，制定本指南。

一、重新上市申请阶段

（一）除《股票上市规则》规定的重新上市条件外，本所将对公司以下情况予以重点关注：

1. 公司是否符合国家产业政策和环境保护、土地管理、反垄断等法律、行政法规等有关规定；

2. 公司与控股股东、实际控制人及其关联人在人员、资产、财务、机构和业务等方面是否保持独立，是否存在严重影响公司独立性或者显失公允的关联交易或者同业竞争，公司的资产权属是否清晰；

3. 退市后实施的重大资产重组、破产重整等事项是否合法合规；

4. 公司的股权结构是否清晰，主要股东所持股份变动情况及其股权是否存在瑕疵；

5. 退市整理期间及退市后，公司是否因涉嫌内幕交易、市场操纵等被中国证监会立案调查或者司法机关立案侦查；

6. 公司最近 3 年内是否受过刑事处罚、行政处罚、证券交易所纪律处分等；

7. 本所关注的其他情况。

（二）公司申请其股票重新上市的，应当聘请符合《股票上市规则》要求的保荐人作为重新上市保荐人，并按附件 1 的要求向本所提交重新上市申请及相关申请文件。

（三）保荐人及其保荐代表人应当对公司申请重新上市情况进行尽职调查，按照附件2的要求制作尽职调查工作报告，并出具重新上市保荐书。

重新上市保荐书应当包括以下内容：

1. 公司基本情况；

2. 逐项说明公司是否符合本所规定的重新上市条件；

3. 公司是否符合国家产业政策和环境保护、土地管理、反垄断等法律、行政法规等有关规定；

4. 公司是否存在严重影响公司独立性或者显失公允的关联交易、同业竞争及解决措施；

5. 公司存在的主要风险，包括但不限于市场风险、经营风险、技术风险、政策风险、公司治理与内部控制风险；

6. 退市后公司实施重大资产重组、破产重整等事项的合规性说明；

7. 退市后公司信息披露的合规性说明；

8. 公司股本总额、股份权益变动情况及公司股份登记托管情况；

9. 公司股东所持股份的流通限制和自愿锁定的承诺情况；

10. 尽职调查中发现的问题及解决情况说明；

11. 保荐人是否存在可能影响其公正履行保荐职责情形的说明；

12. 保荐人按照有关规定所作出的承诺事项；

13. 公司重新上市后持续督导期间的工作安排；

14. 保荐人认为应当说明的其他事项；

15. 无保留且表述明确的保荐意见；

16. 关于公司已全面纠正违法行为、撤换有关责任人员、对民事赔偿责任承担作出妥善安排的逐项说明（如适用）；

17. 本所要求的其他内容。

重新上市保荐书和尽职调查工作报告应当由保荐人法定代表人（或者授权代表）和2名保荐代表人签字，注明签署日期并加盖保荐人公章。

（四）公司应当聘请律师对其重新上市申请的合法性、合规性以及相关申请文件的真实性、有效性进行尽职调查，出具法律意见书和律师工作报告。

律师应当在法律意见书中对以下事项发表明确意见：

1. 对公司是否符合重新上市条件进行逐项说明；

2. 公司申请股票重新上市是否已履行必要的批准或者授权程序；

3. 退市后公司实施的重大资产重组、破产重整等事项的合法合规性；

4. 公司股本总额、股份权益变动及公司股份登记托管情况的合法合规性；

5. 公司主要资产权属状况；

6. 公司重大债权债务情况；

7. 公司重大诉讼或者仲裁情况；

8. 公司依法纳税情况；

9. 公司及其董事、监事和高级管理人员最近3年内是否受过刑事处罚、行政处罚、证券交易所纪律处分等情况；

10. 退市整理期间及退市后公司是否因涉嫌内幕交易、市场操纵等被中国证监会立案调查或者司法机关立案侦查；

11. 公司是否存在其他纠纷、潜在风险或者律师认为需要说明的其他事项；

12. 关于公司已全面纠正违法行为、撤换有关责任人员、对民事赔偿责任承担作出妥善安排的核查情况（如适用）；

13. 本所要求的其他事项。

法律意见书和律师工作报告应当由律师事务所的负责人和2名律师签字，注明签署日期并加盖律师事务所公章。

（五）公司应当按照本所相关要求，向本所提交书面申请材料和电子光盘。

（六）本所决定受理公司申请的，向公司发出正式受理通知，并在本所官网披露公司重新上市报告书。

二、重新上市审核阶段

（一）本所将在官网定期公开已受理公司的审核进度及本所审核反馈意见。

（二）自公司申请材料受理至首次反馈意见发出期间为静默期，本所不接受公司及相关中介机构任何形式的沟通交流。

（三）公司及保荐人收到反馈意见后，应当根据本所反馈意见在规定期限内提交补充材料，对反馈意见进行逐项回复；涉及更新预先披露材料的，应当提交更新后的重新上市报告书，并由公司及相关中介机构加盖公章。

（四）公司、保荐人对反馈意见有疑问的，可与本所在工作时间内通过现场会议、电话、邮件、视频会等方式进行沟通。

（五）本所受理公司重新上市申请后，可以自行或委托相关单位对公司有关情况进行调查核实，调查核实期间不计入本所作出是否同意其股票重新上市申请的期限内。

三、重新上市安排

（一）经本所审核同意其股票重新上市的，公司应当及时在符合条件媒体公告相关情况，并在其股票重新上市前5个交易日内，在符合条件媒体披露重新上市报告书（见附件3）、重新上市提示性公告、重新上市保荐书和法律意见书。

（二）重新上市提示性公告应当包括以下内容：

1. 重新上市地点；
2. 重新上市日期；
3. 重新上市的证券种类、证券简称、证券代码和日涨跌幅限制；
4. 本所有关股票重新上市的决定情况；
5. 股本结构及前十大股东情况；
6. 本次重新上市的可流通股份数量；
7. 本次重新上市的股份限售情况及期限；
8. 本所要求的其他内容。

相关附件

附件1：公司重新上市申请表（略）

附件2：尽职调查工作报告必备内容（略）

附件3：重新上市报告书格式（略）

4.5 退市公司重新上市

为规范本所主板终止上市公司（以下简称公司）申请重新上市行为，保护投资者的合法权益，根据本所《股票上市规则》等有关规定，制定本指南。

一、重新上市申请阶段

（一）除《股票上市规则》规定的重新上市条件外，本所将对公司以下情况予以重点关注：

1. 公司是否符合国家产业政策和环境保护、土地管理、反垄断等法律、行政法规等有关规定；

2. 公司与控股股东、实际控制人及其关联人在人员、资产、财务、机构和业务等方面是否保持独立，是否存在严重影响公司独立性或者显失公允的关联交易或者同业竞争，公司的资产权属是否清晰；

3. 退市后实施的重大资产重组、破产重整等事项是否合法合规；

4. 公司的股权结构是否清晰，主要股东所持股份变动情况及其股权是否存在瑕疵；

5. 退市整理期间及退市后，公司是否因涉嫌内幕交易、市场操纵等被中国证监会立案调查或者司法机关立案侦查；

6. 公司最近3年内是否受过刑事处罚、行政处罚、证券交易所纪律处分等；

7. 本所关注的其他情况。

（二）公司申请其股票重新上市的，应当聘请符合《股票上市规则》要求的保荐人作为重新上市保荐人，并按附件1的要求向本所提交重新上市申请及相关申请文件。

（三）保荐人及其保荐代表人应当对公司申请重新上市情况进行尽职调查，按照附件2的要求制作尽职调查工作报告，并出具重新上市保荐书。

重新上市保荐书应当包括以下内容：

1. 公司基本情况；

2. 逐项说明公司是否符合本所规定的重新上市条件；

3. 公司是否符合国家产业政策和环境保护、土地管理、反垄断等法律、行政法规等有关规定；

4. 公司是否存在严重影响公司独立性或者显失公允的关联交易、同业竞争及解决措施；

5. 公司存在的主要风险，包括但不限于市场风险、经营风险、技术风险、政策风险、公司治理与内部控制风险；

6. 退市后公司实施重大资产重组、破产重整等事项的合规性说明；

7. 退市后公司信息披露的合规性说明；

8. 公司股本总额、股份权益变动情况及公司股份登记托管情况；

9. 公司股东所持股份的流通限制和自愿锁定的承诺情况；

10. 尽职调查中发现的问题及解决情况说明；

11. 保荐人是否存在可能影响其公正履行保荐职责情形的说明；

12. 保荐人按照有关规定所作出的承诺事项；

13. 公司重新上市后持续督导期间的工作安排；

14. 保荐人认为应当说明的其他事项；

15. 无保留且表述明确的保荐意见；

16. 关于公司已全面纠正违法行为、撤换有关责任人员、对民事赔偿责任承担作出妥善安排的逐项说明（如适用）；

17. 本所要求的其他内容。

重新上市保荐书和尽职调查工作报告应当由保荐人法定代表人（或者授权代表）和2名保荐代表人签字，注明签署日期并加盖保荐人公章。

（四）公司应当聘请律师对其重新上市申请的合法性、合规性以及相关申请文件的真实性、有效性进行尽职调查，出具法律意见书和律师工作报告。

律师应当在法律意见书中对以下事项发表明确意见：

1. 对公司是否符合重新上市条件进行逐项说明；

2. 公司申请股票重新上市是否已履行必要的批准或者授权程序；

3. 退市后公司实施的重大资产重组、破产重整等事项的合法合规性；

4. 公司股本总额、股份权益变动及公司股份登记托管情况的合法合规性；

5. 公司主要资产权属状况；

6. 公司重大债权债务情况；

7. 公司重大诉讼或者仲裁情况；

8. 公司依法纳税情况；

9. 公司及其董事、监事和高级管理人员最近3年内是否受过刑事处罚、行政处罚、证券交易所纪律处分等情况；

10. 退市整理期间及退市后公司是否因涉嫌内幕交易、市场操纵等被中国证监会立案调查或者司法机关立案侦查；

11. 公司是否存在其他纠纷、潜在风险或者律师认为需要说明的其他事项；

12. 关于公司已全面纠正违法行为、撤换有关责任人员、对民事赔偿责任承担作出妥善安排的核查情况（如适用）；

13. 本所要求的其他事项。

法律意见书和律师工作报告应当由律师事务所的负责人和2名律师签字，注明签署日期并加盖律师事务所公章。

（五）公司应当按照本所相关要求，向本所提交书面申请材料和电子光盘。

（六）本所决定受理公司申请的，向公司发出正式受理通知，并在本所官网披露公司重新上市报告书。

二、重新上市审核阶段

（一）本所将在官网定期公开已受理公司的审核进度及本所审核反馈意见。

（二）自公司申请材料受理至首次反馈意见发出期间为静默期，本所不接受公司及相关中介机构任何形式的沟通交流。

（三）公司及保荐人收到反馈意见后，应当根据本所反馈意见在规定期限内提交补充材料，对反馈意见进行逐项回复；涉及更新预先披露材料的，应当提交更新后的重新上市报告书，并由公司及相关中介机构加盖公章。

（四）公司、保荐人对反馈意见有疑问的，可与本所在工作时间内通过现场会议、电话、邮件、视频会等方式进行沟通。

（五）本所受理公司重新上市申请后，可以自行或委托相关单位对公司有关情况进行调查核实，调查核实期间不计入本所作出是否同意其股票重新上市申请的期限内。

三、重新上市安排

（一）经本所审核同意其股票重新上市的，公司应当及时在符合条件媒体公告相关情况，并在其股票重新上市前5个交易日内，在符合条件媒体披露重新上市报告书（见附件3）、重新上市提示性公告、重新上市保荐书和法律意见书。

（二）重新上市提示性公告应当包括以下内容：

1. 重新上市地点；
2. 重新上市日期；
3. 重新上市的证券种类、证券简称、证券代码和日涨跌幅限制；
4. 本所有关股票重新上市的决定情况；
5. 股本结构及前十大股东情况；
6. 本次重新上市的可流通股份数量；
7. 本次重新上市的股份限售情况及期限；
8. 本所要求的其他内容。

相关附件

附件1：公司重新上市申请表（略）

附件2：尽职调查工作报告必备内容（略）

附件3：重新上市报告书格式（略）

深圳证券交易所上市公司自律监管指南第2号——公告格式

【发布机关】深圳证券交易所
【发文字号】深证上〔2022〕27号
【发布日期】2022年1月7日

各市场参与人：

为优化上市公司自律监管规则体系，结合监管实践，本所对《深圳证券交易所上市公司业务办理指南第11号——信息披露公告格式（2021年9月修订）》进行了修订，并更名为《深圳证券交易所上市公司自律监管指南第2号——公告格式》，现予以发布，自发布之日起施行。

《深圳证券交易所上市公司业务办理指南第11号——信息披露公告格式（2021年9月修订）》（深证上〔2021〕962号）同时废止。

特此通知

深圳证券交易所
2022年1月7日

为规范深圳证券交易所（以下简称本所）主板上市公司和相关信息披露义务人的信息披露行为，提高上市公司信息披露质量，根据《中华人民共和国公司法》（以下简称《公司法》）、《中华人民共和国证券法》（以下简称《证券法》）等法律、行政法规、部门规章、规范性文件（以下统称法律法规）以及《深圳证券交易所股票上市规则》（以下简称《股票上市规则》）等有关规定，制定本指南。

上市公司和相关信息披露义务人应当按照本指南规定的公告格式编制公告。公告不属于公告格式范围的，应当按照相关法律法规以及本所《股票上市规则》等有关规定的要求编制，必要时可参考相关公告格式的要求。

上市公司和相关信息披露义务人应当在其编制的公告中声明：保证本公告内容不存在任何虚假记载、误导性陈述或者重大遗漏，并依法对其内容的真实性、准确性和完整性承担相应责任。如相关人员对公告内容的真实性、准确性和完整性无法保证或存在异议的，公司应当在公告中作特别提示。

相关附件

附件1：深圳证券交易所上市公司股份变动类第1号——上市公司首次公开发行前已发行股份上市流通公告格式（略）

附件2：深圳证券交易所上市公司股份变动类第2号——上市公司新增股份变动报告及上市公告书公告格式（略）

附件3：深圳证券交易所上市公司股份变动类第3号——上市公司股改限售股份上市流通公告格式（略）

附件4：深圳证券交易所上市公司股份变动类第4号——上市公司股东减持股份实施情况公告格式（略）

附件5：深圳证券交易所上市公司股份变动类第5号——上市公司大股东及董事、监事、高级管理人员减持股份预披露公告格式（略）

附件6：深圳证券交易所上市公司股份变动类第6号——上市公司大股东及董事、监事、高级管理人员增持股份计划及实施情况公告格式（略）

附件7：深圳证券交易所上市公司股份变动类第7号——上市公司5%以上股东持股增减变动1%的公告格式（略）

附件8：深圳证券交易所上市公司公司治理类第1号——上市公司董事会决议公告格式（略）

附件9：深圳证券交易所上市公司公司治理类第2号——上市公司监事会决议公告格式（略）

附件10：深圳证券交易所上市公司公司治理类第3号——上市公司召开股东大会通知公告格式（略）

附件11：深圳证券交易所上市公司公司治理类第4号——上市公司股东大会决议公告格式（略）

附件12：深圳证券交易所上市公司公司治理类第5号——上市公司股东征集表决权公告格式（略）

附件13：深圳证券交易所上市公司公司治理类第6号——上市公司股东征集提案权公告格式（略）

附件14：深圳证券交易所上市公司公司治理类第7号——上市公司独立董事提名人及候选人声明公告格式（略）

附件15：深圳证券交易所上市公司定期报告类第1号——上市公司业绩预告公告格式（略）

附件16：深圳证券交易所上市公司定期报告类第2号——上市公司业绩预告修正公告格式（略）

附件17：深圳证券交易所上市公司定期报告类第3号——上市公司业绩快报公告格式（略）

附件18：深圳证券交易所上市公司定期报告类第4号——上市公司业绩快报修正公告格式（略）

附件19：深圳证券交易所上市公司定期报告类第5号——上市公司季度报告公告格式（略）

附件20：深圳证券交易所上市公司定期报告类第6号——上市公司分红派息、转增股本实施公告格式（略）

附件21：深圳证券交易所上市公司定期报告类第7号——上市公司高比例送转方案公告格式（略）

附件22：深圳证券交易所上市公司定期报告类第8号——上市公司会计政策变更公告格式（略）

附件23：深圳证券交易所上市公司定期报告类第9号——上市公司拟续聘/变更会计师事务所公告格式（略）

附件24：深圳证券交易所上市公司交易类第1号——上市公司购买、出售资产公告格式（略）

附件25：深圳证券交易所上市公司交易类第2号——上市公司对外（含委托）投资公告格式（略）

附件26：深圳证券交易所上市公司交易类第3号——上市公司证券投资、衍生品交易、委托理财公告格式（略）

附件27：深圳证券交易所上市公司交易类第4号——上市公司提供财务资助公告格式（略）

附件28：深圳证券交易所上市公司交易类第5号——上市公司对外担保公告格式（略）

附件29：深圳证券交易所上市公司交易类第6号——上市公司债务重组公告格式（略）

附件30：深圳证券交易所上市公司交易类第7号——上市公司放弃权利公告格式（略）

附件31：深圳证券交易所上市公司交易类第8号——上市公司重大合同（框架性协议等）公告格式（略）

附件32：深圳证券交易所上市公司交易类第9号——上市公司关联交易公告格式（略）

附件33：深圳证券交易所上市公司交易类第10号——上市公司日常关联交易预计公告格式（略）

附件34：深圳证券交易所上市公司交易类第11号——上市公司与专业投资机构共同投资及合作公告格式（略）

附件35：深圳证券交易所上市公司交易类第12号——上市公司董事会关于重大资产重组实施情况报告书格式（略）

附件36：深圳证券交易所上市公司再融资类第1号——上市公司用募集资金置换先期投入公告格式（略）

附件37：深圳证券交易所上市公司再融资类第2号——上市公司募集资金年度存放与使用情况公告格式（略）

附件38：深圳证券交易所上市公司再融资类第3号——上市公司变更募集资金用途公告格式（略）

附件39：深圳证券交易所上市公司再融资类第4号——上市公司可转债赎回实施公告格式（略）

附件40：深圳证券交易所上市公司再融资类第5号——上市公司可转债赎回结果公告格式（略）

附件41：深圳证券交易所上市公司破产事项类第1号——上市公司破产申请提示性公

告格式（略）

附件 42：深圳证券交易所上市公司破产事项类第 2 号——上市公司被法院受理破产申请公告格式（略）

附件 43：深圳证券交易所上市公司破产事项类第 3 号——上市公司破产重整计划（和解协议）获准公告格式（略）

附件 44：深圳证券交易所上市公司破产事项类第 4 号——上市公司被法院宣告破产暨终止上市风险提示性公告格式（略）

附件 45：深圳证券交易所上市公司其他事项类第 1 号——上市公司股票交易异常波动公告格式（略）

附件 46：深圳证券交易所上市公司其他事项类第 2 号——上市公司澄清公告格式（略）

附件 47：深圳证券交易所上市公司其他事项类第 3 号——上市公司重大诉讼、仲裁公告格式（略）

附件 48：深圳证券交易所上市公司其他事项类第 4 号——上市公司（拟）变更公司名称（含证券简称）公告格式（略）

附件 49：深圳证券交易所上市公司其他事项类第 5 号——上市公司股权激励计划行权情况公告格式（略）

附件 50：深圳证券交易所上市公司其他事项类第 6 号——上市公司获得政府补助公告格式（略）

附件 51：深圳证券交易所上市公司其他事项类第 7 号——上市公司回购股份业务相关公告格式（略）

附件 52：深圳证券交易所上市公司其他事项类第 8 号——上市公司股东追加承诺公告格式（略）

附件 53：深圳证券交易所上市公司其他事项类第 9 号——上市公司股东股份质押（冻结或拍卖等）的公告格式（略）

深圳证券交易所上市公司环境、社会责任和公司治理信息披露指引

【发布机关】深圳证券交易所
【发布日期】2018 年 09 月 03 日

各上市公司：

为全面贯彻落实党的十九大报告提出的新发展理念，健全环境信息强制性披露制度，在中国证监会统一部署下，本所制定了《深圳证券交易所上市公司环境、社会责任和公司治理信息披露指引（征求意见稿）》（以下简称《ESG 指引》）。为有效征集市场各方意见及建议，科学制定规则，特请贵公司根据《ESG 指引》试编 2017 年度 ESG 报告。具体安排如下：

一、试编时间

2018 年 9 月 3 日至 25 日

二、试编要求

根据公司客观情况编写 ESG 报告，如因个别条款或要求对公司确实不适用或无法披露的，请说明具体原因并提出改进建议。

请认真阅读附件，做好试编写工作，并于 9 月 25 日前将 ESG 报告及改进建议发送至联系人邮箱。

联系人：郭庆 电话 0755－88668522

邮箱 qguo@ szse. cn

深圳证券交易所

2018 年 9 月 3 日

第一章　总　　则

第一条　【目的、依据和适用范围】

为贯彻新发展理念，推动社会可持续发展，规范深圳证券交易所（以下简称“本所”）上市公司（以下简称“上市公司”或者“公司”）环境、社会责任、公司治理（以下简称“ESG”）相关信息的披露，保障投资者和社会公众的知情权，根据《中华人民共和国公司法》《中华人民共和国证券法》《中华人民共和国环境保护法》《上市公司信息披露管理办法》《上市公司治理准则》等法律、部门规章、规范性文件和《深圳证券交易所股票上市规则》《深圳证券交易所创业板股票上市规则》（以下合称《股票上市规则》）等的有关规定，

制定本指引。

第二条 【ESG 报告披露时间】

上市公司应当根据中国证监会和本所要求，在披露年度报告的同时，按照本指引的规定披露相同报告期的《环境、社会责任和公司治理报告》（以下简称 ESG 报告），该报告须经董事会审议通过。

ESG 相关信息已在临时报告或定期报告中披露的，在 ESG 报告中可以简要披露，但应当提供相关公告索引。

第三条 【临时报告披露要求】

上市公司因涉及国家安全、公共安全、生态安全、生产安全、公众健康安全等领域的重大违法行为受到行政处罚的，应当以临时报告的形式及时披露相关违法行为的具体情况、被处罚的情况、对公司的影响以及整改措施。

上市公司发生其他与 ESG 相关的重大事项，可能对公司业绩或股票及其衍生品种交易价格产生重大影响的，应当以临时报告的形式及时履行信息披露义务。

第四条 【数据要求】

上市公司披露 ESG 信息涉及数据引用的，应当确保数据内容真实、客观，并注明来源；涉及专业术语的，应当对其含义做出通俗解释。

第五条 【可比性要求】

上市公司在披露 ESG 信息时应当采用国家或地方标准等规范要求的术语、单位和计量方法，并保持数据统计方法的一致性，以便于投资者对不同上市公司进行横向比较和对不同时期的数据进行纵向比较。

第六条 【第三方鉴证】

如有第三方机构对公司 ESG 信息进行核查、鉴定、鉴证、评价，鼓励上市公司披露第三方机构出具的报告，并说明该报告的具体用途。

第七条 【兜底条款】

上市公司除遵守本指引的要求外，还应当根据法律、行政法规、部门规章、规范性文件和《股票上市规则》及本所其他规定，对 ESG 相关事项履行相应的审议程序和信息披露义务。

第二章 环境信息披露

第八条 【适用范围和层次】

根据中国证监会、环境保护等有关部门及本所有关规定须披露环境信息的上市公司，应当按照本指引第九条至第十四条的规定履行信息披露义务。

本所鼓励其他上市公司披露保护生态、防治污染、履行环境保护责任的相关信息。

第九条 【基本情况】

上市公司应当披露以下基本信息：

（一）生产经营过程中需遵守的与环境保护相关的法律、行政法规、部门规章、规范性文件、行业标准等；

（二）依据生产活动和行业特点制定的总体环境方针和可持续发展战略，以及其他与环境保护相关的内部制度等；

（三）环境保护行政许可情况；

（四）针对可能发生环境事故的风险评估、预防相关风险的管理措施和针对突发环境事件的应急预案；

（五）环境治理和保护的投入情况，包括时间、资金等；

（六）其他应当披露的环境信息。

第十条 【污染物】

上市公司报告期生产经营活动中涉及污染物排放的，应当披露以下信息：

（一）现有排污许可证的申领时间、有效期等；

（二）排污信息，包括但不限于污染物的种类和名称、排放方式、排放口数量和分布情况、执行的排放标准、核定的排放总量、排放浓度/强度和总量、超标排放情况（如有）等；

（三）对污染物的处理技术和处理方式，污染防治设施的建设、运行情况和实施成果（例如排放浓度/强度或排放总量的降幅）；

（四）缴纳环境保护税或排污费的情况；

（五）环境自行监测方案及执行情况，包括但不限于监测指标、执行标准及其限值、监测频次、质量保证与质量控制等；

（六）受到环境保护等有关部门行政处罚的情况，包括但不限于处罚原因、违规情形、处罚金额、对上市公司生产经营的影响以及公司的整改措施等。

第十一条 【温室气体】

上市公司报告期生产经营活动中涉及温室气体排放的，应当披露以下信息：

（一）温室气体排放种类、排放量和排放强度（如以每产量单位、每项设施计算）；

（二）削减温室气体排放量的措施和效果。

第十二条 【资源使用】

上市公司报告期生产经营活动中涉及能源、水资源及其他原材料等资源使用的，应当披露以下信息：

（一）能源消耗总量、能源的构成及来源、能源的使用强度、节能措施及效果、可再生能源的开发及利用情况等；

（二）水资源的使用总量，取水地是否属于国家级自然生态保护区，水资源使用效率提升措施及效果等；

（三）主要原材料使用量、使用强度（如以每产量单位、每项设施计算）、减少或再利用原材料的措施与效果、环境标志产品或服务的采购情况等。

第十三条 【生物多样性】

上市公司报告期生产经营活动中对生物多样性造成直接或间接影响的，应当披露以下信息：

（一）受影响的区域范围、持续时间、生物物种类别、是否属于国家级保护动植物或濒危物种；

（二）预防和修复受影响的生物多样性物种及栖息地的情况，包括但不限于受保护、经修复区域的面积和位置，保护及复育情况和成效等。

第十四条 【环境事故】

上市公司在报告期发生环境事故的，应当披露以下信息：

（一）事故发生日期、地点和持续时间；

（二）超标或违规排放的情况，包括但不限于污染物名称和散布情况，超标或违规排放次数、排放总量、最高排放浓度/强度等；

（三）超标或违规排放对环境、社会及其他利益相关者造成的影响；

（四）超标或违规排放的原因，公司环境监测方案和风险管理措施是否存在重大缺陷；

（五）事故处理方式和处理结果，受到的处罚情况（如有），对公司的影响以及整改措施。

第三章　社会责任信息披露

第十五条　【公司责任】

上市公司应当根据所处地区、行业及自身特点，制定符合公司实际情况的社会责任规划和工作机制，包括但不限于员工权益保护、生产安全、社会发展资助等。

第十六条　【员工权益保护】

上市公司应当披露报告期员工权益保护情况：

（一）员工的聘用及解雇、薪酬和晋升政策、社会保险等信息；

（二）提供安全工作环境、保障员工避免职业性危害的措施及执行情况；

（三）提升员工知识和技能的职业培训开展情况；

（四）其他与员工权益保护有关的重要信息。

第十七条　【产品安全与责任】

上市公司应当披露报告期产品生产及安全情况：

（一）保证产品质量与安全的机制、执行情况以及针对产品安全事故的应急预案；

（二）保障生产环境安全、生产流程科学的措施及执行情况；

（三）其他与产品安全有关的重要信息。

第十八条　【隐私与信息安全】

上市公司应当披露报告期保护知识产权、维护信息安全、保护消费者隐私的制度及执行情况。

第十九条　【反商业贿赂等】

上市公司应当披露报告期防止职务侵占、商业贿赂等的具体措施及实施效果。

第二十条　【精准扶贫】

上市公司应当披露报告期精准扶贫工作的投入和总体完成情况，分项列示在产业发展脱贫、转移就业脱贫、易地搬迁脱贫、教育扶贫、健康扶贫、生态保护扶贫、兜底保障、社会扶贫等方面开展精准扶贫工作取得的成果，并说明后续精准扶贫计划以及保障目标实现的主要措施。

第二十一条　【社会公共职责】

上市公司应当披露报告期在公益事业方面做出的贡献，分类列示在提升社会教育、环境、就业、文化、体育等方面的投入和开展的活动，以及开展上述活动取得的积极成果。

第二十二条　【利益相关者的权益保护】

上市公司应当披露生产经营活动中引发利益相关者反对的重要事项，包括利益相关者的影响范围、诉求以及公司处理上述事项的流程和具体情况。

第二十三条 【每股社会贡献值】

上市公司应当计算并披露报告期为社会创造的每股增值额，帮助社会公众更全面地了解公司为其股东、员工、客户、债权人、社区以及整个社会所创造的真正价值。

每股社会增值额 = （归属于上市公司股东的净利润 + 为国家创造的税收 + 向员工支付的工资 + 向银行等债权人给付的借款利息 + 公司对外捐赠额等为其他利益相关者创造的价值额 - 因环境污染、辞退员工等造成的其他社会成本）/总股本。

第四章 公司治理信息披露

第二十四条 【党建】

上市公司应当根据有关规定和公司章程，披露公司党建工作的相关情况。

第二十五条 【政策、措施及成效】

上市公司应当披露在完善公司治理机制、健全公司治理结构及保证股东、董事、监事和高级管理人员充分行使权利和切实履行义务等方面制定的政策、采取的措施及取得的成效。

第二十六条 【公司治理基本状况】

上市公司应当披露公司治理的基本状况，说明公司治理的实际状况与中国证监会发布的有关上市公司治理的规范性文件是否存在重大差异，如有重大差异，应当说明具体情况及原因。

公司应当就其与控股股东在业务、人员、资产、机构、财务等方面存在不能保证独立性、不能保持自主经营能力的情况进行说明。存在同业竞争的，公司应当披露相应的解决措施、工作进度及后续工作计划。

第二十七条 【控股股东和实际控制人】

上市公司应当披露控制关系和控制链条，用方框图的形式列示到最终控制人，说明公司股权结构情况，控股股东或实际控制人的情况及其对公司治理和稳定经营的影响。

第二十八条 【股东大会情况】

上市公司应当披露报告期召开的股东大会的有关情况：

（一）会议届次、会议决议及执行情况；

（二）单独或合计持有公司10%以上股份的股东请求或监事会提议召开临时股东大会情况（如有）；

（三）单独或合计持有公司3%以上股份的股东提出临时提案情况（如有）；

（四）审议涉及影响中小投资者利益的重大事项时，存在中小投资者的表决结果与股东大会的表决结果不一致的，说明控股股东或第一大股东的表决情况、表决理由及是否损害中小投资者的合法权益。

第二十九条 【与投资者的沟通与交流】

上市公司应当披露报告期与投资者沟通交流的情况，包括通过业绩说明会、新闻发布会、投资者接待日等方式进行投资者关系活动的情况，以及在帮助投资者及时全面地了解公司已公开重大信息方面所采取的措施。

第三十条 【机构投资者参与公司治理情况】

上市公司应当披露报告期机构投资者参与公司治理的情况，包括但不限于提议召开股东大会、参与股东大会投票、提出的质询或议案以及提名董事、监事等方面的情况。

第三十一条 【董事会】

上市公司应当披露报告期董事会组成及运作情况：

（一）董事情况，包括董事构成、具备的知识、技能和经验、工作职责、兼职以及履职情况；

（二）董事会下设委员会情况，包括审计委员会、提名委员会、薪酬与考核委员会、战略委员会等专门委员会的人员构成、分工和运作情况。

第三十二条 【独立董事履职情况】

上市公司应当披露报告期每位独立董事的履职情况，包括但不限于独立董事的姓名、出席董事会的次数、方式、曾提出异议的有关事项及异议的内容、出席股东大会的次数、现场办公时间、提出的建议及采纳情况等。

第三十三条 【监事会】

上市公司应当披露监事及监事会的相关情况：

（一）监事情况，包括监事构成、具备的知识、技能和经验、工作职责、兼职以及履职情况；

（二）监事会在报告期的监督活动中发现公司存在风险的情况及简要意见（如有）。

第三十四条 【内部控制有关情况】

上市公司应当披露报告期内部控制制度实施情况、存在的缺陷和异常事项及其处理情况、上一年度存在的缺陷及异常事项的改进情况等。

第三十五条 【追责机制】

上市公司应当披露报告期内部违规责任追究制度执行情况，对有关责任人采取的问责措施及处理结果（如有）。

第五章 附 则

第三十六条 上市公司因特殊原因无法按照本指引个别条款的规定履行信息披露义务的，或本指引具体要求对公司确实不适用的，可以根据实际情况调整披露内容或者不披露相关内容，但应当说明原因，并提示投资者注意相关投资风险。

第三十七条 本指引由本所负责解释。

第三十八条 本指引自××年×月×日起实施。

关于完善上市公司履行扶贫社会责任信息披露的通知

【发布机关】深圳证券交易所

【发布日期】2016 年 12 月 30 日

各上市公司：

为全面贯彻《国务院关于印发“十三五”脱贫攻坚规划的通知》（国发〔2016〕64 号，以下简称《脱贫规划》）精神，认真落实《中国证监会关于发挥资本市场作用服务国家脱贫攻坚战略的意见》（证监会公告〔2016〕19 号），进一步完善上市公司履行扶贫社会责任的相关信息披露，现就有关事项通知如下：

一、支持和鼓励上市公司积极履行社会责任。上市公司应结合自身生产经营情况、战略发展规划、人才与资源优势等，主动承担社会责任，并积极披露扶贫工作相关信息。

二、上市公司应在年度报告全文“重要事项”章节中，充分披露报告期内公司履行精准扶贫社会责任的具体情况。披露内容包括但不限于：

（一）年度精准扶贫概要。参照《脱贫规划》口径，披露年度具体扶贫计划、完成情况及效果等。如扶贫计划未按期完成，应说明原因及后续改进措施。

（二）精准扶贫成效。按附件表格格式，在年度报告中披露公司本年度在产业发展脱贫、转移就业脱贫、易地搬迁脱贫、教育扶贫、健康扶贫、生态保护扶贫、兜底保障、社会扶贫 8 个方面开展精准扶贫工作取得的成果。

（三）后续精准扶贫计划。根据公司长期经营战略与扶贫规划，披露下一年度开展精准扶贫工作的计划，以及保障计划实现的主要措施等。

三、披露社会责任报告的公司，应当在社会责任报告中单独、重点披露履行精准扶贫社会责任的情况。

四、上市公司在开展精准扶贫工作的过程中，涉及事项（如对外投资等）如达到临时报告标准，应当及时履行临时信息披露义务。此外，鼓励上市公司通过临时报告的形式披露设立扶贫产业基金、参加扶贫公益活动、实施扶贫投资项目取得重大进展等有助于投资者了解上市公司积极履行精准扶贫社会责任的相关信息。

五、鼓励上市公司在半年报和季报中，披露履行精准扶贫社会责任的阶段性进展情况。

六、本通知自发布之日起施行。

深圳证券交易所

2016 年 12 月 30 日

相关附件

附件：上市公司年度精准扶贫工作情况统计表（略）

深圳证券交易所自律监管措施和纪律处分实施办法（2020 年修订）

【发布机关】深圳证券交易所
【发文字号】深证上〔2020〕1297 号
【发布日期】2020 年 12 月 31 日

各市场参与人：

为进一步做好深圳证券交易所（以下简称本所）自律监管措施和纪律处分的实施工作，提高本所自律监管的规范性和透明度，本所对《深圳证券交易所自律监管措施和纪律处分实施细则（2018 年修订）》进行了修改，形成《深圳证券交易所自律监管措施和纪律处分实施办法（2020 年修订）》，现予以发布，并自发布之日起施行。

本所 2018 年 10 月 26 日发布的《深圳证券交易所自律监管措施和纪律处分实施细则（2018 年修订）》（深证上〔2018〕497 号）同时废止。

特此通知

深圳证券交易所

2020 年 12 月 31 日

第一章 总 则

第一条 为规范深圳证券交易所（以下简称本所）自律监管措施和纪律处分的实施，保障本所有效履行自律监管职责，维护证券市场秩序，保障各市场参与人的合法权益，根据《证券法》《证券交易所管理办法》《深圳证券交易所章程》以及本所相关业务规则，制定本办法。

第二条 本所实施本所业务规则规定的自律监管措施和纪律处分，适用本办法。

第三条 实施自律监管措施和纪律处分，应当遵循依规、公正、及时的原则。

第四条 实施自律监管措施和纪律处分，应当以事实为依据，与行为的性质、情节的轻重以及危害程度相适应。

第五条 自律监管措施和纪律处分可以单独或者合并实施。

第六条 相关当事人被本所实施自律监管措施或者纪律处分的，应当根据本所要求及时自查整改。

相关当事人未按本所要求及时自查整改的，本所可以根据情况进一步实施自律监管措施或者纪律处分。

第七条 行政处罚决定书、行政监管措施决定书或者生效司法裁判文书（以下统称有关法律文书）中对相关事实情况作出认定的，本所可以据此认定当事人的违规事实，并实施相应的自律监管措施或者纪律处分。

如本所认定违规事实所依据的有关法律文书被依法撤销或者变更，或者有关法律文书表明违规事实不存在的，经当事人申请，本所可以撤销或者变更已作出的自律监管措施或者纪律处分。

撤销或者变更的程序按作出该自律监管措施或者纪律处分时的相应程序处理。

第八条 本所对当事人实施自律监管措施或者纪律处分后，发现当事人在相关违规行为中存在其他违规情节，或者该违规行为仍在继续的，本所可以对其进一步实施自律监管措施或者纪律处分。

第二章 自律监管措施和纪律处分的考量因素

第九条 实施自律监管措施和纪律处分，应当根据当事人违规行为的主观、客观因素等予以综合考量认定。

第十条 实施自律监管措施和纪律处分时考量的主观、客观因素包括：

（一）当事人的违规行为是否存在主观故意；

（二）违规行为发生后，当事人是否掩饰、隐瞒，是否采取适当的补救、纠正措施；

（三）违规行为发生后，当事人是否及时向本所报告，是否积极配合，是否干扰、阻碍调查进行；

（四）当事人为单位的，在单位内部是否存在违规共谋，或是否仅因个人行为导致违规；

（五）违规行为涉及的金额及占相关财务数据的比重；

（六）违规行为发生的次数、频率及持续的时间；

（七）违规行为对证券发行上市、风险警示、停复牌、终止上市、重新上市、重大资产重组、收购及股份权益变动、股权激励计划等事项或条件、证券交易价格或证券交易量的影响；

（八）违规行为给上市公司、投资者等造成的损失，违规当事人从中获取的利益；

（九）违规行为被相关行政机关、司法机关查处的情况；

（十）其他需要考量的主观、客观因素。

第十一条 区分当事人的责任大小，可以从以下方面考量：

（一）当事人在违规事项中所起的是主要作用还是次要作用；

（二）当事人的职务、职责、权限、专业背景及履职情况；

（三）其他需要考量的情节。

第十二条 具有下列情形之一的，可以从轻、减轻实施自律监管措施或者纪律处分：

（一）在违规行为被发现前，积极主动采取或要求公司采取纠正措施，并向本所或者证券监管机构报告；

（二）违规行为未对市场造成实际影响，或已经采取有效措施消除不良影响；

（三）违规行为是由于自然灾害等不可抗力、意外事件造成；

（四）本所认定的其他情形。

第十三条 具有下列情形之一的，可以从重、加重实施自律监管措施或者纪律处分：

（一）违规行为导致证券或者证券衍生品种交易发生异常波动、非正常停牌或交易状态变更等；

（二）违规行为对市场造成恶劣影响；

（三）影响上市公司再融资、股权激励等的实施条件，或影响公司证券及其衍生品种的上市条件；

（四）违规金额或占相关财务数据的比重巨大；

（五）违规行为长期持续；

（六）最近12个月内曾因同类违规行为被中国证监会行政处罚，或被本所实施自律监管措施或者纪律处分；

（七）干扰、阻碍调查或者拒不配合本所采取相关措施；

（八）本所认定的其他情形。

第三章 自律监管措施

第一节 自律监管措施的种类

第十四条 在本所发行、上市或者转让股票、债券、基金、存托凭证等证券的发行人、管理人、上市公司及中介机构等相关主体出现违规行为的，本所或者业务部门可以单独或者合并实施以下自律监管措施：

（一）口头警示，即以口头形式将有关违规事实告知当事人，要求其及时防范、补救或者改正；

（二）书面警示，即以监管函等书面形式将有关违规事实告知当事人，要求其及时防范、补救或者改正；

（三）约见谈话，即要求当事人在指定的时间、地点就有关事项接受训诫，要求其作出说明，督促其澄清事实，采取措施及时防范、补救或者改正；

（四）要求中介机构或者要求聘请中介机构核查并发表意见，即要求中介机构或者要求当事人聘请中介机构核查有关问题、事项并发表意见；

（五）要求限期改正，即要求当事人停止违规行为或者限期改正；

（六）要求公开更正、澄清或说明，即要求监管对象对信息披露中的错漏事项进行公开更正，或者对有关事项或风险情况予以公开澄清或说明；

（七）要求公开致歉，即要求当事人对违规事项以公告或者本所认可的其他方式向投资者公开致歉；

（八）要求限期召开投资者说明会，即要求当事人限期召开说明会，就特定事项公开向投资者作出解释或者说明；

（九）要求上市公司董事会追偿损失，即对于他人给上市公司造成损失，且相关损失已经由司法机关、行政机关或损失造成者予以明确确认，但上市公司董事会未进行追偿的，要求上市公司董事会主动进行追偿；

（十）对未按要求改正的证券发行人相关证券实施停牌，即对于未在规定期限内按要求改正违规行为的上市公司或其他证券发行人，要求其在一定期限内对相关事项予以改正，并在改正期间对公司股票、债券、基金或其衍生品种实施停牌；

（十一）建议更换相关任职人员，即建议当事人更换董事、监事或者高级管理人员，并及时选聘符合资格的董事、监事或者高级管理人员；

（十二）暂停受理或者办理相关业务，即在3个月、6个月、12个月或者36个月内不受理或者办理当事人在本所的部分或者全部业务；

（十三）暂停适用信息披露直通车业务，即暂停上市公司通过本所信息披露系统办理信息披露直通车业务，在暂停期间其提交的信息披露文件需经本所事前审核后方能对外披露；

（十四）限制交易，即根据《证券法》及本所业务规则的相关规定限制投资者交易；

（十五）向相关主管部门出具监管建议函，即对违规行为同时涉嫌违反中国证监会之外的其他主管部门监管规定的当事人，以书面函件等形式将当事人有关行为或者风险状况告知相关主管部门，建议其予以关注；

（十六）本所规定的其他自律监管措施。

第十五条 本所会员、其他交易参与人及相关主体出现违规行为的，本所或者业务部门可以单独或者合并实施以下自律监管措施：

（一）本办法第十四条第（一）项至第（三）项、第（十二）项、第（十四）项规定的自律监管措施；

（二）本所规定的其他自律监管措施。

第十六条 投资者出现违规行为的，本所或者业务部门可以单独或者合并实施以下自律监管措施：

（一）本办法第十四条第（一）项至第（三）项、第（十四）项规定的自律监管措施；

（二）要求提交书面承诺，即就有关异常交易情形要求当事人提交承诺合规交易的书面函件的自律监管措施；

（三）将证券账户列入重点监控账户，即将发生严重异常交易行为或者频繁发生异常交易行为的证券账户列入重点监控账户名单，并要求相关会员或者其他交易参与人予以重点管理的自律监管措施；

（四）提请香港联合交易所有限公司（以下简称香港联交所）采取相关措施，即根据本所与香港联交所深港通相关监管合作安排，提请香港联交所要求其参与者对投资者实施口头警示、书面警示、拒绝接受其深股通交易委托等的自律监管措施；

（五）不接受相关投资者的深股通交易申报，即根据本所相关业务规则及与香港联交所深港通相关监管合作安排，对于在深股通交易中出现异常交易行为的投资者，在一定期限内不予接受香港联交所证券交易服务公司提交的涉及相关投资者的深股通交易申报的自律监管措施；

（六）本所规定的其他自律监管措施。

第二节 自律监管措施的实施程序

第十七条 实施口头警示措施的，由本所或者业务部门通过电话等口头形式向当事人或者当事人的法定代表人、主要负责人、直接责任人作出，或者通过当事人委托交易的会员或者其他交易参与人转达。

第十八条 实施书面警示措施的，由本所或者业务部门向当事人发出监管函等书面警示函件，或者通过当事人委托交易的会员或者其他交易参与人送达。

书面警示函件可以同时抄报中国证监会或者其有关部门，抄送中国证监会有关派出机构。

第十九条　实施约见谈话措施的，本所或者业务部门应当提前向谈话对象发出书面通知，告知其谈话的时间、地点、事由和需要提交的材料等内容。

约见谈话应由 2 名以上本所工作人员参加，制作谈话笔录并由谈话对象签字确认，必要时可以采取录音等措施。

约见谈话函件可以同时抄报中国证监会或者有关部门，抄送中国证监会有关派出机构。

第二十条　实施要求中介机构或者要求聘请中介机构核查并发表意见措施的，由本所或者业务部门向当事人发出书面通知，告知其需要核查的有关问题、事项以及时限和要求等内容，并要求当事人在规定的时限内回复。

第二十一条　实施限期改正措施的，由本所或者业务部门向当事人发出书面通知，告知其整改的事项、时限和要求等内容。书面通知可以同时抄报中国证监会或者其有关部门，抄送中国证监会有关派出机构。

第二十二条　实施要求公开更正、澄清或说明措施的，由本所或者业务部门向监管对象发出书面通知，告知其要求公开更正、澄清或说明的事项、时限和公开的方式等内容。

第二十三条　实施要求公开致歉措施的，由本所或者业务部门向当事人发出书面通知，告知其需要致歉的事项、时限、方式和要求等内容。

第二十四条　实施要求限期召开投资者说明会措施的，由本所或者业务部门向当事人发出书面通知，告知其召开投资者说明会的事项、时限和要求等内容。

第二十五条　实施要求上市公司董事会追偿损失措施的，由本所或者业务部门向上市公司发出书面通知，告知其应追偿损失的事项、时限和要求等内容。

第二十六条　实施对未按要求改正的证券发行人相关证券实施停牌措施的，由本所向证券发行人发出书面通知，告知其停牌的原因、停牌的品种、停牌日期和具体要求等内容。

第二十七条　实施建议更换相关任职人员措施的，由本所向当事人发出书面通知，告知其建议更换的有关任职人员的姓名、职务和具体要求等内容，以及实施该项自律监管措施的简要理由。书面通知可以同时抄报中国证监会或者其有关部门，抄送中国证监会有关派出机构。

有关单位应当自收到书面通知之日起 30 个工作日内，作出是否更换有关人选的决定，及时报告本所并按有关规定公告。

第二十八条　实施暂停适用信息披露直通车业务措施的，由本所或者业务部门向未在规定期限内按要求改正信息披露直通车业务有关违规行为的上市公司发出书面通知，告知其暂停的原因、时间、恢复适用信息披露直通车业务的条件等内容。

第二十九条　实施限制交易措施的，按照本所《限制交易实施细则》等规定的程序实施。

第三十条　实施向相关主管部门出具监管建议函措施的，由本所向相关主管部门发出书面函件，告知其当事人的违规事实、风险状况并建议其采取相应监管措施，同时向当事人发出书面通知，告知其实施自律监管措施的事项、简要理由及监管建议函的主要内容。

第三十一条　实施暂停受理或者办理相关业务措施的，由本所或者业务部门向当事人发出书面通知，告知其暂停受理或者办理相关业务的原因、期限、业务种类以及恢复受理或者办理的条件、时间等内容。书面通知可以同时抄报中国证监会或者其有关部门，抄送中国证监会有关派出机构。

第三十二条 实施要求提交书面承诺措施的，由本所或者业务部门向当事人发出书面通知，或者通过当事人委托交易的会员或者其他交易参与人送达，告知当事人需作出书面承诺的事项和要求等内容。必要时，可以要求当事人公告其书面承诺。

第三十三条 实施将证券账户列入重点监控账户措施的，由本所或者业务部门将有关账户名单发送至会员或者其他交易参与人，会员或者其他交易参与人应当告知当事人并加强相关账户的客户管理工作。

第三十四条 提请香港联交所采取相关措施的，按照本所与香港联交所深港通相关监管合作安排进行。

第三十五条 实施不接受相关投资者的深股通交易申报措施的，由本所或者业务部门在交易系统设置并通过香港联交所通知相关投资者。

第三十六条 自律监管措施由本所或者本所有关业务部门实施。本所业务部门可以设立由本部门专业人员组成的监管工作小组，对发起限制交易或者实施其他自律监管措施进行审议。

本所拟实施以下自律监管措施的，应当提交本所纪律处分委员会审议：

（一）对未按要求改正的证券发行人相关证券实施停牌；

（二）建议更换相关任职人员；

（三）向相关主管部门出具监管建议函；

（四）对会员、其他交易参与人的书面警示、暂停受理或者办理相关业务；

（五）认为有必要的其他自律监管措施。

第四章 纪律处分

第一节 纪律处分委员会

第三十七条 本所设纪律处分委员会，采取审议会或者本办法规定的其他形式审议纪律处分以及本办法第三十六条第二款规定的自律监管措施。

纪律处分委员会委员不少于20名，由本所专业人员和本所以外的有关专家组成。

第三十八条 纪律处分委员会委员出席审议会，根据自身专业判断，独立发表审议意见并行使表决权，不受任何单位和个人的干涉。

第三十九条 纪律处分委员会委员应当具备下列条件：

（一）熟悉有关证券法律、行政法规、部门规章、规范性文件和本所业务规则；

（二）熟悉证券市场情况及本所自律管理业务；

（三）坚持原则、公正廉洁；

（四）本所要求的其他条件。

第四十条 纪律处分委员会设主任委员1名，副主任委员1～3名。主任委员由本所高级管理人员担任。

纪律处分委员会委员由本所聘任，每届任期3年，可以连任。本所可以根据需要对纪律处分委员会委员进行调整。

第四十一条 纪律处分委员会工作机构（以下简称工作机构）设于本所法律部，负责案件的受理、审议会的准备以及办理相关事务。

纪律处分委员会设秘书若干名，由法律部指定人员担任，负责准备会议资料、发出会议通知、进行会议记录等具体事宜。

第四十二条 纪律处分委员会每次审议会的参会委员为5名，其中设召集人1名。召集人由纪律处分委员会主任委员、副主任委员或者其指定的委员担任。

第四十三条 纪律处分委员会委员履行职责时，应当遵守下列规定：

（一）勤勉尽责，认真审阅审议事项相关材料；

（二）按时出席审议会，独立公正地发表意见；

（三）不得泄露或者透露审议内容、表决情况及其他有关情况；

（四）不得私下接触审议事项相关人员，不得接受其馈赠；

（五）不得利用在履行职责时获取的非公开信息为本人或者他人谋取利益。

第四十四条 纪律处分委员会委员存在有下列情形之一的，应当回避：

（一）担任审议事项的直接监管人员；

（二）本人或者其近亲属是审议事项当事人，或者担任审议事项当事人的董事、监事、高级管理人员；

（三）本人或者其近亲属持有审议事项当事人1%以上股份或者是其实际控制人，或者担任持有审议事项当事人1%以上股份的股东、实际控制人的董事、监事、高级管理人员；

（四）与审议事项有其他利害关系，可能影响对案件的公正处理。

前款所称“近亲属”，是指配偶、父母、子女、兄弟姐妹。纪律处分委员会委员申请回避的，应当书面说明理由，在审议会召开前向工作机构提出。

第四十五条 纪律处分委员会委员有下列情形之一的，本所予以解任：

（一）任期内因职务变动不宜担任纪律处分委员会委员；

（二）连续两次无故缺席审议会；

（三）任期内严重渎职或者违反纪律处分委员会工作纪律；

（四）本人提出书面辞职申请经批准；

（五）不适合担任纪律处分委员会委员的其他情形。

第二节 纪律处分的种类和实施程序

第四十六条 本所纪律处分包括：

（一）通报批评，即本所采取公开方式对当事人进行批评的纪律处分；

（二）公开谴责，即本所采取公开方式对当事人进行谴责的纪律处分；

（三）公开认定不适合担任相关职务，即本所公开认定有关人员3年、5年、10年或者终身不适合担任上市公司董事、监事、高级管理人员或者红筹公司信息披露境内代表等职务的纪律处分；

（四）建议法院更换上市公司破产管理人或者管理人成员，即本所建议有关人民法院更换未勤勉尽责的上市公司破产管理人或者管理人成员的纪律处分；

（五）暂不接受发行人、上市申请人提交的发行上市申请文件，即在一定期间内不接受有关发行人或上市申请人提交的发行上市申请文件；

（六）暂不接受控股股东、实际控制人及其控制的其他发行人提交的发行上市申请文件，即在一定期间内不接受有关控股股东、实际控制人及其控制的其他发行人提交的发行上市申请文件；

（七）暂不受理专业机构或者其从业人员出具的相关业务文件，即本所在3个月、6个月、12个月或者36个月内不受理保荐人、财务顾问、承销机构、资信评级机构、受托管理人或者履行同等职责的机构、会计师事务所、资产评估机构、律师事务所等专业机构或者其相关人员提交或签字的相关业务文件的纪律处分；

（八）收取惩罚性违约金，即本所对出现违规行为的发行人、上市公司及相关市场主体、会员等，按照协议以及本所业务规则的规定，收取一定金额违约金的纪律处分，惩罚性违约金的具体收取标准由本所另行规定；

（九）暂停或者限制交易权限，即本所对存在违规的会员或者其他交易参与人，暂停或者限制部分或者全部交易单元的交易品种、方式、规模等交易权限的纪律处分；

（十）取消交易权限，即本所对存在违规的会员，关闭其相关交易单元的交易品种、方式、规模等交易权限的纪律处分；

（十一）取消会员或者其他交易参与人资格，即对存在违规的会员或者其他交易参与人，取消其会员或者其他交易参与人资格的纪律处分；

（十二）报请中国证监会认定会员董事、监事、高级管理人员为不适当人选，即对会员违规行为负有责任的会员董事、监事、高级管理人员，最近36个月累计3次受到本所纪律处分的，本所可以报请中国证监会认定其为不适当人选的纪律处分；

（十三）本所规定的其他纪律处分。

本所实施前款第（七）项纪律处分的，同时将该决定通知监管对象所在单位（如适用）。

第四十七条 本所业务部门认为需对当事人实施纪律处分的，应当向其发送纪律处分事先告知书。

纪律处分事先告知书应当载明违规事实、拟实施的纪律处分及简要理由，并告知相关当事人可以在规定时间内提交书面陈述和申辩的权利。根据本所业务规则，属于听证范围的，纪律处分事先告知书还应当载明当事人可以申请听证的权利。

第四十八条 相关当事人在纪律处分事先告知书规定时间内未提交书面陈述和申辩或者在审查当事人的书面陈述和申辩后，本所业务部门仍然认为需要给予其纪律处分的，业务部门应当及时向工作机构提交书面的纪律处分建议及案件材料，提请召开纪律处分审议会。

前款规定的纪律处分建议应当载明违规事实、适用规则条款、建议实施的纪律处分类型及理由等内容；案件材料应当包括违规行为证据材料、纪律处分事先告知书、当事人书面陈述和申辩等。

第四十九条 工作机构应当及时对本所相关业务部门提交的案件材料进行形式审核。材料齐备的，工作机构予以受理，并及时安排审议会。

第五十条 审议会召开前工作机构应当做好通知参会委员、指定会议秘书、确定会议时间及地点等准备。委员会秘书应当及时将会议时间、地点、会议材料通知参会委员和其他参会人员。

第五十一条 审议会由召集人主持，并按照下列程序进行：

（一）本所相关监管人员向参会委员报告有关情况，并接受参会委员询问；

（二）召集人组织参会委员对审议事项发表个人意见，进行充分讨论，并进行总结；

（三）参会委员对讨论形成的意见进行投票表决；

（四）委员会秘书统计投票结果；

（五）召集人宣布表决结果，形成处理意见。

第五十二条 审议会表决以记名方式进行，表决票设同意票和反对票两种。参会委员在投反对票时应当在表决票上说明反对的理由。

同意票数达到3票为通过，未达到3票为未通过。

第五十三条 参会委员发现存在明确影响判断且尚待调查核实的重大问题时，可以提议暂缓表决。经3名及以上参会委员提议，应当暂缓表决。

召集人根据监管人员的核实情况重新安排审议。

第五十四条 审议会结束后，由委员会秘书根据会议讨论情况和投票结果等记录情况，起草会议纪要，供各参会委员查阅。

第五十五条 纪律处分委员会根据审议会的表决结果，对提请审议的纪律处分或者自律监管措施事项，作出下列处理：

（一）认为应当予以纪律处分或者实施自律监管措施的，形成纪律处分或者实施自律监管措施意见；

（二）认为案件事实不清、证据不足或者遗漏违规事实、违规行为人的，退回相关业务部门补充调查；

（三）认为不构成违反本所业务规则，或者虽构成违反本所业务规则但情节轻微不予纪律处分或者不予实施相关自律监管措施的，转交相关业务部门处理。

第五十六条 属于下列情形之一的，经相关业务部门建议，纪律处分委员会主任委员可以指定五名委员直接进行通讯表决，形成处理意见：

（一）拟对相关当事人进行通报批评；

（二）相关当事人均没有申请减免责，或者明确表示接受纪律处分事先告知书所提出的纪律处分；

（三）事实清楚、情况紧急，需要立即启动纪律处分或者自律监管措施程序。

本办法第五十二条、第五十三条关于审议会的有关规定，适用于通讯表决。

第五十七条 除取消会员资格外的纪律处分，由纪律处分委员会根据总经理的授权审定，并由本所根据纪律处分委员会的意见作出决定。涉及取消会员资格的，由纪律处分委员会审议并报理事会批准后，由本所作出决定。

纪律处分决定书中应当载明当事人的违规事实、决定实施的纪律处分类型、处分理由和适用规则。对于可以申请复核的纪律处分决定，纪律处分决定书中应当告知当事人申请复核的期限及相关要求。

第五十八条 在审议会对审议事项形成意见后至纪律处分决定作出前或者自律监管措施实施前，有关事项出现新情况，业务部门可以提请纪律处分委员会召开会后事项审议会，对该事项重新进行审议。

第五十九条 本所决定收取惩罚性违约金的，应在纪律处分决定书中写明违约金的金额及缴纳方式，当事人应当在收到纪律处分决定书15日内足额缴纳违约金至本所的指定账户。

当事人未按期缴纳惩罚性违约金的，应及时披露未缴纳的原因及解决措施。

第五章　附　　则

第六十条　本所工作人员在自律监管措施或者纪律处分工作中，应当严格遵纪守法，公正廉洁，不得利用职务便利谋取不正当利益，不得泄露所知悉的商业秘密。

第六十一条　本所在实施自律监管措施或者纪律处分前可以进行现场检查，或者采取与有关人员进行谈话，发出问询、核查通知书等书面函件，调阅工作底稿等方式查明有关事实。

第六十二条　当事人对本所实施的自律监管措施或者纪律处分不服，且根据本所业务规则可以申请复核的，可以按照本所关于复核程序的相关规定，向本所上诉复核委员会申请复核。

复核期间该自律监管措施或者纪律处分不停止执行，本所业务规则另有规定的除外。

第六十三条　本所可以要求相关当事人在符合中国证监会规定的媒体或者本所网站就被本所实施自律监管措施或者纪律处分的相关情况作出公告。相关当事人未按要求公告的，本所可以根据情况进一步实施相关自律监管措施或者纪律处分。

第六十四条　本所将对相关当事人实施的有关自律监管措施和纪律处分记入诚信档案，并可以根据情况通报中国证监会或者其派出机构、地方政府和行业自律组织、在本所网站予以公布等。

本所在实施纪律处分和自律监管措施过程中，发现监管对象的行为涉嫌违反法律、行政法规或者中国证监会相关规定的，按照相关规定报告中国证监会。

第六十五条　本所可以通过邮寄、传真、公告、电子系统等方式将纪律处分事先告知书、纪律处分决定书及其他相关文件送达至相关当事人。

当事人为投资者的，本所可以通过当事人委托交易的会员或者其他交易参与人送达。当事人为证券发行人董事、监事、高级管理人员、股东、实际控制人、收购人等自然人、机构及其相关人员，保荐人及其保荐代表人、证券服务机构及其相关人员以及交易对手方、承诺人等的，本所可以通过证券发行人送达。

通过公告方式送达的，可以在本所网站发布公告，自公告发布之日起满10个交易日即视为送达。

第六十六条　本办法未规定但本所其他业务规则规定的自律监管措施和纪律处分的实施程序，可以参照本办法执行。

本办法规定的自律监管措施和纪律处分，其他业务规则有特别规定的，优先适用其他业务规则。

第六十七条　本所对从事B股交易业务的境外证券经营机构实施自律监管措施，按照本所《境外证券经营机构B股交易风险管理细则》的相关规定执行。

第六十八条　本办法由本所负责解释。

第六十九条　本办法自发布之日起施行。

深圳证券交易所自律监管听证程序细则（2020年修订）

【发布机关】深圳证券交易所
【发文字号】深证上〔2020〕1295号
【发布日期】2020年12月31日

各市场参与人：

为进一步完善深圳证券交易所（以下简称本所）自律监管听证相关程序，保障市场主体合法权益，本所对《深圳证券交易所自律监管听证程序细则》进行了修改，现予以发布，并自发布之日起施行。

本所2018年4月23日发布的《深圳证券交易所自律监管听证程序细则》（深证上〔2018〕173号）同时废止。

特此通知

深圳证券交易所
2020年12月31日

第一条 为提高深圳证券交易所（以下简称本所）自律监管的公正性和透明度，保护当事人合法权益，根据《证券交易所管理办法》《深圳证券交易所股票上市规则》《深圳证券交易所创业板股票上市规则》《深圳证券交易所公司债券上市规则》《深圳证券交易所自律监管措施和纪律处分实施办法》及本所其他相关业务规则，制定本细则。

第二条 本所在纪律处分审核或者终止上市审核过程中，作出以下自律监管决定前，当事人申请听证的，应当按照本细则组织听证，听取当事人的陈述及申辩意见：

（一）公开谴责；

（二）公开认定不适合担任上市公司董事、监事、高级管理人员或者红筹公司信息披露境内代表；

（三）暂不接受发行人、上市申请人提交的发行上市申请文件，暂不接受控股股东、实际控制人及其控制的其他发行人提交的发行上市申请文件；

（四）暂不受理保荐人及其保荐代表人、承销商、受托管理人或者履行同等职责的机构、证券服务机构及其相关人员出具的文件；

（五）收取惩罚性违约金；

（六）暂停或者限制交易权限，但为维护市场秩序紧急采取的除外；

（七）取消交易权限；

（八）取消会员或者其他交易参与人资格；

（九）股票终止上市，但上市公司申请终止上市的除外；

（十）本所业务规则规定可以申请听证的其他自律监管决定。

第三条 本所纪律处分委员会和上市委员会应当按照本细则以听证会的形式分别履行纪律处分听证职责和终止上市听证职责。

听证会可以采用现场会议或者网络视频、电话等非现场会议形式召开。

第四条 纪律处分听证委员由本所纪律处分委员会委员担任。终止上市听证委员由本所上市委员会委员担任。

每次听证会的听证委员为5名，其中1名为听证召集人，听证召集人由纪律处分委员会、上市委员会主任委员或者其指定的委员担任。

听证会秘书负责会议材料接收、听证通知发送、会议记录等事务。

第五条 听证委员存在下列情形之一的，应当回避：

（一）本人与听证当事人有近亲属关系；

（二）本人担任听证当事人的董事、监事、高级管理人员或者当事人的代理人或者与前述人员有近亲属关系；

（三）本人或者其近亲属为持有听证当事人1%以上股份的股东、实际控制人，或者担任持有听证当事人1%以上股份的股东、实际控制人的董事、监事、高级管理人员；

（四）与听证当事人有利害关系或者其他关系，可能影响对听证事项的公正处理。

前款所称“近亲属”，是指配偶、父母、子女、兄弟姐妹。

第六条 当事人认为听证委员存在本细则第五条规定的情形，可能影响听证事项公正处理的，可以申请其回避。

当事人提出回避申请，应当在听证开始前提出，并说明理由；回避事由在听证开始后知道的，也可以在听证结束前提出。听证委员是否回避，由听证召集人决定；听证召集人回避，由相应委员会主任委员或者本所决定。

第七条 本所在作出本细则第二条规定的自律监管决定前，应当向当事人送达事先告知书，载明当事人享有申请听证的权利。

第八条 当事人申请听证的，应当在收到本所事先告知书或者本所公告送达有关事先告知书之日（以在先者为准）起5个交易日内以书面形式向本所提出听证申请。当事人逾期未提出书面听证申请的，视为放弃听证权利。

当事人应当在收到本所事先告知书或者本所公告送达有关事先告知书之日（以在先者为准）起10个交易日内向本所提交书面陈述和申辩等材料。

收到纪律处分听证申请后，本所业务部门决定不向纪律处分委员会提出纪律处分建议的，将告知申请人因纪律处分流程终止而不举行听证。

第九条 自律监管决定涉及多个当事人，部分当事人放弃听证权利的，不影响其他当事人申请听证。

多个当事人就同一纪律处分事项申请听证的，本所原则上组织一次听证，安排其共同参加，并以收到最后一份听证申请的日期作为组织听证期限的起算点。公告送达的，本所以收到当事人听证申请或者当事人申请听证权利届满之日（以在先者为准）作为组织听证期限的起算点。

第十条 本所收到当事人的听证申请后，应当进行审查，对符合本细则及本所相关规定的，应当在收到听证申请后20个交易日内组织听证，并在举行听证的5个交易日前（听证会召开当日不计入，下同）书面通知当事人举行听证的时间、地点、听证注意事项等有关事宜；同时通知本所与听证事项有关的业务部门人员参加听证。

当事人应当按期参加听证。除出现本细则第十一条第一款第（二）项所述情形，当事人未按期参加听证的，视为放弃听证权利。

第十一条 有下列情形之一的，听证可以延期举行：

（一）因不可抗力的事由致使听证无法按期举行的；

（二）当事人因正当理由无法按期参加听证，向本所提交延期申请并获得同意的；

（三）当事人在听证开始前对听证委员提出回避申请，本所认为理由正当的；

（四）本所认为其他需要延期的情形。

当事人申请延期举行听证的时间原则上不得超过30个交易日。

当事人依据本条第一款第（二）项申请延期举行听证的，应当在收到听证通知书后3个交易日内书面提出。

延期举行听证的情形消除后，本所及时安排召开听证会。

第十二条 当事人可以亲自参加听证，也可以委托1名熟悉听证事项情况的代理人参加。

当事人及其代理人可以一并参加听证会。

第十三条 当事人在听证中有以下权利和义务：

（一）按时出席听证；

（二）在听证会召开1个交易日前书面撤回听证申请，结束听证；

（三）如实陈述相关事实和回答提问，举证客观、真实；

（四）遵守听证纪律，服从听证召集人的要求；

（五）对获知的国家秘密、商业秘密和个人隐私予以保密；

（六）本所业务规则规定的其他权利和义务。

第十四条 听证会应当按照下列程序进行：

（一）听证会开始前，听证会秘书应当查明听证当事人或者其代理人、本所与听证事项有关的业务部门承办人员等听证参加人是否到场，并宣布听证纪律；

（二）听证召集人核对听证参加人，宣布出席听证的委员、听证会秘书名单，告知听证参加人在听证中的权利义务，询问听证当事人或者其代理人是否申请回避；

（三）听证召集人宣布听证开始，宣布案由；

（四）业务部门有关听证事项的承办人员提出听证事项的具体事实、证据以及作出自律监管决定的建议、规则依据；

（五）当事人或者其代理人进行陈述和申辩，并可以提出相关事实、理由和证据；

（六）听证委员可以向当事人或者其代理人、业务部门有关听证事项的承办人员等提问，相关人员应当如实回答；

（七）听证召集人询问各方是否有补充意见；

（八）听证召集人宣布听证结束。

第十五条 在听证过程中，听证参加人应当遵守听证纪律，保证听证有序举行。

听证召集人对违反听证纪律、妨碍听证秩序的人员，有权予以制止；情节严重的，可以责令其退出听证会场。

第十六条 听证结束后，当事人应当当场将听证现场的陈述、申辩材料及其他有关材料提交听证会秘书。

第十七条 听证会秘书应当将听证的内容记入笔录，并交由当事人或者其代理人、业务部门有关听证事项承办人员及其他参会人员等确认无误后当场签字。认为有错误的，可以要求补充或者改正。没有错误又拒绝签字的，听证会秘书可以将相关情况记入听证笔录予以存档。

第十八条 听证笔录、当事人提交的陈述、申辩意见及其他有关材料，应当作为本所纪律处分委员会或者上市委员会形成纪律处分或者终止上市审核意见的参考。

听证事项为纪律处分事项的，不得因当事人申请听证而加重纪律处分。

第十九条 在听证过程中出现下列情形之一的，本所可以中止听证：

（一）当事人在听证过程中对听证委员提出回避申请，本所认为理由正当的；

（二）当事人因不可抗拒的事由，无法继续参加听证的；

（三）因不可抗拒的事由，致使听证无法继续举行的；

（四）本所认为需要中止听证的其他情形。

中止听证的情形消除后，本所应当及时安排召开听证会。

第二十条 当事人有下列情形之一的，本所可以终止听证，并将相关情形记录在案：

（一）书面撤回听证申请的；

（二）无正当理由不按期参加听证的；

（三）未经听证召集人允许中途退场的；

（四）严重违反听证纪律，被听证召集人责令退场的；

（五）本所认为应当终止听证的其他情形。

自律监管决定涉及多个当事人，部分当事人因上述情形被终止听证的，不影响其他当事人继续参加听证。

第二十一条 本所纪律处分委员会或者上市委员会对听证事项的后续审核，原则上由听证委员进行。

当事人提出听证申请之日至听证结束的期间，不计入本所作出有关自律监管决定的期限内。

第二十二条 本所举行听证，不向当事人收取费用。

第二十三条 本细则由本所负责解释。

第二十四条 本细则自发布之日起施行。